◎京师刑事法文库（54

罪责刑专题探索

Special Topics on Crimination, Liability and Punishment

左坚卫 著

中国人民公安大学出版社
·北 京·

图书在版编目（CIP）数据

罪责刑专题探索/左坚卫著．—北京：中国人民公安大学出版社，2010.1

（京师刑事法文库；54）

ISBN 978-7-81139-879-3

Ⅰ．罪…　Ⅱ．左…　Ⅲ．罪责—研究—中国　Ⅳ．D914.01

中国版本图书馆CIP数据核字（2009）第237886号

罪责刑专题探索

Special·Topics on Crimination, Liability and Punishment

左坚卫　著

出版发行：中国人民公安大学出版社
地　　址：北京市西城区木樨地南里
邮政编码：100038
经　　销：新华书店
印　　刷：北京市泰锐印刷厂

版　　次：2010年1月第1版
印　　次：2010年1月第1次
印　　张：13.25
开　　本：880毫米×1230毫米　1/32
字　　数：357千字

书　　号：ISBN 978-7-81139-879-3/D·720
定　　价：30.00元

网　　址：www.cppsup.com.cn　www.porclub.com.cn
电子邮箱：cpep@public.bta.net.cn　zbs@cppsu.edu.cn

营销中心电话（批销）：（010）83903254
警官读者俱乐部电话（邮购）：（010）83903253
读者服务部电话（书店）：（010）83903257
教材分社电话：（010）83903259
公安图书分社电话：（010）83905672
法律图书分社电话：（010）83905637
公安文艺分社电话：（010）83903973
杂志分社电话：（010）83903239
电子音像分社电话：（010）83905727

北京师范大学刑事法律科学研究院
京师刑事法文库

总 序

现代化的国家是法治国家。现代文明进步的社会是法治社会。我国依法治国、建设社会主义法治国家之基本治国方略的确立及其贯彻，对社会的发展进步至关重要。而现代刑事法治则在现代化法治国家中扮演着非常重要的角色。改革开放后的二十多年来，我国的刑事法治已经取得了长足的进步。但是，在新世纪建设社会主义法治国家的进程中，无论是刑事法学理论还是刑事法治实践，都仍需要进一步发展与完善，以更为充分地发挥其应有的作用。

北京师范大学刑事法律科学研究院于2005年8月建立，系专门从事刑事法学研究的、中国刑事法学领域首家且目前唯一的、独立的实体性、综合性学术研究机构。研究院以一批中青年专家学者为中坚，并聘请了包括老一辈著名刑法学家、中央政法机关专家型领导以及重要国际组织领导人在内的国内外知名刑事法专家、学者担任特聘顾问教授、专家委员会委员、兼职教授（研究员）。研究院的设立，旨在建设全国领先并与国际知名刑事法学机构看齐的新型刑事法学术机构，本着刑事法学一体化的精神，逐步全面发展中外刑法学、国际刑法学、区际刑法学、刑事政策学、犯罪学、刑事执行法学、中外刑事诉讼法学、刑事证据学、刑事司法制度等刑事法的诸多学术领域，培养高级刑事法学专门人才，为中国法学研究和高层次人才培养进行新的探索，力争为中国依法治国、建设社会主义法治国家的伟大事业在刑事法学领域作出更大的贡献。

为达此目标，研究院成立伊始即创办“京师刑事法文库”。研究院的主要成员在中国人民大学刑事法律科学研究中心工作时，亦曾设立“刑事法律科学文库”与“国际刑法研究所文库”，并已颇具规模。为获得更为广阔的学术发展空间与学术交流平台，数位专家学者首批加入北京师范大学创立了全国首家实体性的刑事法律科学研究院。学术事业是薪火相传、继承发展的事业，为使刑事法学术事业得到进一步传承和发扬，北京师范大学刑事法律科学研究院遂在我们设立的原“刑事法律科学文库”与“国际刑法研究所文库”的基础上，重新创办两个系列著作项目，并定名为“京师刑事法文库”和“京师国际刑事法文库”。两个文库是分工不同、相辅相成的姊妹项目，前者以国内刑事法著作为范围，后者以国际刑事法著作为范围。两个文库以百年名校北京师范大学深厚的学术积淀、悠久的历史传统和浓郁的文化氛围为依托，凭借北京师范大学坚实宽广的人文社会科学和自然科学的综合实力，并广泛争取和吸纳中外刑事法学界的支持与帮助。“京师刑事法文库”的出版领域主要包括国内刑事法律与刑事法学方面（包括刑法、犯罪学、刑事执行法学、刑事诉讼法学、刑事侦查、刑事物证技术等领域）的有新意、有深度、有分量的著作与译作，也会涉及我国港澳台地区刑法暨中国区际刑事法等领域的科研成果，可以是专题研究、综合研究，也可以是论集、有价值的文献资料等形式。作者以研究院专职、兼职研究人员为主，并向其他专家、学者开放。

我们希望通过文库形式能逐步积累学术成果，繁荣、深化和开拓刑事法领域的学术研究，促进国内外刑事法学界的交流合作，不断提高我国刑事法理论与实践水平，进而有力地促进国家现代法治之昌盛和社会的文明进步。

北京师范大学刑事法律科学研究院
院长 赵秉志教授
谨识于乙酉年初秋

College for Criminal Law Science of Beijing Normal University

Criminal Law Library of BNU

Preface

A modern country and a modern civilization should be governed by law. The establishment and actualization of the principal guideline of rule by law is crucial for our society to make progress in the efforts of constructing socialism under rule of law. Modern criminal law, playing a very important part in the development of modern society under rule of law, has achieved great progress since 1978 when the reform and opening-up policy was carried out. Whereas, further development and reform for both theory and judicial practice of criminal law are required in the process of building socialist legal democracy, so as to bring it into full play.

The College for Criminal Jurisprudence Studies of Beijing Normal University, founded in August of 2005, is the first and, at present, the only academic research organ in China specializing in criminal jurisprudence that is independent and comprehensive entity. The College is staffed with a group of famous young and middle-aged criminologists as academic nucleus and a group of criminologists and scholars known home and abroad as specially invited consultative professors, member of experts committee, guest research fellows (professors), including those senior professors, leaders with judicial expertise from the central procuratorial, judicial and public security departments and leaders of some important international academic organizations. The college, aiming at turning into a new national leading academic body which can keep pace with international prestigious organs of criminal jurisprudence, is gradually extending its research fields covering Chinese and foreign criminal jurisprudence, international criminal law, trans-regional criminal law, criminal policy science, criminology, criminal executive law, Chinese and foreign criminal procedure law, criminal evidence law, criminal judicatory and so on following the spirit of integrated criminal science. Meanwhile, the College trains high-level criminal jurisprudence professionals and makes new exploration into research of jurisprudence and cultivation of high-level professional in China. We are trying our best to make a greater contribution in the field of criminal law science to the great cause of building our socialism under rule of law.

Cherishing this hope, the College initiated the *Criminal Law Library of BNU* as soon as it is founded, with the working experience of *Criminal Jurisprudence Library of Renmin University of China* (*RUC*) and *International Criminal Jurisprudence Library of RUC* which had been established in the Criminal Jurisprudence Research Center of RUC and in a rather large scale before the main staff's transfer to the College. In order to obtain a broader space for academic research, we six scholars transferred from RUC to BNU and founded this first and the only one independent academic entity in our country—College for Criminal Law Science of BNU. Learning is a continuous business, so the College re-establishes two book-series programs named "*Criminal Law Library of BNU*" and "*International Criminal Law Library of BNU*" based upon the former two libraries so as to further develop our academic cause. The two sisterly programs undertake different missions and supplement each other. The domain of the former focuses on domestic criminal jurisprudence literatures and the latter on international criminal jurisprudence literatures. Depending upon the profound academic deposit, centuries-old historical traditions and full-bodied cultural atmosphere of the prestigious Beijing Normal University and with BNU's comprehensive and powerful integrative strength in both fields of humanity social science and nature science, the two libraries will attract and accept the contributions from the field of criminal jurisprudence home and abroad. The publications of *Criminal Law Library of BNU* cover the creative and profound works and translations on domestic and foreign criminal jurisprudence (criminal law, criminology, criminal execution law, criminal procedure law, criminal investigation and criminal evidence etc.) and those academic and research fruits in the field of extroversive criminal law (including international criminal law, comparative criminal law, foreign criminal law and criminal laws of Hong Kong, Macao and Taiwan). The publications may be of either special topics or general topics or translations of foreign literatures and codifications. Meanwhile, in order to attract active concerns with important realistic issues, publications on the related topics will be collected and affiliated to *Criminal Law Library of BNU* as new book-series with famous criminal jurisprudence specialists as their chief editor. The authorships of *Criminal Law Library of BNU* are mainly entitled to full-time and guest research fellows besides other experts and scholars engaged in criminal jurisprudence.

Through these programs of libraries, we seek to help to accumulate academic fruits, to exploit and deepen and thrive the academic researches on criminal jurisprudence, to facilitate exchanges and co-operations between domestic and foreign colleagues engaged in criminal jurisprudence and to gradually improve our theoretical and practical expertise of criminal law so as to accelerate the prosperity of our country under rule of law and the progress of social civilization.

Prof. Zhao Bing-zhi
Dean of College for Criminal Law Science
Beijing Normal University
Autumn of 2005

定罪量刑与学派之争

（代序）

刑法是规定犯罪、刑事责任和刑罚的法律，刑法学是以刑法及其所规定的犯罪、刑事责任和刑罚为研究对象的部门法学。因此，判断行为的罪与非罪、认定犯罪的性质、估算行为人应当承担的刑事责任的大小和刑罚的轻重，始终是刑法学研究的核心内容。当众多著名刑法学者对事实简单的许霆案的定性问题展开激烈争论的时候，① 我们不能不感到准确定罪的不易；当许霆案发回重申，一审法院对许霆案不改变定性，却将刑罚由原来的无期徒刑突然改为5

① 2006年4月21日，被告人许霆到广州市天河区黄埔大道某银行ATM机上取款。取出1000元后，他发现账户里只被扣了1元，狂喜之下，许霆连续取款5.4万元。他回到住处后，将此事告诉同伴郭安山，两人随即再次前往提款。郭安山取了1.8万元，许霆则共取款171次，共计17.5万元。随后两人各自携款潜逃。后来，郭安山投案自首，被判有期徒刑1年，并处罚金1000元。2007年5月22日，许霆被抓获归案。2007年11月20日，法院以盗窃罪判处其无期徒刑。判决公开后，社会反映强烈，普遍认为量刑过重（参见王睿：《许霆案：量刑太重》，载《上海金融报》2008年1月15日，第A13版）。案件发回重申后，一审法院于2008年3月31日以盗窃罪判处许霆有期徒刑5年。刑法学界对本案的定性和刑罚裁量问题展开了热烈的讨论。在定性方面，存在盗窃说、侵占说、诈骗说、信用卡诈骗说等多种观点（参见张明楷：《许霆案的刑法学分析》，载《中外法学》2009年第1期）。在量刑方面，许多人认为第一次判决量刑过重，第二次判决量刑又过轻。对于法院的两次一审判决，有学者甚至尖锐地批评道："如果说广州中院对许霆案所作的第一次审判就抛弃了罪刑法定原则，存在恣意定罪情况的话，那么，该法院经过重新审判，除了继续在定罪问题上远离罪刑法定原则以外，还在量刑情节的认定、刑期的改判以及量刑程序的组织等方面滥用了自由裁量权。"（参见陈瑞华：《脱缰的野马——从许霆案看法院的自由裁量权》，载《中外法学》2009年第1期。

年有期徒刑的时候，我们不能不对法院在量刑上的巨大反差以及过分随意感到吃惊。自古以来，罪刑擅断与反罪刑擅断就是刑法领域的主战场。定罪的失当与量刑的失衡和随意，意味着我们还徘徊在现代刑事法治的大门之外。对罪责刑问题的研究在刑法学领域永远不会过时，而且，罪责刑的判断问题会随着时代的变迁、社会主流价值观和正义论的更替而不断推陈出新。

为了解决罪责刑判断问题，从事刑法学研究的人提出了无数观点，建立了大量学说，形成了若干学派。为了推动我国刑法理论的进一步繁荣和发展，有学者主张要促成中国的学派之争，认为只有“学派之争才利于伸展到刑法观、国家观、世界观的争论，进而使学术引向深入。”① 在笔者看来，无论是刑法的学派之争，还是刑法观、国家观乃至世界观的争论，在刑法的世界里，都是以使罪责刑的判断具有更深刻的理论基础、更令人信服为归宿。倘若不走学派之争的道路也能进入正确定罪量刑的罗马城，甚至能更顺利地达到目的地，则也可不必强求学派之争。问题是：在刑法学领域，我们能够绕开刑法学派之争而达到完美地解决罪责刑问题的彼岸吗？

罪责刑的认定和衡量，并非真理的判断，而是价值或正义的判断。价值和正义的判断具有因人而异的特征。“价值是客体与人生活之间的情感关系，它意味着在客体和评价它的主体之间产生的量的合宜。”② “由于价值和价值关系本身具有主体的个体性和多维性，所以价值标准和评价标准不可避免地具有个体性和多维性。”③ “正义具有着一张普洛透斯似的脸，变幻无常，随时可呈不同形状，并具有极不相同的面貌。”④ 由于价值标准的多样性以及正义

① 见张明楷著：《刑法的基本立场》，中国法制出版社 2002 年版，第 5 页。

② 见［日］牧口常三郎著：《价值哲学》，马俊峰、江畅译，中国人民大学出版社 1989 年版，第 15 页。

③ 见李德顺著：《价值论》，中国人民大学出版社 1987 年版，第 305 页。

④ 见［美］E. 博登海默著：《法理学——法哲学及其方法》，邓正来、姬敬武译，华夏出版社 1987 年版，第 238 页。

面孔的多变性，使得以价值判断和正义判断为内容的罪刑评判也变得众口难调，极易遭受非议。当有人说“这是一匹马”的时候，他所说是对是错很容易形成统一观点；然而，当有人说“这是一匹好马”的时候，他所说是对是错就很可能变得众说纷纭。原因在于，前者是一种纯客观事实判断，而后者是一种价值判断。当有人说“张三被雷劈死了”的时候，他所说是对是错很容易形成统一观点；然而，当有人说“张三被雷劈死活该”的时候，他所说是对是错就很可能变得众说纷纭。原因在于，前者是一种纯客观事实判断，而后者是一种正义判断。罪刑的判断作为一种价值和正义的判断，先天注定很容易陷入众说纷纭的困境。不同学者基于不同的价值观和正义论，通过不同的方法，会形成不同的观点，进而建立起不同的理论。我们很难说哪种价值观和正义论是完全正确的，哪种是绝对错误的，同时，我们也可以说，“它们中无一是错误的，每一个理论在一定的范围内都有相当的价值。甚至有时候竞争打成了平手。”① 当不同的价值观和正义论孰是孰非、孰对孰错难以确定甚至无法确定的时候，允许甚至鼓励不同理论的存在以及学派的产生，是最为可取的态度。“我们在评论一个争论时，总是不得不倾向于肯定我们最喜欢的那个理论，虽然我们也必须承认别的理论可能也正确。在各种公认为是完美的镜头中，每个人总挑选和使用他所喜欢的那一种镜头。我相信，这类似于挑选最好的理论时的情况。”② 既然对罪刑的判断不可避免地带有主观色彩，为了尽可能防止主观臆断，就有必要将作出判断的理由最充分地表达出来。刑法理论以及学派之争能够产生的效果之一是，持论者会竭尽全力来论证自己的观点，以说服众人接受它。由此可以促使刑法理论不断深化和完备。同时，在观点交锋的过程中，各种刑法理论自

① 见［日］牧口常三郎著：《价值哲学》，马俊峰、江畅译，中国人民大学出版社1989年版，第15页。

② 见［日］牧口常三郎著：《价值哲学》，马俊峰、江畅译，中国人民大学出版社1989年版，第15页。

身所具有的缺陷和局限性就会暴露出来，使得偏好这种理论的人有机会认真反思，进而对理论加以完善，也使得旁观者能够更清楚、全面地观察这种理论，适当地作出取舍，最终使罪刑的判断最大限度地趋于合理和适当。因此，如果刑法学界存在学派之争，应为幸事且应加以提倡。

然而，刑法学派的形成绝非一朝一夕之事，也非人工强力所能实现，而是需要具备一定的本土资源方可达成。“法律像语言一样，是民族生活的需要；它是从民族的经验与需要，经过自然的过程而成长起来的。”① 建立在法律基础上的法学不能不反映这种民族精神的内容。当在民族精神中，法律仍然被视为一种工具，对法律的遵守本身根本不被视为终极目标的时候，追求刑法的学派之争恐怕为时过早，难免会因为缺乏现实基础而搁浅。域外的刑法理论以及刑法学派之争可以为解决我们在罪刑判断方面的现实问题提供参考，但他们的学派之争不可能在中国刑法学界得到复制，沉迷于脱离中国现实的学派之争恐怕也无助于中国刑事法治的进步。如果我们背离早已深入人心的基本观念，不顾公众认同的常识、常理，硬要引进国外立法，把盗窃行为由秘密窃取扩大到公然夺取，那么，我们的刑法理论就可能因远离现实而误入歧途。在笔者看来，究竟赞成何种刑法学派并不十分重要。在刑法主观主义与客观主义的学派之争背后，实际上是预防犯罪与维护正义两种刑罚功能或者说刑法价值何者应居主导地位之争。如果将预防犯罪置于刑法的首要地位，通常会赞同主观主义的刑法理论；如果将维护正义视为刑法追求的首要价值，则往往会赞同客观主义的刑法理论。很难说哪种学说绝对优于另一种。尽管有人认为，“正义是社会制度的首要价值，正像真理是思想体系的首要价值一样”，② 但是，正义面孔

---

① 见贺卫方著：《法边馀墨》，法律出版社1998年版，第42页。

② 见［美］约翰·罗尔斯著：《正义论》，何怀宏译，中国社会科学出版社1988年版，第1页。

的多变性以及对正义理解的多样性使得对正义的追求困难重重。追求预防犯罪的效果虽然经常产生立竿见影的效果，然而，“功利主义者易于高估犯罪之损害，因而引入严刑来抵消它。”① 正义与秩序的局限性使得我们有时很难在二者之间作出抉择。因此，在某一问题上赞同主观主义而在另一问题上赞成客观主义并非完全不可接受的态度，绝不能与生活中的骑墙行为相提并论。当我更重视刑法维护正义价值的实现时，我可能赞同客观主义的立场；当我更重视刑法犯罪预防功能的发挥时，我可能赞同主观主义的立场。有谁能够说我基于维护正义而形成的立场优于或者劣于我基于预防犯罪而形成的立场呢？又有什么理由认为一个死守客观主义或者主观主义立场的学者的学术品格就一定高于在客观主义与主观主义之间徘徊的学者呢？如果为了始终如一地坚持某一刑法学派的立场而不惜置更为合理、更受公众认同的结论于不顾，显然是本末倒置了。

基于上述思考，本书对罪责刑的研究没有刻意地先站在某种刑法学派的立场上，再展开论述，而是以笔者所赞同的价值观和正义论为出发点，提出自己的看法。显然，当笔者的立场与社会主流价值观和正义论发生冲突时，相应的观点和结论在目前的刑法理论和实务界自然不会被接受。但是，对于一个思考者而言，与结论或者建议能否得到赞同，能否得到立法或者司法实务部门的采纳相比，坚守自己的立场并充分论证自己坚信的结论也许更有价值。

本书对罪责刑问题的探讨从犯罪论、刑事责任及刑罚论三个方面展开。罪责刑认定中的疑难问题浩如烟海，笔者只能选择自己略有思考和心得的内容供同人批评，见笑于大方之家不可避免。

① See Philip bean, Punishment: A Philosophical and Criminological Inquiry, Oxford: Martin Robertson, 1981, p.44. 转引自邱兴隆著：《关于惩罚的哲学——刑罚根据论》，法律出版社2000年版，第123页。

目 录

上编 犯罪论探索

下编 刑事责任及刑罚论探索

上编　犯罪论探索

第一题　犯罪概念与犯罪构成论

犯罪概念是对犯罪特征的高度概括。犯罪概念存在形式的犯罪概念、实质的犯罪概念以及形式和实质相统一的犯罪概念之分。形式的犯罪概念仅从犯罪外在法律特征角度对犯罪进行界定，不涉及犯罪的内在本质；实质的犯罪概念是从犯罪本质特征出发对犯罪进行界定；形式和实质相统一的犯罪概念则从犯罪的外在法律特征和内在本质特征两方面对犯罪进行界定。形式和实质相统一的犯罪概念为我国刑法典所采用。目前，我国刑法学界对如何界定犯罪构成概念分歧较大，主要存在法律说、罪状说、概念说、理论说、事实说、法律+理论说六种观点。① 根据我国刑法理论的通说，犯罪构成是指我国刑法规定的，决定某一行为的社会危害性及其程度而为该行为成立犯罪所必须具备的一切客观要件和主观要件的有机统一的整体。

一、刑法中是否应当引入“社会危害性”概念

所谓社会危害性，是指行为对国家、社会或个人利益的有害性。社会危害性是一切反社会行为的共同特征，但不同的反社会行为在对社会的危害程度上存在差别，其中，被称为犯罪的这类反社会行为对社会的危害程度最为严重。因此，严重的社会危害性是犯罪最基本的特征。如果某种行为根本不会给社会造成危害，法律就不应将其规定为犯罪并予以惩罚。某种行为虽然具有一定的社会危

① 参见肖中华著：《犯罪构成及其关系论》，中国人民大学出版社2000年版，第70~74页。

害性，但情节显著轻微，危害不大的，也不应认定为犯罪，因为刑法第13条明确规定，危害行为“情节显著轻微危害不大的，不认为是犯罪”。这表明犯罪的社会危害性是质和量的统一，仅具备质的因素而缺乏量的配合不能成为犯罪。决定行为社会危害性大小的因素主要有：(1)行为所侵犯的社会关系的性质和重要程度。(2)行为的手段、后果以及时间、地点、对象。(3)行为人的个人身份情况。(4)行为人的主观因素。总之，犯罪的社会危害性是主观因素和客观因素的统一。

通说认为，将社会危害性这一概念引入我国刑法犯罪概念之中，揭示了犯罪的本质特征，从而把犯罪的实质特征即相当程度的社会危害性和法律特征即刑事违法性和应受处罚性结合起来，使得我国刑法关于犯罪概念的规定在其科学性上，为资本主义国家刑法所无法比拟。① 不过，晚近刑法理论界对社会危害性理论的批评之声有高涨的趋势，有学者认为，犯罪的社会危害性标准与罪刑法定原则相冲突。其主要理由是：(1)“社会危害说不仅通过其‘犯罪本质’的外衣为突破罪刑法定原则的刑罚处罚提供一种貌似具有刑法色彩的理论根据，而且也在实践中对于国家法治起着反作用”；② (2)社会危害性本身具有笼统、模糊和不确定性；(3)社会危害性标准应是立法者、法学研究人员确立犯罪行为规范的重要因素，司法者和一般公民只能根据刑法规范一目了然地进行行为对照判断，而没有判断“社会危害性程度大小”的注意义务，如要确立社会危害性标准，那是对司法者和守法者的苛求；(4)社会危害性是罪刑法定的对立面，即刑事类推适用的前提。③ 对社会危

---

① 参见高铭暄主编：《刑法学原理》（第一卷），中国人民大学出版社1993年版，第382页。

② 李海东著：《刑法原理入门》，法律出版社1998年版，自序第8页。

③ 参见樊文：《罪刑法定与社会危害性的冲突》，载《法律科学》1998年第1期。

害性理论持全盘否定态度的观点目前在理论界仍然占有重要地位[①]，而为社会危害性理论进行辩护的观点也颇有见地。[②]

考察对社会危害性理论持否定态度的观点，不难发现其核心在于担心社会危害性的判断标准模糊，且对于不同认识主体而言，同一行为是否具有社会危害性的结论可能是不同的，因而容易引起混乱，不利于罪刑法定原则的贯彻。这样的担心不无道理。不过，对社会危害性理论的忧虑也不能让人回避一个问题：犯罪的实质是什么？纯粹的犯罪形式概念不可能回答这个问题，因此，对犯罪实质概念的界定在所难免。那么，对犯罪实质概念的界定有比社会危害性说更为合理的吗？笔者认为没有。否定社会危害性说的学者"在驱逐社会危害性的概念以后，提出了一个违法性双层次审查说，"赋予刑事违法性以某种实质蕴含，使其发挥实质审查功能，以此建立违法性双层次审查机制"，[③] 并试图通过"引入法益概念，建立违法性冲突救济机制"。[④] 笔者认为，这种努力的意义值得怀疑。当我们在进行所谓的实质违法性判断时，必然触及犯罪的本质，即触及"为什么刑法把这种行为规定为犯罪"的问题，也就不可避免地要从法律之外去寻找根据。因此，所谓实质刑事违法性恐怕是一个自相矛盾的概念。即便引入法益这一概念，也只是让我们更进一步看到犯罪的法律特征而不是本质特征。刑法之所以将某种行为规定为犯罪，本质上并不是因为它侵犯了某种法益，而是因为它侵犯了现存的社会秩序或者说社会关系，法益只不过是社会秩序或者说社会关系在法律上的体现，对现存社会秩序或者社会关系

---

① 参见陈兴良：《社会危害性理论：进一步的批判性清理》，载《中国法学》2006年第4期。

② 参见储槐植、张永红：《善待社会危害性观念——从我国刑法第13条但书说起》，载《法学研究》2002年第3期。

③ 见陈兴良：《社会危害性理论：进一步的批判性清理》，载《中国法学》2006年第4期。

④ 见陈兴良：《社会危害性理论：进一步的批判性清理》，载《中国法学》2006年第4期。

的破坏，亦即危害社会，才是犯罪的本质。因此，笔者认为，在刑法的犯罪概念中引入社会危害性不仅是科学的，而且也是必要的。

事实上，无论中外，在理论上都不可避免地要探讨实质犯罪这一概念。西方刑法论著中频繁出现的“反社会”之类的概念或表述，便是基于对这一问题的思考而形成的成果。即便是注释刑法学，离开社会危害性也无法阐明刑法条文的真义。再说，立法者也有义务在刑法中对被他规定为犯罪的行为作出一种导向性的价值判断，否则他所制定的刑法将显得苍白无力。否定社会危害性的观点或多或少地存在孤立地看待社会危害性标准，以致将其视为独立判断行为是否构成犯罪的标准的偏见，而实际上，肯定社会危害性标准的刑法理论通说并不认为社会危害性标准可以用来独立判断行为是否构成犯罪，而是一再强调必须与刑事违法性结合起来。因此，否定社会危害性理论的观点在一定程度上是在攻击一个并不存在的目标。

二、应受刑罚惩罚性是否是犯罪的基本特征

对任何违法行为，无论是民事的、行政的还是刑事的，行为人都应当承担相应的法律后果。对于刑事违法行为即犯罪来说，行为人应当承担的法律后果是受到刑罚处罚。刑法理论通说认为应受刑罚惩罚性是犯罪的基本特征之一，但也有观点认为应受刑罚惩罚性不属于犯罪基本特征。[①] 肯定说认为：（1）不需给予应受刑罚处罚评价的行为，不可能是犯罪。（2）主张应受刑罚处罚性是犯罪的一个基本特征，在我国也有法律上的根据，即刑法第 13 条“……依照法律应当受刑罚处罚的，都是犯罪”。（3）将应受刑罚处罚性确定为犯罪的基本特征，与刑法中有些条文规定的在一定情况下对

① 参见马克昌主编：《犯罪通论》，武汉大学出版社 1999 年版，第 16～18 页；张明楷著：《刑法学》（上），法律出版社 1997 年版，第 79 页。

犯罪可以或者应当“免除处罚”并不矛盾。[①] 否定观点则认为：(1) 应受刑罚惩罚性是犯罪的法律后果，而不是犯罪的基本特征。(2) 将应受刑罚惩罚性列为犯罪的基本特征之一并无必要，因为严重的社会危害性和刑事违法性即已表明该行为已构成犯罪。(3) 不是应受刑罚惩罚性制约犯罪，而是严重的社会危害性决定行为构成犯罪，从而决定行为应受刑罚处罚。(4) 在犯罪定义中将应受刑罚惩罚性列为犯罪的一个基本特征，在逻辑上犯了循环定义的错误。(5) 从刑法分则对犯罪的规定来看，也不便说应受刑罚惩罚性是犯罪的基本特征。(6) 外国不少立法例，并未把应受刑罚惩罚性列为犯罪的特征。[②]

笔者认为，如果将基本特征界定为一事物区别于其他事物所必须具备的基本个别性，犯罪的基本特征应当只包括严重的社会危害性和刑事违法性；如果将基本特征界定为充分体现一事物区别于其他事物的基本个别性，则应当将应受刑罚惩罚性视为犯罪的基本特征之一。理由是，严重的社会危害性和刑事违法性是从实质上和形式上分别揭示犯罪的本质特征和犯罪的法律特征，对于我们认识犯罪都是必不可少的，因而显然属于犯罪的基本特征。同时，根据这两个特征足以推出犯罪应受刑罚处罚这一结论。因为法律规范是由假定、处理和制裁三部分构成，在假定、处理均已确定后，制裁应当是一种不可避免的结果。在严重的社会危害性和刑事违法性均已确定后，应受刑罚惩罚也就是一种不可避免的结果。从这一角度来看，应受刑罚惩罚性确实没有必要作为犯罪的一个独立的基本特征。但是，应受刑罚惩罚性又确实体现出犯罪在引发的法律后果方面迥异于其他一般违法行为的基本个别性，对于我们充分认识犯罪这一现象又是必要的。从这一角度来看，将其认定为犯罪基本特征

① 参见高铭暄、马克昌主编：《刑法学》（上编），中国法制出版社 1999 年版，第 76～77 页。

② 参见马克昌主编：《犯罪通论》，武汉大学出版社 1999 年第3版，第16～18页。

之一并无不妥。而且，无论从立法还是从司法角度看，将应受刑罚惩罚性作为犯罪的基本特征之一都具有积极意义。从刑事立法角度来考察，犯罪的应受刑罚惩罚性具有完全独立的地位，立法者首先考虑的是行为的应受刑罚惩罚性，即应当用刑罚对某一严重危害社会的行为进行制裁，然后再考虑如何对其予以犯罪化，即赋予其刑事违法性的特征。从刑事司法角度看，司法者通过掂量是否应当对某种危害行为予以刑罚惩罚，可以更准确地判断行为所具有的社会危害性的严重程度，是否具备了刑事违法性的特征。因此，应受刑罚惩罚性应成为犯罪的基本特征之一。

在理解犯罪的应受刑罚惩罚性时，要辨清它和免除处罚的关系。免除处罚是在行为已经构成犯罪，应当受到刑罚处罚的情况下，综合考虑各种从宽因素，对行为人作出的处理决定。免除处罚是以应受处罚为前提。因此，犯罪的应受刑罚惩罚性与对犯罪人免除处罚并不矛盾，相反，对犯罪人免除处罚进一步说明了应受刑罚惩罚性是犯罪的基本特征之一：如果犯罪不具有应受刑罚惩罚性，对不需要给予刑罚处罚的犯罪人就不必要说免除处罚，而可以直接宣布不予处罚。对不需要给予处罚的犯罪人之所以只能宣布免除处罚，就是因为犯罪具有应受刑罚惩罚性。

三、犯罪构成一般要件应当如何排列顺序

对犯罪构成一般要件排列顺序的研究，有助于明确犯罪构成体系的内在逻辑结构。犯罪构成一般要件的排列顺序取决于从何种角度考察这些要件。一般认为，从司法机关认定犯罪的顺序、途径角度出发，应当将犯罪构成的一般要件按犯罪客体、犯罪客观方面、犯罪主体、犯罪主观方面的顺序排列。即司法机关总是先判断有无刑法所保护的合法权益受到侵犯，然后查证是什么行为侵犯了合法权益，再查证是谁实施了危害行为，最后查证行为人是在什么心理支配下实施了行为。从犯罪构成要件在实际犯罪中发生作用而决定犯罪成立的逻辑顺序角度出发，应当将犯罪构成一般要件按犯罪主

体、犯罪主观方面、犯罪客观方面、犯罪客体的顺序排列。因为犯罪总是这样发生的：符合犯罪主体条件的人，在其犯罪心理态度的支配下，实施一定的犯罪行为，危害一定的客体。两种排列顺序都有其逻辑基础，但思维的角度不同，以致排列顺序各异。

四、犯罪构成要件的层次结构应当如何把握

所谓犯罪构成要件的层次结构，是指犯罪构成体系内部诸要件的等级序列及其组合形式。犯罪构成要件从抽象到具体，可以分为两个层次。犯罪构成要件的第一个层次是经过归纳、抽象的犯罪构成的一般要件，这一层次的犯罪构成要件又可以分为两个亚层次，其中，第一个亚层次包括客观的要件和主观的要件；第二个亚层次是犯罪构成客观要件和主观要件进一步划分的结果，包括犯罪客体、犯罪客观方面、犯罪主体和犯罪主观方面。犯罪构成的第一层次（包括两个亚层次）的犯罪构成要件还仅仅是在刑法规定基础上的理论抽象，其价值在于通过对形形色色的犯罪构成具体要件进行归纳，建立起科学系统的犯罪构成体系。这一层次的犯罪构成要件尚不能直接作为判断某一行为是否构成犯罪的依据。犯罪构成的第二个层次是通过对第一层次的犯罪构成要件进行内部的进一步划分而形成的，也有学者将这一层次的犯罪构成要件称为构成要件要素，[①] 包括刑事责任年龄、刑事责任能力、特殊身份、犯罪故意、犯罪过失、犯罪目的、危害行为、危害结果、特定时间、特定地点、特定方法等要件。这一层次的犯罪构成要件是说明犯罪内部构造的更为具体的事实特征。通过对照刑法对这一层次的犯罪构成要件的规定，可以判断某一行为是否构成犯罪，构成何种犯罪。

---

① 参见肖中华著：《犯罪构成及其关系论》，中国人民大学出版社2000年版，第142～147页。

第二题　罪过及犯罪故意论

罪过是一切犯罪构成都必须具备的主观要件，它是犯罪故意和犯罪过失的上位概念，英美刑法中称之为犯意。行为人只有主观上存在罪过或者说犯意，亦即存在犯罪故意或者犯罪过失，才能追究其行为的刑事责任。需要注意的是，我国刑法理论中的犯意有两种含义，一是指罪过，二是指犯罪的念头，对后一种含义的犯意不能进行刑罚打击。根据我国刑法第 14 条关于故意犯罪的规定，所谓犯罪故意，是指行为人明知自己的行为会发生危害社会的结果，并且希望或者放任这种结果发生的心理态度。从内涵上分析，犯罪故意由认识方面的因素（或称意识方面的因素）和意志方面的因素构成，行为人在主观方面必须同时具备这两个方面的因素，才能被认定为具有犯罪故意。

一、罪过的界定及其形式

在刑法理论界，有人将罪过等同于犯罪主观方面，即认为罪过与犯罪主观方面都是对行为人犯罪时心理态度的揭示，属于同一问题的不同提法，二者只有文、俗之分，没有本质区别。至于罪过的定义，可具体表述为“是刑法所否定的行为人实施行为时，对将造成的危害社会结果的心理态度。”① 但大多数人认为，罪过是犯罪主观方面的下属概念，即罪过仅指犯罪的故意或者犯罪的过失，

① 见姜伟著：《犯罪故意与犯罪过失》，群众出版社 1992 年版，第 10 页。

犯罪主观方面包括罪过以及犯罪的目的和动机等几个方面内容。①笔者认为，将犯罪主观方面与罪过这两个概念等同起来的观点，既不符合罪过的本义，也不利于对故意和过失的概括，似乎不够妥当，因而赞同通说。

关于罪过的形式，刑法理论通说认为包括故意和过失两种类型。1997 年刑法分则规定的个罪的罪过形式比 1979 年刑法更为复杂。这种复杂性可以从两个方面得到体现，一是将故意和过失实施的同种危害行为规定在同一刑法条文中，配置相同的法定刑。例如，刑法第 398 条将故意和过失泄露国家秘密的行为混合规定，配置了完全一致的法定刑。二是对某些犯罪的罪过形式规定得很不明确。例如，刑法第 129 条规定，依法配备公务用枪的人员，丢失枪支不及时报告，造成严重后果的，构成丢失枪支不报罪。对于该罪的罪过形式，有人认为是故意，② 有人主张是过失，③ 还有人认为既可能是过失，也可能是间接故意。④ 又如，根据刑法第 397 条规定，国家机关工作人员滥用职权或者玩忽职守，致使公共财产、国家和人民利益遭受重大损失的，构成滥用职权罪或者玩忽职守罪。有人认为，在主观方面，滥用职权罪表现为故意，玩忽职守罪表现为过失；⑤ 另有人则认为，滥用职权罪和玩忽职守罪的主观方面既可以是故意，也可以是过失。⑥

① 参见高铭暄、马克昌主编：《刑法学》（上编），中国法制出版社 1999 年版，第 196 页。

② 参见周道鸾、张军主编：《刑法罪名精释》，人民法院出版社 1998 年版，第 125 页。

③ 参见高铭暄、马克昌主编：《刑法学》（第二版），北京大学出版社、高等教育出版社 2005 年版，第 397 页。

④ 参见叶峰主编：《刑法新罪名通论》，中国法制出版社 1997 年版，第 34 页。

⑤ 参见高铭暄主编：《新编中国刑法学》（下册），中国人民大学出版社 1999 年版，第 1008 页；王作富、翟中东：《玩忽职守罪与滥用职权罪界定问题研讨》，载王作富主编《刑事实体法学》，群众出版社 2000 年版，第 432 ~ 433、第 443 页。

⑥ 参见敬大力主编：《渎职罪》，中国人民公安大学出版社 1999 年版，第 118 页。

刑法立法的模糊性既在罪过形式的判断方面引起了一定程度的混乱，也促成了对罪过的理论研究向纵深发展。为了解决新出现的问题，有学者提出了“复合罪过形式”的概念，有学者提出了“客观超过要素”的概念。遗憾的是，关于这两个概念的探讨均在方兴未艾之时很快转入沉寂，未能在刑法学领域形成共识。而罪过问题事关罪刑法定原则与罪责刑相适应原则能否得到贯彻等现代刑事法治重大课题，不能不引起学界的重视。

根据刑法第 14 条、第 15 条规定的故意和过失的判断标准，以及第 397 条对滥用职权罪和玩忽职守罪构成要件的规定，滥用职权罪和玩忽职守罪在主观方面均既可以表现为故意，也可以表现为过失。因为无论是滥用职权者还是玩忽职守者，对“公共财产、国家和人民利益遭受重大损失”的危害结果的发生都既可以出于故意也可以是过失，而刑法理论通说又恰好是根据行为人对属于构成要件的危害结果的心理态度来确定罪过形式。这样，对滥用职权罪这类犯罪的罪过形式的判断，便陷入了两难的境地：故意说与过失说都难以合理说明这类犯罪的罪过形式。

为了解决刑法立法给罪过形式的判断带来的问题，有学者提出了“复合罪过形式”的概念。按照“复合罪过形式”论者的观点，所谓复合罪过形式，是指同一罪名的犯罪心态既有故意（限间接故意）也有过失的罪过形式。典型的复合罪过形式是刑法第 397 条规定的滥用职权罪和玩忽职守罪的罪过形式。提出这种罪过形式的论者认为，复合罪过形式客观存在，其特征为：（1）以复合罪过为主观要件的犯罪，皆为结果犯。（2）该类犯罪的罪过形式，即复合罪过是间接故意与过失的复合。（3）该类犯罪的主体多为特殊主体，即具有一定专业知识技能、从事特定职业或者具有某种职责的人。（4）该类犯罪具有多档次法定刑。

不可否认，“复合罪过形式”理论是根据通行罪过判断标准对刑法分则规定的某些犯罪的罪过形式的客观描述。然而，该论者对复合罪过形式存在的合理性的论证引起了激烈争论。主张承认复合罪过形式的学者的主要理由是：具有“复合罪过形式”的刑法规范作为模糊性刑法规范，有其存在的合理根据。理论上，故意与过失间不存在泾渭分界线；实践中，故意与过失不可能明确区分。因此，“复合罪过形式”的立法模式不但合理而且是客观需要。

批评“复合罪过形式”论的学者提出了以下质疑：第一，一个罪名之下的犯罪构成必须同一，这是刑法学的一条科学定理，不是可以突破的传统格式。无论是单一客体还是复合客体，同一罪名的主观方面都不可能同时存在故意和过失两种罪过形式。在司法实践中，如果有证据证明滥用职权人希望或者放任重大危害结果的发生，那就应当对其适用故意杀人或者故意伤害等故意犯罪的罪名定罪处罚，而不是用这种情况来证明作为一个法定罪名的滥用职权罪也可以是故意犯罪。第二，根据刑法第 14 条和第 15 条的规定，如果认定某种犯罪出于故意，那么，当刑法没有明文规定过失可以构成该罪时，认为该罪可以出于过失是违反罪刑法定原则的。第三，一个犯罪既可以出于故意也可以出于过失的观点，导致在刑法没有明文规定的情况下，故意犯罪与过失犯罪的法定刑相同，也有悖于罪责刑相适应原则。然而，要完全贯彻故意的认识内容包括所有的客观要件要素的通行观点，在认定滥用职权罪、丢失枪支不报罪等犯罪的罪过形式时，就会出现难以解决的问题，因为在这些犯罪中，行为人对属于构成要件的危害结果的发生既可能是过失也可能是间接故意。为了在否定“复合罪过形式”论的同时，合理解释滥用职权罪这类犯罪的罪过形式，有学者提出了“客观的超过要素”的概念，主张对于某些作为故意犯罪的客观要件要素的危害结果，不需要存在与之相应的故意内容，这类危害结果可以称为“客观的超过要素”。[①]

笔者认为，传统罪过形式的分类是科学的、严谨的，不存在明

① 参见张明楷：《“客观的超过要素”概念之提倡》，载《法学研究》1999 年第 3 期。

显缺陷，应当坚持。导致罪过判定标准和罪过形式再度产生纷争的原因在于刑事立法过于粗疏。从刑法理论上看，对危害结果是持故意心态还是过失心态，行为人应当承担的刑事责任大小是不同的，不应将这两种情形规定在一起，配置完全相同的法定刑。因此，现行刑法对滥用职权罪、丢失枪支不报罪等犯罪的规定都应当加以完善，应当将基于故意心态和基于过失心态造成危害结果的情形分别加以规定，唯有如此，才能化解纷争，解决问题。至于主张通过确立“复合罪过形式”和引进“客观的超过要素”概念以解决问题的观点，都是刑法理论对粗疏的刑事立法的迁就，难以如愿。例如，主张引进“客观的超过要素”概念的观点，看似避免了在同一具体犯罪中既存在故意又存在过失心态，实际上并没有从根本上解决问题：首先，这种观点导致对罪过形式的判断标准不再统一，必然在一定范围内动摇罪过理论的根基。为了迁就现有的并不科学的刑事立法而对罪过理论作出这种修正是否值得，需要反思。其次，这种观点仅仅是掩盖了矛盾，并没有解决问题。在引入“客观的超过要素”的概念后，虽然可以维护一种具体犯罪只存在一种罪过形式的基础观念，但这种维护是以牺牲罪过判断标准的统一性为代价，而且没有说明为什么在行为人对其行为所导致的危害结果存在故意和过失两种不同罪过形式时，可以配置完全相同的法定刑，因而难以说解决了问题。

二、我国刑法中是否规定了严格责任

通说认为，罪过是所有犯罪成立在主观方面不可缺少的条件，某一行为要构成犯罪，行为人主观方面必须存在故意或者过失。不过，也有人认为，根据我国刑事立法和司法实践，我国刑法中已经规定了严格责任，即不论行为人主观上有无故意或过失，在某些情况下都应该对其行为所造成的危害结果承担刑事责任。其理由主要是：（1）刑法仅概括规定，醉酒的人犯罪，应当负刑事责任。而在某些情况下，由于酒精的麻醉作用，行为人完全不能辨认自己行为的性质，也不能控制自己的行为，这时行为人主观上并不具有罪过，而依照法律，行为人仍应负刑事责任。（2）在奸淫幼女犯罪中，即使对幼女的年龄产生错误认识，也可以构成该罪。（3）某些行为法律规定为犯罪，而行为人自己不认为是犯罪，这也涉及到严格刑事责任方面的问题。① 对此，有论者提出了反对意见，主要理由是：（1）法律上评价醉酒人犯罪的行为，不能也不应仅仅限于实施危害行为的瞬间，在醉酒人有过错而醉酒的场合，行为人在醉酒前能够预见到自己在醉酒后可能会实施危害社会的行为。由于存在这种过错，醉酒人犯罪的主观心理态度便不能与严格责任中的缺乏主观罪过等量齐观。（2）构成奸淫幼女犯罪在主观方面应当包括明知对方是幼女或者可能是幼女，那种认为只要被奸淫对象的实际年龄不满 14 周岁，不论行为人是否知道或可能知道，均构成此罪的观点是错误的。（3）法律上规定为犯罪，行为人自己不认为是犯罪，属于法律认识错误问题，在一般情况下，行为人只要对行为的社会危害性有认识，就意味着对行为的刑事违法性有了认识，无须另外特别查明对行为的违法性是否有认识。②

从刑法的规定和最高人民法院的有关司法解释来看，我国刑事立法和司法实践都不承认严格责任。刑法第 16 条明确规定，行为在客观上虽然造成了损害结果，但是不是出于故意或者过失，而是由于不能抗拒或者不能预见的原因所引起的，不是犯罪。该条规定清楚地表明，无罪过即无犯罪。最高人民法院 2003 年 1 月 8 日通过、2003 年 1 月 24 日起施行的《关于行为人不明知是不满十四周岁的幼女，双方自愿发生性关系是否构成强奸罪问题的批复》也重申了主客观相统一的定罪原则。该批复明确规定，行为人确实不知对方是不满十四周岁的幼女，双方自愿发生性关系，未造成严重后果，情节显著轻微的，不认为是犯罪。从刑法理论上看，当代世

① 参见刘生荣：《论刑法的严格责任》，载《法学研究》1991 年第 1 期。

② 参见王晨：《我国刑法规定了严格责任吗?》，载《法学研究》1992 年第 6 期。

界各国已经普遍接受责任主义，只有在行为人主观上存在罪过，有理由对他进行谴责和追究的情况下，对其给予刑罚这种最为严厉的处罚在道义和目的上才站得住脚。因此，认为我国刑法中规定了严格责任的观点无论从立法上看还是从理论上看都不能成立。

三、犯罪主体是否是犯罪故意的认识内容

对于犯罪主体是否是犯罪故意的认识内容，存在肯定和否定两种对立观点。笔者认为，犯罪主体不是犯罪故意的认识内容。

认为犯罪主体属于犯罪故意认识内容的学者所持的理由是：其一，刑事责任年龄应当成为事实性认识的内容。对责任年龄的认识直接影响着对应否承担刑事责任的认识，既然法律明文规定不满某一年龄的人不负刑事责任，就应当允许人们根据这一规定来选择自己的行为。责任年龄既然是一个归责的要素，在合理地缺乏对责任年龄的认识时，就应当免除行为人的责任。例如，某甲认为自己下个月才满 14 周岁，为了给被伤害的姐姐复仇，将某乙打死。后查明，某甲知道不满 14 周岁的人不受刑罚处罚，他的家人告诉他的年龄和户口簿上登记的年龄都表明他不满 14 周岁。而实际上其父母在他 4 周岁那年迁入城市时，将他的年龄隐瞒了 1 周岁，在户口簿上登记为 3 周岁。某甲无从知道自己的真实年龄。在这种情况下，就应当免除行为人的刑事责任。其二，特殊身份也应当是事实性认识的内容。在法律把特殊身份规定为犯罪的构成要件时，若行为人认为自己不具有该特殊身份，就表明行为人认为自己的行为不是该法律规制的对象，不构成犯罪。当行为人对自己身份的误解不可避免时，就不能要求行为人承担相应的刑事责任。例如，某甲为某乙之父，甲在乙出生一个月之后即外出工作，4 年后甲回家，发现一小孩从一条土坎上掉下，受伤很重。甲看见后虽很同情，但不愿管闲事，径直回家了。后查明该小孩即乙，因未及时抢救而死亡。在当时，甲没有认识也难以认识到自己是该小孩之父，因此，

不能认定甲构成遗弃罪，尽管他事实上具有应该救助该幼童的身份。①

笔者认为，上述观点值得商榷。

第一，刑事责任年龄不是犯罪故意的认识内容。对主体的认识，实际上就是行为人对自身年龄、身份、责任能力等事实的认识。在这些事实中，行为人的年龄属于承担刑事责任的前提条件，只有在行为人具备了这一条件时，才能追究其刑事责任。至于他本人对此认识与否，认识是否正确，都不会影响他对犯罪客观事实的认识，亦即对这一条件认识与否，并不影响行为人对其行为自然属性的认识。例如，行为人杀人时，无论他是否认识到自己已满 14 周岁，也无论他对自己年龄的认识是对是错，都不会影响他认识到自己在杀人。同时，也不会影响行为人对其行为的社会危害性的认识。例如，如果行为人认为他杀的是坏人，是为民除害，那么无论他是否认识到自己已满 14 周岁，都会认为他的行为没有社会危害性；相反，如果行为人认为他杀的是好人或者无辜之人，那么无论他是否认识到自己已满 14 周岁，都会认为他的行为对社会有害。可见，行为人对其年龄认识与否，认识是否正确，都不会影响到他明知自己的行为会发生危害社会的结果，并且希望或者放任这种结果发生的心理态度的存在，因此，对刑事责任年龄缺乏认识不能成为阻却行为人犯罪故意和免除其刑事责任的事由，亦即犯罪故意的认识内容中不包括对刑事责任年龄的认识。

第二，犯罪主体的特殊身份也不是犯罪故意的认识内容。按照刑法理论中较为通行的主张，刑法中所谓的特殊身份是指刑法所规定的影响行为人刑事责任的行为人人身方面特定的资格、地位或状态。在某些情况下，特殊身份的有无会决定行为是否构成犯罪。在某些情况下，特殊身份的有无会影响行为人是构成此罪还是构成彼罪，也可能影响行为人刑事责任的大小。例如，刑法第 271 条规

① 参见冯军著：《刑事责任论》，法律出版社 1996 年版，第 157～158 页。

定，非国有公司中的非国家工作人员，利用职务上的便利，将本单位财物非法占为己有，数额较大的，构成职务侵占罪；非国有公司中的国家工作人员，利用职务上的便利，将本单位财物非法占为己有，数额较大的，则构成贪污罪。又如，根据刑法第243条第2款规定，国家机关工作人员犯诬告陷害罪的，从重处罚。行为人对这种特殊身份的认识情况，会影响到他对自己行为构成此罪与彼罪或者刑事责任大小的判断。但是，行为人对自己特殊身份是否有认识不会影响到他对自己行为自然属性的认识。例如，行为人在盗窃时，无论他是否认识到他是国家工作人员，都不会影响他认识到自己在盗窃。行为人对自己特殊身份认识与否也不会影响到他对自己行为是否具有社会危害性的认识。例如，当行为人认识到自己侵占国家财产有害于社会时，无论他是否认识到他是国家工作人员，都不会影响他这种认识。因此，对特殊身份缺乏认识也不能成为阻却行为人犯罪故意的事由。

第三，认为法律既然明文规定不满某一年龄的人不负刑事责任，就应当对知道不满这一年龄的人不受刑罚处罚，并基于合理理由对自己年龄缺乏正确认识的人不予追究刑事责任，实际上就是主张对基于合理理由缺乏对自己行为的刑事违法性认识的人不应追究刑事责任。而笔者认为，对行为的刑事违法性缺乏认识不能成为免除刑事责任的理由。例如，甲事实上已满15周岁，由于其父母将其户口簿上的年龄改小了2岁并且没有告诉他，使他误以为自己未满14周岁。而甲通过学习刑法知道不满14周岁的实施任何危害行为都不负刑事责任，于是将一名他爱恋但追不到的女中学生强奸并且杀害。岂能因甲基于合理理由（年龄被父母改小又没有告诉他）缺乏对自己行为的刑事违法性认识而不追究其刑事责任呢？我们也认为，对前述为了替被伤害的姐姐报仇而将某乙打死的的某甲，可以考虑认定其不构成犯罪，但不是基于他认为自己年龄不满14周岁的错误认识，而是基于可能存在的他对自己行为的社会危害性和违法性认识的双重欠缺，即如果该案中的行为人认为他为受害的姐姐报仇的行为没有社会危害性，并且因为对自己年龄的错误认识而认为自己的行为不违法（而不是不违反刑法），那么应当基于他对自己行为的社会危害性和违法性认识的欠缺而认定不存在犯罪故意，进而认定其不构成犯罪。可见，问题的关键不在于行为人是否认识到了自己的真实年龄，而是在于是否认识到了其行为的社会危害性或违法性。

第四，认为当法律把特殊身份规定为犯罪的构成要件时，若行为人认为自己不具有该特殊身份，就不能要求行为人承担相应的刑事责任，实际上也是主张对基于合理理由缺乏对自己行为的刑事违法性认识的人不应追究刑事责任，因而也不能成立。在前述对受伤小孩不予救助的案例中，甲主观上明知自己不救助被摔伤的小孩很可能导致小孩因未得到及时抢救而死亡的情况下，他实际上已经认识到自己不作为的社会危害性，如果这时客观上他具有抢救小孩的法定义务而没有抢救，那么从其主观心态到客观行为都已具备非难理由，理应考虑追究其刑事责任。就本案具体情况而言，主张对甲不能追究刑事责任的理由实际上是由于他没有认识到自己与受害人的法律关系而没有认识到自己负有抢救受害人的特定法律义务。笔者认为，对特定法律义务缺乏认识不能阻却行为人的犯罪故意和刑事责任。例如，王某认为，子女是我的，我抚养还是不抚养，抚养得好坏都是自己的事，根本没有认识到自己有抚养子女的法定义务，因而遗弃其女儿，造成其女儿夭折的严重后果。在这种情况下，岂能因王某不知道自己有抚养子女的法定义务而不追究其遗弃罪的刑事责任呢?

综上所述，笔者认为，犯罪主体不是犯罪故意的认识内容。

四、犯罪客体以及说明犯罪客体的事实是否属于犯罪故意的认识内容

我国刑法理论中的犯罪客体是一种理论上概括和抽象出来的概念，即便如盗窃罪、故意杀人罪等常见多发的自然犯，行为人也往

往不知道它们的犯罪客体是什么，更不用说那些复杂少见的法定犯，如高利转贷罪、逃汇罪等的犯罪客体。因此，要求行为人认识到犯罪客体的实质内容是不现实的。

但是，犯罪客体并非孤立地存在，它总是和一些客观存在的事实紧密联系，如盗窃罪中他人的财产权受到侵害，表现为犯罪分子非法将他人的财产窃为己有，故意杀人罪中他人的生命权利受到侵犯，表现为他人的生命被犯罪分子非法剥夺。对于这些事实，故意犯罪人则是完全可以认识到的。至于说明犯罪客体的事实有哪些，学者们认为主要是指有关犯罪对象的事实，有的学者则进一步将其归纳总结为三类：一类是犯罪对象，一类是社会心理影响，一类是社会的正常秩序。[①] 笔者认为，在存在犯罪对象的犯罪中，说明犯罪客体的事实是犯罪主体、危害行为和犯罪对象；在不存在犯罪对象的犯罪中，说明犯罪客体的事实则是犯罪主体和危害行为。因为：第一，在存在犯罪对象的犯罪中，犯罪主体、危害行为的性质以及犯罪对象的性质，决定了危害行为所侵犯的社会关系的性质，亦即决定了犯罪客体的性质。例如，盗窃主体、盗窃行为加上盗窃对象的性质，就决定了盗窃行为所侵犯的社会关系的性质：如果盗窃主体是一般公民，盗窃的是财物，则侵犯的是财产所有权；如果盗窃主体是一般公民，盗窃的是国家秘密，则侵犯的是国家保密制度；如果盗窃主体是国家工作人员，是利用职务便利盗窃，盗窃的是公共财物，则侵犯的是公职人员职务的廉洁性和公共财产所有权。第二，在没有犯罪对象的犯罪中，犯罪主体和危害行为的性质就决定了危害行为所侵犯的社会关系的性质，亦即决定了犯罪客体的性质。例如，偷越国境主体加上偷越国境行为的性质，就决定了偷越国境行为所侵犯的社会关系的性质：如果偷越国境的是普通公民，没有携带特殊的物品偷越国境，侵犯的是国家对国境的管理秩序；如果偷越国境的是国家工作人员，携带大量国家秘密材料偷越

---

① 参见姜伟著：《犯罪故意与犯罪过失》，群众出版社 1992 年版，第 123 ~ 127 页。

国境，侵犯的则是国家安全；如果偷越国境的是军人，携带大量国家秘密材料偷越国境，侵犯的则是国家军事利益。第三，由危害行为造成的社会心理影响和被危害行为所破坏的社会正常秩序，则是危害行为作用于犯罪对象或者由危害行为直接产生的危害结果，它们并不是具有独立存在价值的说明犯罪客体的事实，亦即，它们本身就是由犯罪主体、危害行为和犯罪对象的性质决定的，因而对说明犯罪客体没有独立存在的意义。对这两项事实是否应当认识，不属于这里要解决的问题。

在犯罪主体、行为性质以及犯罪对象这些说明犯罪客体的事实中，行为性质已经被一致认为是故意犯罪行为人应当认识的内容，我们在前面已经指出行为人对犯罪主体情况无须认识，剩下的问题就是犯罪对象是否是犯罪故意的认识内容。笔者认为，在存在犯罪对象的场合，犯罪对象都应当是犯罪故意的认识内容，理由是：当存在犯罪对象时，行为人的危害行为都是通过作用于犯罪对象来实施的，因而如果行为人对犯罪对象性质缺乏认识，必然对行为性质缺乏认识。例如，如果行为人没有认识到自己杀害的对象是有生命的自然人（对象是否真的是有生命的自然人在此并不重要），就无从知道自己实施的是杀人行为。对行为性质缺乏认识，也就不可能存在相应的犯罪故意。又如，如果行为人没有认识到自己在实施杀人行为，那么他的该行为便不可能是在杀人犯罪故意支配下实施的。因此，犯罪对象应当是犯罪故意的认识内容。

可见，犯罪客体不是故意犯罪行为人应当认识的内容。说明犯罪客体的事实包括犯罪主体、危害行为和犯罪对象，其中，犯罪主体不是故意犯罪行为人应当认识的内容，危害行为和犯罪对象的性质（在存在犯罪对象的犯罪中）则是故意犯罪行为人应当认识的内容。

五、危害结果是否是一切犯罪故意的认识内容

许多学者认为危害结果应是一切犯罪故意的认识内容。如有的

学者认为，行为人对危害结果有无认识，是否要求其认识是一回事，法律在构成要件的客观方面是否以一定的危害结果为要件是另一回事，不能因为法律不以危害结果为要件，就否定行为人主观上对一定的危害结果必须有认识。① 另有学者将结果分为认识结果和实际结果，认为认识结果是主观表现形态，是先于实际结果产生的。事实上未发生某种结果，不等于行为人未认识到这种结果。②还有学者认为，犯罪故意的认识内容中最根本的内容是对行为的危害后果的认识，行为人对其行为的性质等客观情况的认识，都是由对危害结果有认识这一点中派生出来的。③ 少数学者则认为，行为的结果并不是一切犯罪故意都必须具备的认识内容。④

上述两派学者的观点并非针锋相对，其分歧产生的原因在于对危害结果的理解不同。要澄清危害结果是否是所有故意犯罪行为人必须认识的内容这一问题，首先必须确定我们是在哪一个层次上使用危害结果这一概念的，然后才能探讨这种危害结果是否存在于一切犯罪之中，是否为故意犯罪行为人所必须认识。笔者认为，如果危害结果是指危害行为给刑法所保护的社会关系造成的实际损害，危害结果不是犯罪故意的认识内容；如果危害结果是指危害行为合乎规律地正常发展可能造成的结果，即一种观念上的结果，则危害结果是故意犯罪行为人必然会认识到的内容。

危害行为已经造成的实际危害结果按其覆盖范围可以分为两类：第一类范围宽，包括危害行为给社会造成的一切损害事实。这类危害结果在所有犯罪中都存在，故意犯罪的行为人可能认识到其

---

① 参见陈兴良著：《刑法哲学》，中国政法大学出版社 1997 年版，第 164 页。

② 参见姜伟著：《犯罪故意与犯罪过失》，群众出版社 1992 年版，第 118 ~ 119 页。

③ 参见马克昌主编：《犯罪通论》，武汉大学出版社 1999 年版，第 330 页。

④ 参见贾宇：《论犯罪故意中的事实认识》，载《法制与社会发展》1997 年第 3 期；冯军著：《刑事责任论》，法律出版社 1996 年版，第 155 页。需要指出的是，在大陆法系的刑法理论中，通说否认对危害结果的认识是所有犯罪故意的认识内容。我国台湾地区学者一般也持这种观点。

中的某些危害结果，但不可能对这类危害结果都认识到。例如，在故意伤害（致死）犯罪中，行为人对伤害的结果能认识到，对受害人死亡的结果则不一定能认识到。又如，在因诈骗致使被骗人自杀的犯罪中，行为人对他人财物被骗的结果能认识到，对被骗人自杀的危害结果则往往认识不到。第二类范围相对较窄，仅指危害行为给犯罪直接客体造成的损害事实。这类危害结果也存在于所有犯罪中，但是也不要求故意犯罪的行为人都必须认识到。所谓危害行为给犯罪直接客体造成的损害事实，不外乎表现为四种情形：一是使犯罪对象受到损害或者失控；二是给他人心理带来不良感受；三是使社会正常秩序受到损害；[①] 四是使社会正常制度或者某项利益受到损害。只要行为人主观上想给他人心理带来不良感受，或者想使社会正常秩序、制度或者利益受到损害，其行为在客观上也造成了这些损害，即使行为人没有认识到这些损害事实，也同样可以认定行为人存在犯罪故意。例如，甲是一名国家工作人员，因对政府不满，在因公出国时擅离岗位，滞留国外，企图损害国家安全。由于甲掌握了不少国家秘密，他的行为实际上已经危害了国家安全，但甲并不知道这一点。笔者认为，在这种情况下，不能因为甲没有认识到他的行为危害了国家安全而认定他不构成叛逃罪。又如，刘某与王某不和，因而捏造并散布了大量关于王某是同性恋和强奸犯的事实，但没有人相信。刘某见没有人相信他的谎言，以为王某也不知道这些谣言，因而认为他没有对王某的人格和名誉造成损害。笔者认为，在这种情况下，不能因为刘某没有认识到他的行为给王某的人格和名誉造成了损害而认定他不构成诽谤罪。可见，对犯罪直接客体造成的损害事实也不是故意犯罪行为人必须认识到的内容。

危害行为合乎规律地正常发展可能造成的危害结果不一定会实

---

① 参见姜伟著：《犯罪故意与犯罪过失》，群众出版社 1992 年版，第 123 ~ 127 页。

际发生，因而它只能是存在于行为人头脑中的一种观念性结果。这种危害结果是故意犯罪行为人必须也必然能认识到的内容。行为人在实施一种故意行为时，在意志上必然表现为希望或者放任心态。在希望的心态下，行为人主观上必定存在一个想要实现的目标，这个目标便是危害行为合乎规律地正常发展可能造成的危害结果，亦即行为人观念中的行为结果，它显然已为行为人所认识。例如，当行为人想要侮辱他人时，内心必定希望他人受到侮辱，“他人受到侮辱”便是行为人认识到的危害结果。当行为人煽动人们颠覆现政权时，内心必定希望现政权被推翻，“现政权被推翻”便是行为人认识到的危害结果。在放任心态下，同样以对危害结果有认识为前提，因为由放任心态构成的间接故意犯罪均为结果犯，即均以危害结果的发生为要件，并表现为对危害结果的放任，而没有对结果的认识便无对结果的放任。可见，无论在希望还是在放任心态下的故意行为，行为人都必然认识到了这种危害结果。而且，在不同犯罪中，行为人认识到的危害结果的地位有所不同，具体而言：(1) 在结果犯中，是作为犯罪构成要件的结果；(2) 在行为犯、举动犯和危险犯中，是与行为人的犯罪目的相符合的犯罪结果。

六、社会危害性认识以及违法性认识在犯罪故意中的地位

行为人在行为前或行为时对自己行为是否具有社会危害性或是否违反法律的主观认识，属于行为人对构成要件的事实的评价性认识。对于犯罪故意的认识内容中是否应包括行为人对构成要件的事实的评价性认识，亦即社会危害性认识和违法性认识，我国刑法理论界分歧较大。通说认为，按照我国刑法规定，故意犯罪的行为人应当认识到其行为和结果的社会危害性，刑事违法性通常不是犯罪故意的认识内容；但是，当某种行为一向不为刑法所禁止，后在某个特殊时期或某种特定情况下为刑法所禁止时，如果行为人确实不知法律已禁止而仍实施该行为的，他往往同时缺乏对行为及其可能造成之结果的社会危害性的认识，这种情况下难以认定行为人具有

犯罪的故意。亦即当行为人对自己行为的刑事违法性缺乏认识影响到对行为及结果的社会危害性的认识时，刑事违法性成为犯罪故意的认识内容。[①] 这种通说观点可以概括为故意犯罪的行为人必须具有社会危害性认识而不须具有违法性认识。目前，刑法理论界不少论者则认为，社会危害性不是犯罪故意的认识内容，但故意犯罪行为人应当具有违法性认识。[②] 另有个别论者认为，违法性认识和社会危害性认识都与犯罪故意的成立无关，只有犯罪构成事实才应当成为故意的唯一明知的内容。[③] 还有个别论者认为，违法性认识和社会危害性认识都是犯罪故意的认识内容，二者必须同时具备。[④]

笔者认为，通说原则上是正确的，但需要进一步完善。要科学判断社会危害性认识和违法性认识是否为犯罪故意的内容。首先应清楚探讨这一问题的意义和目的。综观国外关于违法性认识的各种学说，[⑤] 可以发现对违法性认识是否为故意要素的探索，归根结底都是为了解决故意这种心态为什么应该受到非难这一问题，即故意责任问题。各种观点之间存在根本分歧的原因，在于各自所依据的责任理论不同，例如，违法性认识不要说是以心理责任论为基础，而心理责任论认为只要责任能力者具有对结果的认识或认识可能

---

① 参见高铭暄、马克昌主编：《刑法学》（上编），中国法制出版社 1999 年版，第 205 页；马克昌主编：《犯罪通论》，武汉大学出版社 1999 年版，第 332 ~ 337 页。

② 参见冯军著：《刑事责任论》，法律出版社 1996 年版，第 218 ~ 228 页；赵秉志主编：《刑法争议问题研究》（上卷），河南人民出版社 1996 年版，第 311 ~ 312 页；田宏杰：《违法性认识与犯罪故意关系探析》，载中国人民大学法学院刑法专业组织编写：《刑事法专论》（上卷），中国方正出版社 1998 年版，第 678 ~ 694 页。

③ 参见李心鉴：《刑法中违法性错误与故意的关系》，载《政治与法律》1990 年第 5 期；甘雨沛、杨春洗、张文主编：《犯罪与刑罚新论》，北京大学出版社 1991 年版，第 221 页。

④ 参见齐文远：《论犯罪故意的构成因素》，载《青年法学》1986 年第 2 期。

⑤ 国外关于违法性认识的各种学说，可以参见冯军著：《刑事责任论》，法律出版社 1996 年版，第 211 ~ 219 页。

性，责任即可成立。[①] 根据这种责任论，作为责任要素的犯罪故意当然无须违法性认识。违法性认识必要说则是以道义责任论为基础，而道义责任论认为，只有在具有意志自由的人能够按其自由意志实施合法行为，但结果竟去实施违法行为时，才具有道义上非难的可能性，[②] 亦即才能要求行为人对其行为承担责任。值得注意的是，在我国刑事立法及刑法理论中，引入了社会危害意识这一概念，这使得我们能够以一个新的标准，即以行为人是否具有社会危害意识为标准，来判断其行为是否应当受到非难。那么，这一判断标准是否科学可取呢？对此我们原则上持肯定态度，即在认定行为人认识到了构成故意犯罪必备的诸项构成要件事实后，只要能认定行为人主观上具有社会危害意识，就可以认定行为人具有犯罪故意，如果在这种情况下行为人实施了刑法所禁止的行为，就应当追究行为人故意犯罪的刑事责任。理由是：行为人既然在明知自己行为有害社会后，依然坚持实施该行为，就充分说明他具有强烈的反社会心理和主观恶性，因而在主观上就具有了对其进行制裁的根据。如果在这种情况下行为人实施了刑法明确禁止的行为，则在客观上又具备了对其进行制裁的根据，在这种情况下对其加以刑罚制裁，完全符合主客观相统一的追究刑事责任原则，因此，根本不会有产生破坏法治的危险。当然，在行为人的行为客观上危害了社会，主观上也具有社会危害性认识的情形下，如果刑法并未明文规定这种行为为犯罪，而司法机关却仅直接根据社会危害性处理案件，那当然是对法治的极大破坏，这并非我们所主张的观点；相反，这是我们所坚决反对的。

不过，问题还没有就此完全解决：当用这种观点指导司法实务时，可能遇到难以克服的矛盾。例如，在“大义灭亲”、“为民除

---

① 参见［日］木村龟二主编：《刑法学词典》，顾肖荣等译，上海翻译出版公司1991年版，第223页。

② 参见［日］木村龟二主编：《刑法学词典》，顾肖荣等译，上海翻译出版公司1991年版，第223页。

害”的案例中，行为人实施杀人行为时，都是出于为民除害、为社会除害的善良动机。在案发后交待自己罪行时，行为人往往一方面承认自己杀人是违法的，因为法律不允许他杀人，但同时又坚决认为自己的杀人行为是为民除害，应当是有益于社会的。行为人的这种交待，应该说符合其行为时的心理。对这种“大义灭亲”、“为民除害”的杀人行为，理论界和实务部门均认为应当以犯罪论处。这说明，对于没有认识到行为的社会危害性但认识到了违法性的情形，同样应当按故意犯罪处理。因此，以行为人是否具有社会危害意识来判断其是否能构成故意犯罪，不能贯穿于刑事司法始终。这说明通说观点存在缺陷。

通说的缺陷源于对违法意识和社会危害意识的关系存在误解。持通说的学者认为，违法意识无非是社会危害意识的法律形式；行为人若有违法意识，必然具有社会危害意识。① 笔者认为，二者并不存在这种关系，因为所有关于行为危害社会的评价，都含有从道义上谴责的成分在内，而关于行为违法的评价，虽然多数也包含从道义上谴责的成分，但也有一部分不含这种成分。因为道德有其自身发展规律，并不会随着法律的变化而立即发生变化。当立法者出于某种考虑将某种行为定为违法，而当社会大众并不认为这种行为违背道德时，便会出现法律评价和道德评价发生冲突甚至对立的情形，如对除暴安良、劫富济贫的行为，法律评价和道德评价便存在这种冲突。可见，法律评价和道德评价是两种不同的评价标准，违法意识并不是社会危害意识的表现形式。之所以对存在违法性认识和社会危害性认识的行为人的行为都应当谴责，是因为只要具有这两种认识的其中一种，便说明行为人具有主观恶性，亦即存在谴责的主观基础。

否定社会危害性认识和违法性认识是犯罪故意内容的观点，没

---

① 参见姜伟著：《犯罪故意与犯罪过失》，群众出版社1992年版，第145~146页。

有认识到之所以对故意犯罪行为人进行制裁，是因为行为人存在严重的主观恶性，因而也就认识不到体现行为人主观恶性的社会危害意识和违法意识作为犯罪故意认识内容的必要性，其结论显然是错误的。主张犯罪故意的认识内容应同时具备社会危害性认识和违法性认识的观点，也值得商榷。理由是，在现实社会中，不仅存在着行为人主观上同时具备社会危害性认识和违法性认识的情况，而且大量地存在着行为人主观上或者仅具有违法性认识而不具有社会危害性认识，或者仅具有社会危害性认识而不具有违法性认识的情况，对于后者，同样应作为犯罪处理。

主张犯罪故意的认识内容中仅应包括违法性认识的观点矫枉过正，亦不足全取。在认定行为人认识到了构成故意犯罪必备的诸项构成要件事实，并且具有违法意识的情况下，无疑可以认定其具有犯罪故意，而且，违法性认识确实比社会危害性认识存在着较易判断、评价的优点。但问题在于，现代法治社会法网密布，繁于秋荼，且不说在法律知识普及情况还不尽如人意的我国，广泛存在行为人认识到自己的行为有害于社会，却不知自己的行为为法律所禁止的情况，即便是在公民的法律意识整体水平较高的西方国家，也都存在着相当多的人仅知行为有害但不知违法的情况，这从西方国家刑法理论界围绕违法性认识是否为故意认识内容而展开的激烈争论上就可见一斑。如果有社会危害性认识的人都具有违法性认识，如果违法性认识的有无容易判断，这种争论何至于如此激烈而长久？因此，如果根据犯罪故意的认识内容中只应包括违法性认识的观点，无疑为某些故意实施危害社会行为的人借口不知行为违法从而逃避刑罚制裁提供了很好的机会，也势必给司法机关证明犯罪带来了很多困难，从而不可避免地会放纵某些本应该受到惩罚的罪犯。例如，在我国农村甚至不少城市，遗弃家庭成员或者将子女或老人虐待致死的现象时有发生，而行为人往往都是平常不学法、不懂法的人，等到事发后才知道自己的行为违法犯罪。难道对这些人一概不能以遗弃罪或者虐待罪追究刑事责任吗？答案显然是否定的。因此，这种观点至少在我国当前行不通，因而并不可取。

综上所述，笔者认为，上述几种观点均不同程度地存在着一些缺陷，因而不应得到支持。我们的观点是，既然只要行为人具有社会危害性认识和违法性认识其中一项，便具备了对危害行为进行制裁的主观基础，而行为人有社会危害性认识不一定有违法性认识，有违法性认识也不一定有社会危害性认识，那么，在关于构成要件事实的评价性认识中，行为人只要具有社会危害性认识和违法性认识其中一项，便可认定其具有犯罪故意。亦即，社会危害性认识和违法性认识都不是故意犯罪行为人必须具备的认识内容。当行为人认识到了其行为的违法性时，便无须再认识到行为的社会危害性；当行为人认识到了其行为的社会危害性时，也无须再认识到行为的违法性。当然，在多数情况下，行为人实际上都是既认识到了行为的违法性，又认识到了行为的社会危害性。

七、犯罪故意的意志因素的表现形式

根据刑法的规定，犯罪故意的意志因素只表现为“希望”和“放任”两种。不过，理论界有学者提出了与希望和放任心态并列的第三种意志因素，即“容忍”，认为容忍是介于希望和放任之间的另一种意志类型。通俗地说，希望是“一定要这样”的心态；放任是“这样也行”的心态；容忍则是“只好这样”的心态。[①]

笔者认为，这种分类陷入了一个误区，即论者将情感因素引入了犯罪故意之中，并将其作为判断行为人意志类型的一个独立因素，这似乎有欠妥当。从心理学的角度分析，支配人的行为的，除了情感，还有理智。如果将情感作为判断行为人意志类型的一个独立因素，那也必然要将理智作为判断行为人意志类型的另一个因素独立加以考察，而实际上这样做不但没有必要，而且容易产生无法调和的冲突，因为行为人最终选择某一行为总是情感和理智交织作

① 参见贾宇：《直接故意与间接故意的新探讨》，载《法律科学》1996 年第 2 期。

用，在二者之间加以取舍的结果。以行为人欲杀其妻而在饭菜内投毒，其妻却与幼儿一同进食的案件为例。从情感上来说，行为人可能是不希望幼儿中毒的；但从理智上来说，行为人又可能认为机会难得，不能错过，只能听任儿子中毒了。最后，如果是情感战胜了理智，那么行为人就会采取措施制止幼儿进食；如果是理智说服了情感，行为人就会听任儿子进食从而中毒。

可见，情感因素和理智因素一样，只是对行为人最终采取什么措施而产生影响。而判断行为人的意志类型，只能是也只需要从情感和理智交织作用的最后产物，即行为人对危害结果的发生实际上采取的措施（抑或是根本没有采取措施）来判断，而不能也无须追溯到此前的情感或者理智因素上去，否则必将使得判断标准丧失统一性和科学性，从而导致结论的混乱。而从行为人对危害结果的发生实际上采取的措施来判断，前述被某些论者视为第三种意志类型的容忍或者可以归入希望心态之中，即以积极的行为追求危害结果的发生；或者与放任并无不同，表现为对危害结果既不积极追求，也不设法阻止的听任态度。因此，无须也不能将容忍视为与希望和放任并列的第三种意志类型。

八、间接故意犯罪的行为人是否可能认识到危害结果必然发生

关于犯罪故意的认识程度，无论是对直接故意还是间接故意，刑法第 14 条都是用“明知……会发生”来描述，而明知会发生包括明知必然发生和明知可能发生两种情形。根据本条规定，无法确认是否直接故意或间接故意在认识程度上都包含这两种情形，如果仅从文理解释角度出发，可以认为根据本条规定，间接故意在认识程度上也包括这两种情形。在理论和实务上，对直接故意在认识程度上包括明知必然发生和明知可能发生两种情形均没有异议，对间接故意是否包括这两种情形，理论上则存在较大争议。一种观点认为，间接故意在认识程度上只能表现为行为人认识到自己的行为“可能”发生危害社会结果的心理态度。如果明知行为必然发生危

害结果而决意为之，就超出了间接故意认识因素的范围，应属于直接故意。[①] 另一种观点认为，明知自己的行为必然发生危害社会的结果而放任这种结果的发生的心理态度也是存在的，这种情形也是间接故意。[②]

我们原则上赞同第一种观点，认为通常情况下，明知自己的行为必然发生危害社会结果并且放任结果发生的犯罪故意，无论从逻辑上还是从实际上看，都根本不可能存在。理由正如有学者所指：放任心理只能建立在预见到事物发展客观的多种可能性和不固定性的基础上。行为人只有认为自己的行为可能发生、也可能不发生特定的危害结果，才谈得上放任这种结果的发生。如果预见到必然发生危害结果，确信事物发展的结局是单一的、固定的，并且决意去实施危害行为，这时行为人就不是放任危害结果的发生或不发生，而是希望危害结果发生。因为对危害结果必然发生的认识和在此基础上的犯罪决意，充分证明了行为人不是有意地放任危害结果的发生，而是以自己的行为向着自己确信必然会达到的目标努力，是在积极地追求危害结果的发生，这种追求危害结果的态度，正是直接故意所要求的希望心理。[③] 但也不能排除例外情况，即在某些不作为犯罪中，行为人明知自己如果不采取积极措施，某种危害结果就必然发生，却因为其他原因而没有采取积极措施防止危害结果发生，而是放任危害结果发生。例如，甲带邻居 12 岁的孩子去游泳，小孩游到水深处时，突然腿抽筋沉入了水中，这时周围只有甲和一名不会游泳的小女孩，甲清楚地知道，如果他不去抢救小孩，小孩必然会被溺死，但甲贪生怕死，害怕他去救小孩时，会被小孩抱住

---

① 参见高铭暄、马克昌主编：《刑法学》（上编），中国法制出版社 1999 年版，第 208 页。

② 参见马克昌主编：《犯罪通论》，武汉大学出版社 1999 年版，第 339 页、第 442～443页。

③ 参见赵秉志：《简论犯罪直接故意与间接故意的划分》，载《江海学刊》1986 年第 2 期。

手脚从而与小孩一起被淹死，居然不对小孩施救，结果导致小孩被溺身亡。在本案中，甲在明知自己的不作为行为必然会导致小孩死亡的危害结果发生的情况下，对小孩死亡这一危害结果所持的则是放任心态而不是希望心态。

综上所述，笔者认为，在所有以作为方式以及绝大多数以不作为形式实施的间接故意犯罪中，行为人在认识程度上都只能表现为明知危害结果可能发生；只有在极少数特殊的以不作为形式实施的间接故意犯罪中，行为人在认识程度上才可能表现为明知危害结果必然发生。

九、间接故意是否存在犯罪目的

通说认为，犯罪目的只存在于直接故意犯罪之中，但也有人认为，间接故意也有犯罪目的。如有人认为，放任本身就是目的；另有人认为，间接故意也存在目的，只是目的不确定；① 还有人认为，间接故意可以分为有犯罪意图的间接故意和无犯罪意图的间接故意。② 笔者认为，只要犯罪目的是犯罪人希望通过实施犯罪行为达到某种危害结果的心理态度，间接故意就不可能存在犯罪目的，因为间接故意中永远也不可能产生出希望的心理态度。至于有人把间接故意分为有犯罪意图的间接故意和无犯罪意图的间接故意，实际上指的是对行为人所放任的危害结果以外的其他危害结果的心理态度，这样把对不同的危害结果的心理态度混为一谈，制造出一个极易引起误解的“有犯罪意图的间接故意”概念，只能引起人为的混乱，并不可取。

---

① 转引自李鑫、张明乃：《论间接故意犯罪》，载《法学杂志》1985年第2期。
② 参见施金庄：《间接故意犯罪简析》，载《政治与法律》1987年第4期。

十、犯罪故意研究述评

（一）研究概况

初步统计，共有300余篇关于犯罪故意的论文在各种公开出版的学术刊物上发表，同时，在许多学术专著以及硕士、博士毕业论文中，对犯罪故意问题的探讨也十分深入。姜伟博士在其博士论文的基础上修订出版的专著《犯罪故意与犯罪过失》，是新中国刑法学领域第一本专门研究罪过和犯罪主观方面的学术专著，对推动我国犯罪故意理论的发展具有重要意义，贾宇教授的博士论文《犯罪故意论》也对犯罪故意问题进行了深入研究。关于犯罪故意的研究可以分为两个阶段。

第一阶段，结合1979年刑法，对罪过和犯罪故意的概念及构成因素进行研究。在这一阶段学者们主要是以我国1979年刑法第11条关于故意犯罪的规定，对犯罪故意的定义，犯罪故意的构成因素进行了深入的探讨。探讨重点包括犯罪故意的判定标准、作为犯罪故意构成因素的认识内容、认识程度以及意志因素。在这一阶段，姜伟博士的博士论文《犯罪故意与犯罪过失》以及贾宇教授的博士论文《犯罪故意论》对犯罪故意的研究最为深入、全面，是该阶段的最高研究成果。另外，齐文远教授的硕士毕业论文《论犯罪的故意》对犯罪故意的研究也颇有创新性思维，是早期研究犯罪故意问题的佳作。中外以及不同地区法域之间犯罪故意的比较研究也是这一时期对犯罪故意的研究特色之一，在这方面，冯军教授的《刑事责任论》较有深度，左坚卫副教授的硕士毕业论文《海峡两岸犯罪故意比较研究》也有一定学术价值。

第二阶段，结合1997年刑法，对刑法各罪中的罪过和犯罪故意问题展开新的探讨。1997年刑法虽然没有对故意犯罪的概念进行修改，但在刑法分则中增设了大量罪过形式较为特殊的犯罪，按照传统的罪过判断标准来衡量，这类犯罪既难以归入故意犯罪，也难以归入过失犯罪。针对这种现象，学者们对犯罪故意问题，更准确地说，是罪过的判断标准展开了新一轮探讨。在这一阶段，储槐植教授与杨书文博士合作撰写的论文《复合罪过形式探析——刑法理论对现行刑法内含的新法律现象之解读》，以及张明楷教授撰写的论文《“客观的超过要素”概念之提倡》影响最为广泛，刑法学界围绕两位学者提出的观点进行了热烈讨论，将包括故意判断标准在内的罪过判断标准问题的探讨引向深入。

（二）观点综述

1. 关于罪过的形式

关于罪过的形式，刑法理论通说认为包括故意和过失两种类型。1997 年刑法分则规定的个罪的罪过形式比 1979 年刑法更为复杂。这种复杂性可以从两个方面得到体现，一是将故意和过失实施的同种危害行为规定在同一刑法条文中，配置相同的法定刑。例如，刑法第 398 条将故意和过失泄露国家秘密的行为混合规定，配置了完全一致的法定刑。二是对某些犯罪的罪过形式规定得很不明确。例如，根据刑法第 129 条规定，依法配备公务用枪的人员，丢失枪支不及时报告，造成严重后果的，构成丢失枪支不报罪。对于该罪的罪过形式，故意说、[①] 过失说，[②] 以及过失与间接故意复合说[③]兼而有之。又如，根据刑法第 397 条规定，国家机关工作人员滥用职权或者玩忽职守，致使公共财产、国家和人民利益遭受重大损失的，构成滥用职权罪或者玩忽职守罪。有人认为，在主观方面，滥用职权罪表现为故意，玩忽职守罪表现为过失；[④] 另有人则

---

① 参见周道鸾、张军主编：《刑法罪名精释》，人民法院出版社 1998 年版，第 125 页。

② 参见高铭暄、马克昌主编：《刑法学》（第二版），北京大学出版社、高等教育出版社 2005 年版，第 397 页。

③ 参见韩哲：《关于丢失枪支不报告罪主观罪过形式的探讨》，载《法学评论》2005 年第 5 期。

④ 参见高铭暄主编：《新编中国刑法学》（下册），中国人民大学出版社 1999 年版，第 1008 页；王作富、翟中东：《玩忽职守罪与滥用职权罪界定问题研讨》，载王作富主编《刑事实体法学》，群众出版社 2000 年版，第 432 ~ 433 页、第 443 页。

认为，滥用职权罪和玩忽职守罪的主观方面既可以是故意，也可以是过失。[①] 刑法立法的模糊性既在罪过形式的判断方面引起了一定的混乱，也促成了对罪过的理论研究向纵深发展。为了解决新出现的问题，有学者提出了"复合罪过形式"的概念，有学者提出了"客观超过要素"的概念，还有人提出了名为"轻率"的定三种罪过刑事。

按照"复合罪过形式"论者的观点，所谓复合罪过形式，是指同一罪名的犯罪心态既有故意（限间接故意）也有过失的罪过形式。典型的复合罪过形式是刑法第397条规定的滥用职权罪和玩忽职守罪的罪过形式。提出这种罪过形式的论者认为，复合罪过形式客观存在，其特征为：（1）以复合罪过为主观要件的犯罪，皆为结果犯。（2）该类犯罪的罪过形式，即复合罪过是间接故意与过失的复合。（3）该类犯罪的主体多为特殊主体，即具有一定专业知识技能、从事特定职业或者具有某种职责的人。（4）该类犯罪具有多档次法定刑。[②]

不可否认，"复合罪过形式"理论是根据通行罪过判断标准对刑法分则规定的某些犯罪的罪过形式的客观描述。然而，持论者对复合罪过形式存在的合理性的论证引起了激烈争论。反对者认为，一个罪名之下的犯罪构成必须同一，这是刑法学的一条科学的定理，不是可以突破的传统格式。无论是单一客体还是复合客体，同一罪名的主观方面都不可能同时存在故意和过失两种罪过形式。司法实践中，如果有证据证明滥用职权人希望或者放任重大危害结果的发生，那就应当对其适用故意杀人或者故意伤害等故意犯罪的罪名定罪处罚，而不是用这种情况来证明作为一个法定罪名的滥用职

---

① 参见敬大力主编：《渎职罪》，中国人民公安大学出版社1999年版，第118页。

② 参见储槐植、杨书文：《复合罪过形式探析——刑法理论对现行刑法内含的新法律现象之解读》，载《法学研究》1999年第1期。

权罪也可以是故意犯罪。[①] 还有学者指出，根据刑法第 14 条与第 15 条的规定，如果认定某种犯罪出于故意，那么，当刑法没有明文规定过失可以构成该罪时，认为该罪可以出于过失是违反罪刑法定原则的。而且，一个犯罪既可以出于故意也可以出于过失的观点，导致在刑法没有明文规定的情况下，故意犯罪与过失犯罪的法定刑相同，也有悖罪刑相适应原则。[②]

然而，要完全贯彻故意的认识内容包括所有的客观要件要素的通行观点，在认定滥用职权罪、丢失枪支不报罪等犯罪的罪过形式时，就会出现难以解决的问题。因为在这些犯罪中，行为人对属于构成要件的危害结果的发生客观上既可能是过失也可能是间接故意。于是，有学者提出了“客观的超过要素”的概念，主张对于某些作为故意犯罪的客观要件要素的危害结果，不需要存在与之相应的故意内容，这类危害结果可以称为“客观的超过要素”。[③]

“客观的超过要素”的观点是受大陆法系刑法中的客观处罚条件启发而来的。在大陆法系刑法中，某些情况下，行为即使具备构成要件该当性、违法性和有责性，也不能据此处罚行为人，还要求具备刑法所规定的一定的处罚条件。这种处罚条件，也称为客观的可罚条件或处罚条件。客观的超过要素与客观的处罚条件的不同在于，前者仍然是犯罪构成要件的要素，即仍然属于犯罪构成的内容，而不是犯罪构成要件以外的内容；而后者恰好是犯罪构成要件以外的内容。“客观的超过要素”论的理论基础是：即使是构成要件，也不意味着必须在主观上或客观上存在着完全与之相对应的事实。主观的超过要素之概念，表明有些主观要素不需要存在与之相

---

① 参见倪培兴：《犯罪客体与主观罪过的性质——以渎职罪为范例的分析》（下），载《人民检察》2001 年第 8 期。

② 参见张明楷：《“客观的超过要素”概念之提倡》，载《法学研究》1999 年第 3 期。

③ 参见张明楷：《“客观的超过要素”概念之提倡》，载《法学研究》1999 年第 3 期。

对应的客观事实；客观的超过要素则意味着某些客观要件也可能不需要存在与之相应的主观内容。这样一来，既可以保证同意犯罪罪过形式的统一性，又能使犯罪构成作为认定犯罪的唯一法律标志的观念仍然得以维持，从而避免体系上的混乱。①

“客观的超过要素”论者认为，内容为危害结果作为超过的客观要素，只应存在于有双重危害结果的犯罪中。主要是四种情况：其一，犯罪行为既有物质性结果也有非物质结果时，可能只要求行为人认识到其中的一种结果，而另一种结果是超过的客观要素。如刑法第186条规定的违法发放贷款罪。其二，犯罪行为造成了危险状态，但刑法还要求有实害结果时，实害结果可能是客观的超过要素。如刑法第129条规定的丢失枪支不报罪。其三，犯罪行为既存在无具体对象的危害结果，又存在针对具体对象的危害结果时，后者可能是客观的超过要素。如刑法第339条规定的擅自进口固体废物罪。其四，犯罪行为存在直接危害结果与间接危害结果时，间接危害结果可能是客观的超过要素。如刑法第128条第3款规定的非法出租、出借枪支罪。“客观的超过要素”论还认为，只能就法定刑较轻的故意犯罪承认内容为危害结果的超过客观要素；对于法定刑较重的故意犯罪，不能将危害结果作为超过的客观要素。②

一些学者在涉及罪过形式时，还提到混合罪过的问题。所谓混合罪过，也称双重罪过，是指在同一犯罪过程中，行为人的故意或过失相互转化的心理状态，由于行为人在一个犯罪过程中，具有故意和过失两种不同性质的罪过形式，故称之为混合罪过。如故意伤害他人身体而致人死亡的情形，对于伤害他人身体是故意的，而对他人死亡则是因为过失，在这种情形下，故意与过失同时存在，因而有些学者将其称为混合罪过。其理由在于：其一，从罪过的含义

---

① 参见张明楷：《“客观的超过要素”概念之提倡》，载《法学研究》1999年第3期。

② 参见张明楷：《“客观的超过要素”概念之提倡》，载《法学研究》1999年第3期。

看，罪过是行为人对其行为引起的危害结果所持的故意或过失的心理态度，加重结果是由行为人的行为引起的，行为人对这种结果所持的心理态度，可以认为是罪过。其二，罪过不仅仅是犯罪构成的必要条件，而且也是行为人对其行为负担刑事责任的主观基础。否认行为人对加重结果所持的心理态度是罪过，行为人对这一结果负担刑事责任便缺乏主观基础。① 但是，有的学者则认为我国刑法中不存在混合罪过的情况。其理由是：罪过是犯罪构成的必要条件。故意伤害致人死亡，表面上看，似乎伤害他人是故意的，致人死亡是过失的，但是，故意伤害致人死亡仍然属于故意伤害罪。故意伤害是该行为构成犯罪的前提，而过失致人死亡只是一种加重情节，并非构成故意伤害罪的必要条件。因此，在这种情况下，罪过形式仍然是单一的，即是故意。② 另有学者认为，从双重罪过（即混合罪过）行为的社会危害性与人身危险性的程度看，它与过失相近而与故意相距甚远。若将其作为一种独立的罪过形式，虽然从理论上分析有此可能，但从现实来看，其一意义不大；其二会导致立法的烦琐；其三会给司法认定带来困难，因而没有必要。③ 还有学者认为，混合罪过仅是犯罪故意与犯罪过失在同一个犯罪构成中存在的情况，它仍然没有超出刑法将罪过形式划分为犯罪故意和犯罪过失的范畴，因而它不具有独立存在的意义，不能将其视为与犯罪故意和犯罪过失并存的第三种罪过形式。④

2. 我国刑法中是否规定了严格责任

通说认为，罪过是所有犯罪成立在主观方面不可缺少的条件，某一行为要构成犯罪，行为人主观方面必须存在故意或者过失。不过，也有人认为，根据我国刑事立法和司法实践，我国刑法中已经

---

① 参见马克昌主编：《刑罚通论》，武汉大学出版社 1999 年版，第 304 页。

② 参见曾宪信等著：《犯罪构成论》，武汉大学出版社 1988 年版，第 93 页。

③ 参见李洁：《论滥用职权罪的罪过形式》，载《法学家》1998 年第 4 期。

④ 参见高铭暄主编：《刑法专论》（第二版），高等教育出版社 2006 年版，第 248 页。

规定了严格责任，即不论行为人主观上有无故意或过失，在某些情况下都应该对其行为所造成的危害结果承担刑事责任。其理由主要是：（1）刑法仅概括规定，醉酒的人犯罪，应当负刑事责任。而在某些情况下，由于酒精的麻醉作用，行为人完全不能辨认自己行为的性质，也不能控制自己的行为，这时行为人主观上并不具有罪过，而依照法律，行为人仍应负刑事责任。（2）在奸淫幼女犯罪中，即使对幼女的年龄产生错误认识，也可以构成该罪。（3）某些行为法律规定为犯罪，而行为人自己不认为是犯罪，这也涉及严格刑事责任方面的问题。① 对此有论者提出了反对意见，主要理由是：（1）法律上评价醉酒人犯罪的行为，不能也不应仅仅限于实施危害行为的瞬间，在醉酒人有过错醉酒的场合，行为人在醉酒前能够预见到自己在醉酒后可能会实施危害社会的行为。由于存在这种过错，醉酒人犯罪的主观心理态度便不能与严格责任中的缺乏主观罪过等量齐观。（2）构成奸淫幼女犯罪在主观方面应当包括明知对方是幼女或者可能是幼女，那种认为只要被奸淫对象的实际年龄不满14周岁，不论行为人是否知道或可能知道，均构成此罪的观点是错误的。（3）法律上规定为犯罪，行为人自己不认为是犯罪，属于法律认识错误问题，在一般情况下，行为人只要对行为的社会危害性有认识，就意味着对行为的刑事违法性有了认识，无须另外特别查明对行为的违法性是否有认识。②

3．故意犯罪行为人应当对哪些构成要件事实有认识

故意犯罪行为人应当对哪些构成要件事实有认识，刑法学界存在不同看法。主要有三种学说：

一是认识三要件说。认为故意犯罪是主体有意识、有目的、自觉的犯罪活动，他理应对整个犯罪活动情况有一般的认识。从犯罪构成来说，他应当认识除了犯罪主观方面以外的一切犯罪构成事

① 参见刘生荣：《论刑法中的严格责任》，载《法学研究》1991年第1期。

② 参见王晨：《我国刑法规定了严格责任吗?》，载《法学研究》1992年第6期。

实，包括主体、客体、行为及其方式、行为对象、结果、因果关系以及实行行为对特定的时空条件的要求，等等。此外，对法律明文规定必须“明知”的事件，主体也应有明确的认识，如应对窝藏赃物罪中的“赃物”等有认识。[①] 我国台湾地区的一些学者也持此种观点。[②]

二是认识二要件说。认为故意的认识内容包括犯罪客体或犯罪对象以及犯罪客观方面的事实。但学者们对行为人应认识到其中的哪些事实，又有不同见解。如有的学者认为，犯罪故意的认识内容应包括犯罪客体或犯罪对象的事实情况、犯罪客观要件方面的事实情况。其中，危害行为是所有故意犯罪必须认识的事实情况，危害结果及行为与结果间的因果关系是结果犯必须认识的事实情况。[③] 有的学者认为，犯罪故意的认识内容包括表明犯罪客体的事实、危害行为、危害结果、危害行为与危害结果间的因果关系及犯罪时间、地点的认识。[④] 有的学者认为，犯罪故意的认识内容除包括上述内容外，还应包括行为的方式、行为的手段。[⑤] 有的学者认为，犯罪故意的认识内容还应该包括对法律明文规定必须“明知”的情况，如窝赃罪中必须明知为赃物，[⑥] 等等。

三是认识一要件说。认为犯罪故意的认识内容只包括对犯罪客观方面的认识。但是，学者们对行为人应该认识到犯罪客观方面的

---

① 参见何秉松著：《犯罪构成系统论》，中国法制出版社 1995 年版，第 194 ~ 195 页。

② 参见洪福增：《故意论》，载台湾《刑事法杂志》1972 年第 1 ~ 2 期；林山田著：《刑法通论》，台湾三民书局 1989 年版，第 120 ~ 121 页。

③ 参见高铭暄主编：《中国刑法学》，中国人民大学出版社 1989 年版，第 125 ~ 126 页。

④ 参见甘雨沛、杨春洗、张文主编：《犯罪与刑罚新论》，北京大学出版社 1991 年版，第 132 ~ 139 页。

⑤ 参见姜伟著：《犯罪故意与犯罪过失》，群众出版社 1992 年版，第 112 ~ 127 页。

⑥ 参见陈兴良著：《刑法哲学》，中国政法大学出版社 1997 年版，第 162 ~ 165 页。

哪些事实，又有不同见解。有的学者认为，犯罪故意的认识内容只包括对行为的危害结果的认识。① 有的学者则认为，犯罪故意的认识内容即明知自己的行为会发生危害社会的结果，在任何情况下，首先，包括行为人对自己的行为本身的认识；其次，在多数场合，还应当包括对影响行为结果的有关情况的认识，即行为所及对象的社会属性、行为所使用的工具的性质、作为行为作用对象的人的特点、已经出现或者即将出现的因果锁链、合作者的行为及其作用、行为时的特定环境。②

从上述可见，学者们不仅对犯罪故意的认识内容应包括哪几个犯罪构成要件的事实有不同的看法，就是对犯罪故意的认识内容应包括同一犯罪构成要件中的哪些事实，也有相当的分歧。尽管如此，学者们之间仍有共同的认识，即一致认为犯罪故意的认识内容应包括属于犯罪构成客观方面的危害行为，分歧之处在于下列几个方面的问题：（1）犯罪主体；（2）犯罪客体或犯罪对象；（3）危害结果及危害行为与危害结果间的因果关系；（4）犯罪的时间、地点等因素。

4. 犯罪主体是否是犯罪故意的认识内容

对于犯罪主体是否是犯罪故意的认识内容，存在肯定和否定两种对立观点。

认为犯罪主体属于犯罪故意认识内容的学者所持的理由是：第一，刑事责任年龄应当成为事实性认识的内容。对责任年龄的认识直接影响着对是否承担刑事责任的认识，既然法律明文规定不满某一年龄的人不负刑事责任，就应当允许人们根据这一规定来选择自己的行为。责任年龄既然是一个归责的要素，在合理地缺乏对责任年龄的认识时，就应当免除行为人的责任。第二，特殊身份也应当

① 参见林准主编：《中国刑法教程》，人民法院出版社 1989 年版，第 70 页。

② 参见高铭暄、王作富主编：《新中国刑法的理论与实践》，河北人民出版社 1988 年版，第 240～243 页。

是事实性认识的内容。在法律把特殊身份规定为犯罪的构成要件时，若行为人认为自己不具有该特殊身份，就表明行为人认为自己的行为不是法律规制的对象，不构成犯罪。当行为人对自己身份的误解不可避免时，就不应要求行为人承担相应的刑事责任。[①]

认为犯罪主体不是犯罪故意的认识内容的理由是：第一，刑事责任年龄不是犯罪故意的认识内容。对主体的认识，实际上就是行为人对自身年龄、身份、责任能力等事实的认识。在这些事实中，行为人的年龄属于承担刑事责任的前提条件，只有在行为人具备了这一条件时，才能追究其刑事责任。至于他本人对此认识与否，认识是否正确，都不会影响他对犯罪客观事实的认识，亦即对这一条件认识与否，并不影响行为人对其行为自然属性的认识。第二，犯罪主体的特殊身份也不是犯罪故意的认识内容。按照刑法理论中较为通行的主张，刑法中的所谓特殊身份是指刑法所规定的影响行为人刑事责任的行为人人身方面特定的资格、地位或状态。在某些情况下，特殊身份的有无会决定行为是否构成犯罪。在某些情况下，特殊身份的有无会影响行为人是构成此罪还是构成彼罪，也可能影响行为人刑事责任的大小，但是，行为人对自己特殊身份是否有认识不会影响到他对自己行为自然属性的认识。例如，行为人在盗窃时，无论他是否认识到自己是国家工作人员，都不会影响他认识到自己在盗窃。行为人对自己特殊身份认识与否也不会影响到他对自己行为是否具有社会危害性的认识。因此，对特殊身份缺乏认识也不能成为阻却行为人犯罪故意的事由。第三，认为法律既然明文规定不满某一年龄的人不负刑事责任，就应当对知道不满这一年龄的人不受刑罚处罚，并基于合理理由对自己年龄缺乏正确认识的人不予追究刑事责任，实际上就是主张对基于合理理由缺乏对自己行为的刑事违法性认识的人不应追究刑事责任。而对行为的刑事违法性缺乏认识不能成为免除刑事责任的理由。第四，认为当法律把特殊

① 参见冯军著：《刑事责任论》，法律出版社 1996 年版，第 157 ~ 158 页。

身份规定为犯罪的构成要件时，若行为人认为自己不具有该特殊身份，就不能要求行为人承担相应的刑事责任，实际上也是主张对基于合理理由缺乏对自己行为的刑事违法性认识的人不应追究刑事责任，因而也不能成立。①

5. 危害结果是否是一切犯罪故意的认识内容

许多学者认为危害结果应是一切犯罪故意的认识内容。如有的学者认为，行为人对危害结果有无认识，是否要求其认识是一回事，法律在构成要件的客观方面是否以一定的危害结果为要件是另一回事，不能因为法律不以危害结果为要件，就否定行为人主观上对一定的危害结果必须有认识。② 另有学者将结果分为认识结果和实际结果，认为认识结果是主观表现形态，是先于实际结果产生的。事实上未发生某种结果，不等于行为人未认识到这种结果。③还有学者认为，犯罪故意的认识内容中最根本的内容是对行为的危害后果的认识，行为人对其行为的性质等客观情况的认识，都是由对危害结果有认识这一点中派生出来的。④ 少数学者则认为，行为的结果并不是一切犯罪故意都必须具备的认识内容。⑤ 个别学者认为，在不同犯罪中，行为人认识到的危害结果的地位有所不同，具体而言：（1）在结果犯中，是作为犯罪构成要件的结果；（2）行为犯、举动犯和危险犯中，是与行为人的犯罪目的相符合的犯罪

---

① 参见赵秉志主编：《刑事法实务疑难问题探索》，人民法院出版社 2002 年版，第 57～60 页。

② 参见陈兴良著：《刑法哲学》，中国政法大学出版社 1997 年修订版，第 164 页。

③ 参见姜伟著：《犯罪故意与犯罪过失》，群众出版社 1992 年版，第 118～119 页。

④ 参见马克昌主编：《犯罪通论》，武汉大学出版社 1999 年版，第 330 页。

⑤ 参见贾宇：《论犯罪故意中的事实认识》，载《法制与社会发展》1997 年第 3 期；冯军著：《刑事责任论》，法律出版社 1996 年版，第 155 页。需要指出的是，在大陆法系的刑法理论中，通说否认对危害结果的认识是所有犯罪故意的认识内容。我国台湾地区学者一般也持这种观点。

结果。[①]

6. 故意犯罪行为人是否应当具有社会危害性认识和违法性认识

行为人在行为前或行为时对自己的行为是否具有社会危害性或是否违反法律的主观认识，属于行为人对构成要件的事实的评价性认识。对于犯罪故意的认识内容中是否应包括行为人对构成要件的事实的评价性认识，亦即社会危害性认识和违法性认识，我国刑法理论界分歧较大，可以分为否定说和肯定说。

否定说认为，违法性认识和社会危害性认识都与犯罪故意的成立无关，只有犯罪构成事实才应当成为故意的唯一明知的内容。[②]理由是：行为人只要对行为的事实情况有认识，并且追求这种结果的发生而危害了社会，即使误认了社会危害性，也仍然构成故意犯罪。并认为我国刑法关于犯罪故意的规定所表明的并不是行为人必须对自己的行为结果作出正确评价，从而认识到社会危害性、违法性，而只是表明行为人所认识的结果是否具有社会危害性、违法性，是刑法站在国家的立场上客观地不以行为人的意志为转移地对该结果所作的评价。[③] 有的学者更从法律的强制效力的意义上否认行为人规范认识的必要；法律规范一经制定出来，便成为一种客观存在。它并不以行为人的意志为转移，不论行为人对其认识与否以及如何认识，它都在国家强制力的支配下发挥着自己的作用。[④]

肯定说认为，社会危害性认识或者违法性认识属于犯罪故意的

---

① 参见赵秉志主编：《刑事法实务疑难问题探索》，人民法院出版社 2002 年版，第 57～60 页。

② 参见李心鉴：《刑法中违法性错误与故意的关系》，载《政治与法律》1990 年第 5 期；甘雨沛、杨春洗、张文主编：《犯罪与刑罚新论》，北京大学出版社 1991 年版，第 221 页。

③ 参见李心鉴：《刑法中违法性错误与故意的关系》，载《政治与法律》1990 年第 5 期。

④ 参见甘雨沛、杨春洗、张文主编：《犯罪与刑罚新论》，北京大学出版社 1991 年版，第 221 页。

认识内容，但是对行为人是应当具备社会危害性认识还是违法性认识，又有不同看法。通说认为，按照我国刑法规定，故意犯罪的行为人应当认识到其行为和结果的社会危害性，刑事违法性通常不是犯罪故意的认识内容；但是，当某种行为一向不为刑法所禁止，后在某个特殊时期或某种特定情况下为刑法所禁止时，如果行为人确实不知法律已禁止而仍实施该行为的，他往往同时缺乏对行为及其可能造成之结果的社会危害性的认识，在这种情况下难以认定行为人具有犯罪的故意。亦即当行为人对自己行为的刑事违法性缺乏认识影响到对行为及结果的社会危害性的认识时，刑事违法性成为犯罪故意的认识内容。[①] 这种通说观点可以概括为故意犯罪的行为人必须具有社会危害性认识而不须具有违法性认识。目前，刑法理论界不论者则认为，社会危害性不是犯罪故意的认识内容，但故意犯罪行为人应当具有违法性认识。[②] 还有个别论者认为，违法性认识和社会危害性认识都是犯罪故意的认识内容，二者必须同时具备。[③] 晚近又有学者提出，既然只要行为人具有社会危害性认识和违法性认识其中一项，便具备了对危害行为进行制裁的主观基础，而行为人有社会危害性认识不一定有违法性认识，有违法性认识也不一定有社会危害性认识，那么，在关于构成要件事实的评价性认识中，行为人只要具有社会危害性认识和违法性认识其中一项，便可认定其具有犯罪故意。亦即社会危害性认识和违法性认识都不是故意犯罪行为人必须具备的认识内容。当行为人认识到了其行为的违法性时，便无须再认识到行为的社会危害性；当行为人认识到了

① 参见高铭暄、马克昌主编：《刑法学》（上编），中国法制出版社 1999 年版，第 205 页；马克昌主编：《犯罪通论》，武汉大学出版社 1999 年版，第 332 ~ 337 页。

② 参见冯军著：《刑事责任论》，法律出版社 1996 年版，第 218 ~ 228 页；赵秉志主编：《刑法争议问题研究》（上卷），河南人民出版社 1996 年版，第 311 ~ 312 页；田宏杰：《违法性认识与犯罪故意关系探析》，载中国人民大学法学院刑法专业组织编写：《刑事法专论》（上卷），中国方正出版社 1998 年版，第 678 ~ 694 页。

③ 参见齐文远：《论犯罪故意的构成因素》，载《青年法学》1986 年第 2 期。

其行为的社会危害性时，也无须再认识到行为的违法性。当然，在多数情况下，行为人实际上都是既认识到了行为的违法性，又认识到了行为的社会危害性。[①]

7. 行为人是否可能对必然发生的危害结果持放任心态

关于犯罪故意的认识程度，无论是对直接故意还是间接故意，刑法第14条都是用“明知……会发生”来描述，而明知会发生包括明知必然发生和明知可能发生两种情形。根据该条规定，无法确认是否直接故意或间接故意在认识程度上都包含这两种情形，如果仅从文理解释角度出发，可以认为根据该条规定，间接故意在认识程度上也包括这两种情形。在理论和实务上，对直接故意在认识程度上包括明知必然发生和明知可能发生两种情形均没有异议，对间接故意是否包括这两种情形，理论上则存在较大争议。一种观点认为，间接故意在认识程度上只能表现为行为人认识到自己的行为“可能”发生危害社会结果的心理态度。如果明知行为必然发生危害结果而决意为之，就超出了间接故意认识因素的范围，应属于直接故意。[②] 另一种观点认为，明知自己的行为必然发生危害社会的结果而放任这种结果的发生的心理态度也是存在的，这种情形也是间接故意。[③] 还有人认为，通常情况下，明知自己的行为必然发生危害社会结果并且放任结果发生的犯罪故意，无论从逻辑上还是从实际上看，都根本不可能存在。理由正如有学者所指：放任心理只能建立在预见到事物发展客观的多种可能性和不固定性的基础上。行为人只有认为自己的行为可能发生、也可能不发生特定的危害结果，才谈得上放任这种结果的发生。如果预见到必然发生危害结

① 参见赵秉志主编：《刑事法实务疑难问题探索》，人民法院出版社2002年版，第70页。

② 参见高铭暄、马克昌主编：《刑法学》（上编），中国法制出版社1999年版，第208页。

③ 参见马克昌主编：《犯罪通论》，武汉大学出版社1999年版，第339页，第442～443页。

果，确信事物发展的结局是单一的、固定的，并且决意去实施危害行为，这时行为人就不是放任危害结果的发生或不发生，而是希望危害结果发生。因为对危害结果必然发生的认识和在此基础上的犯罪决意，充分证明了行为人不是有意地放任危害结果的发生，而是以自己的行为向着自己确信必然会达到的目标努力，是在积极地追求危害结果的发生，这种追求危害结果的态度，正是直接故意所要求的希望心理。① 但也不能排除例外情况，即在某些不作为犯罪中，行为人明知自己如果不采取积极措施，某种危害结果就必然发生，却因为其他原因而没有采取积极措施防止危害结果发生，而是放任危害结果发生。②

（三）整体评论

从现有的研究成果来看，30 年来对罪过以及犯罪故意问题的探讨是深入的，成果是丰硕的，突出体现在以下几个方面：

第一，对罪过形式的研究取得一定突破。对于长期困扰理论和实务部门的某些个罪的罪过形式问题，刑法学界进行了较为深入的研究。学者们不回避问题，不轻言放弃，结合刑法规定和中外刑法理论，对刑法典分则中某些危害行为系故意，而行为人对作为构成要件的危害结果的发生却既可能出于故意也可能出于过失的个罪的罪过形式，进行了热烈而深入的探讨，并提出了富有创新性的观点，将罪过理论研究推向了一个新的高度。在此问题的研究过程中，学者们的研究态度和研究方法值得关注。他们既体现出对现有刑法规定和刑法理论通说的应有尊重，又不回避刑法规定和刑法理论通说面临的困境，坦率地提出问题，认真地思考问题，创造性地解决问题，显示出刑法学者们坚实的学术功底和务实进取的学术态度，值得称道。

① 参见赵秉志：《简论犯罪直接故意与间接故意的划分》，载《江海学刊》1986 年第 2 期。

② 参见赵秉志主编：《刑事法实务疑难问题探索》，人民法院出版社 2002 年版，第 71 ~ 72 页。

第二，对犯罪故意认识内容的研究较为深入。对于犯罪故意的认识内容，刑法学界进行了长期深入的探讨，并在持久探讨的基础上，对一些疑难问题提出了较有深度的看法。特别是对犯罪主体、危害结果是否是犯罪故意的认识内容，学者们结合实际情况，提出了颇有针对性的见解。

第三，对构成要件事实的评价性认识的研究取得了丰硕成果。在违法性认识和社会危害性认识是否属于犯罪故意的认识内容方面，已有的研究成果显示出刑法学者们立足本国实际情况，同时创造性地借鉴国外学术研究成果的治学思路。在国外，违法性认识的研究已经达到一个很高的高度，但是，国外犯罪构成理论中并没有一个类似社会危害性认识的概念，这样，在研究违法性认识对于犯罪故意成立的意义时，就不能简单地套用国外相关理论。对此，刑法学者们保持了足够的清醒认识。因此，相关研究成果借鉴并超越了外国刑法理论，表现在结合司法实践，提出了违法性认识和社会危害性认识择一说等观点，并进行了较为深入的论证，得出了一些令人信服并且有助于司法实务工作的结论。

然而，关于罪过和犯罪故意的研究缺憾也是很明显的，主要表现在理论研究成果对司法实践的指导作用不甚明显，对立法完善也没有发挥应有的作用。这种局面的出现是课题本身特点、理论研究程度、司法环境现状、法治观念进化等多种因素作用的结果。就罪过和犯罪故意理论研究而言，我们认为尚存在以下不足。

第一，对立法本身的疏漏研究不足。突出体现在对罪过形式的研究方面。我们认为，传统罪过形式的分类是科学的、严谨的，不存在明显缺陷，应当坚持。导致罪过判定标准和罪过形式再度产生纷争的原因在于刑事立法过于粗疏。遗憾的是，刑法理论界似乎没有对引起理论和司法混乱的这一源头给予必要的重视。从刑法理论上看，对危害结果是持故意心态还是过失心态，行为人应当承担的刑事责任大小是不同的，不应当将这两种情形规定在一起，配置完全相同的法定刑。因此，现行刑法对滥用职权罪、丢失枪支不报罪等犯罪的规定都应当加以完善，应当将基于故意心态和基于过失心态造成危害结果的情形分别加以规定，唯有如此，才能化解纷争，解决问题。主张通过确立“复合罪过形式”和引进“客观的超过要素”概念以解决问题的观点，都是刑法理论对粗疏的刑事立法的迁就，难以如愿。例如，主张引进“客观的超过要素”概念的观点，看似避免了在同一具体犯罪中既存在故意又存在过失心态，实际上并没有从根本上解决问题：首先，这种观点导致对罪过形式的判断标准不再统一，必然在一定范围内动摇罪过理论的根基。为了迁就现有的并不科学的刑事立法而对罪过理论作出这种修正是否值得，需要反思。其次，这种观点仅仅是掩盖矛盾，并没有解决问题。在引入“客观的超过要素”的概念后，虽然可以维护一种具体犯罪只存在一种罪过形式的基础观念，但这种维护是以牺牲罪过判断标准的统一性为代价，而且没有说明为什么在行为人对其行为所导致的危害结果存在故意和过失两种不同罪过形式时，可以配置完全相同的法定刑，因而难以说解决了问题。

第二，对一些法律现象的解释尚难以令人信服。这突出体现在对我国刑法是否规定了严格责任的理解上。例如，对于不明知是不满 14 周岁的幼女，双方自愿发生性关系，是否构成强奸罪的问题，尚未有令人信服的解释。从刑法的规定来看，我国刑事立法是不承认严格责任的。刑法第 16 条明确规定，行为在客观上虽然造成了损害结果，但是不是出于故意或者过失，而是由于不能抗拒或者不能预见的原因所引起的，不是犯罪。该条规定清楚地表明，无罪过即无犯罪。然而，从最高人民法院的有关司法解释的规定来看，立法的这一旨趣却被模糊化了。最高人民法院 2003 年 1 月 8 日通过、2003 年 1 月 24 日起施行的《关于行为人不明知是不满十四周岁的幼女，双方自愿发生性关系是否构成强奸罪问题的批复》规定，行为人确实不知对方是不满十四周岁的幼女，双方自愿发生性关系，未造成严重后果，情节显著轻微的，不认为是犯罪。从字面含义来看，这一司法解释包含着这样的内容：行为人即便确实不知对方是不满十四周岁的幼女，双方自愿发生性关系，如果造成严重后果，也应当以犯罪论处。这样的解释该如何理解和执行，是否包含着突破现有立法界限，增设了严格责任的内容，如果突破了，该如何适用该解释。对于这些涉及罪刑法定原则能否得到贯彻执行的重大问题，刑法理论界的探讨似乎有欠深入的探讨，亦没有给出合乎理性的统一的结论。

第三题 犯罪过失论*

犯罪过失，是指应当预见自己的行为可能发生危害社会的结果，由于疏忽大意而没有预见，或者已经预见而轻信能够避免，以致发生这种结果的心理态度。犯罪过失揭示的也是行为人的主观心理态度，是罪过的另一种表现。根据刑法第 15 条规定，对基于过失心态而实施的危害行为，与基于故意心态而实施的危害行为一样，可以以犯罪论处，追究行为人的刑事责任。但是，根据该条第 2 款的规定，对基于过失心态而实施的危害行为要追究刑事责任，必须有法律明确规定。根据刑法分则的规定，对过失犯罪的处罚要远远轻于对造成相同危害结果的故意犯罪的处罚。对存在过失心态的危害行为也可以追究刑事责任的根据在于，行为人本来有义务、有能力避免某种危害结果的发生，即存在不实施危害行为的义务和意志自由，却疏于履行自己的义务，在能够自由选择实施还是不实施危害社会行为的情况下，居然选择了实施危害社会的行为，以致造成了危害结果的发生。在这种情况下，行为人主观上存在过错，客观上实施了危害行为，造成了危害社会的结果，其行为完全可能具备主客观相统一的犯罪构成各要件，从而构成犯罪。另外，通过对过失行为予以刑罚处罚，同样能够达到预防犯罪的目的。对基于过失心态而实施的犯罪行为的处罚要大大轻于对故意实施的犯罪行为的处罚的原因在于，过失犯罪行为人的主观恶性要大大小于故意犯罪的行为人。过失犯罪的行为人对危害结果的发生持完全反对的心理态度，而故意犯罪的行为人对危害结果的发生却持积极追求或

---

* 本部分系与北京师范大学刑事法律科学研究院刘志伟教授合作完成。

者不管不顾、听之任之的心态，这表明过失犯罪行为人的反社会心理要远远低于故意犯罪的行为人。根据主客观相统一的社会危害性判断标准和刑事责任承担原则，在行为所造成的危害结果大致相同的情况下，过失犯罪的社会危害性和刑事责任都要远远小于故意犯罪，对前者的可谴责性和可罚性也就相应地小于后者。

一、犯罪过失中行为人注意能力的判断

行为人应当认识到自己的行为可能发生危害社会的结果，意味着他具有认识到并且防止自己的行为发生危害社会结果的能力，刑法理论界称之为注意能力。这样，如何判断行为人是否具有注意能力就成为判断其是否存在过失的重要问题，这涉及如何确定判断注意能力的标准。

刑法理论界关于注意能力的判断标准主要有四种观点：[①] 一是客观标准说。认为判断行为人能不能预见，应以一般人的一般水平来衡量。二是主观标准说。认为判断能否预见，应以行为人本人的具体能力、水平来判断。三是主客观统一说。认为应以影响行为人本人的实际能力的主观因素为基础，并结合行为时存在的客观的外部环境和条件来综合判定行为人能否预见。四是主客观相统一但以主观标准为主说。认为原则上应采取主客观统一的标准，但其中具有决定意义的是主观标准，因为能不能预见，属于人的认识因素，而个人的认识能力不同，所以我们不能提出过高的他人无能力达到的标准来要求他，这样比较符合实际。但是在司法实践中，还要适当考虑客观标准，这样才能为正确判断行为人能否预见危害结果提供一个客观的尺度。目前，主客观相统一但以主观标准为主说居于通说地位。

我们赞同通说。首先，能否预见到自己的行为可能发生的后

① 参见高铭暄主编：《新中国刑法科学简史》，中国人民公安大学出版社 1993 年版，第 116～117 页。

果，只能以行为人自己的认识能力为准，而不能以普通人的认识能力为准，这是显而易见的。普通人能够认识到某种行为可能发生某种危害结果，不代表行为人本人能够认识到；普通人无法认识到危害结果可能发生，也不意味着行为人本人认识不到。谴责犯罪过失这种罪过心理，当然应该是针对行为人本人的过失心理，即他本人能够预见到自己的行为可能发生危害社会的结果，却不加注意。客观说用普通人的注意能力来推定过失行为人的注意能力，从而确定其是否具有过失，这显然不妥。应该以行为人自身的注意能力为根据来判定其是否具有过失，这正是主观说的合理性所在。但是，人的注意能力并不是抽象存在的，它存在于一定的客观环境中，如一定的时间、地点、自然条件、个人条件等。注意能力的正常发挥，也离不开一定的具体环境和条件。要准确地判断行为人有无注意能力，必须结合行为当时行为人自身的主观因素和客观条件。因此，纯主观说在实践中实际上无法得到贯彻。主客观统一说较全面地把握住了注意能力的存在条件，克服了纯粹主观说的缺陷，得到了较多刑法学者的赞同。然而，主客观统一标准由于将行为人的主观条件与客观条件混合在一起考察，不分孰轻孰重、孰先孰后，实际上是一人一个标准，有时候可能难以准确判断行为人是否具有注意能力。例如，甲是一名外科医生，执业已有多年，但在做外科手术方面的水平稍低于普通外科医生。甲在做某次手术时由于一个失误而导致手术失败。对于具有一般水平的外科医生而言，这一失误是能够注意和避免的，但由于甲的水平要略低于普通外科医生，因而不能以普通外科医生的注意能力为标准来衡量甲的注意能力。但是，对于在当时的客观条件下，甲到底能不能注意和避免该失误，却难以得出准确的结论。此时，根据主客观统一标准，就难以确定甲是否具有注意能力。主客观相统一但以主观标准为主说则解决了这一问题。根据这一标准，我们可以在用主客观统一标准判断行为人的注意能力之前先用客观标准来加以衡量，由于有一个客观的衡量尺度，我们大致有了一个判断行为人是否具有注意能力的标准，可以大致得出行为人是否具有注意能力的结论。在此基础上，再重点考察行为人的个人条件和当时所处的客观环境。如果个人的注意能力明显高于或者低于客观标准，并且有充分证据证明他具有或者没有注意能力，则以个人情况为准；如果缺乏上述证据，则遵循客观标准。这便是主客观相统一但以主观标准为主说优越于主观标准说、主客观统一说的特点，因而它在刑法理论中处于通说的地位。

二、犯罪过失中“应当预见”的对象

关于“应当预见”的对象，根据刑法的规定，是指犯罪过失的行为人对自己的行为可能发生危害社会结果的认识。[①] 至于“危害社会结果的认识”的含义如何，刑法理论界存在着两种不同的观点：一为具体结果说，认为“危害社会的结果”只能在法律规定的范围内理解。因为过失犯罪中的危害结果是构成要件，构成要件是由刑法规定的，故这里的危害社会的结果，只能是刑法分则对过失犯罪所规定的具体的犯罪结果。同时又强调，所谓具体的结果又是相对的。在危害公共安全的过失犯罪中，行为人所应当预见的结果不一定是很具体的结果，但也必须是刑法分则所要求的结果。[②] 二为一般结果说，认为过失犯罪中行为人对危害结果的预见，只要预见到抽象的、一般的危害结果就足够了。因为人对客观世界的认识能力虽然从总体上看是无限的，但在某些具体场合，危害结果的发生非常急促、紧迫，行为人可能根本来不及认真观察和仔细思考，危害结果就发生了。行为人要清楚地认识到此种危害结果是不现实的。在过失犯罪中某些危害结果的发生带有很大的偶然性，要行为人对其预见得清晰、具体是很困难的。要求一定预见到某种具体危害结果是不现实的，也不符合刑法规定的精神和同过失

---

① 参见高铭暄主编：《中国刑法学》，中国人民大学出版社 1989 年版，第 133 页。

② 参见赵秉志、吴振兴主编：《刑法学通论》，高等教育出版社 1993 年版，第 129 页。

犯罪作斗争的需要。①

一般危害结果说充分认识到了在具体条件下，人的认识能力的局限性，有其合理性，但这种观点过分强调了人的认识能力的局限性和结果发生的偶然性，显然曲解了立法精神。它与国外的危惧感说相类似，即都是认为行为人虽无具体的结果预见可能性，但对于结果的发生具有笼统的、一般的危惧感和不安感，即可判定为有结果预见可能性，追究其过失责任也就不成问题。② 这样把握犯罪过失的预见对象，容易过分扩大刑法的打击面，结论难以让人接受。例如，甲与外表健康的老人乙发生争执，并在乙肩头推了一把，不料乙患有严重的心脏病，受到与甲争吵和被甲推搡的外部刺激后病情发作，经抢救无效死亡。按照一般危害结果说，甲完全可以认识到自己推搡老人行为的一般危害性，因而应当负过失致人死亡罪的刑事责任，但甲事实上并不能够预见到自己的行为可能造成乙死亡的危害结果，以过失致人死亡罪追究其刑事责任显然是不合适的。

我们倾向于具体危害结果说的观点，但该说尚有待完善。首先，在行为人对其行为可能造成的危害结果的预见中，必须包含刑法分则所规定的具体危害结果。如果行为人仅可能对一般的、较轻的危害结果（如轻伤害）有预见，而对刑法分则规定的具体的较重危害结果（如重伤、死亡）根本不可能预见，那么即使其行为实际造成了刑法分则所规定的具体的严重危害结果，也不应追究行为人对严重危害结果的过失罪责。例如，甲一掌打在13岁的小孩乙脸上，由于乙患有先天性心脏病，受到外力的强烈刺激后病情发作身亡。本案中，甲可以预见到自己打乙耳光的行为可能造成乙受伤的结果（如将乙耳朵打聋），却无法预见到会造成乙死亡的结果。因此，不应当以过失致人死亡罪追究甲的刑事责任。其次，我

① 参见宋庆德：《过失犯罪浅探》，载《政法学习》1988年第4期。

② 参见［日］藤木英雄著：《公害犯罪》，丛选功、徐道礼、孟静宜译，中国政法大学出版社1992年版，第62页。

们所说的具体危害结果不是绝对具体的，而是相对具体的。其相对性主要表现在：其一，当行为人对自己的行为是可能造成刑法分则没有规定的危害结果还是已经作出规定的危害结果不确定时，只要实际上造成了刑法分则所规定的危害结果，就应当追究行为人的过失罪责。例如，甲拿着一把小刀在乙面前乱舞，他显然应当认识到自己的行为可能会伤害到乙，但对于究竟是造成乙轻伤还是重伤则是不确定的。在这种情况下，如果他真的将乙刺成了重伤，就应当承担过失致人重伤罪的刑事责任。其二，只要行为人预见到自己的行为可能会发生刑法分则规定的危害结果就可以了，而不要求其一定预见到会发生哪一种具体的危害结果。例如，交通肇事案中，只要行为人预见到自己的行为会发生致人重伤、死亡或公私财产的重大损失就可以了，而不要求其一定预见到到底是发生这三种结果中的哪一种。其三，并不要求行为人预见到危害结果在什么时间、什么地点、对什么人发生等详细情况。

之所以对危害结果作上述理解，是基于以下几方面理由：

第一，行为人对某些具体危害结果的发生是能够认识到的。尽管人对具体事物的认识能力有一定的局限性，但只要积极发挥其主观能动性，在一定客观条件下，借助一些规律性的认识，还是可以对其行为可能产生的危害结果作出较为具体的预见。例如，在甲推搡老人乙致老人心脏病发作死亡的案例中，甲如果与乙是邻居，平时就已经知道乙患有严重的心脏病，就完全可以认识到自己与乙发生激烈争吵并推搡乙可能造成乙病发身亡。

第二，刑法对过失犯罪的打击是有选择的，主要是要遏制危害严重的过失行为，将可能预见的危害结果理解为一般的、抽象的危害结果，并不符合这一立法旨趣。刑法之所以在总则第 15 条第 2 款规定“过失犯罪，法律有规定的才负刑事责任”，并在分则中对各个过失犯罪的具体结果作出规定，目的正是在于控制打击面，只惩罚严重的过失行为，并非只要行为人对危害结果有一般的、抽象的预见，即要求其对行为造成的危害结果负过失犯罪的罪责。因此，将危害结果理解为一般的危害结果对适度惩罚过失犯罪不利，容易过分扩大刑法的打击面。

第三，从刑法关于过失犯罪的规定来看，也应当将危害结果理解为刑法分则所规定的具体的危害结果。根据刑法第 15 条第 1 款的规定，行为人应当预见自己的行为可能发生危害社会的结果，因为疏忽大意而没有预见，或者已经预见而轻信能够避免，以致发生这种结果的，构成犯罪过失。“这种结果”显然是特指某一具体的危害结果，它表明刑法要求行为人必须能够预见到一定的危害结果，而且预见到的危害结果应和实际上发生的危害社会的结果一致，而这种实际发生的危害结果就是刑法分则针对每一种过失犯罪规定的具体危害结果。

第四，要求行为人预见到其行为可能发生相对具体的危害社会结果，符合人类认识能力的实际状况和事物发展的规律。众所周知，事物的发展变化是有规律的，这种规律是能够为我们所认识的。人类的一切实践活动都是在发挥自己主观能动性的基础上，根据对事物规律性的认识，在客观条件许可的范围内进行的。因此，人在实施某一行为前，完全可以预测自己的行为可能发生的后果。在有目的的活动中，人是在事先对行为后果作了较为具体的预见之后才付出努力并达到目标的。若人类事先只能对行为后果有模糊的、不确定的认识，便无从采取行动并实现目标。将把这一结论应用于犯罪过失中“应当预见”内容的理解，就是行为人完全可以对其行为可能产生的具体的危害结果进行认识。当然，由于人的认识能力受主客观条件的制约，许多事物发展方向存在多种可能性，最终结果的发生具有一定的偶然性，因此，很多时候人只可能认识到其行为的相对具体的结果，而不可能是绝对具体的结果，这也正是人的认识的局限性所在。

三、过于自信的过失与间接故意的界限

间接故意与过于自信的过失虽对危害结果的可能发生均有预

见，而且均不是希望危害结果的发生，但是二者之间有着重大的区别，存在明显界限。对于如何划定两者的界限，刑法理论界存在两种观点：第一种观点认为，间接故意与过于自信过失的不同之处在于，在过于自信过失中，行为人是轻信危害结果可以避免；在间接故意中，行为人对自己的行为可能造成的危害结果，在主观上不是轻信可以避免，而是放任危害结果的发生，即对危害结果的发生采取漠不关心的态度。同时，过于自信过失确实具有防止危害结果发生的某些情况，而间接故意则根本不存在防止危害结果发生的任何情况。① 第二种观点对第一种观点提出不同看法，认为无论是从对可能发生危害结果的认识上，还是从对可能发生危害结果的意志态度上，间接故意和过于自信过失都是有区别的。② 持这种观点的学者认为，在认识因素上，间接故意是“明知”危害结果发生的现实可能性，过于自信过失是“预见”危害结果发生的假定可能性，“明知”比预见要具体、全面。所谓假定可能性，是指持过于自信过失心态的行为人认识到如果不存在抑制危害结果发生的有利条件的话，危害结果就可能发生。③ 在此基础上，持过于自信过失心态的行为人对危害结果发生的认识具有否定性，即行为人在认识到危害结果发生的可能性后，又基于对有利因素的估计，认为危害结果不会发生，而间接故意则无危害结果不会发生的否定性认识。④

我们赞同第二种观点。如果过于自信的过失在认识因素方面同间接故意完全一致，即都仅仅是认识到自己的行为可能发生危害社会的结果，就无法合理解释持过于自信过失心态的行为人既然根本不希望发生危害结果，为什么在认识到自己的行为可以造成危害结

① 参见高铭暄主编：《刑法学》，法律出版社 1982 年版，第 152 ~ 153 页。

② 参见何通胜、吉罗洪：《试论间接故意与过于自信过失的异同》，载《法学杂志》1989 年第 1 期。

③ 参见何通胜、吉罗洪：《试论间接故意与过于自信过失的异同》，载《法学杂志》1989 年第 1 期。

④ 参见姜伟著：《犯罪故意与犯罪过失》，群众出版社 1992 年版，第 335 页。

果的情况下，还去实施该行为。事实上，在持过于自信过失心态的行为人的认识中，并不是仅仅认识到了自己的行为可能发生危害结果，更重要的是，他还进一步认识到了同时还存在着防止危害结果的有利条件，并认为只要自己利用这些有利条件，危害结果就不会发生。正是行为人对危害结果发生的这种否定性认识，促成了导致危害结果发生的行为的实施。这也正是过于自信过失与间接故意在主观认识上的相异之处。因此，笔者认为，间接故意与过于自信过失无论是在认识因素方面，还是在意志因素方面，均存在着不同。

第一，在认识因素方面，过于自信的过失和间接故意两种心态无论是在认识内容上还是认识程度上都存在差别。在认识内容上，过于自信的过失和间接故意虽然都认识到自己的行为可能发生危害社会的结果，但两者对这种可能性是否会转化为现实性，即实际上发生危害结果的主观估计是不同的。持间接故意心态的行为人对危害结果由可能转化为现实并未发生错误的认识和估计，因而在可能性转化为现实性即发生危害结果的情况下，行为人的主观认识与客观结果之间并未产生错误，主观与客观是一致的。而过于自信的过失心理则不同，持这种心态的行为人虽然也预见到危害结果发生的可能性，但主观上认为，由于他的自身能力、技术、经验和某些外部条件，实施行为时，危害结果发生的可能性不会转化为现实性，即他对可能性是否会转化为现实性发生了错误认识。在危害结果发生的情况下，其主观认识与客观实际是不一致的。在认识程度上，间接故意和过于自信过失虽然都是认识到行为发生危害结果的可能性（极少数不作为间接故意犯罪除外），但对可能性大小的认识上存在差别。在间接故意中，行为人认识到危害结果发生的可能性通常较大，在过于自信的过失中，行为人认识到危害结果发生的可能性整体上看相对较小。这是因为，主观上表现为过于自信过失的行为人对危害结果的发生持反对态度。当某种行为导致危害结果发生的可能性很大时，有关人员往往会考虑停止实施该行为，从而彻底避免危害结果的发生。因此，危害结果发生的可能性越大，行为人认识到危害结果发生的程度越高，就越应当倾向于认定其主观方面表现为故意；危害结果发生的可能性越小，行为人认识到危害结果发生的程度越低时，就越应当倾向于认定其主观方面表现为过失。例如，老虎咬死人的可能性要远远大于狗咬死人的可能性，甲认识到老虎咬死人的可能性极大，而狗咬死人的可能性较小。如果甲抓到小偷乙后，将乙关入一头老虎栖息的小院子内，致使乙被老虎咬死，那么我们首先应当考虑的是甲对乙被老虎咬死的危害结果的发生持故意心态。如果甲抓到小偷乙后，将乙关入一条狗栖息的小院子内，致使乙被狗咬死，那么我们首先应当考虑的是甲对乙被狗咬死的危害结果的发生持过失心态。

第二，在意志因素上，间接故意与过于自信过失虽然都不是希望危害结果的发生，但深入考察，二者对危害结果的态度是不同的。间接故意的行为人虽不希望结果发生，即不积极追求危害结果的发生，但也并不反对、不排斥危害结果的发生，因而就不会凭借什么条件和采取什么措施，去防止危害结果的发生，而是听之任之、不管不顾，有意放任危害结果的发生。持过于自信过失心态的行为人则不仅不希望危害结果的发生，同时也不放任危害结果的发生，而是希望危害结果不要发生，希望避免危害结果的发生，即排斥、反对危害结果的发生。在预见到自己的行为可能发生危害结果的情况下，行为人仍然自信能够避免危害结果的发生，并因而实施该种行为，他必然是凭借了一定的自认为能够避免危害结果发生的因素，如行为人自身能力方面的技术、经验、知识、体力等因素，他人的行为、预防措施，以及客观条件或自然力方面的有利因素等。

需要注意的是，尽管间接故意和过于自信过失在认识程度上存在着一定的差异，但是充其量只能说明两者在对危害结果发生的可能性大小的认识上有一定的不同，仅根据这一点很难将两者区分开来，因此，它只能作为区分两者时的一个参考，具有决定意义的仍是两者在意志因素上的不同。但是，以意志因素的不同作为区分两者的标准在司法实践中缺乏可操作性，需要将这一标准具体化、与一定的客观事实联系起来。具体而言，可以按照以下思路判定行为人的心理态度究竟是过于自信过失还是间接故意：（1）如果行为人在行为前或行为过程中采取了防止危害结果发生的措施，仅因为行为人认识上的错误而未能采取有效防止危害结果发生的措施，造成了危害结果发生的，应当肯定行为人的心理是过于自信过失。（2）虽然行为人根本未采取任何防止危害结果发生的措施，但客观上存在着避免危害结果发生的有利条件，行为人不仅认识到了这些条件，而且打算利用这些条件去防止危害结果的发生，也应当认定行为人的心理是过于自信过失。（3）如果行为人不具备上述两种情况或不能确切证实，也不应断然认定行为人的心理是间接故意，而应当以社会的通常观念或常理为基准，综合考虑以下因素，以判断行为人的心理是过于自信过失还是间接故意：其一，危害结果发生可能性的大小；其二，危害结果的发生与行为人追求的目的是否矛盾；其三，行为人在危害结果发生过程中乃至发生后的态度；其四，影响行为人人格态度的各种因素；其五，行为人实施行为的原因等其他有关因素。这是因为受主观心理的难以认定性、案件的复杂性、调查取证的困难性以及侦查手段的有限性等因素的影响，会使某些虽不具备上述两种情况或不能确切证实这两种情况存在，但实际上行为人的心理确属过于自信过失的情形不能为我们所认识。

四、“预见对象”具体结果说在业务过失认定中的运用

处理监督过失等业务过失问题时，同样应当以相对具体的危害结果说为根据。下面试对这一问题略加展开探讨。

所谓监督过失，其基本含义是指监督者，亦即自己并不亲自从事危险事务，但对直接从事危险事务者负有监督责任的人，在直接从事危险事务的人因过失行为导致危害结果发生时，应当承担的过

失责任。[1] 例如，我国刑法第408条规定的环境监管失职罪，便是一种典型的监督过失犯罪。环境监管失职罪的主体，即负有环境保护监督管理职责的国家机关工作人员，本身并不直接从事可能导致环境污染事故发生的事务，但对直接从事可能导致环境污染事故发生之事务的主体，即我国刑法第338条规定的重大环境污染事故罪的主体负有监督责任。当其监督对象因过失行为导致重大环境污染事故发生时，如果监督者存在监督方面的失职行为，便应当承担相应的责任，这种责任就称为监督过失责任，或称监督过失。监督过失也是一种业务过失，表现在：第一，监督工作是一项反复继续进行的工作；第二，监督工作本身虽然不直接导致危害结果的发生，但却对危害结果的发生可能具有原因力，因而也具有危险性；第三，监督工作属于一种业务行为，监督过失当然也就属于业务过失。

认定和处理监督过失犯罪的关键问题在于如何确定行为人的预见义务的范围。在解决这一问题时，遇到的一个难题是，监督失职者对被监督者可能导致的具体危害结果有时并不能加以认识，此时能否认定行为人负有预见义务？日本曾经发生过一起影响重大的奶粉中毒事件，在处理这一案件时，对有关人员预见义务的认定便大费周折。该案的基本案情是：森永奶品公司（日本一家著名的乳制品公司）经过研究，发现将适量的磷酸氢二钠掺入奶粉中，能提高奶粉的溶解度。于是，该公司自1953年起一直向一家名为“协和”的药材商订购磷酸氢二钠作为添加剂。协和药材商开始进的磷酸氢二钠是来自一家名为“米山化学工业”企业的良好产品，森永奶品公司在两年多的时间里一直使用这种产品，从未发生过任何事故。1955年后，协和药材商改从一家名为“松野”的制药公司进货，而该制药公司提供的是一批富含砷的冒牌货。森永奶品公

① 参见［日］野村稔著：《刑法总论》，全理其、何力译，法律出版社2001年版，第184页。

司对这批冒牌的磷酸氢二钠没有经过检验便用于奶粉的制造。公司下属的德岛加工厂生产出来的掺入了这种冒牌磷酸氢二钠的奶粉投入市场后，导致许多食用该批奶粉的婴儿中毒，共死亡119名，患病1万多名。[①] 事故发生后，德岛加工厂厂长和生产科长都被起诉。该厂长并不负责指挥和监督产品质量方面的工作；生产科长虽然负责直接指挥订购、使用和对磷酸氢二钠进行检验的工作，但并非该种添加剂的采购者，也非其检验者。那么，能否追究厂长和生产科长的刑事责任呢？应当说，工厂厂长的责任还是比较好明确的，由于他既非事件的直接责任人员，也非直接负责产品质量监督工作的主管人员，因而其行为与危害结果的发生没有任何关系，他根本不可能对这种危害结果的发生有认识的可能，当然更不可能设法采取什么措施避免危害结果的发生，因此，厂长不负有认识和避免这种危害结果发生的注意义务。但对生产科长的责任认定则较为复杂。由于生产科长负责直接指挥监督磷酸氢二钠的使用工作，因该种添加剂有毒而发生的危害结果不能说和他的监督失职行为无关，不追究其责任于情理上似乎难以说通。可是，从本案的具体情况来看，生产科长对这一具体危害结果的发生又是无法认识到的，如果以具体结果说为标准，又不能追究其业务过失犯罪的刑事责任。日本德岛地方法院在本案一审中，正是以具体结果说和信赖原则为理由，认定厂长和生产科长不承担过失责任。[②]

日本及我国台湾地区学者正是为了处理企业的这类公害事故，提出了抽象结果说或危惧感说的主张，认为在上述案件的情况下，即使行为人没有对具体危害结果的预见可能性，只要他对于结果的发生具有笼统的、一般的危惧感和不安感，即可判定为有结果预见

① 参见黄河硕士论文：《论监督过失犯罪》，中国人民公安大学2001年印；［日］藤木英雄著：《公害犯罪》，丛选功、徐道礼、孟静宜译，中国政法大学出版社1992年版，第67～68页。

② 参见［日］藤木英雄著：《公害犯罪》，丛选功、徐道礼、孟静宜译，中国政法大学出版社1992年版，第66页。

可能性，就可以追究其过失责任，[①] 其积极意义应予肯定。但由于它只要求行为人对抽象的、一般的危害结果有预见就行了，如果发生了危害结果就要行为人承担责任，显然是不合理的。主要表现在：其一，如果行为人只能对危害结果有抽象的预见，就不可能去采取切实可行的措施去避免危害结果的发生。因为在一般的、抽象的预见可能性中究竟何种法益有被侵害之虞，此点极不明确。故在此一局势中，无法把握被要求的具体形态。总之，无法把握何者是作为客观的注意义务而被要求的。因此，无须为回避结果之预防措施。因此，被科以含糊不清之预见义务，最后有陷于过分扩大过失认定幅度的结果责任中的危险性。[②] 如果对结果的预见只要求有抽象的畏惧感的程度就够了的话就会过于扩大过失犯的成立范围，有时与客观责任没有大的差别。[③] 其二，事实上，人的一切行为都是可能存在某种危险性的，如果人对其行为一有不安感和畏惧感就要求其采取措施而回避结果的发生的话，无疑就会阻碍社会的进步。

那么，以相对具体的危害结果说为标准，是否存在放纵监督过失犯罪的问题呢？笔者认为不会。理由是，所有负有监督责任的人，都必然了解自己的职责为何，这种职责的目的为何，因而也就必然可以知道如果他不认真行使自己的监督职责，可能导致何种危害结果的发生。这种危害结果虽然不像已经发生的危害结果那样具体，却也并非没有具体内容的危惧感，而至少是相对具体的。以森永奶粉中毒事件为例，生产科长作为负责监督磷酸氢二钠检验工作的人，显然可以认识到如果他不履行自己的监督职责，就可能导致不合格的磷酸氢二钠被添加到奶粉中，进而可能造成奶粉中毒事件

---

① 参见［日］藤木英雄著：《公害犯罪》，丛选功、徐道礼、孟静宜译，中国政法大学出版社1992年版，第69页。

② 参见［日］都筑厄已：《过失犯客观的注意之具体化》，载台湾《刑事法杂志》1989年第33卷第3期。

③ 参见［日］大冢仁著：《犯罪论的基本问题》，冯军译，中国政法大学出版社1993年版，第245页。

的发生，因而他应当负有认识和避免这种危害结果发生的注意义务。这正是根据相对具体的危害结果说得出的结论，也是笔者认为应当追究生产科长监督过失犯罪刑事责任的理由。也就是说，生产科长对自己的失职行为并非只能产生危惧感，而是能够产生对相对具体的危害结果的认识。而工厂厂长虽然也可能产生某种危惧感，但由于完全不负责对产品质量的监督工作，不能形成生产科长所能形成的对相对具体的危害结果的认识，因而他即使有某方面的失职行为，在本案中也不能认为其构成监督过失犯罪。可见，相对具体的危害结果说完全能够贯彻于对监督过失犯罪以及其他业务过失犯罪中预见义务有无的认定。

五、“被允许的危险”理论在业务过失认定中的运用

“被允许的危险”理论是为了否定某些对社会有益的、不可缺少的行为所造成的事故中行为人的过失责任，特别是作为论证这种行为缺少违法性的根据而提出来的。其时代背景是：随着文明（特别是机械文明）的进步，社会生活中的方便程度正在显著提高，生活质量也正在随之改善。但文明一方面惠及每个人，另一方面却充满着危险。只要一步不慎，就会给人的生命和财产造成意想不到的损害。高速交通部门、化学工业、建筑、医疗行为就是其典型的例子。在诸如此类的于社会生活是有益的，但同时内部包含着重大危险的生活领域内，在使这种生活顺利进行的同时，怎样应付从中预想到的危险，成为立法政策上必须考虑的一个重大问题。①

在“被允许的危险”理论诞生前，当这些领域内不幸发生事故时，刑法上是当作造成事故原因的行为者的刑事责任，尤其是当作过失责任的问题来论处的。② 例如，当行为人从事驾驶活动发生

① 参见［日］木村龟二主编：《刑法学词典》，顾肖荣等译，上海翻译出版公司1991年版，第195页。

② 参见［日］木村龟二主编：《刑法学词典》，顾肖荣等译，上海翻译出版公司1991年版，第195页。

撞死撞伤行人的危害结果时，从行为的客观方面看，由于存在侵害法益的事实和作为其原因的行为，因而违法性的要件基本上是齐备的；从行为的主观方面看，该种行为具有发生后果的普遍危险性这一点是众所周知的，关于该种具体后果发生经过，通常也能肯定对行为者来说有预见的可能性。因此，根据传统的过失理论，能够轻而易举地肯定行为人的过失责任。但是，随着汽车等具有高度危险的行业为日常生活所不可或缺，如果再根据传统的过失理论来判断行为人的刑事责任和科处刑罚，无异于禁止、压制这种行业以及相关的行为，必将对日常生活及社会发展造成严重阻碍。例如，生产汽车难免会引发汽车将行人撞死撞伤的危害结果，汽车生产者对这种危险性是能够预见并且已经预见到了的，如果一旦汽车发生了这种事故，便追究汽车生产者的刑事责任，无异于禁止生产汽车；又如，生产和输送电力难免会发生触电或者漏电事故，电力生产者对此也是能够预见并且已经预见到了的，如果一旦发生触电和漏电事故，便追究电力生产者的刑事责任，无异于禁止生产和使用电力；再如，实施一个事关患者生命的新手术，难免会因手术失败而断送患者生命，医生对此也是能够预见的，如果一旦手术失败，便追究做手术的医生的刑事责任，无异于禁止新手术的实施。一旦这样，我们的生活条件必将大大后退，科学技术也就无法向前发展。显然，在刑法上必须在一定限度内认可对这类危险行为所产生的结果免除责任。于是，“被允许的危险”理论就应运而生。根据这种理论，当某种行为是对社会有益的，并且不可缺少的时候，如果实行该种行为的人为防止危害结果的发生尽了注意责任，就不具有违法性。

某些行为由于对社会具有较高的价值，为追求这种价值，允许冒着一定危险去实施这些行为，这种危险属于作为故意犯的违法阻却事由的被允许的危险。这种危险是行为人已经预见到并且没有采取措施加以阻止的，但即使最终发生了危害结果，行为人也无须对此承担故意犯罪的责任。作为限定过失犯的注意义务的被允许的危险，则是行为人在行为过程中无须预见的。当某种危险被视为允许的危险时，行为人便不再负有预见以及避免这种危险发生的义务，亦即不具有注意义务。因此，行为人所实施的行为中所包含的危险是否属于被允许的危险，与行为人是否负有某方面的业务注意义务紧密相关。例如，驾驶现代化的高速火车通过某有车辆行人穿越的路口，具有将不遵守规则的车辆和行人撞死的危险。如果这种危险属于被允许的危险，那么火车司机就可以在预见到这种危险的情况下，不承担避免这种危险发生的注意义务，仍然驾驶火车高速通过该路口，即使确实发生了违章车辆、行人被撞毁或者撞死的结果，该司机也不承担任何责任。如果这种危险不属于被允许的危险，那么当火车司机在能够预见这种危险的情况下，就必须承担避免这种危险发生的注意义务，采取相应的瞭望、减速等措施，如果该司机不履行这种注意义务，仍然驾驶火车高速通过该路口，以致发生了违章车辆、行人被撞毁或者撞死的结果，该司机就必须对这种危害结果承担责任。可见，被允许的危险与业务注意义务以及责任的有无关系十分密切。

被允许的危险在业务活动中十分广泛，它是促进社会进步和发展的必然要求。因为现代社会中从事业务活动而带来的危险几乎无处不在。例如，驾驶车辆存在车辆有缺陷的危险，如果这种危险不被允许，我们就只能放弃所有的现代化交通工具而回到安步当车的时代。又如，操作机器存在机器发生故障的危险，如果不允许这种危险发生，我们就只有回到手工作坊的时代，等等。要促进社会的发展进步，某些危险便不可避免。

那么，究竟哪些危险可以成为被允许的危险呢？笔者认为，这是一个必须由立法来加以解决的问题。这是因为，确定被允许的危险，实际上就是确定行为人在实施某种危险行为而导致某种危害结果发生时，是否可以要求其承担过失犯罪的刑事责任。如果危险是被允许的，那么行为人即使可以或者已经预见到自己的行为可能发生危害社会的结果，并且没有采取任何措施避免危害结果的发生，也不构成过失犯罪。例如，火车由于车速太快而无法及时停车，因而具有无法避让在铁轨上的人员，以致有将其撞死的危险。如果这种危险在一定限度内是允许的，那么即使发生了人员被撞死的结果，只要火车驾驶员将自己的驾驶活动控制在允许的范围内，便无须承担过失犯罪的刑事责任。如果危险是不被允许的，那么只要火车驾驶员能够预见自己的驾驶行为可能发生将人撞死的危害结果，[①] 却因疏忽大意或者过于自信而没有采取有效措施避免危害结果的发生，就应当承担过失犯罪的刑事责任。也就是说，只要驾驶员没有将火车的速度控制在可以随时刹住车的限度内，以致因刹车不及而将在铁轨上的人员撞死，便必须承担过失犯罪的刑事责任。可见，所谓被允许的危险之所以能影响到行为人的刑事责任，是因为它能够解决行为人是否负有注意义务的问题。如果危险是被允许的，则行为人不负有预见和避免危害结果发生的注意义务；如果危险是不被允许的，则行为人负有预见和避免危害结果发生的注意义务。在行为人具有预见和避免危害结果发生的注意能力的情况下，又负有预见和避免危害结果发生的注意义务，却因为疏忽大意或者过于自信而没有预见和避免危害结果的发生，以致危害结果最终发生，便应当承担过失犯罪的刑事责任。根据罪刑法定原则，所有过失犯罪都必须有法律明确规定，同时，只要法律明文规定了某种行为为犯罪行为，便应当依法对这种行为进行定罪处罚。因此，要免除行为人对某些从传统意义上看既有能力又有义务预见和避免的危害结果发生的责任，只有免除他们预见和避免这些危害结果发生的注意义务，这就是被允许的危险之命题提出的缘由。可以想见，如果被允许的危险不是由法律加以明确规定，而是由法官来判断，难免导致行为人的注意义务可以随时由法官来强加或者免除，这样便会陷入法官随意创制、修改甚至废止法律的危险之中，因而是不可

① 由于危险是不被允许的，因而火车驾驶员无疑应当预见到自己的行为可能发生危害社会的结果，即他显然负有注意义务。

取的。例如，如果法律规定了汽车司机可以以35公里/小时的速度通过城市斑马线区域，那么汽车司机以这种速度通过斑马线可能发生的危险便属于被允许的危险；如果法律规定汽车司机只能以25公里/小时以下的速度通过斑马线，那么汽车司机以35公里/小时的速度通过斑马线可能发生的危险便不属于被允许的危险。法官不能以其他国家或者地区规定了汽车司机可以以35公里/小时的速度通过城市斑马线的区域为理由，或者以促进城市交通顺畅为理由，擅自宣布汽车司机以35公里/小时的速度通过城市斑马线区域可能发生的危险为被允许的危险。即便从合理性的角度看法官的决定可能是对的，也不能允许这样做，否则难免破坏罪刑法定原则，并损害危险行为相对人的利益。因此，法官在审查某种危险是否属于被允许的危险时，必须以法律规定为依据，不能随意将某种危险宣布为被允许的危险，也不能将某种已经有法律依据的被允许的危险视为不被允许的危险。例如，如果法律规定了汽车驾驶员能以35公里/小时的速度驾驶汽车通过道路斑马线区域，那么，即使行为人预见到了以这种速度通过斑马线可能将穿越马路的行人撞死或撞伤，却没有采取减速措施，以致将行人撞死，也无须承担刑事责任。①

在具体确定被允许的危险时，应注意以下几点：

第一，为促进社会之进步而从事的危险工作，其价值越高，对行为人所要求之注意义务越低，被允许的危险也应当更高。例如，某种药物对于治疗某种危害严重的绝症存在极大的价值，但用于临

---

① 在此需要特别强调的是，司机对行人被撞死或撞伤不承担责任仅限于其因没有见到行人穿越马路而没有减速的情况而言，如果司机明明看到有人违章横穿斑马线，仍然不减速，以致将违章行人撞死或撞伤，那么该司机不但要承担刑事责任，而且必须承担间接故意犯罪的刑事责任。这是因为，见到行人横穿马路，在任何情况下司机都必然负有减速或者紧急刹车、避让的义务。司机在这种情况下不减速或者刹车、避让，便是在明知自己的行为会发生危害社会的结果的情况下，放任这种危害结果的发生，当然应当承担相应的刑事责任。因此，那种“行人违章，撞死白撞”的说法是错误的，也是十分危险的。

床则可能存在未知的危险，在这种情况下，临床实验是必不可少的，而临床实验中可能存在的对身体健康甚至生命的危险则是被允许的。需要注意的是，这种被允许的危险仅限于临床实验中可能存在的该药物对身体健康甚至生命的危险，而不包括医务人员玩忽职守行为可能存在的危险；如果在临床实验的过程中，由于医务人员工作上的不负责任而导致病人身体健康或者生命发生危险，当然应当追究有关人员的刑事责任。

第二，当某种业务活动所具有的危险已为社会习以为常时，这种危险应当是被允许的。例如，在高速公路上高速驾驶车辆的危险是众所周知的，但不能因此就禁止在高速公路上高速驾驶，亦即在高速公路上以合法的高速度驾驶车辆所具有的危险也是被允许的。这种危险之所以应当被允许，是因为有关部门通常都已经采取了必要措施来防止这种危险的发生，而公众由于对这种危险都有认识，因而一般都会注意远离这种危险。因此，这种危险实际发生的可能性已经变得很小，允许其存在并不会严重威胁到公众的安全。同时，这种危险又是某些业务活动所不可避免和消除的，要让这些业务活动存在，一定程度的危险必须被允许。可见，允许这种危险的存在是合理的。

第三，为了保护重大利益而实施的少数危险行为中的危险，也应当是被允许的危险。例如，在监狱高墙上设立的电网，显然存在致人于死命的危险，但为了防止犯人脱逃以维护社会安宁，这种危险应当被允许。监狱值班人员如果因没有发现犯人或者其他人攀越高墙而致使攀越者被电死，无须承担过失犯罪的刑事责任。但是，如果被保护的利益并不重大，则这种危险的行为是不被允许的。例如，不能为了防止家庭被盗而私设电网。在设立这种被允许的危险时，一方面要注意所保护的利益的价值和重要性，另一方面要特别注意这种危险所威胁到的利益的大小和危险发生的可能性大小。如果所保护的利益的价值和重要性已经降低，或者有了其他更好的办法来保护，或者这种危险引发实际危害结果发生的可能性太大，或者被威胁的对象的价值和重要性上升，则这种危险不能再被允许。例如，如果有了对犯人更安全又更有效、可行的办法来防止犯人脱逃，而对犯人权利的保护更受重视了，可能就会禁止在监狱高墙上设立电网。这种行为所具有的危险就不再是被允许的危险。

六、“信赖原则”在业务过失认定中的运用

所谓信赖原则，是指在行为人信赖他人的适当行动而实施了某种行为的场合，即使由于他人的不适当行动而发生了结果，只要不存在特别的事情，就不对其（指结果）承担责任的原则。① 例如，在按照交通规则车辆都靠右边行驶的情况下，驾驶车辆靠右行驶的人通常可以相信与其对向开来的车会遵守交通规则，而不会与他的车行驶在同一车道上。如果对向开来的车违反交通规则靠其左边行驶，以致与正常行驶的车辆相撞而车毁人亡，那么正常行驶的车辆之驾驶员不承担过失责任。

实践中，信赖原则主要适用于对某些业务活动中发生的事故的处理。那么，适用信赖原则的依据何在呢？笔者认为，适用信赖原则的根据在于在某些情况下，适用这一原则可以保持公正并促进社会发展。由于社会发展或者其他原因，需要将某些生产经营活动中潜在的危险，在生产经营者之间（如生产一线工人和部门经理之间）或者生产经营者与相对人之间（如汽车驾驶员与行人之间）相互间予以合理的分配，并就各自分担的部分予以认真的关注，切实避免危险的发生，否则将有失公正或者严重阻碍科学技术的进步以及社会的发展。这从交通运输活动中可以得到充分体现。如果不能让汽车驾驶员合理地相信其他汽车驾驶员和行人都会遵守交通规则行事，那么他就只能驾驶汽车像蜗牛一样爬行在路上，汽车这种

---

① 参见［日］甲斐克刚：《过失犯的基础理论》，载21世纪第1次中日刑事法学术讨论会资料《中国·日本报告者论文》，法律出版社2001年印，第5页；另参见林亚刚著：《犯罪过失研究》，武汉大学出版社2000年版，第192页。

现代化交通工具的作用也就丧失殆尽。因此，在某些情况下，信赖原则是必要的。

值得注意的是，关于何时可以依据信赖原则确认行为人有无注意义务，进而确定行为人是否应负过失责任及其责任分担，是一个需要认真探讨的问题。对这一问题解决不合理，就可能使信赖原则理论成为强者的逻辑，① 反而使问题的处理丧失公正性。

在解决信赖原则的适用范围问题上，中外学者提出了不少建议。例如，日本学者认为，在运用信赖原则处理交通运输业中的事故时，应当具备以下要件：第一，适用的主观要件。首先，必须存在着对其他交通参与者对于遵守交通法规以及交通惯例、交通道德的现实信赖；其次，这种信赖符合社会生活中相当性要求。第二，适用的客观要件。必须存在着信赖其他交通参与者根据交通法规采取适当行动的具体状况。具体来说，客观上存在以下情况不适用信赖原则：(1) 在容易预见被害人具有违反交通秩序的行为的场合；(2) 因被害人是幼儿、老人、身体残疾者、醉酒者，不能期待其采取遵守交通秩序行为的场合；(3) 幼儿园、小学校门前，道路有雪等事故发生危险性高的场所，以及从周围的状况看不能期待采取适当行为的场合。②

我国学者认为，在具备下列条件的情况下，对交通事故的处理，可以考虑适用信赖原则确定过失责任以及责任的分担：(1) 存在使汽车高速度并且顺利行驶的必要性。例如，在高速公路上行驶。如果无此必要，如在通过行人密集的街道时，就不能以适用信赖原则为由高速行驶。(2) 交通设施以及交通环境状况良

---

① 参见［日］甲斐克刚：《过失犯的基础理论》，载21世纪第1次（共计第7次）中日刑事法学术讨论会资料《中国·日本报告者论文》，法律出版社2001年印，第7页。

② 参见［日］藤木英雄：《过失犯——新旧过失论争》，学阳书房1981年日文版，第96~98页，转引自林亚刚：《试论危险分配与信赖原则在犯罪过失中的运用》，载《法律科学》1999年第2期。

好。如交通环境状况达不到能够使汽车高速并且顺利行驶的客观条件，也就不存在适用信赖原则的问题。（3）遵守交通规则、交通道德教育普及。若无此种普及性教育，也就不存在适用信赖原则的问题。除交通运输业以外，其他领域，在适用上应当符合下列几点要求：第一，信赖原则一般只适用于公认的，对社会发展有不可缺少的巨大作用和利益，但又具有危险性的领域内的事故处理时，确认有无过失责任以及责任分担。第二，信赖原则一般只适用于在多人协力为某一目的，且有一定组织性，并在合理分担各自应当注意危险义务的领域内的事故处理时，确认有无过失责任以及责任分担。第三，信赖原则一般只适用于在有具体明确的规章制度、法律、法规调整的领域内的事故处理时，确认有无过失责任以及责任分担。第四，信赖原则一般只适用于在客观上有信赖被害人或者第三人能够采取相应的适当行为条件的领域内的事故处理时，确认有无过失责任以及责任分担。①

笔者认为，上述中外学者关于信赖原则适用条件的论述，对于确定信赖原则的适用范围具有重要价值，但在司法实践中，信赖原则不宜作为一项确定行为人有无注意义务以及注意义务分担的独立标准。详言之，即我们应当根据上述确定信赖原则适用范围的标准，来制定有关过失犯罪的法律，而不能直接运用信赖原则来确定具体案件中行为人是否应当负有注意义务以及注意义务分担的多寡。这是罪刑法定原则的要求，也是信赖原则不被滥用的保证。在前述森永奶粉中毒事件的处理过程中，德岛一审法院便错误地运用信赖原则免除了被告人的刑事责任。该法院认为，森永奶品公司从开始使用磷酸氢二钠作添加剂起，至事件发生时，已有两年多从未发生过事故，公司与提供药品的药材商关系和谐，而且这家药材商在当地又是享有信誉的。根据以上理由，森永公司对药材商抱有信

① 参见林亚刚：《试论危险分配与信赖原则在犯罪过失中的运用》，载《法律科学》1999 年第 2 期。

赖感，相信其提供的药品会像过去一样，按合同交货，是合理的。基于这种信赖，即使是对药品成分没有进行检验，根据信赖原则，也应该否定过失责任。① 该法院显然没有认识到，其判决理由和结果客观上保护了企业非法的“偷工减料”行为——森永公司本来有义务对购进的磷酸氢二钠添加剂进行检验，却没有这么做，因此导致了中毒惨剧的发生，法院却以信赖原则为理由，免除了其对这种“偷工减料”行为所造成的后果应当承担的责任。这显然是不合理的。可见，在行为人自身存在违法行为，并且因此导致了在危害结果发生的情况下，不得以信赖原则作为违法者的免责理由。德岛一审法院之所以会不恰当地运用信赖原则，一个重要原因就是在运用信赖原则时没有法律依据，具有较大的随意性。因此，笔者认为信赖原则的首要价值应当在于指导立法活动，而不在于直接解决实际问题。

七、“危险分配”理论在业务过失认定中的运用

所谓危险的分配，其基本含义是指：在从事危险的业务或者事务时，参与者应当以相互间的信赖为基础，对于该业务或事务所发生的危险，相互间予以合理的分配，就各自分担的部分予以确切的实施，相互间分担回避危险，使危险减轻或者消除。②

危险分配理论虽然从客观上说，是对涉及危险业务、事务的当事人应当合理地分担对发生危害结果的危险的注意义务，但其理论的重点，有学者认为，并不在于危险预见义务的分担，而在于由此

① 参见［日］藤木英雄著：《公害犯罪》，从选功、徐道礼、孟静宜译，中国政法大学出版社 1992 年版，第 69 页。

② 参见林亚刚：《试论危险分配与信赖原则在犯罪过失中的运用》，载《法律科学》1999 年第 2 期。

可能实现消除危险的目的。[①] 申言之，即危险分配理论提出的目的是为了消除危险，而在客观上，要解决危险分配问题，必然要涉及注意义务的分担问题。我们的看法有所不同。危险分配理论的提出固然可能存在消除危险的终极目的，但其直接意图恐怕在于当社会生产力发展到一定程度时，重新确立一个相对更为合理的责任分担原则，而这种责任分担原则又建立在相应的注意义务分担原则的基础上。我们的这一结论可以从对交通事故的处理原则的演变过程得到印证。汽车工业发展的早期，法律对汽车驾驶者的要求是非常严苛的（用现在的眼光看），法院在审理交通事故案件的时候，通常要求驾驶员对驾驶过程中可能发生的各种事态都尽到注意义务。例如，日本大正 15 年（即 1926 年——论者注）2 月 4 日，大审院在一份关于交通肇事案件的判决中曾作如下说明："汽车的驾驶者在操纵汽车时，应当努力注意警戒道路的前方，防危害于未然，乃是其业务上当然的义务。在汽车行驶中，有人横穿马路，渐渐接近时，只鸣笛、减速尚不够，还应当注意行人的态度、姿势等其他情况，采取随时都得以停车的措施，使用避免急遽危害的方法，留有防危害于未然的余地。"[②] 还有判例要求驾驶者暂时停车，待行人通过后再启动行驶。[③] "如果因为驾驶者缺乏上述业务上的注意，使其操纵的汽车冲撞了行人，产生了死亡结果时，就应当构成业务上过失致死罪，即令因此而使具有高速度的汽车丧失其本来的机能，也不能免除其罪责。"[④] 由于对从事业务活动的人员科以极为

① 参见［日］大谷实：《危险的分配与信赖原则》，载藤木英雄：《过失犯——新旧过失论争》，学阳书房 1981 年日文版，第 109 页，转引自林亚刚：《试论危险分配与信赖原则在犯罪过失中的运用》，载《法律科学》1999 年第 2 期。

② 参见［日］大塚仁著：《犯罪论的基本问题》，冯军译，中国政法大学出版社 1993 年版，第 235 页。

③ 参见［日］大塚仁著：《犯罪论的基本问题》，冯军译，中国政法大学出版社 1993 年版，第 235 页。

④ 参见［日］大塚仁著：《犯罪论的基本问题》，冯军译，中国政法大学出版社 1993 年版，第 236 页。

广泛的注意义务，其业务活动的效率不可避免地因此受到严重阻滞，如对驾驶者科以上述广泛的注意义务，汽车便不能发挥其作为高速交通工具作用。正如大塚仁先生所推测，所谓采取随时都得以停车的措施，“大概是把时速减到时速数公里的程度。”① 而“在驾驶汽车时，每当发现前方有行人就把速度减到时速数公里的程度，有时还必须暂时停车等待行人通过，这到底不能使汽车得以满意地行使。”② 在交通运输活动开展的初期，对驾驶员科以上述广泛的注意义务，尚有其理由。例如，在第二次世界大战前的日本，道路极不完备，不仅狭窄，而且几乎没有铺装，即使是街市的主要道路，也通常没有人行道、机动车道的区别，而行人也不太讲交通道德，往往有几人并排在道路正中间行走，当然也没有什么人行横道，在汽车行使的前方若无其事地横穿马路者大有人在。在这种情况下，承认汽车作为高速交通工具的地位，近乎不可能。而且，当时汽车的持有量很少，汽车常常被看成是特殊阶层的奢侈品。因此，法院即使对驾驶者科以上述注意义务，也不会在社会观念上感到有什么特别的不妥。③ 但是，随着汽车工业的飞速发展，路况大大好转，交通标志齐备，交通规则为公众所知晓，公众的交通道德提高，汽车的社会作用增强，整个社会已经认识到，必须让汽车快速跑起来。在这种背景下，再让汽车驾驶员对所有交通事故承担全部责任，已经明显不能适应社会发展的需要。于是，由原来汽车驾驶员承担的部分交通事故责任，改由行人承担。例如，在没有人行横道的地方，行人突然横穿马路，因而与正常行驶的汽车相撞，造成行人伤亡，责任由行人承担。在此，回避危险的责任在汽车驾驶

---

① 见［日］大塚仁著：《犯罪论的基本问题》，冯军译，中国政法大学出版社1993年版，第235页。

② 见［日］大塚仁著：《犯罪论的基本问题》，冯军译，中国政法大学出版社1993年版，第236页。

③ 参见［日］大塚仁著：《犯罪论的基本问题》，冯军译，中国政法大学出版社1993年版，第236页。

员和行人之间重新作了分配。而这种危险重新分配的直接目的，显然在于当社会生产力发展到一定程度时，在行人和汽车驾驶员之间重新确立一个相对更为合理的责任分担原则，由此必然要求在行人和汽车驾驶员之间重新分担各自的注意义务。因此，需要根据社会发展情况，适时地运用危险分配理论，来合理地设立业务过失犯罪中行为人的注意义务，这样才能保证法律的规定不至于阻碍社会的发展或者危及公民的人身安全。

由于危险分配涉及社会发展与个人安全的平衡问题，必须十分谨慎。危险分配不合理，或者阻碍社会的发展，或者危及公民的人身安全，后果都是十分危险的。有论者提出，根据危险的分配确认参与者的注意义务的分担，有以下几点需要明确：第一，该种危险必须是“经验性”的。所谓经验性，是指社会实践参与者在客观上对危险的发生有预见的可能性。经验证实该类活动确实存在着实害发生的危险，才需对参与者的注意义务实行分担。如果某种危险只是一种抽象的不安感，也就是说参与者在客观上对危险发生不具有实在的预见可能性，则不能以危险分配确认参与者的注意义务。例如，首次的实验性生产作业中发生的严重伤亡事故，无经验可言，实害发生的可能性尚无法预见，就不宜以危险分配来追究有关人员的过失责任。第二，实施的行为的危险性，必须在被社会所允许的危险范围之内。即该类活动应对社会发展有益时，才能适用危险分配确认参与者的注意义务。如果行为本身是非法或者是为牟取私利不顾公益和他人利益，就不宜以本意是为促进社会发展的危险分配来确认其注意义务。例如，违章携带易燃品上火车，被其他乘客不小心引燃，造成重大伤亡事故，则不能以危险分配来确认其他乘客、司乘人员的注意义务。第三，应根据危险性的程度合理地确认参与者的注意义务的广狭。例如，在火车与汽车发生相撞的责任事故中，因火车具有更快的速度、更大的惯性和制动后不易立即停止的较大危险性，因而相对于火车司机应承担的注意义务而言，汽车司机应承担范围更广泛一些的注意义务。第四，应当从消除、减少危险发生的目的出发，依据信赖原则合理地确认参与者的注意义务。例如，行人与汽车司机之间的注意义务，根据危险分配的目的，从行人一方来说应承担遵守交通规则，不妨碍汽车正常行驶为目的的防止危险发生的义务；从司机一方来说，应承担遵守驾驶规则、交通规则，以保障汽车能正常行驶为目的，消除、减少危险发生的注意义务。①

笔者认为，危险分配理论与信赖原则一样，不宜作为一项确定业务活动中的行为人以及相对人有无注意义务以及注意义务分担的独立标准。详言之，即我们应当根据上述危险分配标准，来制定有关过失犯罪的法律，而不能直接运用危险分配理论来确定具体案件中行为人是否应当负有注意义务以及注意义务的多少。这同样是罪刑法定原则的要求，也是危险分配理论不被滥用的保证。

① 参见林亚刚：《试论危险分配与信赖原则在犯罪过失中的运用》，载《法律科学》1999 年第 2 期。

第四题　危害行为与危害结果论

危害行为是犯罪构成中犯罪客观要件的首要要素，是一切犯罪构成在客观方面都必须具备的条件。“无行为即无犯罪”已成为刑法理论中公认的科学命题。危害行为对于划分罪与非罪，此罪与彼罪都有着重要意义。关于何谓刑法中的危害结果，刑法理论上也存在不同看法。

一、危害行为的界定

虽然我国刑法理论界关于危害行为的研究正在逐步走向深入，但对于危害行为的概念至今仍并未达成一致的意见。通说认为，我国刑法中的危害行为，是指在人的意志或者意识支配下实施的危害社会的身体动静。除了通说，较具代表性的观点还有以下几种：第一种观点将危害行为与犯罪行为等同起来，认为“危害行为，或称犯罪行为，即指行为人故意或过失实施的，为刑法所禁止的，具有一定社会危害性的行为”；[①] 第二种观点将危害行为的重点落在有害性上，认为危害行为是指“由行为人的心理活动所支配的危害社会的身体活动”[②] 或者“由行为人的心理活动所支配的危害社会的身体动静”；[③] 第三种观点将危害行为的重点落在违法性上，认为“危害行为是指由行为人意志自由所支配的、客观上违反刑

① 见《中国刑法词典》编委会编：《中国刑法词典》，学林出版社 1989 年版，第 143 页。

② 见赵秉志、吴振兴主编：《刑法学通论》，高等教育出版社 1993 年版，第 147 ~ 148 页。

③ 见马克昌主编：《犯罪通论》，武汉大学出版社 1999 年版，第 156 页。

法禁止规范或命令规范的身体动静”;[①] 第四种观点认为，应从行为概念中排除意思要素，而直接用具有社会危害性的身体动静来概括行为概念，包括危害行为概念。[②]

笔者认为，作为刑法中的危害行为的概念，至少应当具备以下几方面的功能：

第一，应当能够与犯罪行为区分开来。作为犯罪客观方面要件的危害行为，与作为犯罪构成四大要素统一而成的犯罪行为，是两个不同层次的概念，不应当等同起来。因此，第一种观点显然不科学。

第二，应当能与那些不得追究刑事责任的危害社会的举止活动区别开来。否则，可能出现一方面被认定为属于刑法客观方面必备要件的危害行为，另一方面却又因此而不得追究刑事责任的自相矛盾局面。综观那些不得追究刑事责任的危害社会的举止活动，均不包括不受意识与意志支配的行为。因此，刑法中的危害行为应当是在意识与意志支配下的活动。故第四种观点也不可取。

第三，应当能与那些属于思想范围内的活动区别开来。因为思想不得受禁锢已成为普遍接受的公理。这样，危害行为必须体现为见诸社会的人的有害活动。结合法律规定，这种活动不外乎表现为不该为而为（动）或者该为而不为（静）。因此，危害行为可以归纳为身体的动静。

第四，应当能与一般的在意识和意志支配下的危害行为区别开来。作为一种仅限于刑法领域的危害行为，应当具有其特殊性，否则就没有专门研究它的必要了。这种特殊性只能表现在它与刑法所具有的特殊联系上。因此，刑法中的危害行为应当是违反了刑事法律规范的危害行为。第二种、第三种观点在这一问题上存在缺憾。

---

① 见赵秉志主编：《海峡两岸刑法总论比较研究》（上卷），中国人民大学出版社1999年版，第533页。

② 参见黎宏：《论刑法中的行为概念》，载《中国法学》1994年第4期。

综合上述四个方面，笔者认为，刑法中的危害行为是指在人的意识和意志支配下实施的，有害于社会并且违反刑法规范的身体动静。

二、作为与不作为的认定

（一）如何区分作为形式实施的犯罪与以不作为形式实施的犯罪

为解决这一问题，首先需要正确区分作为与不作为。尽管作为只能是身体的积极活动，不作为通常表现为身体的消极静止，但并不能绝对以身体的动静来区分作为与不作为。正确区分作为与不作为的标准，应当是对法益的侵犯是否与不履行某种积极作为的特定法律义务相联系。具体而言，如果行为人负有某种特定法律义务，那么无论是消极地不实施任何身体活动以不履行该特定法律义务，还是积极地实施一系列身体活动以拒绝履行该特定法律义务，均属于不作为。反之，如果行为人并不负有某种特定法律义务，那么即使其行为表现出某种缺乏身体明显动作的特点，也不能认定为不作为。

确定了区分作为与不作为的标准，并不当然解决了作为犯罪与不作为犯罪的区分问题。解决这一问题，还要清楚如何具体区分作为犯罪与不作为犯罪，对此，刑法理论上存在三种见解：第一种见解主张，以实际实施犯罪的行为形态为标准来区分；第二种见解主张，以通常情况下实现犯罪构成要件的犯罪行为形态为标准来区分；第三种见解则认为，以法规的规定形式为标准来区分。[①] 上述观点中，第一种较为合理，即应以实际实施犯罪的行为形式作为区分不作为犯罪与作为犯罪的标准。第二种标准中“通常情况”下不易确定；第三种标准则片面强调行为的规范性，笼统地说某条规

① 参见［日］日高义博著：《不作为犯的理论》，王树平译，中国人民公安大学出版社1992年版，第84~85页。

定的是作为犯罪的构成要件，均不符合刑事立法的实际情况。[①] 根据第一种见解，实际实行行为的形式是作为的，是作为犯罪；实际实行行为的形式是不作为的，就是不作为犯罪。可见，作为犯罪与不作为犯罪都是指已然的，以作为或不作为形式实行的犯罪形态。据此，刑法分则条文中各种犯罪在已然状态下，可分为三类：一是以作为形式实行的犯罪，为作为犯罪；二是以不作为形式实行的只能由不作为形式构成的犯罪，为纯正不作为犯罪；三是以不作为形式实行由作为也可构成的犯罪，称之为不纯正不作为犯罪。对于未然之罪，我们不能称之为作为犯罪或不作为犯罪，而只能说此种犯罪只能以作为方式实施或只能以不作为方式实施，或既可以以作为方式也可以以不作为方式实施。[②]

（二）纯正不作为犯是否存在犯罪未遂

纯正不作为犯是指只能以不作为的方式构成的犯罪。纯正不作为犯在刑法分则条文中都有明确规定。当然，法条并没有明文规定此种犯罪只能以不作为的方式实施，只是从法条内容中可以看出，构成这种犯罪都是以特定义务存在为前提。一般认为，在我国刑法中，属于纯正不作为犯罪的罪名大致有以下诸种：第 128 条非法持有枪支、弹药罪；第 201 条偷税罪；第 202 条抗税罪；第 261 条遗弃罪；第 313 条拒不执行判决、裁定罪；第 376 条战时拒绝军事训练罪，战时拒绝服役罪；第 380 条战时拒绝军事订货罪；第 381 条战时拒绝军事征用罪；第 402 条徇私舞弊不移交刑事案件罪；第 422 条中的拒传军令罪；第 429 条拒不救援友邻部队罪；第 445 条战时拒不救治伤病军人罪。纯正不作为犯是否存在未遂形态？对此问题，刑法理论上存在不同观点：一种观点认为，纯正不作为犯存在结果犯和犯罪未遂形态。例如，我国台湾地区学者林山田便持这

---

① 参见熊选国著：《刑法中行为论》，人民法院出版社 1992 年版，第 121 ~ 122 页。

② 参见肖中华著：《犯罪构成及其关系论》，中国人民大学出版社 2000 年版，第 349 ~ 351 页。

种观点，并以遗弃罪为例加以说明。[①] 另一种观点则认为，纯正不作为犯没有未遂形态。[②]

笔者认为，纯正不作为犯是否存在犯罪未遂形态，不能一概而论，而要看有关纯正不作为犯属于何种犯罪类型，如果属于行为犯或者结果犯，是可以存在犯罪未遂形态的；如果是情节犯，则通常不存在犯罪未遂形态。因此，同样属于纯正不作为犯，偷税罪可以存在未遂形态，遗弃罪则不存在未遂形态。这是因为，偷税罪有一部分表现为数额犯即结果犯的一种，如果行为人以偷逃数额巨大的应缴税款为目的，伪造财务会计账簿，欺骗税务机关，但被税务机关及时发现而未得逞，在理论上是可以构成偷税罪犯罪未遂的。而刑法中的遗弃罪，则属于情节犯，其行为“情节恶劣”是作为区别罪与非罪之必备基本要件来规定的，而不是作为在构成犯罪的基础上区别犯罪是既遂还是未遂的标志来规定的。因此，即使已经实施了遗弃的行为，只要未达到“情节恶劣”的程度就还不构成犯罪；而一旦具备“情节恶劣”，就构成了完整的既遂犯罪。[③] 例如，甲遗弃其父乙，致使乙服毒自杀，幸亏村里人及时抢救才得以脱险。对于甲，法院只能考虑判被告人不构成犯罪或构成遗弃罪既遂，而不能判被告人构成遗弃罪未遂。这种情形与数额犯的情形不同。在数额犯中，如果行为人实际达到的犯罪数额还没有达到起刑点，但其企图达到的犯罪数额已经远远超过了起刑点，可以追究其犯罪未遂的刑事责任，偷税罪便是如此。由于在遗弃罪中，“情节恶劣”并不是一个明确具体的犯罪目的，也就不存在行为人企图达到某个明确具体的犯罪目的而实际上没有达到的问题，相应地也就不存在行为人企图情节恶劣而实际上没有达到情节恶劣的未遂情

---

① 参见林山田著：《刑法通论》，台湾三民书局1989年版，第286页。

② 参见熊选国著：《刑法中行为论》，人民法院出版社1992年版，第148～149页。

③ 参见赵秉志著：《犯罪未遂的理论与实践》，中国人民大学出版社1987年版，第201页。

形，当然不存在犯罪未遂形态。如果行为人明确地以冻、饿、病死被遗弃人为目的而实施遗弃行为，则不能再以遗弃罪追究其遗弃行为的刑事责任，而应当以故意杀人罪追究其刑事责任。这时虽然有了犯罪未遂形态，却已经不是遗弃罪的未遂形态，而是故意杀人罪的未遂形态。

（三）如何把握不纯正不作为犯的客观要件

不纯正不作为犯，是指以不作为形式实施的也可由作为形式构成的犯罪。对于不纯正不作为犯的成立应具备哪些要件，我国刑法学界有人认为须具备四个要件："一是行为人依法具有特定的行为义务；二是具有作为可能性；三是不履行；四是不作为与作为等价。"① 另有人则认为应具备三个条件：一是不作为犯罪的作为义务；二是能够履行而没有履行；三是作为义务之不履行与危害结果之发生具有因果关系。②

在上述观点中，有三个问题值得探讨：

第一，所谓"不作为与作为等价"能否成为不纯正不作为犯的一个客观要件？即等价性能否成为不纯正不作为犯的要件？我们同意否定说的观点，即等价性不能成为不纯正不作为犯的一个客观要件。理由是：所谓等价性，在这里其内容是指不作为行为所导致的危害结果与作为行为所导致的危害结果在法律评价上具有同等价值，即都是应当予以非难或否定的负价值。在国外犯罪构成中，等价性的实质是不作为的行为性和违法性问题，其目的在于解释不作为虽然在构造上与作为有差异，但这种差异性不应成为行为人受法律非难的障碍。因此，等价性实际上是对不纯正不作为犯各种构成事实的综合评断。在我国刑法的犯罪论体系中，由于犯罪构成要件是形式与实质的统一体，等价性既然蕴涵于不纯正不作为犯的各种构成要件之中，自然不应再作为一个独立要件置于不作为犯的客观

① 参见熊选国著：《刑法中行为论》，人民法院出版社 1992 年版，第 165 页。

② 参见陈兴良著：《刑法哲学》，中国人民大学出版社 1992 年版，第 227 ~ 241 页。

要件之中。但是，不将等价性作为不纯正不作为犯的客观要件之一，并不是否定等价性在不作为犯罪构成中的重要性。恰恰相反，由于等价性超越于各个独立构成要件之上，从法律价值角度将以不作为方式实施一般由作为构成的犯罪所造成的危害结果，与以作为方式实施这种犯罪所造成的危害结果在价值上等同起来，为不纯正不作为犯同样应受刑罚制裁在立法与司法上提供了理论依据，因而具有重要意义。

第二，作为可能性能否成为不纯正不作为犯的独立客观要件？多数学者对此持肯定的态度，但也有人提出不同看法。例如，我国台湾地区就有学者认为，防止结果发生的可能性，亦即作为可能性，已被包括在作为义务之内，因此不需要进行单独探讨。[①] 笔者认为前述多数学者的观点是可取的，理由是：首先，从理论上讲，作为义务与作为可能性的内涵完全不同。作为义务是法律明文规定或基于法律、法令、职责等而产生的防止结果产生的义务；而作为可能性是指行为人能否防止结果的产生。前者来源于法律，后者则取决于行为人本人能力，所以作为义务并不当然地包括了作为可能性。其次，从立法上看，明文规定了不纯正不作为犯的国家和地区的刑法，均将作为义务和作为可能性分列开来明确作出规定。例如，我国台湾地区现行“刑法”第 15 条第 1 项明确规定，“对于一定结果之发生，法律上有防止之义务，能防止而不防止……”这显然是将防止义务和防止能力作为并列的两项条件。

第三，不纯正不作为犯是否均为结果犯？笔者认为，绝大多数情况下不纯正不作为犯为结果犯，但也有个别例外。例如，刑法第 400 条第 1 款的私放在押人员罪可以不作为方式构成，但该罪是行为犯，因此这种不纯正不作为犯便不是结果犯。基于上述分析，笔者认为，不纯正不作为犯的客观必备要件包括三个方面：一是特定

① 参见蔡墩铭著：《刑法总则争议问题研究》，台湾五南图书出版公司 1991 年版，第 62 页。

作为义务；二是履行义务的可能性；三是没有履行义务。绝大多数情况下还包括另两个要件，即危害结果和不作为与危害结果之间有因果关系，以及个别情况下则不需要有实际损害结果的发生。

三、危害结果的界定

关于何谓刑法中的危害结果，刑法理论上也存在不同看法。第一种观点认为，危害结果有广义和狭义之分，所谓广义的危害结果，是指由行为人的危害行为所引起的一切对社会的损害事实，它包括危害行为的直接结果和间接结果，属于犯罪构成要件的结果和不属于犯罪构成要件的结果。狭义的危害结果，是指作为犯罪构成要件的结果，通常也就是对直接客体所造成的损害事实。在狭义的危害结果中，又可以分为有形的、可以具体测量确定的危害结果，以及无形的、不能具体测量确定的危害结果。[①] 第二种观点认为，所谓危害结果，是指危害行为对刑法所保护的社会关系所造成的实际损害和现实危险。[②] 第三种观点认为，危害结果是危害行为给刑法所保护的合法权益所造成的具体侵害事实。[③]

上述三种观点在表述上虽然差别很大，有两点却是相同的：第一，都认为危害结果是危害行为所引起的损害事实；第二，都将这种损害事实与犯罪客体联系在一起，即这种损害事实都是针对刑法所保护的某种事物（有人称之为社会关系，有人称之为合法权益）而言的。它们的差别则可以集中概括为：对危害结果（亦即危害行为所引起的损害事实）的范围宽窄认识不一。在第一种观点看来，这种损害事实可以是危害行为所引起的一切对社会的损害事实，包括有形的和无形的，直接的和间接的。因此，这种观点所认为的危害结果范围十分广泛，只要存在危害行为所引起的对社会的

---

① 参见高铭暄主编：《新编中国刑法学》（上册），中国人民大学出版社 1998 年版，第 123 页。

② 参见马克昌主编：《犯罪通论》，武汉大学出版社 1999 年版，第 191 页。

③ 参见张明楷著：《刑法学》（上），法律出版社 1997 年版，第 139 页。

损害事实，就存在危害结果。具体而言，无论是行为犯还是结果犯，危险犯还是举动犯；也无论是既遂犯还是预备犯、未遂犯、中止犯，都存在危害结果。第二种观点则认为，这种损害事实应当是危害行为已经造成的物质损害或确实存在的危险状态。① 例如，贪污行为所造成的“一定数额的公共财产被非法占有”的损害事实，属于危害行为已经造成的物质损害，因而属于危害结果；刑法第116条所规定的破坏交通工具行为所造成的“足以使交通工具发生倾覆、毁坏的危险”的损害事实，属于危害行为已经造成的确实存在的现实危险，因而也属于危害结果。而在第三种观点那里，这种损害事实只能是危害行为实际造成的侵害事实，那种危害行为可能造成而还没有实际造成的所谓侵害“事实”，亦即危险犯中的危险状态，不是危害结果。②

笔者认为，为了与刑法总则中故意犯罪和过失犯罪的概念相协调，同时为了囊括所有的危害结果，应当对危害结果作最广义的理解，即危害结果是危害行为所引起的对社会的损害事实。只有这样的危害结果，才可能存在于一切犯罪之中，才能够包容刑法总则中的故意犯罪和过失犯罪概念中的危害结果，才能将对定罪或者量刑有影响的危害结果都涵盖，才能够进行进一步的分类，进而对危害结果进行深入、全面的研究。

四、危害结果是否存在于一切犯罪之中

对此问题的回答须以对危害结果的界定为前提。如果危害结果被界定为行为人的危害行为所引起的一切对社会的损害事实，那么，危害结果应当存在于一切犯罪之中。理由如下：

（一）所有犯罪都必然对社会造成一定的损害事实

刑法理论通说认为，所有犯罪都存在犯罪客体，而犯罪客体是

---

① 参见马克昌主编：《犯罪通论》，武汉大学出版社1999年版，第192页。

② 参见张明楷著：《刑法学》（上），法律出版社1997年版，第140页。

指我国刑法所保护的，而为犯罪行为所侵犯的社会关系。[①] 根据通说，所有的犯罪行为都侵犯了一定的社会关系。那么，这是否意味着所有的犯罪行为都对一定的社会关系造成了损害事实呢？有观点认为，不能这样理解，理由是：某些犯罪行为，如预备犯、未遂犯、危险犯的犯罪行为，都没有对刑法所保护的社会关系造成现实损害，也就不存在损害事实。因此，持这种观点的论者主张，犯罪客体是指我国刑法所保护的，为犯罪行为所侵害或者威胁的社会关系。[②]

那么，究竟是所有犯罪行为都会对一定的社会关系造成损害事实，还是只有部分犯罪行为会对一定的社会关系造成损害事实，另一部分则只会对一定的社会关系造成威胁呢？我们持前一种观点，即认为所有犯罪行为都会对一定的社会关系造成损害事实，而且都会直接损害到我国刑法所保护的某种具体的社会关系。理由是：人类社会是由各种具体社会关系编织组建成的一个体系结构，人则置身于这个体系结构之中，被这个体系结构紧紧束缚。而且如马克思所指出的，即便人本身，也是一切社会关系的总和。因此，社会关系无处不在，并且表现为各种具体的社会关系。而行为是一种主观见之于客观的身体动静，它已经离开人的纯主观世界，进入了外部客观世界。既然在外部客观世界里，社会关系无处不在，那么行为一经实施，就必然和一定具体的社会关系发生实际接触，其结局不外乎以下三种：第一，与现有社会关系相协调，从而维持了现有社会关系（当社会关系此前未受损害时）；第二，与现有社会关系相协调，从而修补了现有社会关系（当社会关系此前已受损害时）；第三，与现有社会关系不协调，从而破坏了现有社会关系。不可能存在行为已经实施，却不和社会关系发生实际接触，只对社会关系

① 参见高铭暄、马克昌主编：《刑法学》（上编），中国法制出版社 1999 年版，第 108 页。

② 参见马克昌主编：《犯罪通论》，武汉大学出版社 1999 年版，第 112 页。

造成威胁的情形。这正如水中之鱼，除非它不游动，否则它必然和包围它的水发生作用，使水的静止状态被破坏。人之于社会关系当中，正如鱼之于水中；人之于社会关系中实施的行为，则如鱼之于水中的游动，都必然会搅动缠绕在其周围的事物，与这些事物发生直接的接触，只不过结局不同而已。当国家称某种行为为危害行为时，显然是认为该行为与现有社会关系不协调，破坏了现有社会关系。而当国家将某种行为规定为犯罪时，则显然是认为该行为严重破坏了现有社会关系。认为部分危害行为只对社会关系构成威胁而未造成实际损害的观点，没有正确认识到危害行为和社会关系之间所具有的这种直接接触的关系，因而得出了这种似是而非的结论。实际上，无论是危险犯还是举动犯，也无论是未遂犯还是预备犯，都对一定的具体社会关系造成了损害事实。对预备犯而言，这种损害事实表现在：刑法禁止人们从事某种犯罪预备活动，从而编织出了这一领域的法律关系网。从事该种犯罪预备活动的行为人却违反了法律的规定，从而造成了这一领域既有的法律关系被破坏的损害事实，而法律关系是社会关系的一种，因此，既有的法律关系被破坏，也就意味着造成了这一领域既有的社会关系被破坏的损害事实。未遂犯、危险犯、举动犯对社会关系的损害都可以按此推理得出结论。

由上可见，所有的危害行为都会对刑法所保护的社会关系造成损害事实，并且首先表现为直接危害我国刑法所保护的某种具体的社会关系。

（二）危害行为对刑法所保护的社会关系造成的损害事实属于危害结果的范畴

刑法中的危害结果与犯罪客体关系密切，当危害行为对刑法所保护的某种社会关系进行侵犯时，这种社会关系就变成了犯罪客体；同时，当危害行为对刑法所保护的某种社会关系进行侵犯造成一定损害事实时，危害结果就产生了。因为所谓结果，就是“在一定阶段，事物发展所达到的最后状态。”① 一定的损害事实，就是一定危害行为作用于一定事物（在此可称之为社会关系），而在一定阶段造成的一种最后状态，因而也就是一定的危害结果。因此，危害行为对刑法所保护的社会关系造成的一切损害事实都可以被称为危害结果。既然所有的危害行为都会对刑法所保护的社会关系造成损害事实，而危害行为对刑法所保护的社会关系造成的一切损害事实都可以被称为危害结果，且危害行为存在于一切犯罪之中，那么，危害结果当然也存在于一切犯罪之中。

有论者认为，将危害结果定义为危害行为给社会造成的损害，既不明确，又容易导致危害结果与社会危害性相等同。② 笔者认为，对危害结果所下的这一定义并不存在上述问题。理由是：第一，只有将危害结果定义为危害行为给社会造成的损害，才能够涵盖刑法中所有的危害结果。如果再加以其他限定，如前述论者那样限定为危害行为“已经实际造成的侵害事实”，或者如另一些论者那样限定为危害行为对刑法所保护的社会关系所造成的“实际损害和现实危险”，都将把许多本属危害结果的损害事实排除在危害结果之外。这样明确性似乎增强了，却是以牺牲全面性为代价，显然不可取。第二，将危害结果界定为一种损害，并不会导致将危害结果与社会危害性相等同。批评者也认为，危害结果是表明刑法所保护的社会关系（或者说合法权益）遭受侵害的事实，而损害本身也是一种事实，因此，将危害结果界定为一种损害是准确的，并不会和说明危害行为本质属性的社会危害性相等同。当然，如果将危害结果界定为一种损害事实，则能将危害结果和社会危害性区分得更为清楚。

---

① 参见《现代汉语词典》，商务印书馆 1996 年版，第 646 页。

② 参见张明楷著：《刑法学》（上），法律出版社 1997 年版，第 139 ~ 140 页。

五、危害结果是否是一切犯罪构成客观方面的要件

危害结果存在于一切犯罪之中，这是否意味着危害结果是一切犯罪构成客观方面的要件呢？对此，我们持否定态度。理由是：

第一，危害结果作为一项犯罪构成客观方面的要件，应当能够对某种危害行为是否构成犯罪，或者某种犯罪是既遂还是预备、未遂、中止起到决定作用，某些犯罪中的危害结果并不具备这一特征。所谓犯罪构成客观要件，是指犯罪成立在犯罪客观方面所必须具备的条件。所谓必须具备的条件，是指缺之犯罪便不能成立的条件。因此，那些对犯罪成立没有影响，对犯罪达到完成形态也没有影响的危害结果，当然不是犯罪构成客观方面的要件。而某些犯罪中，并不存在具有这样特质的危害结果。例如，在行为犯当中，危害结果便属于伴随危害行为而生的损害事实。在这种情况下，危害行为才是起着决定性作用的要件，危害结果只是伴随产物，并无决定性意义。

第二，危害结果作为一项犯罪构成客观方面的要件，应当具有专门加以考察的必要，某些危害结果不具有这种地位。具有专门加以考察的价值是所有犯罪客观要件都必须具备的特点。如果某一客观事实只是作为其他客观事实的存在形式或者必然派生物而存在，那么在考察其他客观事实时，该部分客观事实就已经被涵盖在内而顺带考察过了。这时再将该部分客观事实视为独立的客观要件，显然既无必要，也不科学。因此，如果某类客观事实虽然存在于一切犯罪之中，但只有一部分对犯罪成立独立地起着作用，其中的另一部分只是作为其他客观事实的存在形式或者必然派生物而存在，那么该类客观事实仍然只是犯罪构成客观方面的选择要件而不是共同要件。

以犯罪的时间、地点和方法为例：犯罪的时间、地点和方法存在于一切犯罪之中，但不能说犯罪时间、地点和方法是一切犯罪客观方面的共同要件。一般认为，只有在以下情况下，犯罪的时间、

地点和方法才成为犯罪构成要件：（1）当法律明示“在……期间”、“在……过程中”、“在……前”、“在……中”、“在……后”、“在……期”实施某种行为，将给予刑罚处罚时，行为时间便成为该行为是否构成犯罪的决定性因素。例如，刑法第10章军人违反职责罪的一系列战时犯罪便属这种情形，第7章第376条至第381条的一系列战时犯罪也属这种情形。需要注意的是“在……中”这种情形。例如，刑法第277条第3款规定了妨害公务罪：“在自然灾害和突发事件中，以暴力、威胁方法阻碍红十字会工作人员依法履行职责的……”有论者认为，这里的“在……中”的规定也指特定时间。笔者认为，严格地说该规定不但指特定的时间，还指特定的地点，即阻碍的是红十字会工作人员在灾害发生区或事件发生地履行职责，或阻碍他们前往该地区履行职责。如果不是针对这些特殊地点或在这些特殊地点实施阻碍行为，那么即使是发生在自然灾害和突发事件期间，也不构成该款规定之罪。有论者认为，在某些情况下，法条虽然没有明示犯罪时间，但根据刑法分则条文中的具体规定可以推定，如果行为不是在特定的时间实施就难以成立该种犯罪，这时行为时间也成为该种犯罪构成客观方面的必备要件。[①] 笔者认为，在认定这种行为时间的地位之前，先应当弄清楚这种行为时间是一切犯罪都必然会具备的伴随行为而来的一般犯罪时间，还是可以与行为分离、对行为的法律性质起决定性作用的时间。如果是前一种时间，则不宜认定为属于构成要件的时间。例如，抢劫罪的时间，持上述观点的论者认为，由于要构成抢劫罪，暴力、胁迫手段和夺取财物行为只能在抢劫现场“立即”实施，因而犯罪时间也是抢劫罪的构成要件。这种观点存在两个问题：第一，抢劫行为不在当场立即实施，是否还可能在其他时间实施？显然不可能在任何其他时间存在抢劫行为。因此，这一行为时间是伴随抢劫行为而来，属于抢劫行为的必然组成部分，不宜单独将其列

① 参见马克昌主编：《犯罪通论》，武汉大学出版社1999年版，第235页。

为抢劫罪客观方面的一个构成要件。第二，这种观点容易使人产生误解，以为抢劫罪的构成也分白天黑夜或春夏秋冬，这对司法实践并无益处。因此，笔者认为，作为构成要件的犯罪时间应当独立于行为性质之外，具有专门的法律意义。那些为行为所包容、本身便是行为之要素的犯罪时间不宜被划在构成要件的犯罪时间之内。(2）当根据我国刑法分则明文规定，某些行为只有在某些特殊场合或区域实施才构成犯罪时，特殊的地点便成为这些行为构成犯罪在客观方面必须具备的要件。比较典型的是刑法第 340 条规定的非法捕捞水产品罪和第 341 条第 2 款规定的非法狩猎罪中的行为地点。另外，刑法第 7 章危害国防利益罪的第 371 条聚众冲击军事禁区罪和聚众扰乱军事管理区秩序罪、第 6 章第 1 节第 290 条第 1 款的聚众扰乱社会秩序罪和第 2 款的聚众冲击国家机关罪、第 291 条的聚众扰乱公共场所秩序、交通秩序罪等罪中，行为地点都是犯罪构成客观方面的必备要件。作为某些犯罪客观方面必备要件的行为地点也必须是对于犯罪成立具有独立价值的内容，那些仅属于行为组成部分，并无独立判断价值的行为地点，不能归入作为构成要件的行为地点之中。例如，对于刑法第 316 条规定的脱逃罪、第 317 条第 1 款规定的组织越狱罪，便不宜说行为地点是这类犯罪的必备要件。这是因为，如果不是从羁押、监管场所或者押解途中逃走，便不能称之为脱逃，亦即脱逃行为本身就已经决定了犯罪地点。此时再说行为地点是犯罪构成必备要件，不但多此一举，而且使行为地点在犯罪客观方面的地位问题被人为地复杂化了。(3）犯罪方法成为犯罪客观方面的必备要件，以法律的明文规定为限。只有刑法明确规定，以某种特殊方法实施某种危害行为，该行为才构成犯罪时，该方法便成为该行为构成犯罪在客观方面必须具备的要件。刑法中这类犯罪也有相当数量，如第 340 条的非法捕捞水产品罪和第 341 条的非法狩猎罪、第 343 条第 2 款的破坏性采矿罪以及一系列以“暴力”或以“暴力、威胁”方法构成的犯罪和一系列聚众型的犯罪，等等。需要注意的是“以……名义”、“利用……便利”

进行犯罪的是否属于必须以特定方法实施才能构成的犯罪。有论者对此持肯定态度。① 笔者认为不妥，理由是：（1）在“以……名义”实施犯罪这种情形中，行为人所使用的名义，实际上只不过是一个借口或假象，借口或假象与方法具有完全不同的含义，前者是行为人实际上没有用到的，后者正好是行为人用到的。以刑法第319条规定的骗取出境证件罪为例，在这种犯罪中，名义是劳务输出、经贸往来，实际上行为人根本没有这么做。行为人在这种犯罪中所采用的手段或者说方法，与名义正好相反，即假劳务输出和假经贸往来，不能把完全相反的两种现象等而视之。（2）“利用……便利”指的是行为人借助客观已存在的某些条件来达到自己的犯罪目的，它与属于行为人直接用来达到犯罪目的的犯罪方法也是不同的。以刑法第382条贪污罪为例，利用职务上的便利是行为人必须借助的已有条件，如果行为人没有借助这种条件，就不会构成本罪；而贪污罪的方法却可以是侵吞、窃取、骗取及其他多种多样的方法，法律并无特殊要求，二者的内涵与外延均迥然不同，恐怕不能说属于构成要件的犯罪方法中包括利用某种便利条件这类情形。

可见，在大多数情况下，犯罪时间和地点仅仅作为危害行为的存在形式而存在，在认定了存在危害行为时，当然存在犯罪时间和地点，根本无须再对犯罪时间、地点专门加以考察。这就如同在确认了存在一棵树后，当然意味着存在树枝和树干，而无须再去考察是否存在树枝和树干，因为树枝和树干就是树的存在形式。只有在特定的行为时间和地点为犯罪成立所必需时，行为时间和地点才具有专门加以考察的价值，从而成为犯罪构成的客观要件。危害结果在犯罪客观方面的地位与犯罪时间、地点、方法一样，虽然存在于一切犯罪之中，但只有部分具有专门加以考察的价值，因而同样只是犯罪构成客观方面的选择要件。具体而言，只有在那些除了考察危害行为，还必须专门考察危害结果，才能确定犯罪是否成立或者

① 参见马克昌主编：《犯罪通论》，武汉大学出版社1999年版，第235页。

是否达到既遂的结果犯中，危害结果才是犯罪构成客观方面的要件；而在行为犯、危险犯、举动犯中，由于或者犯罪行为一经实施，危害结果就同时发生了，或者犯罪行为实施到什么程度，危害结果就发展到什么程度，此外并无对犯罪成立具有特殊而独立影响的危害结果，只要考察了危害行为，就能知道危害结果，因而既无须去查明危害行为与危害结果间的因果关系，也无须专门去考察危害结果。在这种情形下，危害结果的地位就如同仅作为危害行为存在形式的犯罪时间、地点的地位一样，不是犯罪构成客观方面的要件。

六、对刑法第 14 条中的“危害社会的结果”的理解

关于故意犯罪，新中国历次刑法草案的规定大同小异。第一个刑法草案——中央人民政府法制委员会 1950 年 7 月 25 日起草的《中华人民共和国刑法大纲草案》第 8 条第 1 款第 1 项规定的便是：“故意的犯罪行为，系指犯罪人明知自己行为之危害社会的结果，而希望或放任其发生者。”一开始就将犯罪故意的认识内容浓缩在“危害社会的结果”上。此后诸项草案虽然在表述上有所不同，如有的称“危害结果”，有的称“社会危害结果”，[①] 但都未偏离最初的定位。在探讨如何修改和完善 1979 年刑法的过程中，有人对如何完善犯罪故意的规定提出了看法。如有人认为，应当将 1979 年刑法第 11 条关于犯罪故意的规定修改为：“明知自己的行为会发生危害社会的结果，并且希望这种结果发生的，是故意。预见自己的行为可能发生危害社会的结果，虽不希望但放任这种结果发生的，也是故意。”另有人则认为应当修改为：“明知自己的行为必然或者可能发生危害社会的结果，并且追求这种结果发生，因而构成犯罪的，是故意犯罪。”还有人认为，认定故意犯罪必须以行为

---

① 有关刑法草案的规定，可参见高铭暄、赵秉志编：《新中国刑法立法文献资料总览》（上），中国人民公安大学出版社 1998 年版。

人对自己的行为及其后果的社会危害性具有明确的认识是不科学的，只要证实行为人具有对犯罪行为社会危害性的认识能力即可。[①] 但由于这些观点有的不够成熟，有的有欠合理，均未能出1979 年刑法规定之右，故没有被立法机关采纳，1997 年刑法沿用了 1979 年刑法关于犯罪故意的规定。这样，如何理解刑法第 14 条中的“危害社会的结果”，对于正确把握故意犯罪十分重要。

要正确理解刑法第 14 条中的“危害社会的结果”，首先必须明确这样一个问题，即本条中的“危害社会的结果”，必须是行为人能够并且已经认识到的危害结果。因为按照本条规定，行为人只有在认识到危害社会的结果，并且希望或者放任这种结果发生的情况下，才可能构成故意犯罪。亦即行为人只有在认识到危害社会的结果，并且希望或者放任这种结果发生的情况下，才存在犯罪故意。可见，本条中的“危害社会的结果”，是所有犯罪故意都必须具备的认识内容。基于这样的要求，笔者认为：

第一，本条中的危害社会的结果，不可能是广义的危害结果。因为广义的危害结果是指由行为人的危害行为所引起的一切对社会的损害事实。而在故意犯罪中，行为人显然不可能对自己的危害行为所引起的一切对社会的损害事实都认识到。对于危害行为所引发的间接危害结果，如因诈骗致使被骗人气愤自杀，因强奸致使被害人羞愤自杀等，行为人在实施危害行为时往往是认识不到的。可见，如果将本条中的“危害社会的结果”理解为广义的危害结果，那么根据本条规定，许多公认的故意犯罪，如导致被害人自杀的诈骗犯罪和强奸犯罪等，都将由于行为人没有认识到自己的行为会发生危害社会的结果，而被排除在故意犯罪之外，这种结论显然是荒谬的。因此，不能将本条中的“危害社会的结果”理解为广义的危害结果。

---

① 此段中有关修改意见，均转引自赵秉志主编：《刑法修改研究综述》，中国人民公安大学出版社 1990 年版，第 121 ~ 123 页。

第二，也不能把本条中的“危害社会的结果”理解为属于犯罪构成要件的危害结果。因为属于犯罪构成要件的危害结果只存在于部分犯罪之中，因而行为人不可能在所有故意犯罪中都存在对这种结果的认识，而按照本条的规定，作为本条中的“危害社会的结果”是所有故意犯罪行为人都必须认识到的内容。因此，本条中的“危害社会的结果”不能局限于属于犯罪构成要件的危害结果。

第三，本条中的“危害社会的结果”，也不包括所有的对犯罪直接客体造成的损害事实。对于某些犯罪，如对结果犯和某些行为犯来说，危害行为对犯罪直接客体造成的损害事实行为人是能够认识到的。例如，杀人犯能够认识到他人生命权利被损害的事实，强奸犯能够认识到妇女性权利被损害的事实。但对于另一些犯罪，如对举动犯而言，行为人往往认识不到危害行为对犯罪直接客体造成的损害事实。例如，煽动颠覆国家政权的行为人可能认识不到其行为对国家安全的损害事实。这是因为由犯罪直接客体的性质所决定，对犯罪直接客体造成的损害事实有的是有形的、可以具体测量确定的，如人被杀害、被伤害，财产被偷、被抢、被骗等。有的则是无形的、不能具体测量确定的，如名誉被损害、人格遭侮辱、国家安全受到危害等。对前一种危害结果，行为人往往能够认识到，对后一种危害结果，行为人则往往认识不到。因此，危害行为对犯罪直接客体造成的损害事实行为人也不能都认识到。

第四，本条中的“危害社会的结果”，是一种观念上的结果，而不是指危害行为实际已经造成的结果。这是因为危害行为实际已经造成的结果，只有在行为实施完毕后才会产生，而本条中的“危害社会的结果”，显然是在行为人实施危害行为之前就已经存在于大脑中的结果，因而不可能是危害行为实际已经造成的结果。

第五，本条中的“危害社会的结果”，是一种观念上的危害行为对犯罪直接客体造成的损害事实。具体而言，在直接故意犯罪中，就是行为人内心想要达到的目标，其中在结果犯中，是作为犯罪构成要件的结果；在行为犯、举动犯、危险犯中，是犯罪达到既遂（在不存在犯罪完成形态和犯罪未完成形态之分的情况下则指犯罪成立）并且行为人的犯罪目的已经达到时，与犯罪目的相符合的危害结果。在间接故意犯罪中，则是作为犯罪构成要件的结果。只有在这种观念上的危害结果，才是行为人既必须认识到，又必然认识到的危害结果。行为人必须认识到是因为：其一，中外刑法理论界和实务部门一致认为，故意犯罪的行为人必须对犯罪客观方面的构成要件事实有认识。因此，行为人成立故意犯罪，必须对作为犯罪构成要件的危害结果有认识。其二，在行为犯、举动犯、危险犯中，与犯罪目的相符合的危害结果虽然不是犯罪构成要件，但是如果行为人没有认识到这种危害结果，他必定没有正确认识其危害行为的性质。例如，甲如果不知道他的行为能造成他人死亡的结果发生，那么他必然不知道他的行为是杀人行为。而在对危害行为的性质缺乏认识的情况下，不可能存在犯罪故意。例如，甲事实上将乙的钱包装入了自己的口袋，但在将钱包装入自己的口袋时并不知道其实施的是侵占行为，那么支配他实施该行为的必定不是侵占故意。可见，行为人必须对与犯罪目的相符合的危害结果有认识，才可能存在犯罪故意。行为人必然认识到这种危害结果表现在：在直接故意犯罪中，这种危害结果作为行为人一个内心想要达到的目标，他不可能不认识到；在间接故意犯罪中，行为人对作为犯罪构成要件的危害结果持的是一种放任心态，而放任心态的存在显然以对危害结果有认识为前提。可见，无论是在直接故意犯罪还是在间接故意犯罪中，行为人都会对这种危害结果有认识。

第六，本条中的“危害社会的结果”中的所谓“危害社会”，是立法者对行为人的危害行为所造成的危害结果所作出的概括性价值判断，而不是行为人自己对危害结果所作出的价值判断。由于如果将本条中的“危害社会的结果”中的所谓“危害社会”理解为行为人自己对危害结果所作出的价值判断，本条规定将面临一个无法解决的矛盾，即对于许多确信自己行为有益于社会的所谓“确信犯”，如大义灭亲者、劫富济贫者，以及部分政治犯，按照本条规定，根本不能以犯罪论处。因此，笔者认为，本条中的“危害社会的结果”中的所谓“危害社会”，是立法者对行为人的危害行为所造成的危害结果所作出的概括性价值判断。

综上所述，笔者认为，本条中的“危害社会的结果”，既不是指犯罪行为对社会造成的一切损害事实，也不仅仅局限于属于犯罪构成要件的危害结果，又不是危害行为对犯罪直接客体造成的损害事实，而是指结果犯中作为犯罪构成要件的结果和行为犯、举动犯、危险犯中与行为人的犯罪目的相符合的犯罪结果。

第五题　刑法因果关系的认定

刑法中的因果关系，是指危害行为与危害结果之间的引起与被引起的关系。刑法因果关系问题，是刑法理论和实务中的一个棘手而重要的问题。危害行为与危害结果之间因果关系的存在，是在危害结果发生时要求行为人负刑事责任的必要条件。刑法因果关系的复杂性，源于哲学因果关系中原因这一概念内涵少而模糊，现实生活却复杂多样。在哲学中，所谓原因是指先出现的引起某一现象的现象。现实生活中，引起某一现象的现象既可以是一种，也可以是多种，多种原因既可以是同时发挥作用，也可以是相继发挥作用，这就使以哲学因果关系为基础的刑法因果关系呈现出复杂性。同时，作为刑法中因果关系原因的行为又包含着行为人的意识因素在内，又进一步增加了这种复杂性。

一、国外刑法理论中判断因果关系的学说及评析

国外刑法理论中判断因果关系的学说主要有条件说、原因说和相当因果关系说。

（一）条件说

也称条件即原因说。该说认为，行为与结果之间如果存在没有前者就没有后者的条件关系，前者就是后者的原因。刑法学界一般认为，该说存在一个明显的缺陷，即会无限制地扩大刑事责任的范围。其中，一个简单但具有代表性的例子是：甲杀死乙，按条件说的观点，不仅甲的杀害行为与乙的死亡结果之间有因果关系，而且甲的父母生育甲的行为、杀人凶器的制造行为，均为乙死亡的原因。因为如果甲的父母不生甲，那么乙就不会遭遇被甲杀死的结

果，同样，如果没有杀人凶器制造行为，也不会发生甲杀死乙的后果。这显然是荒唐的，由此反推条件说难以令人接受。

（二）原因说

也称条件与原因区别说。此说主张只有那些对结果发生具有重要关系者才能成为原因。在区别条件与原因的标准上，持这种学说的学者间又有不同见解，主要有以下几种观点；一是必要原因说，认为发生结果所不可缺少的条件为原因。二是直接原因说，认为直接诱发结果的条件为原因，与结果间接联系的则为条件。三是优势条件说，或优势原因说、决定原因说，认为对结果发生具有最优势的条件为原因，其余条件为单纯条件。究竟何种条件为最优势条件，实践中又容易产生争议。四是最终原因说，认为对结果予以最后作用的条件为原因。五是最有力原因说，从多数条件中，选出惹起结果最有力的条件作为原因。六是异常原因说，或反常原因说、背则条件说，认为多数条件中，足以改变事物正常进展顺序、使其异常进行而违反常规的条件，为结果的原因。

根据不同原因说所推出的结论不是在这个具体案件中就是在那个具体案件中令人感到荒谬，其原因与持这类观点的学者之研究方法有关，即他们都是通过研究分析某些个案，试图推导或总结出某些对所有案件普遍适用的判断因果关系的标准来，而他们所研究分析的个案并不具有普遍性。另外，因果关系现象的具体性和多样性的特点，也决定了不可能从某个或者某些个案中概括归纳出一个普遍适用的标准。因此，原因说之下的各种分支学说，必然是以偏概全，最终必然导致每一个标准都不能完全符合实际。

（三）相当因果关系说

此说认为，并非造成结果的所有条件都属于原因，只有根据一般社会生活经验，在通常情况下，某种行为产生某种结果被认为是相当的场合，行为与结果之间才具有因果关系。所谓相当，基本含义为在日常生活中是一般的，并不异常。根据判断相当性的标准，此说又可分出三种观点：一是主观说。此说以行为人在行为当时已经认识或可能预见的事实为基础判断通常情况下结果是否发生。例如，甲殴打乙，将乙推倒在地，致使乙心脏病发作死亡。按照该说，如果甲在行为时能够预见和明知乙患有心脏病，则甲的危害行为与乙死亡的结果之间就有因果关系；如果无法预见上述事实，则不存在因果关系。二是客观说。此说以行为人实施行为时所存在的事实，以及在行为当时可以预见的行为后之事实为判断基础，根据一般人能否预见或认识这一标准，由第三者（裁判官）予以“客观观察”。根据上述基础和标准来判断，如果在通常情况下行为可能发生某一结果，其间便存在因果关系。再以甲打死患心脏病的乙为例，按照该说，如果法官认为一般人能预见乙患有心脏病，将乙推倒在地会引起乙死亡的结果，那么甲的行为与乙的死亡之间即具有因果关系；如果法官认为一般人难以预见乙的特殊体质，即使甲明知乙的状况，甲的行为与乙死亡结果之间也不存在因果关系，甲对乙的死亡结果不负刑事责任。三是折中说。此说以客观说为基础，以主观说为补充。认为如果一般人可以预见行为可能发生某一结果，那么行为和结果之间有因果关系；但是，根据实际情况，虽非一般人能得而知之，而行为人本人能够预见或认识的，则其行为与结果之间也存在因果关系。再以前案为例，如果一般人能知道乙是心脏病患者，那么甲的行为与乙的死亡结果之间存在因果关系；如果一般人不能预见，但甲本人知道乙患有心脏病，那么甲的行为与乙的死亡之间也存在因果关系。只有在一般人不能预见，甲本人也不知道并不能预见乙患有心脏病的情况下，甲的行为与乙的死亡之间才不存在因果关系。

一般认为，相当因果关系说避免了条件说过于宽泛的缺陷，又克服了原因说抽象混乱、难以把握、以偏概全的弊端，因而在刑法理论界获得了较为广泛的认同。但是，无论是其中的主观说、客观说还是折中说，均是以人的主观认识为标准来判断因果关系是否存在。而因果关系是自然界或社会中某种现象和另一种现象之间客观存在的、不以人的意志为转移的联系，因此，根据相当因果关系说得出的某些结论难免与常理相悖。例如，前述案例中，明明乙是被甲推倒在地，导致心脏病发作而死亡的，按照相当因果关系说的观点，甲的行为与乙的死亡结果之间却可能并不存在因果关系，这让人较难以接受。

二、我国刑法理论中的判断因果关系学说及评析

我国刑法学界在研究刑法因果关系时，首先澄清了一些因果关系的基本属性，通说认为因果关系具有以下性质：一是客观性，二是相对性，三是时间序列性，四是条件性和具体性，五是复杂性。[①] 刑法因果关系的判断应当建立在这些基本命题之上。对刑法因果关系上述性质的肯定，使刑法理论中关于这一问题的研究与哲学中的因果关系理论保持了统一性，并使刑法因果关系理论建立在哲学因果关系理论的基础上，从而避免了国外在刑法因果关系研究过程中产生的某些荒谬的结论，应该说有其重要意义。在此前提下，我国刑法学界关于因果关系主要有两种学说：

（一）必然因果关系说

该说认为，刑法上的因果关系，仅仅是指危害社会行为同危害社会结果之间的必然联系。当危害行为中包含着危害结果产生的根据，并合乎规律地产生了危害结果时，危害行为与危害结果之间就是必然因果关系，只有这种必然因果关系，才是刑法上的因果关系。所谓合乎规律地产生了危害结果，一般理解为在一定条件下必然地、不可避免地会引起危害结果。持必然因果关系说的观点认为，刑法中只有必然因果关系一种形式，偶然因果关系是不存在的。

批评必然因果关系说的观点认为，必然因果关系说存在以下错误和缺陷：（1）必然因果关系说实际上是以因果性代替了必然性，

① 参见高铭暄主编：《刑法学原理》（第一卷），中国人民大学出版社 1993 年版，第 537～577 页。

同时将必然性与偶然性对立起来，没有看到原因的总和在必然地向结果发展时，某些原因与结果之间还呈现偶然的特征，从而违背了必然性与偶然性相统一的原理。[①]（2）这种学说提出的认定标准不具有可操作性。人们很难判断行为中是否包含着结果产生的根据，也很难断定行为导致结果是否合乎规律，因为许多规律还并没有被人们认识和掌握。（3）这种学说似乎缩小了刑事责任的范围。[②]

笔者认为，上述批评均比较中肯。必然性与偶然性并不是完全对立的，那些并非属于事物内因，而是存在于事物外部之因素偶然介入并导致结果发生时，结果的发生便自然而然地带上了偶然性的特征。这时的因果关系理应属于偶然因果关系的范围。只承认必然因果关系的观点，或者是将某些本应属于因果关系之原因范围的条件排除在原因之外，从而使那些通过制造条件的方式实现犯罪目的的行为逃脱刑法的制裁；或者是将某些并不属于必然因果关系范围的原因或条件强行纳入范围之内，弄得必然因果关系名不符实，显然都不足取。

（二）偶然因果关系说

偶然因果学说，也称“必然、偶然因果关系说”。此说认为，刑法因果关系是极为复杂的，既有主要的、作为基本形式的必然因果关系，也有次要的、作为补充形式的偶然因果关系。当危害行为本身并不包含着产生危害结果的根据，但在其发展过程中，偶然介入其他因素，并由介入因素合乎规律地引起危害结果时，危害行为与危害结果之间就是偶然因果关系，介入因素与危害结果之间是必然因果关系。在偶然因果关系中，先前的危害行为不是最后结果的决定性原因，最后的结果对于先前的危害行为来说，可能出现，也可能不出现；可能这样出现，也可能那样出现。

---

① 参见赵秉志主编：《海峡两岸刑法总论比较研究》（上卷），中国人民大学出版社 1999 年版，第 633 页。

② 参见张明楷著：《刑法学》（上），法律出版社 1997 年版，第 150 页。

偶然因果关系说有利于摆脱必然因果关系说在处理实践中某些问题时所处的两难困境。例如，甲、乙为夫妻，夫甲欲害妻乙，想出一个阴毒招数。其家门口一条小路直通一条车辆来往频繁的公路，在小路与公路相交段的两旁是两栋楼房，使小路在此段成为一条弄子，人在弄子中察觉不到公路上车辆来往的情况。甲利用这一地形，设下谋害乙的陷阱，经常在家持棍追打乙，迫使乙经常沿小路奔向公路躲避，终于有一天被快速行驶的一辆小车撞致身亡。本案中，甲的追打行为与乙的死亡结果之间便属于典型的偶然因果关系。甲主观上有害死乙的故意，客观上实施的追打行为导致了乙的死亡结果发生，理应追究其故意杀人罪的刑事责任。但是，如果按照必然因果关系说的观点，便无法追究其刑事责任，或者是牵强地把这种因果关系也归入必然因果关系中，两种选择显然都是不可取的。

三、判断刑法上的因果关系之我见

这一问题困扰刑法理论和实务界多年，我们也不指望一蹴而就，仅提出一家之管见，以供批评。

（一）判断刑法上的因果关系首先应该明确的若干问题

笔者认为，在判断刑法中的因果关系时，首先应当明确以下几个问题：

第一，刑法中的因果关系，是建立在哲学因果关系的基础上。因此，必须坚持刑法因果关系的客观性，国外刑法理论界比较通行的相当因果关系说不宜为我们所采用。

第二，刑法中的因果关系，是指危害行为和危害结果之间的因果关系。因此，不属于危害行为的原因，诸如父母生育子女的行为、合法生产商品或者制造产品的行为等均不在刑法因果关系理论的研究范围之内。

第三，刑法中的因果关系的确认，只是解决了追究行为人刑事责任前提条件的问题，并不意味着就应当追究行为人的刑事责任。

换言之，即危害行为与危害结果之间存在因果关系，是追究行为人刑事责任的必要条件，而不是充分条件。以前述甲将乙推倒在地，引起乙心脏病发作死亡一案为例。即便认定了其行为与乙的死亡结果之间存在因果关系，也不能认为当然应当追究甲的刑事责任，还应当看他能否认识到其行为可能发生危害结果。如果他不能认识到这一点，仍然不能追究其刑事责任。

（二）关于是否有必要严格区分清楚偶然因果关系中的偶然原因与条件

笔者认为无此必要。理由是：

第一，“外因是变化的条件，内因是变化的根据，外因通过内因起作用。”可见外因与条件实际上是一回事，二者不仅没有必要区分，也是不可能区分清楚的。外因虽然是条件，但是在事物的发展变化过程中有时能起到决定性作用。我们不能因为它是外因、是条件，便否认它与危害结果之间的因果关系。

第二，从哲学中原因与条件的概念内涵来看，条件与原因本身就是难以明确区分的。

在哲学中，所谓原因就是引起某种现象的现象。所谓条件，是指对结果发生必不可少的那些因素，但这些因素与结果只有一般的关系，没有内在的、会合乎规律地引起结果发生的联系。条件与结果的关系，一般被认为是“无前者即无后者”的关系。而从哲学中原因的概念来看，我们也只能找到原因与结果之间存在一种无前者即无后者的关系，而得不出原因与结果之间只能是一种内在的，合乎事物发展规律的联系这样的结论。

第三，从偶然因果关系的含义和条件的含义来比较，也找不出偶然原因与条件的明确界限。

按照通行的观点，如果某种行为本身不包含产生某种危害结果的必然性，但是在其发展过程中，由于有其他原因加入其中，由后来介入的这一原因合乎规律地引起了这种危害结果，那么先前的行为与危害结果便存在偶然因果关系，这一先前行为即是偶然原因。

如果没有先前的行为，后来介入的原因便不会引起结果的发生。可见，如果用“无前者即无后者”来概括先前行为即偶然原因与危害结果的关系，那是非常贴切的。这也说明，偶然原因与条件是无法明确区分的。

（三）刑法上因果关系的具体判断标准

在明确了上述问题之后，对极为纷繁复杂的刑法因果关系问题便基本上有了一个统一的判断标准，这就是我国刑法学界日益占据通说地位的“必然、偶然因果关系说”，或者说有限制的条件说。

为了更科学合理地界定偶然因果关系的范围，可以从以下两个方面对偶然原因或者说作为原因的条件进行限制。第一，作为偶然原因或者条件的行为必须是有导致结果发生可能性的行为。例如，甲生病，与之有仇的邻居乙趁机在家偷偷诅咒甲早日病死，甲果然很快病死。虽然乙所祈祷的结果发生了，但由于乙的诅咒行为根本不可能引发甲早死的结果，故不属于甲早死的偶然原因。第二，与前行为无关的后行为或现象直接导致结果发生，而且即便没有前行为结果也发生时，前行为与结果之间没有因果关系，这是所谓的因果关系中断。例如，甲想放火烧毁乙家房屋，堆放好并点燃了引火物，结果乙家恰好自家失火把房屋烧毁，甲的行为没有起到作用。那么甲的行为与乙家房屋被烧毁的结果之间没有因果关系。

（四）不作为犯罪因果关系的认定

不作为犯罪因果关系的认定也是一个十分复杂的理论问题。中外刑法理论界都有否认不作为犯罪存在因果关系的观点，认为“不作为不是客观存在的行为，在自然界的状态中是‘无’是‘空’……无中不能生有，无作为，自无结果，不作为不是结果的原因，只是促成结果产生的条件”。[①] 但更多的论者认为不作为犯罪存在因果关系，只是在论证这一观点时各有说法。

① 转引自肖中华：《论不作为犯罪因果关系》，载陈兴良主编《刑事法评论》（第3卷），中国政法大学出版社1999年版，第221页。

笔者认为，不作为行为与危害结果的因果关系是客观存在的，并非法律强加。在理解不作为犯罪因果关系时，应注意把握以下几个方面的问题：

第一，不作为与作为一样，均属于危害行为的基本表现形式。因此，不作为并非“无”和“空”，而是“有”，它和作为一样，都侵犯了刑法所保护的社会关系。这是不作为犯罪因果关系能够存在的前提。

第二，不作为的原因力，就在于它应该阻止能够阻止而没有阻止事物向危险方向发展，以至于引起了危害结果的发生。不作为犯罪因果关系的特殊性只在于，它要以行为人负有特定的义务为前提，除此以外，它的因果关系应与作为犯罪一样。例如，由于铁路扳道工不按时扳道岔而引起列车出轨或相撞。负有特定作为义务的扳道工的不作为行为，在客观上引起了列车出轨或相撞的危害结果的发生，二者之间的因果关系是无法否认的。

第三，从更广泛的范围来考察，现实生活中那些有可能防止危害结果发生的人的不作为行为，均可以成为危害结果的原因，只是由于其中那些不负特定作为义务者的不作为行为在刑法上没有意义，故不在评价范围之内。

第四，不作为行为并不能单独导致危害结果的发生，它只有与某些行为人的先行行为（如不小心将他人挤落水塘）、他人（包括被害人）行为（如犯人逃跑）或自然事实（如火灾）等因素结合起来，才能引起危害结果的发生。

四、刑法上的因果关系是否属于犯罪构成的客观要件

危害行为与危害结果之间的因果关系是否属于犯罪构成的客观要件？对于这一问题，刑法理论界存在不同看法。有的论者认为，犯罪的因果关系与犯罪行为一样，也是构成犯罪客观方面的、不可

缺少的必要条件之一；[1] 有的论者则认为，刑法因果关系不是犯罪构成客观方面的共同必要要件，但却是犯罪构成中的一个重要选择要件；[2] 还有论者则认为，刑法上的因果关系既不是一切犯罪构成必须具备的共同要件，也不是选择要件，即它不属于犯罪构成要件体系的范畴。[3] 上述第三种观点目前已成为刑法理论界的通说，其主要理由是：（1）犯罪活动的任何客观事实情况，都有自己相对独立的物质存在形式，而刑法因果关系根本没有自身的独立存在。（2）犯罪构成四个方面诸要件之间的关系，多数是因果关系。如犯罪动机与犯罪目的之间、犯意与危害行为之间，都存在因果关系。如果以危害行为与危害结果之间的因果关系为构成要件，其他要件之间的因果关系也应成为构成要件，这显然不妥。（3）确认某一危害行为与某一危害结果之间有无因果关系，与该行为和该结果是否属于犯罪构成要件没有必然联系。笔者认为，从犯罪构成要件的内涵出发，危害行为和危害结果之间的因果关系确实难以称得上是犯罪客观要件。这是因为，作为犯罪构成要件，首先必须是一种抽象化的事实，即事实特征，而危害行为和危害结果之间的因果关系仅仅是事实之间的一种关系，而不是事实本身，因而难以归入犯罪客观要件之列。但是，如果将犯罪构成要件理解为“事由”而非“事实”，那么，因果关系就应当归入犯罪构成的客观要件之列。

① 参见张尚鷟：《中华人民共和国刑法概论》（总则部分），法律出版社 1983 年版，第 90 页。

② 参见樊凤林主编：《犯罪构成论》，法律出版社 1987 年版，第 63 ~ 65 页。

③ 参见马克昌主编：《犯罪通论》，武汉大学出版社 1999 年版，第 212 ~ 213 页。

第六题 犯罪客体与犯罪对象

犯罪客体是刑法所保护的，而为犯罪行为所侵犯的权益。犯罪客体应当作为犯罪构成的要件，一个行为不侵犯任何合法权益，就意味着不危害社会，也就不构成犯罪。犯罪客体有其作为犯罪构成要件之一独立存在的意义，试图以犯罪对象取代犯罪客体的做法是不可取的。犯罪客体要件的重要意义在于说明犯罪的性质，犯罪对象做不到这一点，而且，并非所有犯罪都存在犯罪对象，这就注定了犯罪对象不可能成为一切犯罪成立都必须具备的犯罪构成要件。犯罪客体也不宜置于犯罪概念中探讨，犯罪概念研究的是犯罪的本质问题，犯罪客体虽然与犯罪本质有着紧密联系，但与犯罪本质相比，犯罪客体属于下一个层次上的范畴：它只是用来揭示犯罪本质的。在这一点上，犯罪客体的功能与犯罪客观方面、犯罪主观方面以及犯罪主体的功能并无不同。虽然犯罪客观方面、犯罪主观方面和犯罪主体三方面的犯罪构成要件都从不同角度对犯罪客体进行了说明，但这并不妨碍犯罪客体成为犯罪的一个独立要件。离开犯罪客体，只剩下其他三个要件，将给我们揭示个罪的性质增添很大麻烦。事实上，在探讨具体犯罪时，不可避免地要涉及该罪所侵犯的权益，亦即最终还是要归结到犯罪客体上来。既然如此，完全可以而且应当直接将犯罪客体作为一个犯罪构成要件确定下来。犯罪对象是指犯罪行为所直接作用的具体人或物。犯罪对象中的人，是指犯罪行为所直接作用的自然人。例如，故意杀人罪中杀人犯罪行为所直接加害的人员，就属于犯罪对象。犯罪对象中的物，是指不以人的意志为转移而客观存在的一切有价值和归属关系的物质。例如，盗窃罪中盗窃犯罪行为所直接作用的财物，就属于犯罪对象。

作为犯罪对象的物，既包括有形物，如房屋、土地、森林、有形矿产，也包括无形物，如电、气、信息等。人或者物之外的其他存在，如人的行为，物的位置、状态，国家、国家机关、企业、事业单位、团体等，都不属于犯罪对象。

一、关于犯罪客体的定位

刑法理论界存在关于犯罪客体的界定之争。我国较早的关于犯罪客体的通说认为，犯罪客体是指我国刑法所保护的，而为犯罪行为所侵犯的社会主义社会关系。[①] 这种观点可以称为社会主义社会关系说。从20世纪80年代中期开始，不断有学者对上述通说提出质疑。目前，关于犯罪客体的观点种类繁多，主要有以下几种：(1) 犯罪对象说。这种观点认为，犯罪客体是指刑法所保护而为犯罪行为指向或影响的对象（人、物、行为）。[②] （2）社会利益说。这种观点认为，犯罪客体是指刑法所保护而为犯罪行为所侵害的社会主义社会利益。[③]（3）社会主义社会关系和权益说。这种观点认为，犯罪客体是指犯罪行为所侵犯的社会主义社会关系和国家、集体、公民个人的权益。[④]（4）社会关系说。这种观点认为，犯罪客体是指我国刑法所保护的而被犯罪行为所侵害或威胁的社会关系。[⑤]（5）法益说。这种观点认为，犯罪客体是刑法所规定的，而为犯罪行为所侵犯的权益。[⑥]（6）刑事被害人说。这种观点认为，犯罪客体是法律权利和利益遭受犯罪行为侵害的、具有人格特征的自然人、单位以及国家和社会，也称刑事被害人。[⑦]

---

① 参见高铭暄主编：《刑法学原理》（第一卷），中国人民大学出版社1993年版，第484～485页。

② 参见张文：《犯罪构成初探》，载《北京大学学报》1984年第5期。

③ 参见何秉松：《论犯罪客体》，载《北京大学学报》1987年第3期。

④ 参见何秉松著：《犯罪构成系统论》，中国法制出版社1995年版，第166页。

⑤ 参见马克昌主编：《犯罪通论》，武汉大学出版社1999年版，第113页。

⑥ 参见张明楷著：《刑法学》（上），法律出版社1997年版，第115页。

⑦ 参见刘生荣著：《犯罪构成原理》，法律出版社1998年版，第119～124页。

笔者主张采取法益说，即犯罪客体是受刑法所保护的，而为犯罪行为所侵犯的权益，主要理由有二：

第一，将犯罪客体定位为社会关系过于抽象，不利于对该概念的理解。社会关系是人类在共同活动过程中结成的人与人之间的关系。这种关系是哲学家经过抽象思维而总结出来的。许多领域的社会关系都十分复杂，需要经过烦琐的逻辑推论才能得出结论。以如此深奥的概念作为犯罪客体的属概念，不利于对犯罪客体的理解。例如，刑法分则第六章第六节的破坏环境资源保护罪，从本质上来看，破坏的是人与自然和谐相处的状态。然而，如果将本类罪的犯罪客体直接界定为人与自然和谐相处的关系，难免过于深奥，令人难以准确把握这类犯罪的基本特征。正如有学者指出：将犯罪客体的内容概括为社会关系或社会主义社会关系，必然造成犯罪客体内容的精神化，即造成大陆法系国家刑法理论所反对的“法益概念的精神化”。因为社会关系归根结底是指人与人之间的关系，这种关系常常不是具体的实在，而是抽象的事物，并且是观念的产物。正如持社会关系说的人们所说：“犯罪客体是犯罪行为所侵犯的社会主义社会关系，非直观所能认定，必须通过理性认识和分析，才能加以把握。”① 然而，如果说犯罪客体是要件，要件又是需要确定和认定的，那么，犯罪客体就应当是具体的、容易认定的现象，所以，应当尽量克服犯罪客体的精神化。② 事实上，即便是主张社会关系说的学者，也难以将其观点贯彻于对个罪的犯罪客体的描述中。在陈述故意杀人罪的犯罪客体时，学者们无不认为是他人的生命权，而没有人再去追寻生命权背后的社会关系。可见，将犯罪客体定位为社会关系过于抽象，不利于对该概念的理解。

第二，将犯罪客体界定为刑法所保护的，而为犯罪行为所侵犯的权益，可以有效揭示犯罪的性质。犯罪客体作为犯罪构成要件的

---

① 见高铭暄主编：《中国刑法学》，中国人民大学出版社 1989 年版，第 94 页。

② 参见张明楷著：《法益初论》，中国政法大学出版社 2000 年版，第 184 页。

目的在于揭示犯罪的性质，犯罪的性质是由犯罪所侵犯的权益的性质决定的，犯罪所侵犯的利益的性质以及对利益所侵犯的程度，能够清楚地揭示犯罪的性质及其社会危害性的大小。因此，将犯罪客体界定为刑法所保护而为犯罪行为所侵犯的利益，足以完成犯罪客体的使命。虽然犯罪对象相对于权益而言更为直观，但犯罪对象无法准确说明犯罪的性质及其社会危害性的大小。而社会关系又过于抽象，不利于对犯罪性质的理解。因此，将犯罪客体界定为刑法所保护而为犯罪所侵犯的权益，可以最有效地揭示犯罪的性质，实现犯罪客体作为犯罪构成要件的价值和任务。

二、对犯罪直接客体的理解与把握

犯罪的直接客体是指我国刑法所保护而为某一犯罪行为所直接侵犯的某种具体的合法权益。例如，故意杀人罪直接侵犯的是人的生命权，非法拘禁罪直接侵犯的是他人的人身自由权利，因而故意杀人罪和非法拘禁罪的同类客体虽然相同，但直接客体却不同，分别是人的生命权和他人的人身自由权。犯罪的一般客体和犯罪的同类客体仅仅对于从整体上认识犯罪的性质和对犯罪进行科学分类提供帮助，并不能解决某一具体犯罪侵犯了何种法益的问题，而只有廓清每一具体犯罪所侵犯的法益，才能解决罪与非罪、此罪与彼罪的界限问题，这就必然要求划分出第三层次的犯罪客体，即犯罪的直接客体。

在把握犯罪的直接客体时，应当注意以下两方面的问题：(1) 只有任何该种具体犯罪都必然会侵犯的合法权益，才可能成为该种犯罪的直接客体。[①] 实践中，相同性质的具体犯罪所实际侵犯的合法权益经常是不同的。例如，有的强奸犯罪分子在犯罪过程中将受害妇女打伤，因而不但侵犯了妇女性不可侵犯的权利，而且

① 这里所谓的犯罪的直接客体，与犯罪的直接客体要件含义一致，是指某种犯罪成立在客体方面必须具备的条件。

侵犯了妇女的身体健康；有的强奸犯在大庭广众之下实施强奸犯罪，因而不但侵犯了妇女性不可侵犯的权利，而且损害了妇女的名誉权，但是不能说妇女的身体健康权和名誉权属于强奸罪的犯罪客体。这是因为，作为强奸罪的直接客体，必须是任何形式的强奸犯罪成立必不可少的条件，某些强奸犯罪中被侵犯妇女的身体健康权和名誉权并不具备这一特点，没有对受害妇女采取暴力方法的强奸犯罪中的受害妇女的身体健康通常并不会受到伤害，非公然的强奸犯罪的受害妇女的名誉权也往往没有受到损害。可见，受害妇女身体健康权或者名誉权受到侵犯并不是任何强奸犯罪成立都必须具备的条件，不可能成为强奸罪的犯罪客体，不能因为某一次强奸犯罪既侵犯了受害妇女的性不可侵犯的权利，又侵犯了其身体健康，便认为强奸罪的犯罪客体是复杂客体。（2）一旦某种合法权益为任何该种具体犯罪所必然侵犯，就必须认定为该种犯罪的直接客体。某种具体犯罪的直接客体并非由立法者随意确定，而是由这种犯罪自身所决定。一旦某种合法权益为任何该种具体犯罪所必然侵犯，就表明如果某种行为没有侵犯这种合法权益，就不可能构成某种犯罪，这种被侵犯的合法权益也就显然属于该种犯罪的直接客体。

三、犯罪对象对犯罪性质及其危害程度产生影响的原因

不同物理属性和外部特征的犯罪对象会导致不同的犯罪性质和危害程度。因为当存在犯罪对象时，犯罪对象与犯罪行为是密不可分的。物理上的行为与犯罪对象结合起来引发行为结果，行为结果反过来又影响行为的性质及其危害性的大小。当犯罪对象发生变化时，犯罪结果相应地也会发生变化，犯罪性质及其危害性大小也跟着受影响。例如，同样是强行奸淫行为，如果奸淫的是有生命的妇女，则构成强奸罪；如果奸淫的是尸体，则构成性质完全不同的侮辱尸体罪。显然，强奸有生命的妇女与强奸已经死亡的妇女的性质是不同的，这很好理解。

难题是为什么有些性质看上去相同的犯罪对象也会影响行为的

性质及其危害程度？例如，同样都属于具体的人，甚至都是有生命的女性，相同的行为作用于不同的女性，却可产生性质迥异的法律后果，如嫖宿不满 14 周岁的幼女构成嫖宿幼女罪，嫖宿已成年妇女却不构成犯罪。

要解答这个问题，先要区分清楚两个概念，即犯罪对象的物理属性和法律属性。犯罪对象的物理属性是指犯罪对象所表现出的外在的、有形的属性。犯罪对象的法律属性，是指犯罪对象在不同的法律规定中所体现的不同社会关系的性质以及法律对这种犯罪对象的评价或定位。显然，具有相同物理属性的犯罪对象经常可能具有不同的法律属性，这就是看似相同的犯罪对象在相同的物理属性的行为作用下却会产生不同性质法律后果的原因，也是看似相同的犯罪对象会引发不同性质的行为之原因。这里所谓的行为性质不同，指的也是行为的法律性质不同。例如，与不满 14 周岁的幼女发生幼女自愿的性关系的行为和与已满 14 周岁女性发生女方自愿的性关系的行为，从物理属性上来说，是相同的；而从法律属性上来说，则是完全不同的。

另外，由于立法者出于伦理道德以及其他方面的考虑，可能对具有相同物理属性的犯罪对象之保护力度是不同的，这就会导致侵犯了物理属性相同的犯罪对象的行为受到严厉程度不同的惩罚，于是行为所体现的社会危害性大小也就显得不同了。

四、犯罪对象影响犯罪性质和危害程度的表现

犯罪对象的这种影响是通过刑法的不同规定体现出来的。当刑法赋予物理属性相同的犯罪对象以不同的法律属性时，就会导致外在物理属性相同的行为具有不同的法律属性。例如，同样是盗窃行为，盗窃的对象都是国家机关公文，如果该国家机关公文按法律规定属于非涉及国家秘密的文件，行为人则可能构成刑法第 280 条规定的盗窃国家机关公文罪；如果该国家机关公文按法律规定属于国家秘密，行为人的行为性质在法律上则转变成窃取国家秘密，有可

能构成刑法第282条第1款规定的非法获取国家秘密罪。当刑法对物理属性相同的犯罪对象给予不同力度的保护，但并未赋予其不同的法律属性时，就会使外在物理属性相同的行为具有不同程度的危害性。例如，同样是抢劫行为，抢劫的对象均是棉被，如果抢劫的是百货公司运到商场作为普通商品销售的棉被，只构成一般的抢劫罪，通常按照刑法第263条前半段的规定，在3年以上10年以下有期徒刑的幅度内处罚；如果抢劫的是运到灾区去救灾的棉被，那么根据刑法第263条后半段第8项的规定，将受到比前一种抢劫行为更严厉的处罚，通常要在10年以上有期徒刑、无期徒刑或者死刑的幅度内量刑。显然，立法者认为后一种棉被更需要保护，因此，抢劫后一种棉被的社会危害性就要更大一些。

五、犯罪客体与犯罪对象的关系

犯罪对象与犯罪客体是什么关系？对此需要有明确的认识，才能进一步理解犯罪客体的价值。这是两个既有联系又有区别的概念。大多数具体的犯罪行为，都直接作用于一定的人或物即犯罪对象，使之发生损毁、灭失等功能、性质的变化或者归属、位置、状态等的改变，使刑法所保护的合法权益受到损害，进而对社会造成危害，因此，通过研究犯罪对象，有助于把握犯罪客体的性质。人类对事物的认识遵循一条从感性认识到理性认识之路，正是基于对认识规律的这种把握，才有必要在对犯罪客体的探讨过程中开展对犯罪对象的研究。由于犯罪对象具有客观实在性和可感知性的特征，便于进行认识和把握，人们对于某种行为是否构成犯罪的认定过程，往往开始于对犯罪对象的感知，通过对其受犯罪作用情况的检验分析，进而认识到其所代表的、受刑法保护的合法权益受损害的情况，在此基础上确定该行为是否构成犯罪，构成何种性质的犯罪。可见，犯罪对象是我们认识犯罪客体的一把钥匙。

第七题　共同犯罪论

共同犯罪是相对于单个人犯罪而言的一种犯罪形态。刑法第25条第1款规定："共同犯罪是指二人以上共同故意犯罪。"这表明，我国刑法中的共同犯罪是一种故意犯罪。为了明确这一点，刑法第25条第2款进一步规定："二人以上共同过失犯罪，不以共同犯罪论处；应当负刑事责任的，按照他们所犯的罪分别处罚。"但是，近年来，刑法理论界对共同过失犯罪问题展开了探讨，不少学者认为共同过失犯罪不仅是客观存在的，而且应当作为共同犯罪的一种形态。[①] 个别司法解释甚至明确规定，对犯罪主观方面被公认为过失的交通肇事罪中某些情形，以共同犯罪论处。[②] 笔者认为，从理论上对共同过失犯罪的情形进行探讨，对于深化我国共同犯罪研究，解决疑难实务问题具有积极意义，但在现有刑事立法框架内，对共同过失犯罪按共同犯罪处理明显违法，有欠妥当。共同犯罪是一种十分复杂、特殊的犯罪现象。除了具有故意犯罪的一般特征外，还有许多单个人犯罪所不具有的特点。例如，可能存在犯罪人之间的分工；各个犯罪人在共同犯罪中所起的作用往往不同；可能存在教唆犯、组织犯、帮助犯等特殊犯罪人。这些问题都无法用犯罪构成的一般原理阐释清楚。刑法分则在规定各种具体犯罪时，除了只能由二人以上共同实施的犯罪外，基本上采用的是单个人犯

---

① 参见李希慧、廖梅：《共同过失犯罪若干问题研究》，载《浙江社会科学》2002年第5期；阴建峰：《论共同过失犯罪》，载《山东公安专科学校学报》2001年第3期。

② 参见最高人民法院2000年11月10日《关于审理交通肇事刑事案件具体应用法律若干问题的解释》第5条。

罪模式，共同犯罪的上述特殊情况在刑法分则中基本得不到体现。因此，各国刑法及刑法理论无不对共同犯罪问题专门加以规定或专门进行研究。

一、犯罪共同说及其存在的问题

犯罪共同说是一种客观主义的共同犯罪理论。该说认为，犯罪的本质是侵害法益，而共同犯罪是指二人以上共同对同一法益实施侵害的犯罪，因此，共同犯罪是指二人以上共同实行一个特定的犯罪。是否构成共同犯罪应以客观的犯罪事实为考察基础。在客观上预先确定构成要件上的特定犯罪，由行为人单独完成该犯罪事实的，是单独正犯；数人协力加功完成该犯罪事实的，是共同犯罪。①

一般认为，犯罪共同说存在以下可取之处：第一，将共同犯罪与有刑事责任能力人和无刑事责任能力人共同实行的犯罪区分开来。根据犯罪共同说，共同犯罪只能在所实施的行为都具备犯罪构成要件的行为人之间发生，如果在数人共同实施侵害行为时，仅有一人具备而其他人均不具备刑事责任能力，则不存在共同犯罪。理由是，既然其他人不具备刑事责任能力，他们的行为便不构成犯罪；既然这些人的行为不构成犯罪，而只有一个人的行为构成犯罪，也就没有共同犯罪可言。第二，将共同犯罪与间接实行犯区别开来。所谓间接实行犯，又称间接正犯，是指把一定的人作为工具来实施其犯罪行为的情形。被当作犯罪工具的人包括合法行为人、无责任能力人和无犯罪故意人。由于在间接实行犯的场合，被当作犯罪工具的行为人或者是在实施适法行为，或者不具备刑事责任能力，或者根本不能预见或没有预见自己的行为可能导致的危害后果，因而其行为或者根本不构成犯罪，或者只构成过失犯罪，均不存在构成故意犯罪的可能。而根据犯罪共同说，构成共同犯罪的行

① 参见陈兴良著：《共同犯罪论》，中国社会科学出版社1992年版，第66页。

为人必须存在共同犯罪故意，因此，间接实行犯显然不属于共同犯罪。第三，将共同犯罪限制在同一犯罪的限度内。由于犯罪共同说认为共同犯罪是二人以上对同一法益进行侵犯的犯罪，因而该说将共同犯罪严格限制在同一犯罪的范围内。

不过，某些犯罪共同说的观点也不无值得商榷之处。例如，持该说的某些学者将事后帮助犯，即在实行犯实施犯罪以后，帮助藏匿犯罪人、湮灭罪证或窝藏赃物等事后帮助行为，也认定为共同犯罪。理由是这些行为能使犯罪人通过犯罪所获得的利益或满足感得到巩固，从而对实行犯所侵犯的法益也造成了损害。笔者认为，这种情形由于行为人之间缺乏共同的犯罪行为而不能认定为共同犯罪。所谓共同犯罪行为，应当有两层含义，首先，是指各行为人的行为都指向同一犯罪，即共同犯罪人所实施的犯罪在构成要件上是相同的，如行为人或者共同构成故意伤害罪，或者共同构成故意杀人罪，而不可能在一个共同犯罪中，某一行为人构成故意伤害罪，另一行为人则构成故意杀人罪，这是共同犯罪行为的应有之意。其次，是指行为人之间的行为是相互联系、相互配合的，这些行为共同形成一个有机的犯罪活动整体。事后帮助行为由于对犯罪的完成没有起到任何作用，难以视为犯罪行为的组成部分，因而不宜以共同犯罪论处。需要注意的是，在共同犯罪中，各行为人的行为只有放在整个犯罪活动中考察才能体现出其真正性质和作用，而不能孤立地考察某一个行为人的行为。有人认为在共同犯罪中“各共犯者的行为必须都是犯罪行为”。[①] 这种说法有欠严谨，因为各共犯者的行为放在整个共同犯罪活动中考察当然都是犯罪行为，但如果单独分析每一个行为，并不一定都是犯罪行为。如共同盗窃犯罪中的望风行为，如果独立考察该行为，并不能说这是一个犯罪行为，只有将该行为放在整个共同盗窃犯罪中考察，才能说是一个盗窃犯

① 参见高铭暄、马克昌主编：《刑法学》（上编），中国法制出版社 1999 年版，第 290 页。

罪行为。

犯罪共同说面临的另一个难题是，如何处理基于不同犯罪故意而共同实施犯罪行为，又不能查明各行为对危害结果的发生是否具有原因力的情形。例如，甲、乙二人分别以杀人和伤害的故意攻击丙，致丙死亡，却不能查明究竟是甲的行为还是乙的行为致丙死亡。按照犯罪共同说，由于甲、乙二人的行为不是指向同一法益，因而不构成共同犯罪。既然不构成共同犯罪，就无法适用部分行为、整体责任的共同犯罪刑事责任原则，而如果分别单独考察二人的犯罪行为，又找不到证明各自的行为与丙死亡结果之间存在因果关系的充分根据。正是为了解决这一难题，出现了部分犯罪共同说以及行为共同说。

有学者认为，犯罪共同说的缺陷之一是扩大了共同犯罪的成立范围。具体表现之一是，对于甲、乙二人分别以杀人和伤害的故意攻击丙的行为，犯罪共同说认为，如果成立共同犯罪，便只能成立杀人罪的共同正犯；这便导致没有杀人故意的乙也成立故意杀人罪，因而不合适。① 这恐怕是一种误解。犯罪共同说的基本立场是把共犯理解为复数的人共同实施特定的犯罪，认为只有对于同一犯罪才成立共犯，在不同的构成要件之间共犯不成立。② 因此，从犯罪共同说的立场出发，不应当得出甲、乙二人分别以杀人和伤害的故意攻击丙的行为也可能成立共同犯罪的结论。所谓部分犯罪共同说，本质上是将一个不可分割的犯罪构成有机整体（如故意杀人罪）人为切割出另一个并不存在的犯罪构成（如故意伤害罪），先以这一行为人并不具备的犯罪构成来确定其刑事责任，然后再按其实际构成的犯罪来定罪量刑，有违事物的本来面目，因而难以令人接受。

---

① 参见张明楷著：《刑法的基本立场》，中国法制出版社2002年版，第262页。

② ［日］野村稔著：《刑法总论》，法律出版社2001年版，第387页。

二、行为共同说及其存在的问题

一般认为，行为共同说是一种主观主义共同犯罪理论，这种观点认为共同犯罪并非符合特定构成要件的犯罪的共同，而是依共同行为而遂行（实现）各自的犯意，① 即二人以上通过共同行为以实现各自企图，就是共同犯罪。不过，也有人基于客观主义的立场而采取行为共同说。② 与犯罪共同说相对立，行为共同说认为共同犯罪的行为不能与法律规定的构成要件混为一谈，复数的行为人是否构成犯罪，应以自然行为本身是否共同而论，故不仅数人共犯一罪为共同犯罪，凡二人以上有共同行为而实施其犯罪的，皆系共同犯罪。③

行为共同说有其可取之处，最主要表现在该说否认了事后共犯的存在。根据该说，共同犯罪既然以共同行为为成立要件，而犯罪后的帮助行为由于对犯罪的完成没有任何影响，根本不是共同行为，因而也就不存在事后帮助行为与实行行为之间构成共同犯罪的可能。在日本，主张行为共同说的学者占有主流地位。④ 笔者认为，行为共同说虽然弥补了犯罪共同说的部分不足，但存在不适当地扩大共同犯罪范围的缺陷，不值得全盘肯定。行为共同说的缺陷主要表现在：

第一，将共同犯罪扩大到存在数个不同犯意的犯罪场合。

行为共同说认为，共同犯罪是指复数的人不是去实施特定的犯罪，而是通过共同的行为来实现各自所意图实现的犯罪。⑤ 只要行

---

① 参见张明楷著：《刑法的基本立场》，中国法制出版社2002年版，第257页。

② 参见［日］野村稔著：《刑法总论》，法律出版社2001年版，第388页；张明楷著：《刑法的基本立场》，中国法制出版社2002年版，第257～258页。

③ 参见陈兴良著：《共同犯罪论》，中国社会科学出版社1992年版，第67页。

④ 参见［日］野村稔著：《刑法总论》，法律出版社2001年版，第389页；［日］木村龟二主编：《刑法学词典》，顾肖荣等译，上海翻译出版公司1991年版，第353页。

⑤ ［日］野村稔著：《刑法总论》，法律出版社2001年版，第388页。

为人之间存在共同行为，即使是数个犯意不同的犯罪事实，也可以成立共同犯罪。在笔者看来，将这种“同床异梦”性质的共同行为视为共同犯罪行为，既给人以怪异的感觉，也无助于问题的解决。例如，张三出于杀害王某的故意，李四出于伤害王某的故意，两人于一天在大街上同时见到王某，于是冲上去一起加害王某。最后，张三一刀捅中王某要害部位，将王某杀害。按照行为共同说的观点，张三和李四构成共同犯罪。可是在处理上，仍然要分别按照各自行为的性质定罪，按照各自的犯罪行为对危害结果的原因力大小量刑。将这种情形认定为共同犯罪，对正确定罪和量刑都没有什么意义。因此，对这类情形冠之以共同犯罪殊无必要。有人认为，在这种情况下，如果不能查明究竟是谁的加害行为致王某死亡，那么，以共同犯罪论处将有助于认定张三及李四的刑事责任，即根据部分行为整体责任的共同犯罪责任追究原则，对张三以故意杀人罪既遂论处，对李四以故意伤害罪（致人死亡）论处。① 笔者认为，在这种情况下，张三和李四实际上都是明知自己在和他人共同实施加害王某的行为，亦即都明知不但自己在加害王某，而且知道是在与他人合力加害王某，他人的行为已经成为自己所借助以达到犯罪目的的力量。此时，张三与李四的加害行为已经成为一个难以分解的整体性加害行为，正是这一整体行为导致了王某死亡结果的发生。因此，应当认定无论是张三还是李四的行为，都是这一整体行为的组成部分，因而都与王某的死亡结果之间存在因果关系，二人都应当对王某死亡的结果承担刑事责任。只是考虑到缺乏足够的证据证明究竟是谁的犯罪行为对危害结果的发生具有决定性作用，基于证据存疑时有利于被告人的原则，不宜对犯罪人作出最严厉的处罚。可见，不将二人的行为视为共同犯罪，同样可以解决张三及李四的刑事责任问题。而即使将这种情形以共同犯罪论处，由于没有确实充分的证据证明是张三还是李四的行为直接致王某死亡，在具

① 参见张明楷著：《刑法的基本立场》，中国法制出版社2002年版，第284页。

体裁量刑罚时，也不宜对犯故意杀人罪既遂的张三判处死刑。无论是行为共同说还是部分犯罪共同说，实际上都不能彻底解决这种情况下张三和李四的刑事责任问题，这是由证据不足所引发的问题，恐怕不是提出一种新的学说或者观点所能解决的。

第二，将共同犯罪扩大到故意和过失并存的场合。

行为共同说甚至认为，一方出于故意，另一方出于过失，或者一方有共同犯罪的意思，另一方没有共同犯罪的意思，都可以成立共同犯罪。这就更加难以令人接受。在具体处罚时面临的矛盾局面当然更为明显。总之，行为共同说背离了刑法规定共同犯罪的宗旨，无助于理清和确定犯罪人的刑事责任，因而不可取。

我国刑法学界的研究人员在批判地继承刑法理论的基础上，提出了主客观相统一的区分共同犯罪和单独犯罪的标准。该标准以我国刑法规定为法律依据，以主客观相统一的定罪原则为理论基础，认为只有在共同犯罪故意支配下实施的指向同一犯罪目标的犯罪行为，才属于共同犯罪，[①] 这是一种更为彻底的犯罪共同说。这种学说清楚地划出了共同故意犯罪与单独故意犯罪的界限，但是，对于共同过失犯罪的问题，该学说似乎未能作出令人满意的回答，是为缺憾。

三、共犯与正犯之间关系的判断标准及其实践意义

共犯和正犯的概念源于西方共同犯罪理论，而西方共同犯罪理论萌生于中世纪意大利刑法学家对犯罪构成要件的解释。按照目前的通说，所谓正犯，“又称实行犯，是指直接实施犯罪构成客观要件的行为，或者利用他人作为工具实行犯罪行为的人。”[②] 这里所说的“犯罪构成客观要件”，是指刑法分则所规定的犯罪构成客观

---

① 参见赵秉志主编：《海峡两岸刑法总论比较研究》（下卷），中国人民大学出版社1999年版，第110～112页。

② 见马克昌、杨春洗、吕继贵主编：《刑法学全书》，上海科学技术文献出版社1993年版，第652页。

要件。共犯有广义与狭义之分。广义的共犯是指所有参与共同犯罪的人，包括共同正犯以及狭义的共犯；狭义的共犯则是指其行为并不完全具备刑法分则规定的构成要件，但由于刑法总则有某些补充规定，因而这些行为仍然构成犯罪的非实行犯。共犯按照其行为性质，可以分为组织犯、教唆犯、帮助犯。澄清共犯与正犯的关系，对于认识我国刑法中共同犯罪的性质，解决司法实务中有关共同犯罪方面的难题具有重要意义。关于共犯与正犯的关系，国外刑法理论上存在共犯从属性说和共犯独立性说两种观点。

（一）共犯从属性说简要述评

共犯从属性说是一种客观主义的共同犯罪理论。该说认为，共犯对于正犯具有从属性，共犯的成立及可罚性，以存在一定的实行行为为必要前提。① 因此，只有在正犯已经构成犯罪并具有可罚性的情况下，共犯才从属于正犯具有可罚性。共犯从属性说以正犯的行为为中心，在一定程度上揭示了正犯与共犯的构成条件，有其可取之处。但该学说在理论上和实务中都明显存在不足之处，突出表现在轻纵了教唆犯。按照共犯从属性说，教唆犯和帮助犯一样，均从属于正犯而成立，只有正犯实施了刑法分则所规定的行为，教唆犯才构成犯罪。这显然是无视教唆犯作为犯意发起者所具有的严重主观恶性，也忽视了教唆犯在客观方面已经实施了一定的有害于社会的行为。虽然持共犯从属性说的学者在关于共犯从属性程度上提出了不少学说以对最初的共犯从属性说进行修正，② 但并没有改变教唆犯必须是在被教唆者实施了一定实行行为的前提下才构成犯罪的局面，因而仍然可能放纵教唆犯。另一方面，限制从属性说和最低限度从属性说的提出，使得共犯从属性说变得非驴非马，共犯在

① 参见陈兴良著：《共同犯罪论》，中国社会科学出版社 1992 年版，第 50 页；马克昌、杨春洗、吕继贵主编：《刑法学全书》，上海科学技术文献出版社 1993 年版，第 655 页。

② 参见［日］木村龟二主编：《刑法学词典》，顾肖荣等译，上海翻译出版公司 1991 年版，第 349 页。

这种情况下所从属的实际上已经不是正犯，而是一定的客观上符合刑法分则之规定的行为。因此，共犯从属性说无法为我国刑法理论和刑事司法实务所接受。

（二）共犯独立性说简要述评

共犯独立性说是一种主观主义的共同犯罪理论。该说认为，狭义的共犯（即教唆犯与帮助犯）也因共犯者的固有行为而成立，而且具有可罚性，[①] 亦即行为本身应认定为独立的犯罪，均可独立予以处罚。理由是：犯罪乃行为人主观恶性的表现，教唆行为与帮助行为均系行为人表现其反社会的主观恶性的行为，并且对危害结果的发生具有原因力，因而属于一种独立的犯罪，并非从属于正犯的犯罪。[②] 共犯独立性说充分认识到了教唆犯和帮助犯的主观恶性及可罚性，将共犯的可罚性建立在共犯本人行为的基础上，将被教唆人没有实施被教唆之罪的教唆犯收入了法网之内，有其可取之处。从责任理论的角度分析，共犯从属性说所蕴涵的因他人行为的犯罪性而导致自己行为的犯罪性从而被处罚的思想，与作为现代刑法之基础的个人责任原则是相冲突的，共犯独立性说将共犯的犯罪性视为其本身所固有的属性，更符合罪责自负原则，因而较为合理。但有学者认为，共犯独立性说也存在明显的缺陷，主要表现在该说完全否定共犯对正犯存在从属性，抹杀了共犯与正犯之间客观存在的关联性，在理论上不能正确解决共同犯罪中各共同犯罪人及共同犯罪行为之间的关系问题，在司法实务上也无法正确划分各共同犯罪人的刑事责任。按照共犯独立性说的观点，教唆犯是独立于被教唆的实行犯的，因此，教唆犯的刑事责任与被教唆的实行犯是否实施了实行行为，实施到什么程度均无关系。例如，甲教唆乙去杀害丙，乙听从甲的教唆，将丙杀死；张三教唆李四去杀害王五，李四虽然在张三的教唆下，产生了杀害王五的犯意，但没有实施杀

① 参见张明楷著：《刑法的基本立场》，中国法制出版社2002年版，第297页。

② 参见陈兴良著：《共同犯罪论》，中国社会科学出版社1992年版，第51页。

人行为。按照共犯独立性说，甲应当承担的刑事责任与张三应当承担的刑事责任是一样的。这显然是荒唐的。

（三）我国刑法学者所提出的共犯从属性与独立性统一说简述

我国刑法学者从教唆犯具有从属性和独立性这二重性[①]出发，最终创立了共犯从属性与独立性统一说。该说认为，在共同犯罪中，作为犯罪构成客观要件的行为并不限于刑法分则所规定的实行行为。共犯的行为，如组织行为、教唆行为、帮助行为，在刑法总则中作出了规定，这使共犯在客观方面得到了补充，从而使共犯的可罚性奠基于自身的行为。从这一角度考察，共犯具有相对的独立性。但是，共犯的行为毕竟不是刑法分则规定犯罪实行行为，它只有与实行行为有机地结合在一起，才能构成犯罪。具体地说，即共犯所构成的具体犯罪和罪名，取决于实行犯所实施的特定犯罪。从这一角度考察，共犯又具有从属性。[②]

一般认为，确立共犯从属性与独立性统一说这一确认共犯与正犯之关系的标准，不但在理论上解决了共犯从属性说和共犯独立性说所存在的缺陷，在司法实务中也具有重要意义，这主要表现在以下几个方面：第一，解决了如何认定共犯的罪名问题。如果按照共犯独立性说，对教唆犯应定何种罪名成了一个难题。因为既然共犯完全独立于正犯之外，就没有理由说正犯犯的是什么罪，对共犯也定什么罪。这样，对教唆他人犯不同类型犯罪的教唆犯该如何定罪便成了一个难题。而统一说承认共犯具有从属性，共犯如何定罪便不再成为问题。第二，解决了如何认定共犯的刑事责任大小的问题。由于统一说承认共犯在罪名上从属于正犯，其刑事责任的大小也就必然从属于正犯。例如，教唆杀人的教唆犯的刑事责任在相同的犯罪形态之下，必然大于教唆作伪证的教唆犯的刑事责任。这样，共犯刑事责任的大小也就区分开来了。第三，解决了在被教唆

① 参见伍柳村：《试论教唆犯的二重性》，载《法学研究》1982 年第 1 期。

② 参见陈兴良著：《共同犯罪论》，中国社会科学出版社 1992 年版，第 54 页。

者没有犯被教唆之罪的情况下，教唆犯的刑事责任问题。由于统一说承认共犯具有独立性，论证了单独的教唆行为也齐备了犯罪构成要件，这就解决了在被教唆者没有犯被教唆之罪的情况下，教唆犯的刑事责任问题。第四，解决了教唆犯的犯罪形态问题。在关于教唆犯的着手认定上，由于统一说承认共犯具有相对的独立性，有刑法总则所规定的属于犯罪客观要件的行为，因此，只要教唆犯故意以言词或者其他方法进行教唆，就应视为教唆犯已经着手实行犯罪。在教唆犯的犯罪是否得逞问题上，由于统一说认为共犯在罪名上从属于正犯，因此，持统一说的学者一方面认为教唆犯以其教唆行为的完成为犯罪行为的实行终了（由教唆犯具有独立性引申出的结论），另一方面，又认为教唆犯的得逞，应以教唆的结果是否发生为标准；亦即教唆犯既遂的构成依赖于被教唆的人犯罪的完成。在判断导致教唆犯犯罪未遂的意志以外的原因时，统一说认为，教唆犯的未遂中的意志以外的原因主要存在于以下几种情形：(1) 教唆行为因本人意志以外的原因而没有完成教唆的情形；(2) 教唆行为完毕后遭被教唆人的拒绝；(3) 被教唆人接受教唆产生犯意后，又自动放弃犯意，也没有实施任何犯罪；(4) 被教唆人产生犯意并进行犯罪预备，在预备阶段又自动终止犯罪，或被制止而构成犯罪预备；(5) 被教唆人在着手实行犯罪后犯罪未遂或自动终止犯罪。①

不过，晚近有学者对共犯统一说或者说共犯二重性说提出了质疑，批评这是一种“不可思议的学说”。② 批评者认为，共犯从属性说与共犯独立性说不管是就基本观点而言还是就理论基础而言，都是非此即彼、完全对立的，二者不可调和、折中。批评者以教唆犯二重性说为例，对共犯二重性说进行了批驳。批评者认为，教唆

① 参见赵秉志、魏东：《论教唆犯的未遂——兼议新刑法第 29 条第 2 款》，载《法学家》1999 年第 3 期。

② 参见张明楷著：《刑法的基本立场》，中国法制出版社 2002 年版，第 305 页。

犯二重性说存在以下不当之处：第一，教唆犯二重性说把教唆犯需要通过被教唆人的犯罪决意和犯罪行为才能实现自己的犯罪意图这一特点与教唆犯的从属性混为一谈，这是不可思议也是没有意义的。第二，刑法关于教唆犯的处罚的规定，并不能说明教唆犯具有二重性，以刑法的规定为根据，不能得出教唆犯具有二重性的结论。刑法第29条第1款“教唆他人犯罪的，应当按照他在共同犯罪中所起的作用处罚”这一规定，根本不能表明教唆犯是独立性还是从属性，只是明确了共同犯罪中的教唆犯的处罚原则。刑法第29条第2款“如果被教唆的人没有犯被教唆的罪，对于教唆犯，可以从轻或者减轻处罚”这一规定，在形式上似乎采取了独立性说，但仅此还不能得出独立性说的结论。第三，教唆犯二重性说把我国学者的一些主张所导致的缺陷归结为从属性说与独立性说，有欠妥当。第四，二重性说以教唆犯的停止形态取决于实行犯的停止形态来说明教唆犯的从属性，有欠妥当。教唆犯二重性说认为，在教唆人与被教唆人构成共同犯罪关系时，被教唆的人是犯罪预备、未遂或既遂，教唆犯也是犯罪预备、未遂或既遂，这就是教唆犯犯罪的从属性，这种观点有欠妥当。教唆犯是否具有从属性，不能以教唆犯的犯罪停止形态与被教唆犯的犯罪停止形态是否一致作为判断标准。从国外从属性说的观点来看，也不可能得出“教唆犯的犯罪形态由实行犯的犯罪形态决定”的结论。第五，二重性说赋予共犯的从属性与独立性以新含义，并在此基础上展开讨论，容易造成理论上的混乱，因而不宜提倡。①

如前所述，共犯独立性说与从属性说分别建立在主观主义与客观主义的基础之上。主观主义认为，所谓犯罪行为不过是行为者的实行犯罪的性格的危险性和反社会性的表现，② 因此，刑事责任的

① 参见张明楷著：《刑法的基本立场》，中国法制出版社2002年版，第305～319页。

② 参见［日］野村稔著：《刑法总论》，法律出版社2001年版，第72页。

基础是犯罪人的危险性格即反复实施犯罪行为的危险性;[①] 客观主义认为，犯罪行为并非行为者实施犯罪行为的危险性的表象，而是行为本身侵害了权利或利益,[②] 因此，刑事责任的基础是表现在外部的犯罪人的行为及其实害。[③] 然而，在我国，无论在理论上还是在实务中，都没有形成主观主义与客观主义之争，刑法立法也没有以主观主义或者客观主义为指导思想，相应地，在共同犯罪的立法当中，实际上不存在共犯独立性说与共犯从属性说的纷争。从我国关于教唆犯的立法结果来看，与共犯独立性说的主张是一致的。正如有学者所指出："刑法第26条（即1997年刑法第29条）第2款规定：'如果被教唆的人没有犯被教唆的罪，对于教唆犯，可以从轻或者减轻处罚。'这里，教唆犯不具有从属性，大概没有人会提出异议。"[④] 可以说，我国关于教唆犯的立法，与主观主义的指导下共犯独立性说的主张不谋而合。而刑法学界关于教唆犯以及共犯二重性说的讨论，似乎并未触及共犯独立性说与共犯从属性说的根本分歧，也没有真正进入共犯独立性说与共犯从属性说的语境，形成新的见解，仅仅是在从属性与独立性的辞藻之下展开的一场自说自话，其主流性的观点与结论与共犯独立性说并无本质不同。在笔者看来，主观主义和客观主义都难以作为刑事责任的理论基础，也就难以作为解决共犯刑事责任的理论基础，所谓共犯从属性和独立性的争论也就没有意义。我们需要进一步思考的，或许是在报应主义与功利主义如何制衡的语境下，就共犯的可罚性基础以及限度问题作出回答。

---

① 参见张明楷著：《刑法的基本立场》，中国法制出版社2002年版，第57页。

② ［日］野村稔著：《刑法总论》，法律出版社2001年版，第73页。

③ 参见张明楷著：《刑法的基本立场》，中国法制出版社2002年版，第56页。

④ 见余淦才：《试论教唆犯的刑事责任》，载《安徽大学学报》（哲学社会科学版）1983年第2期。

四、共同犯罪与单独犯罪在量刑方面的区别

共同犯罪与单独犯罪在量刑方面的区别，实际上就是共同犯罪与单独犯罪在社会危害性方面的不同。刑法理论上和实务中通常认为，共同犯罪比单独犯罪具有更大的社会危害性，原因主要是：第一，在共同犯罪中，二人以上可以共同谋划，互相分工，互相配合，更易于完成犯罪。第二，相互倚仗的心理往往使共同犯罪人更加大胆，犯罪意志更加坚定。第三，在共同犯罪后，犯罪分子可以商讨对策，互相包庇，更易于逃避侦查和惩罚。第四，共同犯罪由于人数多，具有更大的破坏力，一次犯罪给社会造成的损失往往较大，因而在犯罪后短时间内给群众造成的心理恐惧和精神压力远远大于单独犯罪，更容易破坏社会稳定，在侵犯人身权利的暴力性共同犯罪中这一危害性表现得更为明显。因此，对共同犯罪应当予以重点打击，通常情况下，对共同犯罪的处罚应重于对单独犯罪的处罚。

对共同犯罪的处罚一般重于单独犯罪，应当从以下三个方面来理解：第一，在危害结果相同的情况下，对共同犯罪的处罚，总体上会重于单独犯罪。例如，都是造成二人死亡的故意杀人犯罪，如果是单独犯罪，只可能判处一人死刑，如果是共同犯罪，则可能判处两人甚至更多人死刑。第二，对共同犯罪中最主要的主犯处罚十分严厉。根据刑法第 26 条第 3 款、第 4 款规定，对组织、领导犯罪集团的首要分子，按照集团所犯的全部罪行处罚；对犯罪集团首要分子以外的主犯，应当按照其所参与的或者组织、指挥的全部犯罪处罚。这意味着，无论在什么样的共同犯罪中，对最主要的主犯的处罚都不应当轻于具有相同定罪量刑情节的单独犯罪。需要注意的是，在 1979 年刑法第 23 条第 2 款中，规定“对于主犯，除本法分则已有规定的以外，应当从重处罚”。然而，在一案具有多个主

犯的情况下，对这些主犯应当坚持区别对待，[①] 不宜一概从重处罚。1997年刑法取消了对主犯从重处罚这一规定，为对主犯的处罚遵循罪责刑相适应原则，清除了法律上的障碍。不过，笔者认为，根据共同犯罪的特点，无论对什么样的主犯，处罚都不应当轻于具有相同定罪量刑情节的单独犯罪，这是从严打击共同犯罪的需要。第三，部分行为整体责任。对那些其行为只对危害结果的发生起到部分作用的共同犯罪人而言，同样必须对整个危害结果承担刑事责任，只是其责任的大小视其在共同犯罪中所起的作用而定。例如，张某与李某共谋杀害王某，张某一枪打中王某的左臂，造成轻伤；李某一枪打中王某的心脏，致王某当场死亡。在这种情况下，不但李某必须承担故意杀人罪的刑事责任，张某同样必须承担故意杀人既遂的刑事责任，而不能说由于张某的一枪只打伤王某的左臂，因而只应负故意杀人罪未遂的刑事责任。只不过在量刑时，考虑到张某的行为对王某的死亡没有起到直接作用，在共同犯罪中的作用小于李某，应当相对于李某从轻或者减轻处罚，但应当重于其基于杀人的故意单独打伤王某可能判处的刑罚。

五、共谋而未实行是否构成共同犯罪

在共同犯罪过程中，共同犯罪人往往是先共同谋议实行犯罪，然后再具体实施。这样便可能出现有人只参加谋划而未实施具体犯罪实行行为的情形。这种情形在刑法理论上称为共谋而未实行。在这种情况下，未实施具体犯罪实行行为者与实施了犯罪实行行为者是否构成共同犯罪呢？对此我国刑法理论界有两种不同观点：第一种观点认为，共谋而未参与实行的，不构成共同犯罪。理由是：这种情况下，未参与者与参与实行者只有共同犯罪故意而没有共同犯罪行为，既然没有共同犯罪行为，当然不能成立共同犯罪。[②] 例

---

① 参见陈兴良著:《共同犯罪论》，中国社会科学出版社1992年版，第212页。

② 参见高铭暄主编:《刑法学》，法律出版社1982年版，第190页。

如，甲、乙共谋拦路抢劫。到约定的晚上10点，甲按时到两人确定的地方抢劫，但乙却因故未去，结果仅甲一人实施了抢劫行为。持这种观点者认为，这种情况下，只能由甲一人对抢劫实行行为承担刑事责任，乙则只应对抢劫的预备行为承担刑事责任。第二种观点认为，共谋而未参与实行，仍构成共同犯罪。理由是：共同犯罪行为不仅仅指共同实行行为，而且包括共同预备行为。参与共谋即为共同预备行为，即使数人共谋犯罪而均未实行，数人也可以成立共同犯罪，更何况数人中一部分人实施了犯罪实行行为。[①] 因此，共谋而未参与实行犯罪的，行为人仍具有共同犯罪行为，因而构成共同犯罪。

我们同意第二种观点。理由是：在共谋后有人未参与实行犯罪的情况下，应将共谋行为即犯罪预备行为与实行行为结合为一个整体来考察，共谋行为与实行行为存在紧密的联系，先前的共谋行为对后来的实行行为的发生显然是有影响的，对最终危害结果的发生也是有原因力的。共谋后未参与实行犯罪的行为人虽然没有亲手实行犯罪，但其先前的参加共谋的行为使其不能摆脱与后面实行行为的关系，更不能摆脱与最终危害结果之间的因果关系。因此，在共谋而未实行的情况下，共谋而未实行者主观上具有共同犯罪故意，客观上存在共同犯罪行为，因而完全可以成为共同犯罪中的共犯，即使共谋而未实行者是自动放弃实施后来的实行行为，他也仍然是该共同犯罪的成员。只是由于他没有参加实行行为，从客观方面来看，其刑事责任相对于既参加了共谋又实行了犯罪的行为人要轻，因此在量刑时应当加以考虑。但绝不能认为共谋而未实行者只应对预备行为负刑事责任。

值得注意的是，在考量参与共谋而未实行者的罪与非罪及刑事

① 参见王作富主编：《中国刑法适用》，中国人民公安大学出版社1987年版，第172页；肖中华：《析共谋而未实行者可否成立共同正犯》，载《人民法院报》1999年9月2日，第3版。

责任大小的问题时，有学者认为，如果仅仅参与共谋的行为情节显著轻微，危害不大，那么根据刑法第 13 条的规定，可以不认为是犯罪。此时，仅仅参与共谋者与事后又实施实行行为者之间不存在共同犯罪问题。[①] 笔者认为这种观点值得商榷。理由是：参与共谋而未实行者的罪与非罪及刑事责任大小的问题，可以区分两种情况处理，第一种情况是所有共谋者均未实施实行行为，即均处于犯罪预备阶段便停止下来。在这种情况下，可以考虑由于共同预备行为情节显著轻微，危害不大，对参与共谋而未实行者不以犯罪论处。第二种情况是仅有部分共谋者未参与犯罪实行行为，而其他共谋者则将实行行为实施完毕。在这种情况下，对共谋而未实行者不存在不以犯罪论处的可能。理由是，根据对共同犯罪通常所采取的“部分行为整体责任”的归责原则，所有参与共同犯罪的人员都应当对属于共同犯罪故意范围内的最终危害结果承担刑事责任。当共谋而未实行者所参与的共同犯罪已经成立的时候，共谋而未实行者显然已构成犯罪，否则就谈不上对最终危害结果承担刑事责任。因此，在参与共谋者与事后又实施实行行为者之间只存在刑事责任大小的问题，而不存在构不构成共同犯罪的问题。在刑事司法实务中，对这种情况最多只能考虑在构成犯罪的基础上，对参与共谋而未实行者免予刑事处罚，而不能对其行为不以犯罪论处。

对共谋而未实行的共同犯罪人，有学者进一步提出应根据共同谋议的具体内容是否明确来确定其行为的性质和在共同犯罪中的地位。对于主谋，即使其没有直接去实施实行行为，也应当视为共同正犯的行为；如果在共谋中只是提供帮助行为，或者只是实施了单纯引起他人实施犯罪的犯意的教唆行为，则不成立共同正犯。[②] 我们同意在共谋中只是提供帮助行为，或者只是实施了单纯引起他人

① 参见肖中华：《析共谋而未实行者可否成立共同正犯》，载《人民法院报》1999 年 9 月 2 日，第 3 版。

② 参见林亚刚：《共同正犯相关问题研究》，载《法律科学》2000 年第 2 期。

实施犯罪之犯意的教唆行为者，不成立共同正犯的观点，但对即使其没有直接去实施实行行为的主谋，也应视为共同正犯的观点不能苟同，理由是：所谓正犯，就是指其行为符合刑法分则规定的构成要件的实行犯。所谓共同正犯，就是指共同实施符合刑法分则规定的构成要件之行为的实行犯。共同正犯之间可以存在分工，如在合谋入室抢劫犯罪中，甲负责用凶器逼住户主，乙负责翻找财物，但他们的行为必须是整个实行行为的组成部分，亦即属于刑法分则规定的客观构成要件之行为。而主谋行为显然不具备这一要求，因而不能视为共同正犯的行为。正如日本有学者指出："把仅参与共谋者视作共同正犯的这种认识是没有丝毫合理的根据的。"① 假如共谋而未实行者在共同犯罪中起到了主要作用，那么，他就已经演变成另一种独立的共犯，即组织犯，应当以组织犯来追究其刑事责任。

通常情况下，对共谋而未实行者进行处罚时，应根据其他共谋者的行为状况以及共谋而未实行者的主客观表现，给予区别对待。具体而言，（1）如果共谋而未实行者是因意志以外的原因而没有参与实行行为，或者虽然是主动改变主意而没有参与实行行为，但没有采取有效措施以防止危害结果的发生，而其他共谋者则将实行行为实施完毕，并达到犯罪既遂，对共谋而未实行者应当按犯罪既遂论处。当然，在量刑时，对因意志以外的原因而没有参与实行行为和主动改变主意而没有参与实行行为两种情形还是应当区别对待，后者应当承担的刑事责任应相对轻于前者。（2）如果共谋而未实行者是因意志以外的原因而没有参与实行行为，其他共谋者则将犯罪活动发展到已经着手实施犯罪实行行为的阶段，但由于意志以外的原因而没有得逞，对共谋而未实行者应当按犯罪未遂处理。（3）如果共谋而未实行者是主动改变主意而没有参与实行行为，

① 见［日］木村龟二主编：《刑法学词典》，顾肖荣等译，上海翻译出版公司1991年版，第357页。

其他共谋者则将犯罪活动发展到已经着手实施犯罪实行行为的阶段，但由于意志以外的原因而没有得逞，对共谋而未实行者应当按犯罪中止处理，原因是在这种情况下，共谋而未实行者是在犯罪过程中自动放弃犯罪，而危害结果又没有发生，因而符合我国刑法规定的犯罪中止的要件，理应按犯罪中止处理。（4）如果共谋而未实行者是因意志以外的原因而没有参与实行行为，而其他共谋者则在犯罪过程中自动放弃了犯罪或者有效防止了危害结果的发生，对共谋而未实行者则应当按犯罪预备处理。

六、过失犯罪中的共同犯罪问题

我国刑法第25条第2款明确规定，二人以上共同过失犯罪，不以共同犯罪论处；应当负刑事责任的，按照他们所犯的罪分别处罚。因此，按照我国刑法规定，过失犯罪是不可能构成共同犯罪的。但是，外国刑法理论和刑事立法情形则大不一样。外国刑法理论界主张过失犯罪可以构成共同犯罪的大有人在。例如，日本学者牧野英一、木村龟二认为，从行为共同说出发，可以认为共同正犯不仅由于共同实施了一定的犯罪才能构成，而且由于共同实施了犯罪以前的行为而构成，所以，即使实施了所谓自然的、构成要件以外的行为，只要事后产生了犯罪的结果，就这种结果而言，仍可承认为共同正犯。① 有的国家刑法明文规定过失犯罪可以成立共同犯罪。例如，意大利刑法典第113条第1款对在过失犯罪中的合作行为作出了规定，该条款规定："在过失犯罪中，当危害结果是由数人的合作造成时，对每人均处以为该犯罪规定的刑罚。"② 有的国家则在判例中肯定了共同过失犯罪。例如，日本有一个判例如下：A、B是在同一铁路道口担当道口警戒任务的铁路职员，两人轮流

① 参见［日］木村龟二主编：《刑法学词典》，顾肖荣等译，上海翻译出版公司1991年版，第362页。

② 见黄风译：《意大利刑法典》，中国政法大学出版社1998年版，第38页。

值正班和副班。按规定，值副班的人要确认列车接近道口的时间和应当改变交通信号灯及降下道口遮断机的时间；值正班的人要监视列车接近表示器的变化，根据值副班者的报告确认列车是否接近道口，并及时改变交通信号灯和降下道口遮断机。一天早晨，A值副班，B值正班，由于两人的不注意，在列车已接近道口时尚未发觉，因为没有及时改变交通信号灯和降下道口遮断机，以致进入道口的列车与一辆汽车相撞，致汽车上的二人死亡。京都地方法院在1965年5月10日判决A、B处理业务上过失致死罪的共同正犯，其理由是，本案中A、B两人的工作是互相补充的，两人负有互相协助以确保铁路安全的共同注意义务，由于两人的共同过失，导致了事故的发生。[①]

尽管我国刑法明确否定共同过失犯罪，但个别司法解释却对共同过失犯罪予以确认。例如，最高人民法院2000年11月10日通过的《关于审理交通肇事刑事案件具体应用法律若干问题的解释》第5条第2款规定："交通肇事后，单位主管人员、机动车辆所有人、承包人或者乘车人指使肇事人逃逸，致使被害人因得不到救助而死亡的，以交通肇事罪的共犯论处。"刑法学界普遍认为，交通肇事罪属于过失犯罪，上述司法解释认定交通肇事罪存在共犯，等于承认了共同过失犯罪，给人以司法解释突破了立法的规定，创制了新的法律的印象，似有不妥。刑法理论界过去与刑法规定一样，完全否认过失犯罪中存在共同犯罪，但晚近情况发生了变化，不时有学者提出过失共同犯罪的概念并加以论证。如有学者认为，在过失共同犯罪中，虽然各过失行为人不存在故意共同犯罪中意思联络、沟通，但是，各过失行为人在违反共同注意义务上存在懈怠注意的共同心情，这种共同心情助长了各过失行为人主观上的不注意、不谨慎，从而必然地而非巧合地共同造成了一个危害结果，由

① 转引自冯军：《论共同过失犯罪》，载《西原春夫先生古稀祝贺论文集》，中国法律出版社、日本成文堂1997年版，第166页。

于过失共同犯罪的成立需要具备各过失行为人违反其共同注意义务的共同行为和共同过失，所以，不违背主、客观相一致的刑事责任原则。[①]

笔者认为，不宜承认过失共同犯罪这一概念，理由是：既然被称为共同犯罪，那么无论是故意的，还是过失的，在共同犯罪人之间都必须存在犯意联络，而在过失犯罪中，行为人根本就没有想犯罪的意思，自然就不可能存在犯意联络，也就不可能存在共同犯罪的形态。而且，共同过失犯罪与单个人过失犯罪在主观恶性、对社会可能造成的危害等方面并无明显差异，无须像共同故意犯罪那样作出特别规定，予以重点打击。正如有学者所指出："刑事立法上之所以确立共同（故意）犯罪，主要是因为行为人之间通过意思联络形成了互相协调的危害社会的合力，这一合力无疑要比分散的孤立的个人犯罪的总和要大得多，其社会危害性也要严重得多，从而也决定了它会成为刑法所打击的重点乃至为刑事立法所详细规定。而共同过失犯罪则不然，由于各行为人之间缺乏主观联络，从总体而言，其社会危害性并不是特别严重。社会危害性的相对轻微，决定了其欠缺为刑法所特别规定之必要。"[②]

七、黑社会性质组织的认定问题

（一）黑社会性质组织的法律性质

对于黑社会性质组织的法律性质，刑法学界普遍认为，它是一种特殊的、危害更为严重的犯罪集团。[③] 但是，司法实务中在认定黑社会性质组织时，却往往忽视了它的这一法律属性。许多缺乏犯罪集团特征的恶势力，也被以黑社会性质组织论处。笔者认为，这样的处理有欠妥当，应当加以纠正。

---

① 参见冯军：《论共同过失犯罪》，载《西原春夫先生古稀祝贺论文集》，中国法律出版社、日本成文堂1997年版，第165～166页。

② 见赵秉志主编：《刑法总论》，中国人民大学出版社2007年版，第320～321页。

③ 参见张明楷著：《刑法学》（下），法律出版社1997年版，第814页。

对黑社会性质组织的法律性质，应从两个方面加以把握：

第一，黑社会性质组织不同于黑社会组织。这一点必须首先得到肯定，否则，刑法就没有必要在第294条第1款规定的组织、领导、参加黑社会性质组织罪中加上性质二字，或在该条第2款规定的入境发展黑社会组织罪中去掉性质二字。黑社会组织有时简称黑社会，但黑社会作为口语并非指严格意义上的黑社会组织。按照《现代汉语词典》的解释，所谓黑社会是“指社会上进行犯罪活动及其他非法活动的各种有组织的黑暗势力，如反动帮会，流氓、盗窃集团，走私、贩毒团伙等。”① 按照这种解释，犯罪团伙也可称为黑社会。显然，这种意义上的黑社会的范围比黑社会组织的范围宽。按照通常对黑社会组织的理解，笔者认为，所谓黑社会组织，是一种具有黑社会性质组织的全部特征，并且比黑社会性质组织在组织上更为严密，对社会的非法控制能力更强，犯罪活动更为有序的犯罪集团。这是从这种组织的主体结合特征和犯罪活动方式所作的概括。组织更为严密，主要表现在：（1）黑社会组织往往有自己的名称，如香港“三合会”、台湾“竹联邦”、日本“山口组”等；（2）有层次或地位分明的组织成员和核心人员，如“老大”、“老二”、“总舵主”、“分舵主”、“帮主”等；（3）有严格的内部纪律，如意大利黑手党的“缄默”原则便属于该组织的内部纪律，根据“缄默”原则，所有该组织成员都必须对该组织的内部秘密保持沉默，不得泄露，否则泄露者及其家人将遭到残酷报复。对社会的非法控制能力更强，是指黑社会组织对某一地区、某一行业或者某一领域的非法控制更加牢固、更加隐蔽、更加持久。犯罪活动更为有序，主要是指：（1）有较为固定的密谋场所和势力范围，如黑社会组织一般都有自己的物业作为大本营，并且往往在通过长期犯罪活动而控制下来的所谓“地盘”内活动。（2）犯罪领域有相对的稳定性，并且对每一次犯罪活动都有严密的布置和领导。凡

---

① 见《现代汉语词典》（第5版），商务印书馆2005年版，第558页。

是具备上述条件的犯罪集团，就属于黑社会组织。

第二，黑社会性质组织都属于犯罪集团。按照刑法第294条第1款规定，黑社会性质组织是指以暴力、威胁或者其他手段，有组织地进行违法犯罪活动，称霸一方，为非作恶，欺压、残害群众，严重破坏经济、社会生活秩序的黑社会性质的组织。根据该款规定，黑社会性质组织就是一种带黑社会性质的犯罪组织，其犯罪手段和犯罪内容是多样而复杂的，只是其犯罪活动有所侧重而已，从犯罪手段和犯罪内容上看并不能区分黑社会性质组织和非黑社会性质组织。能够将黑社会性质组织和非黑社会性质组织区分开来的只能是这种犯罪组织的性质，即黑社会性质。因此，"黑社会性质"的含义和构成特征才是区分黑社会性质组织和非黑社会性质组织的关键。那么，究竟怎样才算具有"黑社会性质"呢？笔者认为，还是应当从犯罪主体和犯罪活动方式来把握。具体而言，所谓具有"黑社会性质"，应当是指具有以下特点：（1）成员的组织结构与黑社会组织相似，但其组织形式还没有黑社会组织那样严密。比如已初步具备黑社会组织那种严格的等级制和核心成员，但还没有自己的组织名称，或者还未制定黑社会组织那样严格的内部纪律。（2）犯罪领域已有一定的稳定性，对每一次犯罪活动也都已经有较严密的布置和领导，但活动方式还没有黑社会组织那样有序。比如还没有固定的密谋策划场所，尚未形成自己的势力范围。凡是具备上述两方面特点的组织，便可称为黑社会性质组织。有关立法解释将黑社会性质组织应当具备的特征进一步明确化，规定其应当具备以下特征：（1）形成较稳定的犯罪组织，人数较多，有明确的组织者、领导者，骨干成员基本固定；（2）有组织地通过违法犯罪活动或者其他手段获取经济利益，具有一定的经济实力，以支持该组织的活动；（3）以暴力、威胁或者其他手段，有组织地多次进行违法犯罪活动，为非作恶，欺压、残害群众；（4）通过实施违法犯罪活动，或者利用国家工作人员的包庇或者纵容，称霸一方，在一定区域或者行业内，形成非法控制或者重大影响，严重破坏经济、社会生活秩序。①

虽然法律没有明确规定黑社会性质组织都是犯罪集团，但刑法学界一致认为，黑社会性质组织首先必须是犯罪集团，笔者认为这种看法是妥当的。全国人大常委会关于黑社会性质组织的解释认为，黑社会性质组织是一种“较为稳定的、结构严密、人数较多的犯罪组织”，这一黑社会性质组织的组织特征实际上表明，黑社会性质组织在法律性质上属于犯罪集团。对此，现任全国人大常委会法制工作委员会刑法室副主任黄太云同志在《何谓“黑社会性质的组织”》一文中作了明确肯定。该文认为，我国刑法分则条文中，对于只要参加一个组织，不论有无其他具体犯罪行为都要定罪判刑的条文并不多。除了刑法第110条规定的参加间谍组织、第120条规定的参加恐怖活动组织之外，就是第294条规定的参加黑社会性质组织了。我国刑法对仅参加杀人、抢劫、强奸犯罪集团的人，如果没有实施具体犯罪行为，尚且没有规定一定要定罪判刑，怎么可能对只要参加流氓集团的就如同参加间谍组织、恐怖组织一样打击呢？因此，“《刑法》第294条规定的‘黑社会性质的组织’的立法本意不是指流氓恶势力，而是指呈现黑社会组织雏形、初步具备黑社会组织基本特征，带有黑社会性质的特殊犯罪集团。”②笔者认为上述分析十分在理，黑社会性质组织从其法律性质来看就是一种特殊的犯罪集团，而不是一般的流氓恶势力。因此，在处理黑社会性质组织所实施的共同犯罪时，除了按照刑法第294条第3款规定，对犯罪分子以组织、领导、参加黑社会性质组织罪和其所实施的具体犯罪进行数罪并罚外，还必须注意对黑社会性质组织中的首要分子按照刑法第26条第3款进行处罚。

（二）黑社会性质组织的本质特征

在打黑除恶斗争中，存在着对黑社会性质组织的认定扩大化的

① 参见全国人大常委会2002年4月28日通过的《关于〈刑法〉第二百九十四条第一款的解释》。

② 见黄太云：《何谓“黑社会性质的组织”》，载《中国司法》2002年第11期。

问题。其主要原因，在于对黑社会性质组织的特征缺乏准确和严格把握，对黑社会性质组织的本质特征缺乏正确的认识。因此，有必要探讨黑社会性质组织的本质特征。关于此问题，刑法学界主要存在三种观点。第一种观点认为，组织性特征是黑社会性质组织最本质的特征。① 第二种观点认为，黑社会性质组织的本质特征是社会性特征，即已经侵入社会公共领域，具备在经济上立足、政治上获得庇护、文化上渗透融合、法律上规避罪责等多种社会功能，并能在主流社会内寄生发展，在一定地域、行业对正常社会生活构成全局性危害。② 第三种观点认为，非法控制性是黑社会性质组织的最大特征。③ 笔者认为第三种观点较为可取，即黑社会性质组织的本质特征在于其非法控制性。

所谓本质特征，是指某一事物区别于相关其他事物的最显著的特征。对于黑社会性质组织来说，其本质特征应该是其与一般犯罪集团以及其他犯罪组织相区别的最明显的标志。基于这种认识，第一种观点，即认为组织性是黑社会性质组织的本质特征的观点值得商榷。不可否认，黑社会性质组织犯罪是一种有组织的犯罪，但是，有组织的犯罪并不限于黑社会性质组织犯罪，一切犯罪集团实施的犯罪都是有组织的犯罪。我国刑法第 26 条第 2 款对犯罪集团的定义可以清楚地看到这一点。该款规定，三人以上为共同实施犯罪而组成的较为固定的犯罪组织，是犯罪集团。它表明犯罪集团是一种犯罪组织，由犯罪集团实施的犯罪当然也就是有组织的犯罪。因此，组织性只能说是集团犯罪的本质特征，而不能说是黑社会性质组织的本质特征。正如有学者所指出，如果说一般犯罪集团是有

① 参见黄京平、石磊：《论黑社会性质组织的法律性质和特征》，载《法学家》2001 年第 6 期。

② 参见蒋文烈、罗伟：《浅析黑社会性质组织的特征》，中国法学会刑法学研究会 2002 年年会论文。

③ 参见高铭暄、马克昌主编：《刑法学》（第二版），北京大学出版社、高等教育出版社 2005 年版，第 602 页。

组织犯罪的初级形态，黑社会组织是有组织犯罪的高级形态的话，黑社会性质组织就是有组织犯罪的中间形态。[①] 如果把组织性当作黑社会性质组织的本质特征，难免混淆犯罪集团与黑社会性质组织的界限，导致“打黑除恶”斗争扩大化。第二种观点注意到了黑社会性质组织的社会性，可谓触及了问题的实质，但是，这种观点对何谓社会性缺乏必要的阐释，令人费解，在司法实务中缺乏可操作性，因而也不足取。

笔者认为，正确理解黑社会性质组织，需要对“黑社会”一词作出正确解读。黑社会源于英语 Under world Society，直译为地下社会。黑社会的“黑”的含义应该是指“私下的、秘密的、非法的、邪恶的”。“社会”是指“以共同的物质生产活动为基础而相互联系的人们的总体。”[②] 两者结合起来，所谓“黑社会”的含义应为秘密地控制一定地域从事违法犯罪活动的群体，黑社会组织是指在一定区域内从事违法犯罪活动的，控制一定区域，形成与主流社会相对抗，具有自己独立的文化制度的地下组织。[③] 因此，黑社会组织是对社会进行非法控制的组织。黑社会性质组织就是这种对社会非法控制的组织的初级形态。正是在对社会非法控制这一点上，黑社会性质组织区别于一般犯罪组织。为了达到这种对社会的非法控制，黑社会性质组织除内部控制外，还进行以下活动：一是对经济进行控制。二是对政府进行渗透。通常采取的手段是“打进去拉出来”。“打进去”是指利用金钱获得各种政治头衔，使其罩上政治光环。“拉出来”是指采取贿赂、威胁等手段，引诱、逼迫国家工作人员参加黑社会性质组织活动，或者为其提供非法保护。这种对政府的渗透，表明黑社会性质组织的政治性，也是黑社会性质组织区别于犯罪集团的一个重要特征。三是对社会进行控

① 参见李文燕、田宏杰：《“打黑除恶”刑事法律适用解说》，群众出版社 2001 年版，第 125 页。

② 见《马克思恩格斯选集》（第四卷），人民出版社 1972 年版，第 320 页。

③ 参见康树华主编：《犯罪学大辞书》，甘肃人民出版社 1995 年版，第 1094 页。

制，主要是对某些区域、行业进行控制。尤其是具有竞争性的市场、码头、车站等，容易成为黑社会性质组织的控制目标。控制的手段通常有暴力、威胁、滋扰等，进行敲诈勒索、欺行霸市、聚众斗殴、寻衅滋事、故意伤害等违法犯罪活动。在分析敲诈勒索、欺行霸市、聚众斗殴、寻衅滋事、故意伤害等犯罪是一般刑事犯罪还是黑社会性质组织犯罪，要看实施这种犯罪是否具有非法控制社会的目的。如果具有这一目的，可以认为是黑社会性质组织犯罪；否则，就只能认定为是普通刑事犯罪。① 从国外的立法上看，是否属于黑社会组织也是以该组织是否对某一行业或地区具有控制性为标准来判断的。例如，意大利刑法典第416条-2规定："当参加的集团的人利用集团关系的恐吓力量以及因实施犯罪而产生的从属和互隐条件，以便直接或间接实现对经济活动许可、批准、承包和公共服务的经营或控制，为自己或其他人取得不正当利益或好处，阻止或妨碍自由行使表决权，或者在选举中为自己或其他人争取选票时，该集团为黑手党型集团。"② 正是由于黑社会性质组织以其对社会的非法控制来对抗和削弱政府对社会的合法控制，才使得黑社会性质组织犯罪显示出特别强烈的反社会性与反政府性，才导致国家对这种组织予以重点打击，特别防控。

在把握黑社会性质组织的本质特征时，还要注意区分黑社会性质组织与"黑恶势力"。我国司法实务中有一种普遍存在的提法，叫做"黑恶势力"，针对这种黑恶势力展开的打击叫做"打黑除恶"。实务部门经常将打黑除恶与打击黑社会性质组织犯罪混为一谈。在理论上，对"黑恶势力"的理解也不一致。有学者认为，我国当前存在的恶势力团伙，是在从一般团伙犯罪向黑社会犯罪的动态发展过程中处于较高级阶段的有组织犯罪形态，是黑社会性质

---

① 参见吴广：《衣立黑社会性质组织犯罪及相关罪法理研究》，北京师范大学硕士学位论文，2008年，第11~12页。

② 见《意大利刑法典》，黄风译注，法律出版社2007年版。

组织的雏形。[1] 另有学者认为，黑恶势力可以分为两个部分：一部分是"黑势力"，即黑社会性质组织；另一部分是"恶势力"。[2] 笔者认为，从"黑恶势力"一词的形成原因以及使用场合可以看出，这是一个并不十分规范的用语，非严格的法律概念，它既包括黑社会性质组织，也包括犯罪集团，还可能指非犯罪集团的一般流氓恶势力犯罪团伙。因此，对黑恶势力的法律性质的判断，应该立足于我国刑法的规定进行，而不能想当然地来确定其性质。[3] 具体而言，对于其中符合黑社会性质组织特征的，按黑社会性质组织犯罪论处；属于集团犯罪的，按集团犯罪处理；属于一般共同犯罪的，按一般共同犯罪处理。正如有学者所指出，有的"黑恶势力"虽人数较多，也长期聚结在一起有组织地实施敲诈勒索、强买强卖、盗窃等犯罪活动，但犯罪得逞后的非法所得往往会被瓜分殆尽，从不考虑"原始积累"问题，也没有一定的经济实力控制一方或对当地形成重大的影响。[4] 对这样的犯罪群体，显然不能按黑社会性质组织处理。

八、与共同犯罪的主观方面有关的若干问题

（一）共同犯罪故意与个人犯罪故意的区别

共同犯罪故意，首先是一种犯罪故意，因而具有犯罪故意的一般特征，即行为人都必须是明知自己的行为会发生危害社会的后果，并且希望或者放任这种结果的发生。其次，共同犯罪故意又是

① 参见孙勒：《我国刑法中黑社会性质组织探析》，载《人民检察》2002 年第 4 期。

② 参见阮齐林：《关于黑社会性质组织司法解释的意见》，载赵秉志主编《刑事法判解研究》2002 年第 1 辑，人民法院出版社 2002 年版，第 126 页；康树华、石芳：《透视"黑恶势力"》，载《中国刑事法杂志》2001 年第 1 期。

③ 参见王俊平：《刑法视野下的犯罪集团研究》，中国人民公安大学出版社 2009 年版，第 141 页。

④ 参见孟昭武、李文芳：《包庇、纵容黑社会性质组织罪的认定》，载《当代法学》2003 年第 3 期。

一种特殊的犯罪故意，因而又有其不同于单独犯罪故意的特殊之处。按照我国刑法理论通说，这种特殊之处主要表现在共同犯罪人在认识因素上要认识到不是自己一个人单独实施犯罪，而是与他人共同实施犯罪。① 所谓“要认识到不是自己一个人单独实施犯罪，而是与他人共同实施犯罪”，是针对所有共同犯罪人而言的，它表明所有共同犯罪人都必须认识到是在利用或者利用了对方的行为，彼此协力实施犯罪。至于在意志因素上，各共同犯罪人对其本人以及其他共同犯罪人的行为会造成危害社会的结果无论是持希望还是持放任的态度，都能成立共同犯罪故意。因为持希望还是放任的心态并不会影响行为人之间的主观意思联络。都希望危害社会结果的发生固然存在主观意思联络，都放任危害结果或者一方希望另一方放任危害结果的发生同样可以存在主观意思联络。例如，两人行窃后为破坏现场而纵火，都看到有值班人员在休息，但都置于不顾而一人泼油一人点火，最终将值班人员烧死，此二人对值班人员被烧死的危害结果的发生都是持放任心态，但显然都知道两人的行为合在一起很可能将值班人员烧死，却心照不宣地对危害结果的发生持放任心态，因此，符合“要认识到不是自己一个人单独实施犯罪，而是与他人共同实施犯罪”这一条件，因而存在共同犯罪的主观意思联络。可见，共同犯罪故意与单独犯罪故意的主要区别，就在于在共同犯罪故意中，各共同犯罪人之间存在“主观意思联络”。

（二）卧底人员打入犯罪团伙后参与某些犯罪的定性问题

在与犯罪现象作斗争的过程中，为了破案，公安机关或其他司法机关出于策略上的考虑，可能会指派一些公安人员或其他人员打入犯罪分子内部，俗称“卧底”。在“卧底”过程中，卧底人员可能因为某些原因而参与了犯罪，对这种情况应当如何处理呢？

对此，首先应当弄清楚卧底人员参与并实施犯罪行为的原因。从实际情况来看，卧底人员在卧底过程中参与并实施犯罪的原因主

---

① 参见高铭暄主编：《中国刑法学》，中国人民大学出版社 1989 年版，第 185 页。

要有两个：一是为了破获案件，二是为了保护自己人身安全。下面对这两种情况分而述之。

1. 为了破获案件而参与犯罪的处理

笔者认为，为了破获案件而参与犯罪如何处理的问题，实际上是一个如何处理义务冲突的问题。因为破获案件是卧底人员的一项法定义务，不得参与犯罪活动同样是卧底人员的一项法定义务，当为了破案必须参与犯罪行为时，这两项义务便发生冲突，在这种情况下如何取舍，便是如何处理义务冲突。义务冲突又称义务的抵触、义务的紧急状态，是刑事法律领域的一个重大理论问题，在实际生活中也并不罕见。例如，某值班医生同时接诊甲、乙两个危重病人，二人如得不到及时救治都有可能死亡。但该院只有一套急救设备，该医生只好先救其中一名病人，伺其再救另一名病人时，该病人已因失去最佳救助时机而身亡。又如，某警察在值勤时，遭遇到一伙持枪抢劫犯，该警察正欲上前抓捕犯罪嫌疑人时，突然接到其所在警署要求其火速归队执行另一紧急任务的通知。该警察经权衡后，决定先解决捉拿抢劫犯的眼前之急，然后再尽力赶回执行另一任务。待其与抢劫犯搏斗完毕回到警署后，已影响了另一任务的执行。这均属于存在义务冲突的情形。

何谓义务冲突，理论界的认识并不一致，观点颇多。笔者认为比较可取的定义是：所谓义务冲突，是指“存在两个以上并存的义务，只有其中一个义务有被履行的可能，履行一个义务必然不能履行其他义务的情形。”[①] 根据这一定义，刑法意义上的义务冲突的成立必须具备以下要件：第一，同时存在数个互不相容的义务。例如，淹在河中的三个孩子都不会游泳，父亲只要救起一个，另两个就会被淹死时，就存在义务冲突。[②] 这种义务既可以是法律规定

---

① 见［德］伊昂森著：《刑法中的义务冲突》，1934年德文版，第10页，转引自冯军著：《刑事责任论》，法律出版社1996年版，第71页。

② 参见冯军著：《刑事责任论》，法律出版社1996年版，第74页。

的，也可以是道德赋予的。第二，为了履行一部分义务，不得不放弃另一部分义务的履行。第三，义务冲突状况的发生不能归咎于行为人。第四，被履行的义务的价值不得低于未履行的义务。[①] 义务的价值高低主要取决于立法者（就法律义务而言）和国家、公众（对道德义务而言）对义务履行的期待程度。具体而言，应当考察两方面内容，一是义务所涉及的权益的性质。人身权益应重于财产权益；在人身权益中，生命权益最重，其次是健康、自由；财产权益的价值，以财产本身的价值或价格计算，决定高低或大小。二是义务所涉及的权益的主体，即要看权益是属于国家的、社会的还是个人的。根据我国的现实国情，在价值上，首先应将国家权益置首位，其次是社会权益，再次是个人权益。但是，对于虽然明知数义务中哪个价值最高，但行为人因受个人的政治的、宗教的或道德的确信支配，故意选择价值低的义务予以履行的行为应如何处理，需要进一步研究。德、日刑法学界有人将其视为确信犯，但又认为这种确信犯不同于政治的确信犯和宗教的道德的确信犯，不仅违法，而且有责，应成立犯罪；也有人认为对这类行为人可根据情况认定为由于期待不可能的责任阻却。[②]

基于上述理由，笔者认为，卧底人员为了破获案件而参与犯罪的，当需要破获的案件的重要性或者说给国家和社会带来的利益高于其参与犯罪可能造成的损害时，对其参与犯罪的行为不得以犯罪论处，如果需要破获的案件的重要性或者说给国家和社会带来的利益明显低于其参与犯罪可能造成的损害时，就必须设法阻止犯罪的发生，至少不能参与犯罪活动。例如，卧底人员要破获的是一个贩毒案件或者一个走私案件，而参与却是杀人的犯罪活动，这种情况下便不能为了破获案件而参与犯罪活动。

---

① 参见冯军著：《刑事责任论》，法律出版社 1996 年版，第 82 ~ 85 页

② 参见［日］木村龟二主编：《刑法学词典》，顾肖荣等译，上海翻译出版公司 1991 年版，第 216 页。

2. 为了保护自己的人身安全而参与犯罪的处理

笔者认为，在为了保护自己人身安全而参与犯罪的情况下，只有符合紧急避险的条件，才不以犯罪论处，如果不符合紧急避险的条件，则应当考虑按避险过当追究刑事责任。我国刑法中的紧急避险，是指为了使国家、公共利益、本人或者他人的人身和其他权利免受正在发生的危险，不得已损害另一个较小合法利益的行为。成立紧急避险实施，应当具备以下条件：第一，必须有威胁合法利益的危险发生；第二，必须是危险正在发生；第三，必须是为了使合法权益免受正在发生的危险；第四，避险的对象是无辜的第三者；第五，避险的行为只能在不得已的情况下实施；第六，避险行为不能超过必要限度造成不应有的损害。根据紧急避险的上述成立条件，如果卧底人员不实施危害行为便可能暴露自己身份，从而面临人身危险，则具备了紧急避险的第一、二、三、四、五项条件，因为在这种情况下，他的人身安全这一合法利益已经受到威胁（符合第一项条件），而且这种人身危险是正在发生的（符合第二项条件）；他参与犯罪活动是为了使自己身份不暴露，以保护自己的人身安全（符合第三项条件）；他损害的是犯罪活动所指向的无辜第三者的利益（符合第四项条件），而且他没有其他办法可想（符合第五项条件）。为什么说危险是正在发生的呢？从分析事情的发展趋势便可以看出这一点。假如卧底人员不参与犯罪活动，其身份便会暴露，其身份一旦暴露，生命安全便处于极度危险之中。可见，在卧底人员面临参不参与犯罪的选择时，其生命安全已经处于迫在眉睫的危险之中，按照通行的观点，这种情况应当属于危险正在发生，与杀人犯拔出手枪或者刀子，正要向被害人下毒手的情形并无二致。因此，如果卧底人员是在不实施危害行为便可能暴露自己身份，从而面临人身危险的情况下参与犯罪，而且其危害行为没有超过必要限度造成不应有的损害，则完全符合紧急避险的条件，应当按紧急避险处理，不构成犯罪。

还应当注意的是这种情形，即卧底人员既是为了保护自己的人身安全，又是为了破获案件而参与犯罪。这时则只要符合紧急避险的条件或者义务冲突时应如何选择履行的义务的有关要求，便应当视为正当行为。

（三）共同故意与认识错误

1. 法律认识错误对共同犯罪故意的成立的影响

法律认识错误包括对行为之罪与非罪、此罪与彼罪的认识错误和对行为刑事责任大小的认识错误。我国刑法理论通说认为，行为人对行为刑事责任大小的认识错误不影响共同犯罪故意的成立，对行为之罪与非罪、此罪与彼罪的认识错误一般不影响行为人的行为之法律性质和刑事责任的大小，只有在行为人对法律的认识错误影响到他对自己行为的社会危害性的认识的时候，才需要考虑对法律的认识错误给行为人主观方面带来的影响。在共同犯罪中，法律认识错误对共同犯罪故意的影响虽然有其独特之处，但也应以上述标准为指导。我们试从以下两个方面分析法律认识错误对共同犯罪故意的成立的影响。

（1）法律认识错误对共同实行犯的共同犯罪故意的影响

共同实行犯的法律上的认识错误，是指在构成共同实行犯的前提下，对本人或者他人行为的法律性质的认识错误。[①] 从这一定义可以知道，共同实行犯的法律上的认识错误，包括共同实行犯对本人行为的法律性质的认识错误和对他人行为的法律性质的认识错误两个方面。按照我国刑法理论的通说，共同实行犯对本人行为的法律性质的认识错误一般不影响行为人的行为之法律性质和刑事责任的大小，亦即不影响共同犯罪故意的成立。例如，某走私犯罪的共同实行犯之一黄某在共同走私犯罪当中负责卸货，他以为自己并没有逃避海关监管将走私货物从境外运入境内，因而其行为并不构成走私。这并不影响黄某构成走私罪，亦即不影响他存在走私的共同犯罪故意。共同实行犯对其他共同实行犯的行为之法律性质认识错

---

① 参见陈兴良著：《共同犯罪论》，中国社会科学出版社 1992 年版，第 370 页。

误也不影响其共同犯罪故意的成立。例如，刘某在一次共同盗窃犯罪中见同案犯他的表弟王某胆小怕事，便安排王某负责把风，其他人入室行窃。刘某以为王某的把风行为只是一种帮助犯的行为，这并不影响王某构成盗窃犯罪的实行犯，更不影响王某和刘某均具有共同犯罪故意。但是，如果行为人对自己行为的法律性质的认识错误使得他对自己行为的社会危害性的有无产生错误认识，则这种法律上的认识错误将影响到行为人共同犯罪故意的存在。例如，某行为在过去一直是合法的，却突然被法律规定为犯罪行为并且没有作必要的宣传。如果几个行为人仍然以为该行为是合法的，因而实施了该行为，则不能作为犯罪处理。理由是：由于行为人认为该行为仍然合法而没有认识到这种行为的社会危害性，不可能存在“明知自己的行为会发生危害社会的结果，并且希望或者放任这种结果发生”的心理态度，也就不可能有共同犯罪故意。

法律认识错误对组织犯和帮助犯的共同犯罪故意的影响与对共同实行犯的影响基本相同，即组织犯和帮助犯对法律的认识错误一般不影响行为人的行为之法律性质和刑事责任的大小，只有在行为人对法律的认识错误影响到他对自己行为的社会危害性的认识的时候，才需要考虑对法律的认识错误给行为人主观方面带来的影响。在此不赘述。

(2) 教唆犯罪中法律认识错误对共同犯罪故意的影响

教唆犯罪中对法律的认识错误，包括教唆犯对自己教唆行为的法律性质和刑事责任大小的认识错误，以及教唆犯对被教唆人所实施行为的法律性质和刑事责任大小的认识错误；还包括被教唆人对自己行为的法律性质和刑事责任大小的认识错误，以及被教唆人对教唆犯的教唆行为的法律性质和刑事责任大小的认识错误。教唆犯罪中法律认识错误对共同犯罪故意的影响可以分以下几种情况：

第一，教唆犯和被教唆人对自己和对方行为的刑事责任大小的错误认识均不会对他们的共同犯罪故意产生影响。原因是这种认识错误不会影响到行为人明知自己在和对方共同实施危害社会的行为，并且希望或者放任危害结果发生的心理态度。

第二，教唆犯对自己教唆行为的法律性质认识错误不会影响其共同犯罪故意。原因是教唆犯只要认识到自己是在教唆他人实施危害社会的行为，并且希望或者放任危害结果的发生，便具有共同犯罪故意（被教唆人没有犯被教唆之罪，教唆犯单独构成犯罪的情形除外），无须认识到他的教唆行为在法律上是否构成犯罪，构成什么犯罪。例如，甲经常受到乙的欺压，甲生性懦弱，总是忍气吞声，乙则得寸进尺。丙是甲的好友，对甲的一再忍让十分不满，一天在痛斥了甲的懦弱后，鼓动甲报复乙，弄瞎乙的两只眼睛，并说为甲站脚助威。甲在丙的唆使下，真的在一天将乙的眼睛打瞎。丙以为他唆使乙的行为并不构成犯罪，这并不影响他构成故意伤害罪，也不影响他具有共同犯罪故意。

第三，教唆犯对被教唆人行为的法律性质认识错误不影响教唆犯的共同犯罪故意。原因与教唆犯对自己教唆行为的法律性质认识错误不会影响其共同犯罪故意相同。

第四，被教唆人对教唆行为的法律性质认识错误一般不影响共同犯罪故意的成立，原因是被教唆人对教唆行为法律性质的错误认识通常不会影响到被教唆人对其行为的社会危害性的认识。例如，教唆犯甲唆使被教唆人乙盗窃正在使用中的通讯电缆，乙以为甲是在唆使他犯盗窃罪，而实际上甲是在唆使他犯破坏公用电信设施罪。这并不影响甲和乙之间存在共同犯罪故意，因为他们都认识到自己在和对方共同实施什么样的危害社会行为，并且都希望这种危害结果的发生，只不过对法律如何评价这种危害行为产生了错误认识，因而符合共同犯罪故意的构成条件。但是，如果被教唆人对教唆行为的法律性质认识错误影响到他对行为有无社会危害性的认识，则会影响到共同犯罪故意的成立。例如，走私犯甲唆使被教唆人乙将在海上漂浮的一船走私货物拖靠岸，并谎称是自己发现的一船无主货物。乙信以为真，将该船走私货物运送上岸。在这种情况下，乙根本不知道自己是在从事走私活动，也没有认识到自己行为的社会危害性，因此，教唆犯甲与被教唆人乙之间不存在共同犯罪的故意，对乙不宜按犯罪处理。

第五，被教唆人对本人行为的法律性质认识错误不影响共同犯罪故意的成立。原因是被教唆人只要正确认识到教唆犯在唆使他干什么，并且按照教唆犯的教唆内容实施了危害行为，便与教唆犯存在共同犯罪故意。例如，教唆犯甲唆使被教唆人乙将正在使用中的几辆汽车的刹车装置上的零部件偷走，乙以为他的行为构成的是盗窃罪，实际上构成的是破坏交通工具罪，乙对自己行为的法律性质的认识错误并不影响他和甲构成破坏交通工具罪的共同犯罪，也不影响乙的共同犯罪故意。

2. 事实认识错误对共同犯罪故意的成立的影响

与法律认识错误不同，事实认识错误对共同犯罪故意的成立有重大影响，这种影响可以从以下几个方面体现出来。

(1) 事实认识错误对共同实行犯的共同犯罪故意的影响

共同实行犯是指共同实施符合刑法分则规定的构成要件行为的共同犯罪人。共同实行犯对事实认识错误，主要发生在各实行犯对他们共同实施的危害行为的事实特征认识不一致的场合。例如，甲和乙共谋对丙进行侵害，甲想将丙杀害，乙仅想将丙打成重伤。但乙以为甲也只是想将丙打成重伤，于是和甲一起找到丙，首先一棍将丙打倒在地。这时甲冲上去对丙连刺几刀，将丙杀死。这种情况下，乙便对甲的行为事实特征发生了错误认识。共同实行犯对他们共同实施的危害行为的事实特征认识错误，使得共同犯罪人之间的共同犯罪意思联络中断，因而不再存在共同犯罪故意。

共同实行犯对事实认识错误还可能发生在共同犯罪人对侵害对象发生错误认识的场合。例如，甲和乙共同盗窃商场的货物，按分工甲负责偷名贵手表，乙负责偷黄金首饰。两人于黑夜窜进商场，摸到黄金首饰和钟表柜台，将黄金首饰和名贵手表一扫而空。等到光亮处一看，两人偷的东西正好与作案前的分工相反，甲偷到的是黄金首饰，乙偷的则是名贵手表。又如，刘某和张某共同实施杀害王某的行为，一道于某天夜里潜入王某家中，同时举刀砍向王某平时睡觉的床铺，结果将睡在床上的王某的妻子杀害。因对侵害对象认识错误而产生的事实认识错误，并不会影响共同实行犯的共同犯罪故意，原因是，对侵害对象的认识错误并不会影响到共同实行犯对相互之间的共同犯罪意思联络。在这种情况下，他们仍然不但知道自己在实施什么行为，而且知道是在与其他共同实行犯一起实施这种行为，而不像对其他共同实行犯的行为的事实特征发生错误认识那样，不知道其他共同实行犯实施的是什么行为。因而各共同犯罪人的共同犯罪故意丝毫没有受到影响。

（2）事实认识错误对组织犯的共同犯罪故意的影响

组织犯由于只实施组织、指挥、策划他人实行犯罪的行为，并不直接参与犯罪实行行为，因而不存在对实行行为事实特征认识错误的问题，如误将杀害行为当成伤害行为；而组织犯对自己的组织行为也不可能产生错误认识，即不可能一方面在组织、指挥、策划他人从事犯罪活动，另一方面却不知道自己在组织他人干什么，因此，组织犯不存在对自己和被组织人的行为性质发生错误认识的可能。但组织犯对行为对象则可能发生错误认识。例如，甲组织几个人绑架某富翁乙，经踩点选择了在乙回家必经的一条公路的偏僻处下手。一天乙所乘坐的车经过时遭甲所组织的几个人劫持，但车中所载的并不是甲，而是甲妻。由于在这种情况下，甲和他所组织、指挥的几个人仍然明知他们所实施的行为的性质和会导致的危害结果，并且希望这种危害结果的发生，因而存在共同犯罪故意。

被组织人对组织犯的组织行为也不会产生错误认识，对事实认识错误只能发生在对象认识错误的场合，而对对象的认识错误并不会影响行为人对行为性质的认识错误，被组织者仍然知道组织犯在组织他实施何种行为，也知道自己在实施何种行为。因此，在组织犯和被组织人对行为对象认识错误的情况下，组织犯和被组织人之间仍然存在共同犯罪故意。

（3）事实认识错误对教唆犯的共同犯罪故意的影响

在教唆犯罪中，教唆犯对其教唆行为的事实特征不会发生认识错误，即他在唆使他人实施什么行为他自己并不会不知道。有学者将教唆犯对他教唆他人实施的行为能不能达到犯罪目的的错误认识视为对行为事实特征的认识错误。[①] 如甲唆使乙请来神汉在家中作法念咒，企图以这种方法害死丙，而实际上神汉作法念咒根本不可能导致丙死亡，于是持上述观点的学者认为甲对自己行为的事实情况发生认识错误。笔者认为，这种情形不属于对行为的事实特征认识错误，理由是，在这种情况下，教唆犯对自己在实施什么行为并没有产生错误认识，只是对他所实施的行为在客观上会导致什么危害结果的发生在认识上发生错误。而纯粹的对行为在客观上会导致什么危害结果的发生产生错误认识不应属于对行为的事实特征认识错误的范围，这就像行为人持枪瞄准被害人开枪，他以为这一枪能将被害人打死，但由于枪法不准，没有将被害人打中，或者由于子弹卡壳，没能将子弹发射出去的情形一样。在这类情形下，行为人对其行为的性质、行为的方式、使用的工具、侵害的对象、犯罪的目的等均不存在认识上的错误，只是由于其意志以外的原因而没有达到犯罪目的。其中，采用迷信手段杀人的情形，由于这种行为不可能造成危害结果，不属于刑法分则所规定的杀人行为，因而不作为犯罪处理，而开枪杀人的行为则完全可能将人杀死，因而对行为人以犯罪未遂处理。显然不能将行为人持枪瞄准被害人开枪，他以为这一枪能将被害人打死，但由于枪法不准，没有将被害人打中，或者由于子弹卡壳，没能将子弹发射出去的情形视为行为人对行为的事实特征认识错误，这种情形与杀人犯误将白糖当作砒霜给被害人吃，因而未能将被害人杀害的情形是完全不同的，后者存在对犯罪工具认识错误的情形，前者则不存在这种情形。

基于上述分析，笔者认为在教唆犯罪中，教唆犯对事实认识错

---

① 参见陈兴良著：《共同犯罪论》，中国社会科学出版社 1992 年版，第 377 页。

误只存在于对被教唆人的有关情况认识错误的场合。教唆犯对被教唆人的有关情况认识错误主要发生在以下两种场合，一是教唆犯把不具备刑事责任能力的人误当作有刑事责任能力的人而加以教唆。如甲是一名不满16周岁的少年，乙误认为甲为成年人，唆使甲去盗窃。在这种情况下，由于甲没有达到刑事责任年龄，因而不具备刑事责任能力，不构成犯罪，只有乙一人构成犯罪。但是，乙的共同犯罪故意仍然是存在的，即乙仍然是不但知道自己在实施某种犯罪，而且知道是在和他人一起实施某种犯罪，并且希望危害结果的发生，只是由于被教唆人不构成犯罪，因而不存在共同犯罪行为，也就不存在共同犯罪，只能对教唆犯按单独教唆犯罪处理。二是教唆犯将本已存在犯罪故意的被教唆人误认为不存在犯意而加以教唆。例如，甲本来就打算杀乙，一天在丙面前大骂乙，丙也早已对乙怀恨在心，但不知道甲这时已决心要杀乙，于是立即趁机唆使甲对乙下毒手，并给甲撑腰打气，使甲杀乙的决心更加坚定，终于在一天夜里将乙杀死。在这种情况下，丙主观上有教唆甲去犯罪的故意，客观上实施了教唆甲去杀人的行为，显然存在共同犯罪故意。

被教唆人对事实认识错误则既可能发生在对教唆行为的事实特征认识错误的场合，也可能发生在对自身行为事实特征或行为对象认识错误的场合。前一种情况如，教唆犯甲唆使被教唆人乙“狠狠收拾”丙，本意是要乙伤害丙，乙却理解成甲是要他杀害丙，于是将丙杀害。在这种情况下，由于教唆犯甲对丙仅有伤害故意，而被教唆人乙对丙却是杀害故意，因而两人对同一犯罪对象丙并不存在共同犯罪故意，对甲应当以故意伤害罪追究刑事责任，对乙则应当按故意杀人罪论处。后一种情况如，刘某在王某的唆使下决意杀害李某，在实施犯罪行为时误将白酒当毒药给李某喝，因而未能达到犯罪目的；或如刘某在王某的唆使下决意杀害李某，在实施犯罪行为时误将胡某当作李某加以杀害。在这两种情况下，被教唆人刘某实际上是一个实行犯，他对自己行为事实特征的认识错误或者对行为对象的认识错误并不会影响他的主观故意，因此，被教唆人与教唆犯仍然存在共同犯罪故意。

(4) 事实认识错误对帮助犯的共同犯罪故意的影响

帮助犯对事实认识错误主要表现在以下几个方面：

第一，对本人帮助行为的事实特征认识错误。帮助犯对本人帮助行为的事实特征认识错误分为将无害的帮助行为误认为有害和将有害的帮助行为误认为无害两种情形。前者如，甲企图在某食堂的饭菜中下毒，要乙帮他弄半斤无色带甜味的灭苍蝇毒药，乙知道甲要毒药的目的，仍将一瓶自认为是毒药的葡萄糖水交给甲。在这种情况下，帮助犯对本人帮助行为的事实特征认识错误并不会影响到他对自己帮助行为危害性质的认识，他在主观上仍然是希望帮助实行犯达到犯罪目的的，只不过由于意志以外的原因而没能得逞，因而不影响其共同犯罪故意的成立。后者如，张某企图杀害邻居李某，向王某借猎枪。张某知道如果王某得知他借枪是要去杀人，就不会把枪借给他，于是谎称借枪上山打猎，将枪借到手，然后将李某射杀。在这种情况下，帮助者由于不存在帮助实行犯实施犯罪的故意，因而实际上不是帮助犯，更不存在共同犯罪故意。

第二，对帮助对象认识错误。帮助犯对帮助对象认识错误分为以下两种情况：(1) 将具有刑事责任能力的人误认为是没有刑事责任能力的人，或者将没有刑事责任能力的人误认为是有刑事责任能力的人。前者如，甲是一名年龄已满 16 周岁的精神正常的人，乙却以为甲未满 16 周岁。一天，乙见甲在偷一辆摩托车，撬了很久也没有把锁撬开，于是给了甲一把大铁钳，甲用乙给的大铁钳很快就将摩托车锁剪断，将车偷走。在这种情况下，乙主观上虽然以为甲不满 16 周岁，因而不具有刑事责任能力，但他既知道甲在实施盗窃行为，又知道自己是在帮助甲实施盗窃行为，因而完全具备共同犯罪故意。后者如，张某一天遇见李某正在追打刘某，张某与刘某素有仇隙，见状急忙将一根木棒递给李某，李某接过木棒，追上刘某，一棒将刘某打成重伤。张某以为李某是个具备刑事责任能力的人，而实际上李某是个无刑事责任能力的精神病人。在这种情况下，帮助犯虽然由于帮助对象是无刑事责任能力人而只能按单独犯罪处理，但其企图和被帮助者一起实施犯罪的主观故意仍然是存在的，因此，帮助犯在主观上仍然具有共同犯罪故意。（2）将没有犯罪意图的人误认为是有犯罪意图的人而给予帮助。例如，甲一天在乙面前大骂丙，并说哪天要让丙全家死光。本来甲只是骂骂，出口心中的恶气而已，并没有真的想杀丙，乙却信以为真，立即附和说丙欺人太甚，早就该死，并将家中的猎枪主动借给甲。甲于是真的萌发杀意，于某天夜里将丙杀害。在这种情况下，乙的行为在客观上起到了唆使他人犯罪的作用，但从主观上看，行为人所具有的是一种帮助他人犯罪的故意，同时，其客观行为中也存在帮助他人犯罪的因素，因此，从主客观相统一的原则出发，应当视行为人为帮助犯，其主观上仍然具有共同犯罪故意。

（四）片面共犯问题

1. 片面共犯的理解和处理

片面共犯是从外国刑法理论中引入的一个概念，是指两个以上的行为人共同针对同一犯罪对象实施犯罪行为，但只有一方存在共同犯罪故意，另一方则无此犯意的情形。例如，甲与乙有仇，手持凶器追杀乙，适逢丙碰见。丙对乙早已怀恨在心，见此情景，立即在暗中于乙逃跑必经之路上设置障碍，致使乙逃跑受阻，被甲追上杀死。此案中便存在片面共犯的情形。关于片面共犯的概念，主要有以下三种表述：（1）“所谓片面共同犯罪，通称片面共犯，是指共同行为人的一方有与他人共同实施犯罪的意思，并协力于他人的犯罪行为，但他人却不知其给予协力，因而缺乏与其共同实施犯罪的意思的情形。”① （2）“所谓片面共同犯罪，是指在一方明知另一方正在实行犯罪而参与其犯罪，但另一方对此则一无所知的情况

① 见赵秉志主编：《海峡两岸刑法总论比较研究》（下卷），中国人民大学出版社1999年版，第123页。

下所构成的共同犯罪。”[1]（3）“所谓片面的共犯，是指两人以上加功于犯罪时，但只有其中一部分人具有共同实施或共同加功的意思时，对这种加功者所称谓的概念。”[2]可见，对片面共犯有两种理解，一种是将其理解为一种犯罪情形，另一种是将其理解为对某种犯罪人的称谓，我们在此对片面共犯作前一种理解，即将其视为一种犯罪情形。对于片面共犯性质如何，是否应冠之以共犯之名，我国刑法理论界存在较大分歧，可以分为肯定说和否定说两种观点：

肯定说认为，应当承认片面共犯，理由是：（1）根据各共同犯罪人的不同情况，可以而且应该对各共同犯罪人的认识因素实事求是地提出不同的要求。因此，全面共犯和片面共犯之间并非共同故意有无的区别，而是共同故意形式的区别，也即全面共犯和片面共犯在故意的内容上只有量的区别，并无质的区别。（2）一定的刑法理论总是为司法实践服务的，并且司法实践是检验刑法理论的标准。实践中确实存在片面共犯的案例。如果否认存在片面共犯，就失去了追究帮助犯的刑事责任的法律依据。[3]

否定说的理由是：（1）在“片面共犯”的情形中，只存在片面联系，从实行犯角度看，行为人之间并无主观联系，既无主观联系，就无共同故意，也就无共同犯罪。（2）认识是产生意志的前提，没有同一认识，就无共同意志可言……（3）主张“片面共犯”成立的人是以共同行为为标准，忽视了主观联系性这一标准，这是客观归罪的反映。[4]

---

① 见《中国刑法词典》编委会编：《中国刑法词典》，学林出版社 1989 年版，第 334 页。

② 见［日］木村龟二主编：《刑法学词典》，顾肖荣等译，上海翻译出版公司 1991 年版，第 361 页。

③ 参见高铭暄主编：《新中国刑法学研究综述（1949－1985）》，河南人民出版社 1986 年版，第 356 页。

④ 参见汪保康：《论共同犯罪故意的一般原理及其运用》，载赵秉志等编《全国刑法硕士论文荟萃》，中国人民公安大学出版社 1989 年版，第 356～357 页。

片面共犯的情形是客观存在的，这一点无论是国外大陆法系学者还是英美法系学者，也无论国内持肯定说还是持否定说的学者均无异议。问题在于对这类情形是否应冠之以片面共犯之名。笔者认为，如果如某些论者所认为，所谓片面共犯就是片面共同犯罪，则片面共犯的提法本身就是自相矛盾的，理由是：（1）按照辩证唯物主义普遍性寓于特殊性之中的基本原理，如果要将片面共犯归为一种共同犯罪，那么片面共犯首先就应该具有共同犯罪的一般特征。按照通说，作为一种共同犯罪，各犯罪人都应当不但认识到自己在实施危害行为，而且认识到是在与他人一起实施危害行为。而在所谓片面共同犯罪的情形中，各犯罪人并非都知道自己是在与他人一起实施危害行为，而仅仅是有人知道有人不知道。可见，在所谓的片面共同犯罪的场合，行为人缺乏共同犯罪的认识因素；而认识因素的存在是意志因素存在的前提，认识因素的缺乏又必然导致意志因素的缺乏。因此，从整体上看，在所谓的片面共犯中，行为人无论是在认识因素上还是在意志因素上均不具有共同犯罪的一般特征。既然连普遍性都不存在，又从何谈起特殊性？这时再称之为共同犯罪，未免名不符实。持片面共犯肯定说的学者所谓全面共犯和片面共犯在故意的内容上只有量的区别，并无质的区别的观点显然是站不住脚的。（2）在所谓片面共犯的场合，明明起主要作用的实行犯和起次要帮助作用的帮助犯都存在，却不能分别定为主犯和从犯进行处罚，显然与共同犯罪的处罚原则也是相矛盾的。例如，甲和乙均与丙有仇，一天甲和丙发生冲突，甲对丙进行追打，这时乙悄悄在丙逃跑所经过的路上放置一把尖刀，甲在经过时发现了尖刀，立即拾起继续追赶，见丙逃得较远难以追上，便将尖刀朝丙奋力掷去，将丙扎成重伤。对这种情形，司法实务中并不将甲作为主犯处理，而是以单独犯罪论处，原因是甲并不存在与他人共同犯罪的故意，而是认为自己是一个人在实施犯罪，这时如果将其按主犯论处，显然不符合主客观相统一的定罪量刑原则，不能服人。因此，从司法实务上来看，称此种情形为共同犯罪也是牵强的。承认片面共犯这种共同犯罪类型的存在不但不能解决司法实务中的问题，反而会引发出新的问题。

但是，如果不在立法上解决被称为片面共犯的这种情形，确实会给司法实务带来困难，比如像持片面共犯肯定说的学者所指出的那样，会失去追究帮助犯的刑事责任的法律依据。因为在这种情况下，帮助行为和被帮助者的实行行为是造成危害结果发生的共同原因，可是，被帮助者的实行行为是刑法分则所规定的犯罪构成要件行为，有追究其刑事责任的法律依据，而帮助行为并不是刑法分则所规定的犯罪构成要件行为，如果不将帮助行为与被帮助人的实行行为结合在一起考察，就找不到追究帮助犯刑事责任的法律依据。正是基于这方面的原因，才有学者主张应当承认片面共犯。但问题是，如前所述，将片面帮助这种情形冠之以片面共犯之名，又存在名不副实的缺陷。可见，问题关键不在于是否承认片面共犯，而在于在立法上如何规定片面共犯这种情形。按照我国刑法目前的规定，对片面的帮助犯等所谓的片面共犯，应当将其归入共同犯罪之中，否则便不得追究这类行为的刑事责任。而将这类行为归入共同犯罪之中又是不科学的，因此，比较可行的解决方法应当是在刑法当中直接对片面共犯这类情形作出专门规定，即规定在实行犯不知情的情况下帮助实行犯完成犯罪的，比照共同犯罪中的从犯定罪处罚。这样既解决了追究片面帮助犯的刑事责任的法律依据问题，又将其与共同犯罪情形区别开来，从而名正言顺地只以单独犯罪追究实行犯的刑事责任，避免了一方面将片面共犯视为共同犯罪，另一方面却又只能以单独犯罪追究起主要作用的实行犯的刑事责任这种矛盾局面。

需要注意的是，在刑事司法实务中不仅存在片面的帮助犯，而且存在片面的实行犯。后一种情况如，甲以杀人故意将乙杀至重伤晕倒在地，甲以为乙已经死亡，于是离去。丙目睹了甲的杀人行为，知道乙尚未死亡，于是在甲离开后，以木棒猛击苏醒过来的乙头部，致乙当场死亡。这便是典型的片面实行犯。在这种情况下，丙主观上有与甲协力实施犯罪的故意，客观上与甲有协力实施犯罪的行为，而甲则对丙与他协力实施了犯罪一无所知，行为人在这种情形下的心理状态与片面的帮助犯中的心理状态完全一致，即都是一方明知另一方正在实行犯罪而参与其犯罪，但另一方对此则一无所知。对照片面共犯的概念，这两种情形都应当属于片面共犯。然而，主张应当承认片面共犯的学者却有人认为，对这种情形没有必要承认其为片面共犯，而只须对行为人以单独犯罪处理。① 而事实上，在司法实务中，对这种情形也都是按照单独犯罪来处理的。这正好从另一个角度证明，对所谓的片面共犯，是不能够按共同犯罪来处理的。否则，没有理由对同属于片面共犯的情形，一部分按共同犯罪处理，另一部分却按单独犯罪处理。

有观点还认为，在现实生活中还存在片面教唆犯的情形。② 例如，甲和乙素有仇隙，甲总希望乙倒霉，可是乙不但没有倒霉，反而在做生意时因经营有方而发财致富了。甲嫉妒得发狂，更加仇视乙。后见丙游手好闲，又渴望发财，便故意当着丙的面与他人聊天谈论发财之事，说要发财也不难，只须将乙的独生子丁绑了然后向乙勒索财物就可以成暴发户，希望丙听了后会这么做。丙听到后虽然不知道甲是在唆使他犯罪，但果然萌生了绑架丁勒索钱财的恶念，于某天趁乙家人不备将丁绑走然后向乙勒索现金50万元。持片面教唆犯观点的学者认为，在这种情况下，只有承认片面教唆犯，才能够有效地惩治这种教唆犯罪。

笔者认为，在教唆犯罪中，如果仅有教唆犯知道他是在与被教唆人共同实施犯罪，而被教唆人并不知道有人在教唆他犯罪，而是以为他只是偶尔受到某个人的言行的启发然后单个人实施了犯罪，则应属片面教唆犯。片面教唆犯在实务中出现的频率虽然不高，但它与片面帮助犯一样，也是客观存在的，并且与片面帮助犯一样，

---

① 参见陈兴良著：《共同犯罪论》，中国社会科学出版社1992年版，第118页。

② 参见陈兴良著：《共同犯罪论》，中国社会科学出版社1992年版，第119页。

不能将其视为一种共同犯罪，不能将其称为片面共犯。理由与片面帮助犯不能被称为共同犯罪一样，片面教唆犯也不具备共同犯罪的一般特征。教唆犯与被教唆人之间的共同犯罪意思联络，只应当包括以下两种情形：（1）教唆犯不但知道自己是在唆使被教唆人实施犯罪，而且知道被教唆人是在他的唆使下产生犯意并实施犯罪的，并且希望危害结果的发生；而被教唆人则知道教唆犯在唆使他实施犯罪，并且教唆犯的教唆行为在客观上促使被教唆人产生了犯意。（2）教唆犯不但知道自己是在唆使被教唆人实施犯罪，而且知道被教唆人是在他的唆使下产生犯意并实施犯罪的，并且放任危害结果的发生；而被教唆人则知道教唆犯在唆使他实施犯罪，并且教唆犯的教唆行为在客观上促使被教唆人产生了犯意。除此之外的其他情形均不能视为教唆共同犯罪。

我国刑法仅对教唆共同犯罪的情形和被教唆人没有犯被教唆之罪的单独教唆犯罪作出了规定，对片面教唆犯的情形也未作规定，因此，如果实务中出现了片面教唆犯的情形，必然是或者对本不属于共同犯罪的行为强行按共同犯罪予以处罚，从而违背罪刑法定原则；或者是因为找不到法律依据而不予处罚，从而放纵犯罪。无论何种处理方式都是不合适的。可行的办法仍然是在刑法中对片面共犯的问题作出专门规定。关于片面共犯的立法模式，可考虑如下：“行为人一方知道在与他方共同实施犯罪，而他方并不知道有人在与自己共同实施犯罪的，对知情一方以共同犯罪论处，按其在犯罪中所起的作用大小处罚，对不知情一方以单独犯罪论处。”

（五）实行过限问题

1．共同犯罪中实行过限的处理

实行过限，是指实行犯实施了超出共同犯罪故意的行为。我国刑法理论通说认为，超出共同犯罪故意的犯罪，不构成共同犯罪。这无疑是正确的，理由是，根据我国主客观相统一的犯罪构成刑法理论，行为人只有在对其行为可能或必然造成的危害结果主观上具有罪过的情况下才构成犯罪，要构成共同犯罪则行为人必须存在共同犯罪故意。而对于过限的实行行为及其可能造成的危害结果，除了行为实施者本人在主观上存在故意心态外，其他共同犯罪人或者一无所知，或者不存在与过限者共同实施的故意心态，因而缺乏共同犯罪故意，当然不能按共同犯罪论处。但对实行过限问题如何处理，则较为复杂，值得认真研究。总的来说，对于共同犯罪中的实行过限，应当按不同情况不同处理。

（1）共同实行犯实行过限的处理

所谓共同实行犯中有人实行过限，是指数人在共同实施符合刑法分则规定的构成要件行为时，其中的某个人所实施的行为超过了他们事先计划实施行为的范围。例如，甲乙丙3人商量好于某天夜里入室抢劫。入夜后3人如约而至，然后共同破门入室抢劫。入室后发现只有女主人一人在家，于是由丙用刀逼住女主人，甲和乙翻箱倒柜搜掠财物。丙在控制女主人的过程中，见色起意，将女主人强奸。甲乙两人忙于搜掠财物，对丙所实施的强奸行为一无所知。在此案中，丙所实施的强奸行为便属于典型的实行过限。对丙除了以抢劫罪的共犯论处外，还应当追究其强奸罪的刑事责任，应当以抢劫罪和强奸罪对其进行数罪并罚。对甲和乙则只能以抢劫罪追究他们的刑事责任，丙所实施的强奸罪由于不属于共同犯罪的范围，两人对女主人被强奸这一危害结果的发生在主观上也不存在罪过，因而甲和乙不应当对丙所实施的强奸罪承担刑事责任。

在处理共同实行犯中有人实行过限的问题时，应当注意以下两种情形：

第一，共同实行犯中有人实行过限，其他共同实行犯知情而没有采取任何进一步行动。例如，在前一案件中，丙在对女主人进行强奸时，甲和乙均看到了，但两人都没有参与强奸犯罪，也没有采取措施制止丙的犯罪行为。对这种情形应当如何处理呢？笔者认为，在这种情况下，仍然只能对丙一人以抢劫罪和强奸罪实行数罪并罚，对甲和乙则只能以抢劫罪一罪追究其刑事责任。理由是，虽然甲和乙都看到了丙在强奸女主人，但强奸犯罪不在他们的共同犯罪故意范围之内，因此，甲和乙主观上没有强奸犯罪的故意，客观上没有实施强奸犯罪行为，完全不具备构成强奸犯罪的要件，没有任何理由以强奸罪追究他们的刑事责任。另外，他们也不负有阻止丙强奸女主人的法定义务，因而也不可能构成不作为犯罪。

第二，共同实行犯在实施犯罪的过程中均实施了超出原定共同犯罪故意的行为。例如，在前面所举的案例中，甲和乙见到丙强奸女主人以后，顿时都产生了强奸的犯意，于是先后将女主人强奸。对这种情形，应当如何处理呢？笔者认为，应当区分具体情况作出不同处理。具体而言，应当区分为以下三种情况处理：其一，丙强奸完毕后，甲单独对女主人进行了强奸；甲强奸完毕后，乙又单独实施了强奸。在这种情况下，虽然是在同一地点，几乎同一时间实施的犯罪，但由于三个人都是单独实施犯罪，相互之间不存在共同犯罪的意思联络，即不存在不但知道自己在实施危害行为，而且知道是在与他人协力共同实施危害行为的情形，因而不构成共同犯罪，应当直接适用刑法第236条第3款第4项对甲乙丙三人进行处罚。其二，丙强奸完毕后，甲乙两人合力先后对女主人进行了强奸。在这种情况下，对丙应当以强奸罪的单独犯罪论处，对甲乙两人则应当以强奸罪的共同犯罪论处。理由是，丙在实施强奸犯罪时，并没有与甲乙共同实施犯罪的故意；甲和乙在实施强奸犯罪时，也不存在是和丙共同实施犯罪的故意，因此甲乙和丙之间并不存在共同犯罪的意思联络，因而也不存在共同犯罪故意。而甲乙在实施强奸犯罪时，由于是合力进行的，因而不但认识到了自己在实施犯罪，而且认识到了是在和对方一起实施犯罪，显然存在共同犯罪故意。因此，对甲和乙应当以强奸罪的共同犯罪追究刑事责任。还应当注意的是，只要甲和乙是一起实施的犯罪，即使他们没有合力对女主人进行强奸，而是在没有另一方的帮助的情况下对女主人进行强奸，仍然构成强奸罪的共同犯罪，原因是在这种情况下，两人仍然不但知道自己在实施犯罪，而且知道是在和他人一起实施犯罪，因而也符合共同犯罪主观方面的要件。其三，丙正在进行强奸的时候，甲和乙也加入进来，先后对女主人进行了强奸。在这种情况下，应当对甲乙丙三人均以强奸罪的共同犯罪论处。理由是，在这种情况下，已经不是所谓实行过限的问题，而变成了临时起意的共同犯罪。甲乙丙三人这时都不但知道自己在实施强奸犯罪，而且知道是在和他人一起实施犯罪，因而完全符合共同犯罪主观方面的要件；而三人在客观方面又都实施了共同犯罪行为，当然应当以强奸罪的共同犯罪论处。

在司法实务中，还应当注意这样一种情形，即共同实行犯没有实施超出共同犯罪故意的行为，但是其中某个实行犯隐瞒了他所实施的部分行为。例如，甲和乙共同入室盗窃，商量好见到什么值钱的东西就偷。盗窃结束后分赃时，甲将他偷得的一条金项链和一枚金戒指私自藏了起来，没有让乙知道。乙对甲偷金项链和金戒指的行为是否应当负刑事责任呢？笔者认为答案是肯定的，理由是，首先，甲偷金项链和金戒指的行为属于共同犯罪的范围。甲和乙实施入室盗窃的共同犯罪，无论是甲还是乙的盗窃行为，都是共同犯罪行为的组成部分。虽然甲将他偷得的部分财物私自隐匿了起来，这并不影响他盗窃这些财物的行为成为共同犯罪行为的一部分。只要甲和乙在实施盗窃行为时不但知道自己在盗窃，而且知道是在和对方一起盗窃，其行为便属于共同犯罪行为。甲将金项链和金戒指藏匿起来的行为，实际上相当于共同犯罪的主犯将各个犯罪分子盗窃所得赃物收罗在一起后，将其中一部分赃物暗中藏匿，不拿出来分赃的行为，都只不过是分赃不均的问题。显然不能因为主犯将一部分赃物隐匿了起来，其他共同犯罪人不知道有这些赃物，便将盗窃这些赃物的行为排除在共同犯罪行为之外。同样也不能因为乙不知道甲隐匿了某些赃物，便将甲盗窃这些赃物的行为排除在共同犯罪行为之外。其次，根据“部分行为，整体责任”之追究共同犯罪人刑事责任的原则，甲和乙虽然在盗窃犯罪中都只偷了部分财物，但在量刑时，都要以两人盗窃所得财产总额作为依据，而甲隐匿起来的财产也应当算在财产总额之内。这就意味着不但甲要对被其隐匿起来的赃物承担刑事责任，乙也同样要对这部分赃物承担刑事责任。就好像刘某和张某共同入室盗窃，刘某只偷得3千元钱，张某却偷得3万元。张某只拿出1万元出来分赃，将其余2万元私吞了。在这种情况下，对刘某不能按盗窃1.3万元追究刑事责任，更不能按盗窃3千元追究刑事责任，而必须按盗窃3.3万元追究刑事责任。当然，在具体确认责任大小时，必须充分考虑到行为人在共同犯罪中所起的作用以及实际获得利益的多少这些因素。具体而言，由于金项链和金戒指都是由甲所偷，又是由甲占有，这部分责任当然主要由甲承担。但是，绝不能将这部分行为从共同犯罪中排除出去，或认为乙与这部分行为毫无关系。

（2）组织犯对实行过限的刑事责任

组织犯由于只是组织、指挥、领导、策划犯罪活动，没有参与实行行为，因而对实行犯的实行过限不可能知道，主观上也就不存在罪过。因此，组织犯只应对其组织、指挥、领导、策划范围内的犯罪行为承担刑事责任，对实行过限不应当承担刑事责任。例如，组织犯甲组织了一伙人专门从事扒窃活动，扒窃犯乙在扒窃过程中被失主发现，乙于是从盗窃变成抢劫，用尖刀逼住失主，将失主钱包抢走。在这种情况下，甲只须承担其组织实施的盗窃罪的刑事责任，对乙的抢劫犯罪无须承担刑事责任，乙只能单独负抢劫罪的刑事责任。但是，如果甲在组织他人扒窃时，告诉扒窃人员如果偷不到，也可以抢，则甲对乙的抢劫犯罪也必须承担刑事责任。原因是在这种情况下，甲组织他人实施抢劫犯罪的意图虽然不很明显，但扒窃犯如果实施了抢劫犯罪显然也不违背甲的本意，因此，抢劫犯罪也属于甲组织实施的犯罪活动之一，他当然要对自己组织实施的犯罪行为承担刑事责任。

还应当注意这样一种情况，即组织犯组织他人去实施的是高度危害行为，而实行犯实施的却是相对低度危害行为。例如，组织犯甲组织一伙人去抢劫一家商店，这伙人手持凶器来到商店，破门而入准备抢劫时，发现商店主人不在，于是由抢劫临时改为盗窃。在这种情况下，实行犯构成盗窃罪是毫无疑问的，但对组织犯甲应当定何罪呢？有下述三种可供选择的处理办法。

第一种是定抢劫罪（未遂）。理由是，甲主观上有抢劫财物的故意，客观上实施了组织他人抢劫的行为，由于其意志以外的原因被组织者没有实施他所组织的犯罪，符合抢劫罪（未遂）的构成要件。

第二种是定盗窃罪（既遂）。理由是，甲虽然没有组织他人实施盗窃犯罪，但甲组织他人实施抢劫犯罪的行为表明他人实施盗窃犯罪并不违背他的意志，因为抢劫与盗窃相比，前者属于高度危害行为，后者属于相对低度危害行为，而盗窃犯罪所侵犯的客体和抢劫犯罪所主要侵犯的客体都是财产所有权关系，既然甲为了侵占他人财产不惜采用抢劫的方式，通过盗窃方式获得他人财产就更加不违背其本意了。因此，在这种情况下，应推定甲主观上有组织他人盗窃的故意，客观方面实施了组织他人盗窃的行为，并且已经得逞，应当以盗窃罪（既遂）追究甲的刑事责任。

第三种是定抢劫罪（既遂）。理由是，甲主观上有抢劫财物的故意，客观上实施了组织他人抢劫的行为，虽然被组织者在实施犯罪时由于情况发生变化而没有实施他所组织的抢劫犯罪，而是临时改为盗窃，但实行犯所实施行为的这种变化并不影响甲的主观故意和客观行为的性质。按照我国刑法理论界普遍接受的共犯二重性说，作为共犯的组织犯具有相对的独立性，组织犯的组织行为本身就是由我国刑法总则所规定的独立的可罚行为，只不过这种行为所构成的具体犯罪和罪名，或者既遂还是未遂，必须和实行犯所实施的具体犯罪结合起来才能最后确认。但这并不意味着实行犯实施了什么性质的犯罪，对组织犯就应当以什么罪论处，而是指组织犯罪必然表现为组织他人实施一定的刑法分则所规定的犯罪行为，因而组织犯必然和一定的刑法分则所规定的具体犯罪相联系，至于被组织者最终是否实施了刑法分则所规定的具体犯罪，并不影响组织犯罪名的成立。因此，在组织犯着手实施组织他人进行抢劫犯罪的行为时，便属于已经开始着手实施抢劫犯罪，也就构成了抢劫罪，但究竟是既遂还是未遂这时还不能确定，因为此时犯罪并未处于停止状态，而是处于进行状态。此后实行犯临时改变犯意，由原来的抢劫改为盗窃，只影响到实行犯自己的犯意，并不能改变组织犯已有的犯意，因此，从主客观相统一的刑法基本原则出发，对组织犯甲仍然应当按抢劫罪处理。又由于实行犯已经将财物非法占有，对甲而言，便意味着其行为已经齐备了犯罪构成的全部要件，因而应当以抢劫罪既遂论处。

笔者认为，第三种处理办法从法理上看最为可取。从另一类案件来看这种处理方式的合理性更为明显。这类案件和前面所举的案件的不同之处在于，在前面所举的案件中，组织犯组织他人去实施的犯罪所侵犯的或者主要侵犯的客体与实行犯最终实施的犯罪所侵犯的客体是相同的，而在另一类案件中，组织犯组织他人去实施的犯罪所侵犯的或者主要侵犯的客体与实行犯最终实施的犯罪所侵犯的客体是不同的。例如，组织犯刘某组织李某、赵某、孙某等3人去杀害王某一家人，李某等3人在实施犯罪前临时改变主意，决定只将王某一家人杀伤。在具体实施时又因下手过重，将王某伤害致死。在这种情况下，李某等3人实行犯临时改变犯意显然不影响组织犯刘某的犯意，对刘某仍然应当定故意杀人罪。又由于发生了王某死亡的危害结果，因而刘某的行为已经齐备了故意杀人罪的全部构成要件，对其应当按故意杀人罪（既遂）论处。

（3）教唆犯对实行过限的刑事责任

教唆犯由于实施的是教唆行为，没有参与实行行为（对既教唆又参与实行行为的情形应当按共同实行犯论处，其教唆行为可以作为一个量刑情节考虑），因而对实行犯的实行过限一般也不可能知道，主观上也不存在罪过。因此，教唆犯一般无须对实行犯的实行过限承担刑事责任。需要注意的是，在某些情况下，教唆犯对实行犯的实行过限已经认识到或应当认识到，即在被教唆人实施犯罪前，教唆犯就已经认识到或者应当认识到被教唆人有可能实行过限。在这种情况下，教唆犯是否应当对实行过限承担刑事责任呢？例如，教唆犯甲唆使乙去伤害丙，他只想让乙将丙打成轻伤，但知道乙在情绪激动的状态下很可能将丙打成重伤甚至伤害致死，于是叮嘱乙一定要注意下手的轻重，不要将丙打成残废或打死，但乙最终还是将丙伤害致死。甲在本案中究竟应当承担什么责任呢？是只需承担故意伤害罪的刑事责任，还是要承担故意伤害致死的刑事责任呢？笔者认为，在教唆犯对实行犯的实行过限已经认识到或应当认识到的情况下，应当分两种不同情况来处理。第一种情况是实行过限的内容属于结果加重犯中的加重结果，如故意伤害致死中的致被害人死亡的结果。对于这种实行过限，教唆犯应当承担刑事责任，原因是在这种情况下，实行犯的共同犯罪行为与过限行为是密不可分的，排除共同犯罪行为，就谈不上过限行为，换句话说，即过限的危害结果并不是由过限行为单独造成的，而是由共同犯罪行为和过限行为共同造成的，而共同犯罪行为虽然存在分工，但根据“部分行为，整体责任”的共同犯罪归责原则，当危害结果是由共同犯罪故意支配下的共同犯罪行为所导致的时（全部还是部分并不重要），不但直接导致危害结果发生的共同犯罪人对危害结果要承担责任，其他共同犯罪人都必须承担责任，因此，教唆犯对过限的危害结果也必须承担责任。第二种情况是实行过限的内容与教唆犯所教唆的犯罪没有联系。例如，教唆犯刘某唆使李某去实施深夜入室盗窃犯罪，刘某知道李某是好色之徒，且李某前往行窃的房屋住的是一名漂亮的单身女主人，于是叮嘱李某只能盗窃财物，务必不要惊动房主，李某允诺而去，但在盗窃过程中还是将女主人强奸了。对于这种实行过限，教唆犯不应当承担刑事责任。理由是，在这种情况下，过限行为和过限危害结果与教唆犯的教唆行为没有任何因果关系，对于过限危害结果，教唆犯没有实施任何加功行为，因此，不具备要求教唆犯对过限的危害结果承担刑事责任的条件，当然不能就实行过限追究教唆犯的刑事责任。

在教唆犯罪中，也存在实行犯实行不足的可能，即教唆犯唆使被教唆人实施的是危害性更严重的犯罪，而被教唆人实际上实施的是危害性相对较小的犯罪。对此，应分为两种情况区别对待。第一种情况是被教唆人在教唆犯的唆使下产生了犯意，但所产生的犯意和教唆犯唆使其实施的犯罪不同，并且是针对不同的犯罪对象实施的。例如，教唆犯甲唆使乙通过绑架丙的儿子然后向丙勒索财物的方法敛财，乙被点拨后果然产生了犯意，但犯意不是绑架丙的儿子然后向丙勒索财物，而是潜入丙家中盗窃财物，并于一天深夜潜入丙家中盗走价值近 2 万元的财物。在这种情况下，乙的犯意虽然是因甲的教唆行为而起，但由于乙所实施的犯罪与甲唆使他去实施的犯罪毫无联系，实际上等于乙根本没有去实施甲唆使他实施的犯罪，因此，只能对甲定绑架罪（未遂），对乙则定盗窃罪（既遂），两人都属于单独犯罪。第二种情况是被教唆人在教唆犯的唆使下产生了犯意，并且是针对同一犯罪对象产生的，但所产生的犯意和教唆犯唆使其实施的犯罪不同。例如，王某唆使丁某去杀害钱某，结果丁某改变主意，仅将钱某打成重伤。笔者认为，在这种情况下，教唆犯和被教唆人实际上实施的是两个独立的犯罪，因此，对教唆犯应当按其教唆他人去实施的犯罪定罪处罚，只是构成犯罪未遂而已；对被教唆人则应当按其实际实施的犯罪定罪处罚。但是，如果被教唆人所实施的犯罪侵犯了教唆犯本意想侵犯的客体，则应当对教唆犯按犯罪既遂处罚。例如，前面所举案例中，丁某虽然改变了主意，只想将钱某打伤，结果却失手将其打死，则应当以故意杀人罪（既遂）追究王某的刑事责任。理由是，在这种情况下，教唆犯主观上有杀人的故意，客观上实施了教唆他人杀人的行为，由于他的教唆而引发的犯罪行为又导致了他所追求的危害结果的发生，因而已齐备故意杀人罪的全部要件，当然应当按故意杀人罪既遂处罚。

（4）帮助犯对实行过限的刑事责任

帮助犯一般是在知道实行犯要实施某种危害行为的情况下才对实行犯予以帮助，如果实行犯超出帮助犯的犯意实施了其他犯罪，则出现对帮助犯而言的实行过限的问题。这时应当如何处理呢？有学者认为，无论被帮助人是否利用了帮助犯的帮助，只要其行为超出了帮助犯帮助故意的范围，都属于实行过限，帮助犯对于被帮助人的过限行为不负刑事责任。[①] 笔者认为对这种观点基本赞同，但认为也存在例外。即如果实行过限的内容属于结果加重犯中的加重结果，比如故意伤害致死中的致被害人死亡的结果，那么对于这种实行过限，帮助犯应当承担刑事责任。理由在论述教唆犯对实行过限如何承担刑事责任时已经阐述，在此不再赘述。

（六）陷害教唆问题

1. 陷害教唆的法律性质

所谓陷害教唆，是指出于陷害他人的动机教唆他人犯罪，乘被教唆人实施犯罪之机，报告警察或其他司法机关或个人，将被教唆人抓获的行为。例如，甲想陷害乙，便唆使乙去拦路抢劫。乙听了甲的教唆后真的去实施拦路抢劫的行为。甲立即向警方报告，于是警方将正在实施犯罪的乙当场抓获。甲在本案中的行为便属于陷害教唆。从陷害教唆的概念可以知道，陷害教唆具有以下特点：(1) 主观上有唆使他人犯罪的故意，但是行为人唆使他人犯罪的动机完全不同于其他教唆犯。其他教唆犯唆使他人犯罪，其犯罪动机是针对被教唆人的犯罪行为所指向的犯罪对象而产生的；而在陷害教唆中，陷害教唆者的行为动机是针对被教唆人本人而产生的。(2) 客观上实施了唆使他人犯罪的行为。

应当如何认定陷害教唆的法律性质呢？笔者认为，对陷害教唆应当区分两种不同情况区别处理。第一种情况是，陷害教唆人对被教唆人的危害行为会导致的危害结果持一种放任甚至希望的态度。例如，甲想陷害乙，唆使乙去伤害丙。甲希望乙将丙打伤，以便司法机关在追究乙时证据确凿。这种陷害教唆属于教唆犯的一种，应当按教唆犯追究行为人的刑事责任。理由是，从这种陷害教唆的特

---

① 参见陈兴良著：《共同犯罪论》，中国社会科学出版社 1992 年版，第 388 页。

点可以知道，除了行为动机与其他教唆犯不同外，其他方面与其他教唆犯的特点是相同的。而按照刑法理论的通说，除非法律有明文规定，或者犯罪动机使得危害行为情节显著轻微，危害不大，否则犯罪动机不影响犯罪的成立。既然这种陷害教唆者主观上有唆使他人犯罪的故意，客观上实施了唆使他人犯罪的行为，并且放任甚至希望被教唆人的危害行为会导致的危害结果的发生，这就完全具备了教唆犯成立的要件，当然可以认定陷害教唆者构成教唆犯罪。第二种情况是，陷害教唆者对被教唆人的危害行为可能导致的危害结果持一种过于自信的过失心态。例如，李某出于陷害刘某的动机，唆使刘某去盗窃银行，在刘某实施犯罪时，李某立即向公安机关报告，公安机关于是将刘某当场抓获。在这种情况下，由于陷害教唆者并不希望或者放任被教唆人的危害行为会导致的危害结果的发生，因而说陷害教唆者构成教唆犯于理不通，不宜认定为教唆犯。但是，这种陷害教唆行为仍然存在严重的社会危害性，主要表现在：（1）这种陷害教唆同样会对被教唆人的行为所指向的犯罪对象所体现的犯罪客体构成侵害。这是因为，被教唆人本来没有犯罪的企图，因而其受教唆后实施的犯罪行为所侵犯的客体本来不会受到损害，由于陷害教唆者实施了陷害教唆行为，使被教唆人产生了犯意，并实施了犯罪行为，从而使刑法所保护的社会关系受到了侵犯。[①]（2）被教唆人本来没有犯意，陷害教唆者通过陷害教唆而使其产生犯意并实施危害行为，实际上是将一名本来守法的人引上了犯罪道路，这不但直接破坏了社会秩序，而且由于制造了一个犯罪人而给社会带来了严重的隐患。因此，对这种陷害教唆者同样应当追究其刑事责任。

---

① 此处的陷害教唆的主体不包括警察等司法机关工作人员。如果是这些人员实施陷害教唆行为，应当视为警察圈套，笔者认为在这种情况下，由于陷害教唆者的特殊身份和职责，刑法所保护的社会关系一般不会受到侵犯，即使受到侵犯，主要责任也在于陷害教唆者，因而除非被教唆人的危害行为已经造成实际危害结果，否则不宜追究被教唆者的刑事责任。

由于第一种陷害教唆本身属于一种教唆犯，因而完全可以按教唆犯的有关规定对陷害教唆者进行定罪处罚，可是，对第二种陷害教唆应当如何处理呢？显然，在刑法分则中无法找到一个合适的罪名对这种行为定罪处罚，这样就只能在刑法总则中对这种情形加以规定。我国刑法目前没有对这种陷害教唆行为如何处理作出规定，因而如果严格按照罪刑法定原则，不能对这种行为定罪。有的外国刑法对这种行为则有专门规定，例如，1950 年希腊刑法典第 46 条第 2 项规定："以在未遂或预备状态逮捕犯人之目的，故意使人实施不能完成之犯罪者，按正犯之刑减轻至二分之一。"① 笔者认为，既然这种行为不属于教唆犯，又存在严重的社会危害性，需要用刑法加以调整，就应当在刑法总则中加以明确规定。因此，可以考虑采用类似希腊刑法典的这种立法模式。

2. 陷害教唆与诱饵侦破及警察圈套的界限

所谓诱饵侦破，是指故意创造某些条件，使犯罪嫌疑人认为有机可乘，因而实施犯罪，侦查机关趁机将犯罪嫌疑人抓获的活动。例如，某地区频繁发生走夜路的女青年遭强奸的罪案，侦查机关为了将犯罪嫌疑人抓获，派出一名女公安人员扮成下夜班女工，在案发路段行走。终于将犯罪嫌疑人引出，并在其对女公安人员下手时将其当场抓获。侦查机关派出女公安人员扮成下夜班女工，将犯罪嫌疑人引出并抓获的活动，便属于诱饵侦破。诱饵侦破是侦破方法的一种，是法律允许的。但必须注意方法和限度，否则便可能成为陷害教唆或者警察圈套。

诱饵侦破与陷害教唆的主要区别在于：（1）诱饵侦破是由负有破案职责的司法机关或司法人员实施的，陷害教唆则是由司法机关和司法人员之外的其他人实施的。虽然充当诱饵的不一定是司法人员，但必须是在司法人员的组织下实施的。当然，也不能排除某

① 转引自《中国刑法词典》编委会编：《中国刑法词典》，学林出版社 1989 年版，第 318 页。

些受害人的亲戚朋友为了抓获罪犯而采取类似诱饵侦破的方法，但这种情形不宜归入诱饵侦破的范围，因为这种活动不属于严格意义上的侦破活动。（2）实施诱饵侦破的人员没有唆使被引诱者去实施犯罪。因此，如果在实施诱饵侦破时，充当诱饵的人员唆使被引诱者实施犯罪，则不再属于诱饵侦破，而是属于陷害教唆或警察圈套。具体而言，如果是非司法人员组织实施的诱骗活动，则属于陷害教唆，但由于这种陷害教唆是建立在教唆者认为被引诱者是犯罪分子的基础上，因而在定罪和量刑时都应当慎重；如果是司法人员组织实施的诱骗活动，则属于警察圈套。

所谓警察圈套，是英美刑法中可以用来作为犯罪嫌疑人合法辩护事由的一种司法人员或其代理人的活动。其大意是指警察、司法人员或者他们的代理人为了获得对某人提起刑事诉讼的证据而诱使他实施某种犯罪的行为；被告人则以他的犯罪行为是在警察、司法人员或者他们的代理人诱使下产生的为理由提出免罪辩护。

在美国，要成立作为合法辩护事由的警察圈套，必须具备以下条件：（1）诱使者的身份，必须是警察或者其他司法人员，或者是他们派出的“耳目”；一般公民不能作为诱使者——圈套的设计人。（2）诱使者不仅提供了犯罪机会，还实施了积极的行为去诱使被告人实施犯罪。（3）被告人的犯罪念头是由司法人员的引诱而萌发的。①

从警察圈套的构成条件可以知道，警察圈套与诱饵侦破的最主要区别是在客观方面，即作为辩护理由的警察圈套，诱使者不但要创造出犯罪机会，而且要实施积极的行为去诱使被告人实施犯罪。如果只是给被诱惑人提供犯罪机会，没有实施积极的行为去诱使被告人实施犯罪，则只能是诱饵侦破。例如，甲和乙是相识，甲贩卖黄色光碟，要乙帮其找可靠的买主，乙没有答应。公安人员打听到乙能搞到黄色光碟，便装成购买黄碟者，问乙有没有黄碟卖。乙说

---

① 参见储槐植著：《美国刑法》（第三版），北京大学出版社2005年版，第96页。

没有，公安人员又说可以高价购买，乙于是动心了，到甲处拿了大量黄碟来交易，结果被当场抓获。在本案中，公安人员不但给乙提供了贩卖淫秽物品的机会，而且以高价诱惑乙实施该行为，因而属于典型的警察圈套。如果公安人员只是问乙有无黄碟卖，并没有采取积极的措施进一步诱惑乙，乙便立即回答有，然后到甲处拿了大量黄碟来交易，则公安人员的行为不属于警察圈套而属于诱饵侦破。但是，何谓仅提供了犯罪机会，何谓不仅提供了犯罪机会，还实施了积极的行为，在实务中有时不易判断。如诱饵故意在深夜穿着暴露，一人独行，引诱强奸犯实施性犯罪；或故意在深夜挎一个高档皮包，将一沓钞票露在外面，独自行走，引诱他人实施抢劫犯罪，是警察圈套还是诱饵侦破，便值得研究。

笔者认为，作为诱饵侦破活动中的诱饵，其状况应当与普通人所处状况基本一致，如果其状况明显超出普通人的正常状况，而这种不正常的状况又容易诱使他人实施犯罪，则应当属于不仅提供了犯罪机会，还实施了积极的行为去诱使被告人实施犯罪。对这种情况，应当视为警察圈套而不宜视为诱饵侦破。根据这一标准，前面所列举的“故意在深夜穿着暴露，一人独行；或故意在深夜挎一个高档皮包，将一沓钞票露在外面，独自行走”两种情形都应当属于警察圈套，因为正常情况下，女性是不会深夜穿着暴露，一个人独自在外行走的；也不会在深夜挎一个高档皮包，将一沓钞票露在外面独自行走。超出正常状况的那部分安排，应当视为实施了积极的行为去诱使被告人实施犯罪。当然，如果只是稍微超出正常状态，则仍然属于诱饵侦破的范围。例如，只是派了一名长相比较漂亮的女性作为诱饵，一人在夜里行走，并没有穿着暴露，也没有将一沓钱露在皮包外面，则属于诱饵侦破。不得以诱饵长得太漂亮或者一人独自在深夜行走引发犯罪嫌疑人之犯意为由将该侦破活动视为警察圈套。因为长相漂亮并没有明显超出普通人的正常状况，现实生活中长相漂亮的人比比皆是，没有任何理由说这是一种容易诱使他人实施犯罪的不正常状况。因各种原因独自一人在深夜行走的女性也不少，因而同样不属于容易诱使他人实施犯罪的不正常状况。

需要注意的是，警察圈套在我国并不属于一种法定的辩护理由，本属警察圈套的情形在司法实务中往往还是对被诱惑者按犯罪处理。[①] 这说明我国刑事立法在这方面存在缺漏，有待完善。

（八）虚假帮助问题

1．虚假帮助的认定

所谓虚假帮助，是指在他人犯罪之际，虚假地予以帮助，然后报告警察，将犯罪人逮捕的行为。例如，甲企图盗窃一商店，将打算告诉乙。乙假意支持，并声称愿意在甲行窃时为其把风。当甲实施盗窃行为时，乙站在商店外，立即打电话报告警察，结果甲被当场抓获。在本案中，乙的行为便属于虚假帮助。虚假帮助具有以下特点：从客观方面来看，行为人实施了帮助他人犯罪的行为。虽然这种帮助行为通常不会贯穿于实行犯的犯罪活动始终，但为了获得实行犯的信任或促使实行犯坚定犯罪决心，行为人一定会实施一定的帮助行为，否则便无从谈起虚假帮助。从主观方面来看，行为人并不存在帮助实行犯实施犯罪以使实行犯的犯罪得逞的故意，因而他与实行犯不存在共同犯罪故意。其帮助实行犯的目的在于使实行犯在实施犯罪时被司法机关抓获。

由于虚假帮助者在主观方面不存在共同犯罪故意，因此，不能按共同犯罪来追究虚假帮助者的刑事责任。但是，刑法理论界认为，虚假帮助具有一定的犯罪性，理由是，误认为得到帮助的实行犯虽然已经具有犯罪故意，但其犯意并不是一成不变的，如果机会不成熟或思想上有顾虑，尚有放弃犯罪的可能。而虚假帮助者对于将放弃犯罪实行的人，或对于实行犯罪犹豫不决的人，给予物质上或精神上的帮助，使其坚定犯意并实施犯罪，这与陷害教唆相比，

① 类似案例可参阅王政勋著：《正当行为论》，法律出版社 2000 年版，第 558 页。

其情节未必较轻。如果陷害教唆应予处罚，虚假帮助也应受处罚。[①] 笔者认为，虚假帮助行为确实存在严重的社会危害性，这主要表现在以下两个方面：（1）虚假帮助行为在客观上对其假意帮助的实行犯的犯罪活动最后实施确实起到了撑腰鼓劲，甚至直接帮助的作用，使得某些本来不会发生的罪案得以发生。（2）从主观方面来看，虚假帮助者虽然没有帮助实行犯实现犯罪目的的故意，却存在另一种恶性很深的故意，那就是企图通过出卖他人，使他人受到刑事追究来达到自己的某种个人目的。因此，无论从客观实害还是从主观恶性来看，都有必要对那些情节或后果严重的虚假帮助者予以刑事制裁。所谓情节严重，是指虚假帮助行为对实行犯实施犯罪起到了重要的作用，比如实行犯的犯意本来不是很坚决，还在犹豫不决当中，虚假帮助者却给他大肆鼓劲，并积极帮他为实施犯罪作准备，从而使实行犯坚定了犯意并最终实施了犯罪；或者明知实行犯准备实施的是杀人等极为严重的犯罪，仍然假意帮助；或者出于十分卑劣的动机而假意帮助，然后陷人于狱等。所谓后果严重，主要是指实行犯的犯罪没有得到及时有效制止，从而造成了一定的危害结果。例如，囚犯甲想越狱逃跑，将想脱逃的打算告诉同室的囚犯乙，乙企图通过揭发甲来达到减刑的目的，于是假意支持，并表示要与甲一起逃走，然后两人一起挖掘用于脱逃之洞，洞挖成后，乙要甲先逃，待甲逃出洞外，乙便大声报警，结果由于抓捕不及时，甲得以逃脱。

对虚假帮助如何处理，我国刑法没有规定。由于虚假帮助者与受其帮助的实行犯不存在共同犯罪故意，不能按共同犯罪中的帮助犯处罚，因而在目前情况下对虚假帮助者追究刑事责任还缺乏法律依据，有待立法完善。笔者认为，对这类行为刑法应当专门作出规定。

---

① 参见《中国刑法词典》编委会编：《中国刑法词典》，学林出版社1989年版，第315页。

下编　刑事责任及刑罚论探索

第八题　雇佣犯罪中雇主的刑事责任论

雇佣犯罪是指以金钱或者其他利益为代价，购买他人之危害行为的犯罪。其中，支付金钱或者其他利益者为雇主，接受金钱或者其他利益而实施危害行为者为受雇人。雇佣犯罪在当前呈多发趋势，社会影响十分恶劣，应当予以严厉打击。能否正确认定雇佣犯罪中雇主的刑事责任，事关能否对雇佣犯罪中的各共同犯罪人正确裁量刑罚。这一问题在雇凶杀人犯罪中直接影响雇主和受雇人谁更应当判处死刑，显得尤为重要。对这一问题，理论上虽然已有较多探讨，但失之简单、粗略。从实际发生的雇佣犯罪来看，雇主的身份和地位十分复杂，他可能是教唆犯或者组织犯，也可能是帮助犯或者实行犯，甚至可能集教唆犯、组织犯、帮助犯、实行犯四种角色于一身，相应地，雇主的刑事责任问题也十分复杂。

一、认定雇主刑事责任的根据

"求木之长者，必固其根本；欲流之远者，必浚其泉源。"[①] 要想科学合理地认定雇佣犯罪中雇主的刑事责任，首先应当明确刑事责任的根据，亦即认定刑事责任的有无和大小的依据是什么。只有刑事责任的根据这一基石选正确了、垫牢固了，雇主的刑事责任问题才可能得到合理的解决，据此得出的结论才经得起检验。晚近关于雇佣犯罪中雇主刑事责任的探讨，似乎陷入了一个误区，就是仅

① 魏征：《谏太宗十思疏》，载中国青少年发展基金会社区与文化委员会编：《中华古诗文读本》（午集），北京大学出版社 1999 年版，第 25 页。

仅从雇主和受雇人谁是主犯的角度来认定其刑事责任。而从实际发生的案件来看，在雇佣犯罪中，雇主作为性质恶劣的教唆犯、组织犯，受雇人作为主要实行犯，往往都起主要作用，都是主犯。这样，以主从犯为标准来确定雇主和受雇人的刑事责任便陷入困境。要妥善解决雇主的刑事责任问题，需要跳出这一误区，为此有必要对刑事责任根据理论略加梳理。

对于刑事责任的根据是什么，理论上存在不同看法。有的学者认为刑事责任的根据是犯罪的社会危害性；[①] 比较通行的观点认为刑事责任的根据在于犯罪的社会危害性和犯罪人的人身危险性。[②] 从表述上看，两种观点的区别在于犯罪人的人身危险性是否是刑事责任的根据。不过，如果仔细考察第一种观点的具体论述，可以发现持论者实际上认为犯罪人的人身危险性也是刑事责任的根据。例如，有学者认为，刑事责任程度的大小，取决于犯罪的社会危害性，而犯罪的社会危害性包含犯罪行为的社会危害性和犯罪人的人身危险性。[③] 由此看来，两种观点从内容上看并无不同，只是对于犯罪人的人身危险性是否应归入犯罪的社会危害性之中的看法不同。笔者认为，犯罪人的人身危险性虽然可以通过主观恶性得到说明，而主观恶性又是犯罪的社会危害性的组成部分，但犯罪的社会危害性说明的是已然之罪已经造成的实际危害，犯罪人的人身危险性说明的却是犯罪人再犯未然之罪的可能性。二者属于不同的范畴，不能将犯罪人的人身危险性归为犯罪的社会危害性的组成部分。因此，将刑事责任的根据概括为犯罪的社会危害性和犯罪人的人身危险性相对更为合理。

问题是，刑事责任的根据仅限于犯罪的社会危害性和犯罪人的人身危险性吗？笔者对此持有异议。刑事责任的根据与刑罚的根据

---

① 参见刘德法：《论刑事责任的事实根据》，载《法学研究》1988 年第 4 期。

② 参见王晨著：《刑事责任一般理论》，武汉大学出版社 1998 年版，第 152 页。

③ 参见赵秉志：《刑事责任基本理论问题研讨》，载《中央政法管理干部学院学报》1995 年第 1 期。

实际上是同一的。这是因为，刑事责任作为国家司法机关依照刑事法律的规定，对实施犯罪的人所作的一种否定的道德政治评价，其最主要的实现途径是刑罚，[①] 这就决定了刑事责任的大小与刑罚的轻重成正比。[②] 刑事责任和刑罚之间的这种关系，决定了刑事责任的根据与刑罚的根据只能是同一的，否则，刑事责任的大小与刑罚的轻重无法形成正比关系。基于刑事责任的根据与刑罚的根据之间的同一关系，笔者认为，刑事责任的根据固然包括犯罪的社会危害性和犯罪人的人身危险性，但不止于此，还应当包括初犯可能性。日臻成熟的刑罚根据理论认为，刑罚的正当根据是报应与功利的统一。[③] 基于报应主义刑罚根据论，刑罚的根据是犯罪的社会危害性；基于功利主义的刑罚根据论，刑罚的根据是特殊预防和一般预防的需要；基于报应主义与功利主义一体化的刑罚根据论，刑罚的根据应当是犯罪的社会危害性以及一般预防和特殊预防的需要三者的结合。既然一体化的刑罚根据论更为科学，为我们所取，那么，与这种理论相对应，刑事责任的根据也应当来自犯罪的社会危害性以及一般预防和特殊预防的需要这三个方面。认为刑事责任的根据在于犯罪的社会危害性以及犯罪人的人身危险性的观点，已经考虑到了刑事责任的报应根据与特殊预防根据，而认为刑事责任的根据在于犯罪的社会危害性和犯罪人的人身危险性的观点，只考虑到刑事责任的报应根据与特殊预防根据，尚未涉及刑事责任的一般预防根据，是为缺憾。基于一般预防的考量，在确定刑事责任时，还有必要以犯罪行为对社会上其他人的影响，亦即以初犯可能性为根据之一。由此观之，刑事责任的根据应当有三：犯罪的社会危害性、犯罪人的人身危险性和犯罪所引发的初犯可能性。对雇佣犯罪中雇主刑事责任的判断，也应当以上述三个方面为根据。

---

① 参见高铭暄：《论刑事责任》，载《法学研究》1986 年第 5 期。

② 参见马克昌：《论刑事责任与刑罚》，载《法制与社会发展》1996 年第 2 期。

③ 参见邱兴隆著：《关于惩罚的哲学——刑罚根据论》，法律出版社 2000 年版，第 314 页。

那么，在犯罪的社会危害性、犯罪人的人身危险性以及犯罪所引发的初犯可能性这三个根据中，何者对刑事责任的大小起着主要作用，或者说何者是刑事责任的主要根据呢？这涉及是由报应制约功利还是由功利制约报应的问题。笔者认为，犯罪的社会危害性是刑事责任的主要根据。这是因为，犯罪的社会危害性作为刑事责任的报应根据，蕴涵着正义的价值。是否以犯罪的社会危害性作为刑事责任的主要根据，事关是否以实现正义作为认定刑事责任的主要根据。而“正义是社会制度的首要价值，正像真理是思想体系的首要价值一样”，[①]“国家一旦没了正义，就沦落为一个巨大的匪帮。”[②]因此，雇主所实施的犯罪行为的社会危害性应当是认定其刑事责任的主要根据，它为雇主的刑事责任划定了一个基本的幅度；而雇主的人身危险性以及其犯罪行为所引发的初犯可能性，作为认定雇主刑事责任大小的功利根据，也应当认真加以考虑。

二、基于社会危害性的视角对雇主刑事责任的考察

在雇佣犯罪中，雇主行为的社会危害性的大小，亦即其罪行的轻重，由两方面的因素决定，一是犯罪的性质，如雇凶杀人的社会危害性远比雇人非法拘禁他人要大；二是雇主在雇佣犯罪中所起的作用，如同样是雇凶杀人，作为帮助犯的雇主比作为教唆犯的雇主的罪行更重。此处要探讨的是后一个因素，即雇主在雇佣犯罪中的作用以及相应的刑事责任。

共同犯罪人在共同犯罪中所起作用的大小，应从其是否为犯意的发起者、犯罪的纠集者、指挥者、犯罪行为的主要实行者等方面判断。[③]对雇主在雇佣犯罪中的作用，也应当从这些方面进行判

---

① 见［美］约翰·罗尔斯著：《正义论》，何怀宏译，中国社会科学出版社1988年版，第1页。

② 见［德］古斯塔夫·拉德布鲁赫著：《法律智慧警句集》，舒国滢译，中国法制出版社2001年版，第49页。

③ 参见陈兴良著：《共同犯罪论》，中国社会科学出版社1992年，第203~209页。

断。为此，需要分析雇主在雇佣犯罪中的分工。作为教唆犯的雇主，是犯意的发起者；作为组织犯的雇主，是犯罪的纠集、指挥者；而作为实行犯的雇主，则可能成为犯罪的主要实行者。辨明了雇主在雇佣犯罪中的分工，就为确定其在共同犯罪中所起的作用以及其行为的社会危害性、进而确定其刑事责任奠定了基础。

（一）作为教唆犯的雇主在共同犯罪中所起的作用及其刑事责任

在雇佣犯罪中，雇主通常是基于自身利益的考虑，以金钱或者其他利益收买或者打动受雇人，使受雇人从没有犯意到产生犯意，进而实施犯罪。这一种以金钱等为诱饵故意唆使他人犯罪的行为，完全符合教唆犯的特征。因此，通常情况下，雇主首先是教唆犯。对于作为教唆犯的雇主在共同犯罪中起着怎样的作用，理论上存在不同看法。有的学者认为，一般情况下，作为教唆犯的雇主对犯罪的发生起了决定性的作用，应当认定为主犯，但也不能排除是从犯的可能性。[①] 有的学者则认为，与一般的教唆犯相比，雇佣犯罪中的雇主以金钱为诱饵，不但制造他人犯罪意图，而且积极追求犯罪结果发生，具有更大的主观恶性，只能是主犯，不可能是从犯。[②] 按照前一种观点，作为教唆犯的雇主，在共同犯罪中既可能起主要作用，也可能起次要作用，其犯罪行为的社会危害性既可能比受雇人大，也可能比受雇人小；按照后一种观点，作为教唆犯的雇主，在共同犯罪中只可能起主要作用，不可能起次要作用，其犯罪行为的社会危害性只可能大于受雇人或者与受雇人不相上下，不可能明显小于受雇人。

---

① 参见张勇、赵永柯：《雇佣犯罪新探》，载《河南公安高等专科学校学报》2003 年第 1 期。

② 参见刘凌梅：《雇佣犯罪若干问题刍论》，载《国家检察官学院学报》2003 年第 4 期。

社会危害性是主观恶性与客观危害的统一。[①] 以此标准衡量，前一种观点的结论更符合实际情况，因而更为可取。但这种观点的理由值得商榷。如果仅仅因为对犯罪的发生起了决定性作用便应当认定为主犯，那么，所有的教唆犯都是犯意的发起者，都对犯罪的发生起了决定性作用，岂不都应当认定为主犯？这与刑法关于教唆犯在共同犯罪中的作用的规定显然不符，也不是以主观恶性和客观危害相统一为标准，而是仅仅以主观恶性为标准来判断行为的社会危害性，因而难以令人接受。作为教唆犯的雇主之所以通常均为主犯，并非仅仅因为他对犯罪的发生起了决定性作用，而是因为他不但促成了犯罪的发生，而且对犯罪的发展和完成都起着主要作用，因而主观恶性和客观危害都很严重，在雇佣犯罪中通常起着主要作用，其犯罪的社会危害性通常大于或至少不小于受雇人等其他共同犯罪人。

从主观恶性来看，刑法学中的主观恶性，是指犯罪人在犯罪时内心的邪恶程度。它受犯罪动机、罪过心理、犯罪性质、犯罪手段、犯罪后的表现等因素影响。作为教唆犯的雇主，通常具有严重的主观恶性。首先，雇主通常是为了达到个人目的、追逐一己私利而唆使他人犯罪，动机较为卑劣。其次，雇主积极追求犯罪结果的发生，犯罪意志较为坚决。最后，雇主采用利诱这种教唆手段，唆使本来没有犯意的人产生犯意，进而走上犯罪道路，自己却躲在背后坐享犯罪成果，犯罪手段较为恶劣。可见，作为教唆犯的雇主内心十分邪恶，主观恶性很大。从主观恶性上评判，作为教唆犯的雇主对雇佣犯罪应当承担主要的刑事责任。

从客观危害来看，作为教唆犯的雇主在雇佣犯罪中的作用通常也是较大的。首先，作为教唆犯的雇主是犯意发起者，雇佣犯罪发生的责任主要在于他。其次，雇主所使用的教唆手段具有很强的影

---

① 参见陈兴良著：《刑法哲学》（修订三版），中国政法大学出版社 2004 年版，第 141 页。

响力，在整个犯罪中起到了很大的作用。雇佣犯罪中，雇主所使用的利诱这种教唆手段对受雇人影响很大，特别是对于那些深受贫穷困扰的人而言，很难抗拒这种诱惑。换言之，雇佣犯罪中雇主所使用的利诱这种教唆手段，使得受雇人的意志自由受到削弱，一定程度上沦为雇主的犯罪工具。在这种情况下，雇主的教唆行为在整个犯罪中所起的作用并不小于受雇人的实行行为，应当认定其在犯罪中起主要作用，承担主犯的刑事责任。需要注意的是，作为教唆犯的雇主是主犯，与作为主要实行犯的受雇人也是主犯并不矛盾，亦即在雇佣犯罪中，作为教唆犯的雇主和作为主要实行犯的受雇人往往均为主犯。

综合雇佣犯罪中，作为教唆犯的雇主的主观恶性及其行为的客观危害，雇主犯罪行为的社会危害性通常并不小于实行犯。因此，雇佣犯罪中的雇主应当承担的刑事责任通常不宜小于实行犯。但是，需要注意的是，作为教唆犯的雇主在雇佣犯罪中作用的大小，与其教唆行为对受雇人影响力的大小是呈正对应关系的。雇主的利诱行为越恶劣、越积极、越使受雇人难以抗拒，受雇人的自由意志就越受到削弱，雇主在犯罪中所起的作用就越大，其刑事责任也就越大。因此，通常情况下，雇佣贫困的人比雇佣职业罪犯的罪行更严重，花重金雇佣他人比花较少钱雇佣他人的罪行更严重，费尽心机地雇佣他人比轻而易举地雇佣他人的罪行更严重。前一种情形中，雇主的刑事责任比后一种情形更大。如果有确凿的证据证明雇主的利诱行为对受雇人的影响很小，在整个犯罪中基本上只起到发起犯意的作用，就不宜认定其在共同犯罪中起了主要作用，从社会危害性的视角看，也就不宜认定雇主对雇佣犯罪负主要刑事责任。正如有学者所指出，那种仅仅根据雇主比一般的教唆犯具有更大的主观恶性，便认定其只能是主犯的观点，[①] 没有遵循主观恶性与客

① 参见支起来、鲍华民：《雇佣犯罪刑事责任研究》，载《法学杂志》2005 年第 6 期。

观危害统一的社会危害性判断标准，与传统的“造意为首”的观念一样，属于一种过于主观主义的责任理论，[①] 不足为取。

在司法实务中，如果雇主与受雇人之间存在多层关系，如甲付钱给乙，要乙去雇请丙、丁杀害戊，则雇主的刑事责任问题更为复杂。刑法理论上称甲这类教唆犯为“间接教唆犯”或者“教唆教唆犯”。[②] 正确认定这类雇主的刑事责任的关键，仍然是对雇主的主观恶性及他在整个犯罪中所发挥的作用，亦即其行为的客观危害进行准确把握。通常情况下，作为间接教唆犯的第一个雇主在共同犯罪中的作用被第二个雇主分担了一部分，因而有所减小，作为教唆犯的刑事责任也应当相应减小。

（二）作为组织犯的雇主在共同犯罪中所起的作用及其刑事责任

在雇佣犯罪中，雇主为了追求自身利益，对犯罪的完成往往具有强烈追求的心态。基于此种心态，雇主往往不是利诱他人产生犯意便罢，而是在犯罪过程中组织、策划、领导、指挥他人实施犯罪，从而成为组织犯。例如，河南省淮阳县粮食局原局长郝某，安排下级迟某雇佣他人企图杀害该局副局长李某，最后错将县博物馆副馆长霍某杀害。[③] 在该案中，郝某先是指令迟某花钱找人杀害李某，后又不断催促迟某抓紧时间下手，成为这起犯罪的策划、指挥者，属于组织犯。对郝某在这起犯罪中所起的作用和应当承担的刑事责任，应当基于其组织犯的身份和地位来认定。

对于组织犯，我国刑法没有专门规定应当如何处理，但从对实质上属于组织犯的首要分子的处罚规定来看，我国刑法对组织犯是

---

① 参见丁芝华：《雇佣犯罪的定罪与处罚研究——兼论主从犯分类理论的不合理性》，载《湖南公安高等专科学校学报》2007 年第 5 期。

② 参见高仰止著：《刑法总则之理论与实用》，台北五南图书出版公司 1986 年版，第 409 页。

③ 参见祈永亮、靳登高、田万华：《“算计”局长雇凶谋杀副局长的幕后新闻》，载《人大建设》2001 年第 1 期。

按主犯处理的。这与组织犯在共同犯罪中的作用是相符的。组织犯是指在共同犯罪中组织、策划、领导、指挥犯罪活动的行为人，[①]在理论上又被称为"共谋共同正犯"，[②] 表明其在共同犯罪中的作用与正犯即实行犯相当。对组织犯应当按主犯进行处罚的主要理由是，组织犯在整个犯罪过程中处于支配地位，起着主要作用。组织犯对于其他同案犯是否实施犯罪、如何实施犯罪、犯罪发展到何种程度等均具有决定性作用，他虽然不实施刑法分则所规定的犯罪构成要件行为，但对实施这些行为的实行犯起着支配和控制作用。正是组织犯的这种支配和控制地位，使得他在整个犯罪过程中起着主要作用，因而应当承担主犯的刑事责任。作为组织犯的雇主，以金钱等利益为纽带，支配和控制受雇人，组织、策划、领导、指挥犯罪，在雇佣犯罪中同样起着主要作用。

不过，即使都是组织犯，因而都是主犯，其刑事责任也有大小之分。雇主的组织、策划、领导、指挥行为越多、越全面细致，对实行犯等其他共同犯罪人的支配作用越大，他在共同犯罪中所起的作用就越大，相应地，该组织犯应当承担的刑事责任也越大。如果雇主在犯罪过程中虽有组织、策划、领导、指挥行为，但对实行犯等其他共同犯罪人影响较小，则其应当承担的刑事责任也相对要小。例如，河南省商丘市梁园区规划土地管理局原局长徐某，因其单位受到时任商丘市城市规划管理局局长李某的点名批评，遂雇佣其控制下的黑势力将李某杀死在自家门前；[③] 浙江省温州市龙湾区永中街道度山村村民朱为丰为竞选村委会主任，约集其朋友胡家龙、朱善斌等五人经商议决定，由胡家龙负责雇请他人将为竞争对

---

① 参见赵辉著：《组织犯及其相关问题研究》，法律出版社 2007 年版，第 16 页。

② 参见［日］木村龟二主编：《刑法学词典》，顾肖荣等译，上海翻译出版公司 1991 年版，第 355～356 页。

③ 参见叶燕：《雇凶杀人官场中的"黑色污染"》，载《山西经济日报》2000 年 8 月 6 日第 1 版。

手拉选票的朱中强伤害致死。[1] 在这两个案例中，前一个案例的被告人徐某直接指挥其控制下的黑势力进行犯罪，其组织行为对实行犯的支配作用十分强大，对犯罪的完成起到了决定性作用；而后一个案例中的被告人朱为丰的策划行为虽然也属于组织行为，但由于中间加入了另一重要的组织犯胡家龙，而胡家龙的组织行为对实行犯的影响更大，对犯罪的实施起到的作用也更大，朱为丰的组织行为的作用则相对较小。因此，虽然均为组织犯，但前一案件中的徐某在共同犯罪中的作用比其他共同犯罪人更大，是最主要的主犯，应当承担最主要的刑事责任；后一案件中的朱为丰在共同犯罪中的作用相比同案犯胡家龙要小，是次要的主犯，应当承担的刑事责任也相对小一些。同样需要注意的是，作为组织犯的雇主是主犯，与作为主要实行犯的受雇人也是主犯并不矛盾，亦即在雇佣犯罪中，作为组织犯的雇主和作为主要实行犯的受雇人往往均为主犯。

（三）作为帮助犯或者实行犯的雇主的刑事责任

在极少数雇佣犯罪中，雇主可能只起到帮助作用，仅仅属于帮助犯。例如，甲因工作原因遭到乙的忌恨，乙频繁对甲进行诬告陷害，给甲造成严重的负面影响，但一直未得到处理。甲就此事向好友丙诉苦。丙对甲说："你也太窝囊了！给我两万元，我帮你收拾乙一顿。"甲经不住丙的劝说，便给了丙两万元和一张乙的相片。不久，丙纠集三人，将乙打成重伤。本案中，甲付钱给丙去伤害乙，属于雇主，但这次犯罪既不是由甲提议的，也不是在甲的组织、指挥下实施的，甲的作用仅仅是为丙实施犯罪提供资金支持以及为识别被害人提供便利。从其行为性质来看，属于帮助犯。根据立法以及刑法理论通说，帮助犯均为从犯，而不可能是主犯。[2] 因此，该案中的雇主甲在共同犯罪中的地位，便属于帮助犯性质的

---

① 参见周永旭、陈东升：《打手中两人被判死刑一人死缓雇凶者被判无期》，载《法制日报》2006年5月19日第5版。

② 参见赵秉志主编：《海峡两岸刑法总论比较研究》（下卷），中国人民大学1999年版，第139页。

从犯。

还有少数雇主可能只是实行犯。例如，张某掌握了李某贪污公款的个人隐私，经常以此要挟李某给钱。李某对张某十分憎恶，将此事告诉刘某。刘某要李某给他 5 万元，他负责把张某干掉。李某给了刘某 3 万元并与刘某一同找到张某，两人合力将张某杀死。本案中，李某虽然是雇主，但他既非教唆犯，也非组织犯，只是实行犯。在这种情况下，雇主刑事责任的大小主要由其实行行为在共同犯罪中所起作用大小决定，他既可能要承担主犯的刑事责任，也可能只承担从犯的刑事责任。

可见，雇佣犯罪中的雇主虽然在通常情况下均为主犯，但在个别情况下则属于从犯。认为雇主均为主犯的观点，对雇主在雇佣犯罪中的作用缺乏深入、全面的考察，过于绝对地认为雇主就是犯意的发起者、犯罪的预谋者，是一种主观恶性大、手段恶劣的教唆犯，[①] 未能注意到某些特殊的雇佣犯罪中雇主既非教唆犯，亦非组织犯，对雇主行为的主客观特征缺乏全面把握，存在以偏概全的不足。

需要注意的是，在司法实务中，仅仅是帮助犯或者实行犯的雇主极为少见。雇主既然不惜重金雇请他人实施犯罪，其犯罪意志通常十分坚定，对犯罪结果的追求也十分强烈，与这种心态相对应，他在客观上通常也会积极采取行动促成犯罪。雇主在为实行犯提供资金、犯罪工具等便利条件的同时，往往还有策划、指挥行为。正如有学者所指出，雇佣犯罪中的雇主往往既是犯意的发起者，又是犯罪的组织、策划、领导、指挥者，在雇佣犯罪中发挥着主要作用。[②] 在这种情况下，雇主提供资金、犯罪工具等看似帮助的行为，实质上是其组织行为的具体表现。例如，雇主在策划好具体犯

---

① 参见庞林、罗英：《雇佣犯罪问题研究》，载《江西公安专科学校学报》2003 年第 2 期。

② 参见黄卫、闫召华、梁岩：《论雇佣犯罪的刑事责任》，载《法制与社会》2008 年第 14 期。

罪步骤之后，又带受雇人到受害人居住地熟悉地形和环境，并介绍受害人生活习惯。表面上看，后两个行为是帮助受雇人顺利实施犯罪，属于帮助行为；实质上，雇主带受雇人熟悉环境也好，介绍受害人生活习惯也好，都是其组织、策划、领导、指挥犯罪的具体表现，应当置于组织犯当中评价，而不宜单独抽取出来，以帮助犯来评价，否则，就会陷入只见树木不见森林的误区，对雇主的行为产生错误认识。

三、基于人身危险性及初犯可能性的视角对雇主刑事责任的考察

人身危险性影响犯罪人刑事责任的根据在于特殊预防的需要，初犯可能性影响犯罪人刑事责任的根据则在于一般预防的需要。只要将预防犯罪作为刑罚的目的和根据，就应当在追究刑事责任时考虑犯罪人的人身危险性及其犯罪行为引发的初犯可能性。

（一）基于人身危险性的视角对雇主刑事责任的考察

为了防止再犯，实现特殊预防的目的，对人身危险性较大的犯罪人应当追究较重的刑事责任。所谓犯罪人的人身危险性，是指犯罪人再次犯罪的可能性，它所表现的是犯罪人的反社会性格或危险倾向。[①] 人身危险性主要由行为人犯罪前的一贯表现和犯罪后的认罪态度决定，[②] 同时，也能从犯罪情节方面得到体现。人身危险性的大小主要通过考察其系初犯还是再犯、偶犯还是惯犯、激情犯还是预谋犯，其职业、性格、气质、品行，以及其犯罪前、犯罪中、犯罪后的表现来得出结论。[③] 影响犯罪人人身危险性的因素如此复杂，以致很难说雇佣犯罪中是雇主还是受雇人的人身危险性更大。

---

① 参见王勇著：《定罪导论》，中国人民大学出版社 1990 年版，第 83 页。

② 参见王晨著：《刑事责任一般理论》，武汉大学出版社 1998 年版，第 237 ~ 252 页

③ 参见陈兴良著：《刑法哲学》（修订三版），中国政法大学出版社 2004 年版，第 104 ~ 113 页。

例如，雇佣犯罪是一种典型的预谋犯，雇主往往是犯罪的主要谋划者和组织者，系组织犯。一般认为，组织犯具有较强的反社会人格，因而具有较为严重的人身危险性。① 从这一角度看，雇主似乎比受雇人具有更大的人身危险性，应当追究更重的刑事责任。但是，如果受雇人一贯表现出很强的反社会人格，且是再犯或者职业犯，则其人身危险性可能大于雇主。据统计，在我国已经发生的雇凶杀人犯罪中，受雇的凶手大多数为两劳（劳改、劳教）释放人员或有案在身的人员；② 在英国伦敦，职业杀手以其凶残的手段和专业的技能令人胆寒。③ 可见，雇主的人身危险性并不都比受雇人大，在不同的雇佣犯罪中，雇主与受雇人的人身危险性是不同的。因此，从人身危险性的视角考察，雇主与受雇人的刑事责任并不存在明显区别。应当根据不同案件中雇主与受雇人的具体情况，结合人身危险性的一般判断标准，对雇主的人身危险性进行评估，进而分析判断其刑事责任的大小。

（二）基于初犯可能性的视角对雇主刑事责任的考察

犯罪总会对社会上的其他人产生影响。基于一般预防的要求，犯罪引发其他人初犯的可能性越大，对犯罪人就越应当从重追究刑事责任。有学者认为，初犯可能性受社会治安形势、犯罪率、犯罪引发的民愤等因素影响，④ 笔者认为，除此之外，初犯可能性还受犯罪被其他人效仿的可能性以及被惩罚的确定性等因素的影响。其中，民愤、犯罪被其他人效仿的可能性以及被惩罚的确定性因不同犯罪而异，由此导致社会危害性相同的犯罪人应承担的刑事责任不

---

① 参见路军：《论组织犯》，载吴振兴主编《犯罪形态研究精要Ⅱ》，法律出版社2005年版，第471页。

② 参见郭子贤：《雇凶杀人犯罪研究》，载《湖南省政法管理干部学院学报》2001年第3期。

③ 参见刘长想：《雇凶杀人犯罪的经济分析》，载《甘肃政法学院学报》2005年第2期。

④ 参见陈兴良著：《刑法哲学》（修订三版），中国政法大学出版社2004年版，第152页。

同。在雇佣犯罪中，雇主的犯罪行为引起的民愤以及被人效仿的可能性较大，受到惩罚的确定性却相对较小，由此导致这种犯罪引发的初犯可能较大。基于这些原因以及一般预防的要求，应当从重追究雇主的刑事责任。

首先，雇主的犯罪行为引起的民愤大。刑法学界普遍认为，民愤不能成为影响犯罪人刑事责任的独立因素。[①] 这种观点只考虑了民愤并非犯罪的社会危害性的一个独立的评价指标，而没有考虑民愤对初犯可能的影响，因而并不全面。雇佣犯罪中，雇主一般都具有优越的经济条件或较大的权力，而受雇人大多处于相对低下的社会阶层。[②] 雇主为富不仁或者以权谋私，用金钱或者权力收买他人铤而走险，将本来无辜的受雇人拉下犯罪的深渊，推到犯罪的风口浪尖，以满足一己之私利，自己则躲在背后坐享犯罪的成果。这种阴险、卑劣的行为必然激起公众的强烈义愤，引起巨大的民愤。如果不从重追究雇主的刑事责任，那么，这种强烈的民愤就得不到有效的疏解和释放，很可能转化为犯罪的冲动，从而增强初犯可能。可见，对雇佣犯罪中的雇主相对于受雇人从重追究刑事责任，是平息民众义愤，降低初犯可能，实现一般预防目的的需要。值得注意的是，有的学者基于对雇主利诱行为的痛恨以及对受雇人经不住金钱诱惑而参与犯罪的同情，主张将雇主认定为主犯，将受雇人认定为从犯。[③] 这似乎误解了对雇主这种卑劣行为予以从重追究的原因。从雇主利诱行为的卑劣性并不能推导出他是主犯的结论。“正义的中心点便是：不要因同情而偏颇穷人，也不要施惠于富人。”[④] 如果仅仅因为曾经有钱有势，便将在共同犯罪中没有起主要作用的

---

① 参见马克昌主编：《刑罚通论》，武汉大学出版社 1999 年版，第 365～367 页。

② 参见张勇、赵永柯：《雇佣犯罪新探》，载《河南公安高等专科学校学报》2003 年第 1 期。

③ 参见刘文：《雇佣犯罪问题研究》，载《政治与法律》2001 年第 6 期；王沛恒：《略论雇佣犯罪》，载《河北法学》1999 年第 1 期。

④ 见陈新民著：《公法学札记》，中国政法大学出版社 2001 年版，第 307 页。

雇主也以主犯论处，则违背了法定的主犯判断标准和罪责刑相适应原则，显然是非正义的，是不可取的。

其次，雇主的犯罪行为被人效仿的可能性较大。如果某种犯罪付出的代价较小，因犯罪而得到的利益却很大，犯罪成功率也较高，而案发后被追究的刑事责任还相对较轻，那么，这种犯罪行为被其他人效仿的可能性就会很大。雇佣犯罪中雇主的行为就属于这种被其他人效仿可能性很大的犯罪。对于有权有势的人而言，付出一定数量的金钱或者其他利益是一件代价较小、较为容易的事情；而他要受雇人去实施的犯罪所发生的危害结果，则是他迫切需要得到的；受雇人在“拿人钱财、替人做事”的心态支配下，通常会精心策划、尽力完成犯罪，使得雇主达到犯罪目的的几率较高。如果对雇主追究较轻的刑事责任，就可能出现为富不仁以及手握权力的不法之徒竞相通过雇佣犯罪来达到犯罪目的，同时又逃避严厉打击的局面。为了避免这种严重事态的出现，有必要从严追究雇主的刑事责任。

最后，雇佣犯罪中的雇主受惩罚的确定性相对较小。雇佣犯罪之所以令人感到强烈不安，与这种犯罪具有较强的隐蔽性，犯罪人逃避打击的可能性较大不无关系。以雇凶杀人犯罪为例，直接实施杀人犯罪的受雇人往往与被害人没有来往，难以被发现，而雇主又有不在犯罪现场或者没有作案时间的明确证据，难以对其展开侦查，雇主与受雇人基于利益攸关体的关系，还会极力互相隐瞒犯罪事实。[①] 这些情况的存在，都会增加对雇凶杀人犯罪的侦查成本，降低破案率，使雇主受惩罚的确定性相对较小。而“刑罚的确定性越小，其严厉性就应该越大”。[②] 因此，对雇主应当从严追究刑事责任。

---

① 参见刘长想：《雇凶杀人犯罪的经济分析》，载《甘肃政法学院学报》2005 年第 2 期。

② 参见［英］吉米·边沁著：《立法理论——刑法典原理》，孙力等译，中国人民公安大学出版社 1993 年版，第 70 页。

此外，在绝大多数情况下，雇主都是引发雇佣犯罪的罪魁祸首。没有雇主的需求，就不会有雇佣犯罪的存在。因此，基于一般预防的需要，也应当对发起犯意的雇主从严追究刑事责任，以从源头消除初犯可能，遏制雇佣犯罪的发生。传统刑法理论认为，造意者“身虽不行，仍为首罪”。[①] 以在共同犯罪中所起的作用为标准衡量，仅仅发起犯意便认定为主犯是很难自圆其说的。仅就造意行为而言，应当从严惩处的根据恐怕更主要的在于一般预防的需要，而不是在共同犯罪中所起的作用。

四、结论性观点——以雇主与受雇人刑事责任的比较考察为视角

以上我们分别从犯罪行为的社会危害性、犯罪人的人身危险性以及其犯罪引起的初犯可能性三个方面，探讨了雇佣犯罪中雇主的刑事责任，并确立了雇主所实施的犯罪行为的社会危害性在认定其刑事责任中的核心地位，雇主的人身危险性以及其犯罪行为所引发的初犯可能性的补充地位。在司法实务中，在认定雇主的刑事责任时，应当综合考虑上述报应主义根据和功利主义根据，得出一个最终的结论。基于上述根据及其在认定雇主刑事责任中的地位，笔者认为可以得出以下两方面的结论：第一，通常情况下，雇主对雇佣犯罪应当承担最主要的刑事责任，其刑事责任应当大于受雇人，对其判处的刑罚也应当重于受雇人。理由是，在雇佣犯罪中，雇主通常属于教唆犯、组织犯，或者集教唆犯和组织犯于一身，具有严重的主观恶性，并且在共同犯罪中起着主要作用，应当认定为主犯。虽然就其犯罪的社会危害性以及在共同犯罪中所起的作用而言，往往与主要的实行犯不相上下，其人身危险性也与主要的实行犯难分伯仲，但是，其犯罪引发的初犯可能性则明显大于受雇人。因此，尽管从报应以及特殊预防的角度看，雇主应当承担的刑事责任与作

---

① 见长孙无忌等：《唐律疏议》，刘俊文点校，中华书局 1983 年版，第 329 页。

为主要实行犯的受雇人往往难分伯仲，但基于一般预防的需要，则应当明显大于受雇人。这样，综合衡量的结果就是，雇主的刑事责任通常应当大于受雇人。第二，如果有确实、充分的证据证明雇主在雇佣犯罪中仅仅是帮助犯或者次要实行犯，或者是仅起次要作用的教唆犯，亦即其在共同犯罪中所起作用要明显小于受雇人，那么，即使其人身危险性以及其犯罪可能引发的初犯可能性要远大于作为主要实行犯的受雇人，其刑事责任也应当小于受雇人。这是刑事责任的报应根据制约功利根据的要求。

第九题　刑罚定义及刑罚权根据论

一、刑罚的定义

（一）各国学者关于刑罚定义之观点简介

刑法理论界对刑法学中刑罚论部分最基本的概念——刑罚的定义可谓五花八门。造成这种状况的原因主要有两个：一是不同国家的学者以及同一国家的不同学者在思维和表达方式上存在差异，如以思维严谨著称的德国学者给出的刑罚定义往往比较规范，而英美学者在给刑罚下定义时则较为随意，甚至经常不下定义。[①] 二是对刑罚概念的内涵的认识不同。前者导致了学者们即使对刑罚这一概

① 笔者查阅了不少英美法律辞典和刑法著作，鲜见给刑罚概念下定义的。例如，在《牛津法律大辞典》（［英］戴维．M. 沃克撰写，北京社会与科技发展研究所组织翻译，光明日报出版社 1988 年版）、《英国刑法导论》（［英］鲁伯特·克罗斯、菲利普·A. 琼斯著，理查德·卡德修订，赵秉志等译，中国人民大学出版社 1991 年版）、《英国刑法》（［英］J. C. 史密斯、B. 霍根著，李贵芳等译，法律出版社 2000 年版）等法律辞典或刑法基本读本或刑法教科书中均只对犯罪下定义而未给刑罚下定义；仅在《布莱克法律辞典》（英文 1979 年第 5 版）中找到了对 punishment 所下定义。考虑到在英国刑事法律体系中，有关刑罚制度被置于刑事诉讼程序法中，笔者又查阅了一些关于英国刑事诉讼程序法方面的资料，也没有发现关于刑罚的定义。值得注意的是，在晚近某些大陆法系刑法学者撰写的刑法著作（如《德国刑法教科书·总论》，［德］汉斯·海因里希·耶赛克、托马斯·魏根特著，徐久生译，中国法制出版社 2001 年版；以及《刑法总论》，［日］野村稔著，全理其、何力译，法律出版社 2001 年版）中，也回避了对刑罚概念的定义。究竟是因为刑罚概念早已有定论，无须赘述，还是因为受拒绝对概念下定义思潮的影响，不屑于对刑罚概念下定义，抑或其他原因，笔者占有的资料有限，未能查证。

念的内涵和特征认识相同，所给出的定义也不相同；后者使得刑法学界存在多种实质内容不同的刑罚定义；前者和后者的交叉结合则衍生出众多关于刑罚的定义。但是，如果仅仅由于第一种原因而导致对刑罚的定义在表述上不同，则这些定义不属于关于刑罚的不同定义，而且非但不属于不同定义，在分类的时候，还应当将这些定义归入同一类定义之中。真正的关于刑罚的不同定义，应当是由于第二种原因，即因为对刑罚这一概念的内涵的认识不同而产生的关于刑罚的不同定义。基于这一标准，笔者将有关刑罚的定义概括为以下几类：

1．强制方法说

这类定义将刑罚归纳为一种强制方法或者措施。例如，俄罗斯联邦刑法典第43条第1项规定："刑罚是法院刑事判决所判处的国家强制措施。"在关于刑罚究竟是一种什么样的强制措施或方法的问题上，又存在不同观点。其分歧主要表现在对这种强制方法的实施主体的理解不同以及对适用对象的表述不同。

关于刑罚的实施主体，主要有以下几种表述：第一种表述为以国家的面目出现的统治阶级。例如，有学者认为："刑罚是统治阶级以国家的名义，实行惩罚犯罪的一种强制方法。"① 第二种表述为统治阶级。例如，我国早期权威的刑法学教科书认为："刑罚是统治阶级惩罚犯罪的一种强制方法。"② 第三种表述为代表国家的法院。例如，有学者认为："刑罚就是人民法院代表国家依法对犯

---

① 见杨春洗等著：《刑法总论》，北京大学出版社1981年版，第211页。另外参见高铭暄、王作富主编：《刑法总论》，中国人民大学出版社1990年版，第269页。

② 见高铭暄主编：《刑法学》（修订本），法律出版社1984年版，第207页。另外参见赵长青主编：《新编刑法学》，西南师范大学出版社1997年版，第267页；邓又天主编：《中国刑法总论》，四川人民出版社1990年版，第214页；张明楷著：《刑法学》（上），法律出版社1997年版，第394页。

罪分子适用的强制方法。”[①] 第四种表述为法院或者专门的国家机关。例如，有学者认为：“刑罚是国家最高权力机关在刑法中制定的赋予‘刑罚’名称，用以惩罚实施犯罪的人，由法院依法判处、特定机构执行的最严厉的强制方法。”[②]

关于刑罚的适用对象，主要有以下两种表述：第一种表述为惩罚犯罪行为。例如，有学者认为：“刑罚是统治阶级为了维护自己的阶级利益和统治秩序所采用的惩罚犯罪的强制方法。”[③] 第二种表述为适用于犯罪人。例如，有学者认为：“刑罚，是掌握政权的统治阶级为了防止犯罪行为对其社会利益的侵犯，根据刑事立法，对犯罪人适用的建立在剥夺性痛苦基础上的最严厉的强制措施。”[④]

2. 制裁方法说

这类定义将刑罚归纳为一种制裁方法或处分。例如，我国大陆《中国大百科全书·法学》一书中关于刑罚的定义为：“统治阶级维护其阶级利益和统治秩序的一种重要手段，规定在刑法中由法院以国家的名义依法适用，用以同犯罪行为作斗争的最严厉的强制处分。”[⑤] 我国台湾地区学者高仰止认为：“刑罚者，乃国家依据刑法

① 见李光灿主编：《中华人民共和国刑法论》（上册），吉林人民出版社 1984 年版，第 334 页。另外参见邱兴隆、许章润著：《刑罚学》，群众出版社 1988 年版，第 55 页；粟劲、李放主编：《中华实用法学大辞典》，吉林大学出版社 1988 年版，第 541 页。

② 见马克昌主编：《刑罚通论》，武汉大学出版社 1999 年版，第 13 页。另外参见肖扬主编：《中国新刑法学》，中国人民公安大学出版社 1997 年版，第 209 页。

③ 见邓又天主编：《中国刑法总论》，四川人民出版社 1990 年版，第 214 页。另外参见杨春洗等著：《刑法总论》，北京大学出版社 1981 年版，第 211 页；高铭暄主编：《刑法学》（修订本），法律出版社 1984 年版，第 207 页；肖扬主编：《中国新刑法学》，中国人民公安大学出版社 1997 年版，第 209 页。

④ 见张明楷著：《刑法学》（上），法律出版社 1997 年版，第 394 页。另外参见李光灿主编：《中华人民共和国刑法论》（上册），吉林人民出版社 1984 年版，第 334 页；邱兴隆、许章润著：《刑罚学》，群众出版社 1988 年版，第 55 页；肖扬主编：《中国新刑法学》，中国人民公安大学出版社 1997 年版，第 209 页。

⑤ 见张友渔主编：《中国大百科全书·法学》，中国大百科全书出版社 1984 年版，第 648 页。

法规之明文，以剥夺私人法益为手段，对于犯罪人本身所加公法上之制裁也。”① 日本学者我妻荣等编撰的《新法律学词典》中刑罚的定义为：“对犯罪行为作为法律上的效果加给行为者的制裁。”② 德国学者李斯特认为：“刑罚是刑事法官根据现行法律就犯罪人的犯罪行为而给予犯罪人的惩罚（Uebel），以表达社会对行为及行为人的否定评价。”③ 在关于刑罚究竟是一种什么样的制裁方法的问题上，持制裁方法说的我国大陆学者除了在表述上有所不同外，多数学者观点基本一致，即都认为刑罚是一种由刑法规定的、由国家审判机关对犯罪人适用的制裁方法。④ 但也有个别不同观点，如有学者放弃了对刑罚依据以及刑罚适用主体的描述，将刑罚界定为“国家创制的，对犯罪分子适用的特殊制裁方法”。⑤ 至于持制裁方法说的我国台湾地区学者和国外学者，则基本上是从动态方面阐释刑罚，即将刑罚解释为对犯罪人所加之制裁或惩罚，因而持制裁方法说的中外学者关于刑罚概念的表述在形式上不具有可比性。在内涵上，除了个别观点外，中外各种观点在关于刑罚适用对象的认识和表述都是一致的，即都明确认为刑罚适用于犯罪人，是对犯罪人的制裁。这一点和强制方法说的情形大不相同。如前所述，在强制方法说内部，关于刑罚的适用对象的表述存在明显区别，有的表述为惩罚犯罪行为，有的表述为适用于犯罪人，并且两种表述方式的

---

① 见高仰止著：《刑法总则之理论与实用》，台湾五南图书出版公司 1986 年版，第 127 页。

② 见［日］我妻荣等编：《新法律学词典》，董璠舆等译，中国政法大学出版社 1991 年版，第 230 页。

③ 见［德］弗兰茨·冯·李斯特博士著，埃贝哈德·施密特博士修订：《德国刑法教科书》，徐久生译，法律出版社 2000 年版，第 401 页。

④ 参见高铭暄、马克昌主编：《刑法学》（上编），中国法制出版社 1999 年版，第 396 页；张友渔主编：《中国大百科全书·法学》，中国大百科全书出版社 1984 年版，第 648 页；赵秉志、鲍遂献著：《现代刑法学》，湖南师范大学出版社 1995 年版，第 203 页。

⑤ 见樊凤林主编：《刑罚通论》，中国政法大学出版社 1994 年版，第 31 页。上述引用并非该书给出的刑罚的完整定义——论者注。

运用者都不在少数。产生这种差别的原因笔者将在后面的评析中加以阐释。

在对刑罚适用对象认识一致的基础上，持制裁方法说的学者们在对适用刑罚的主体的认识上有所不同，表现在有的学者认为制裁的主体是法院或者国家审判机关，有的认为是国家，有的认为是刑事法官，还有的则没有涉及适用刑罚的主体。同时，在刑罚概念具体内涵的界定上差别也是明显的，例如，有的指明了刑罚的依据是刑法，有的则没有提及这一点；有的将刑罚是社会对行为及行为人的否定评价这一内容纳入刑罚概念的内涵之中，而多数概念则未涉及此内容。①

3. 法律效果说

该类观点将刑罚归纳为犯罪行为的法律效果。例如，我国台湾地区学者林山田认为：刑罚“乃刑法规范使用之法律制裁手段，用以作为犯罪行为最主要之法律效果。”② 我国台湾地区学者刘清波认为：“刑罚者，剥夺私人法益，而为犯罪之法律上效果也。”③ 日本学者西原春夫认为：刑罚是以国家剥夺私人法益为内容的犯罪的法律效果。④

此外，有的学者将对犯罪人的否定评价纳入了刑罚概念的内涵之中。例如，前苏联学者科瓦廖夫认为：“刑罚，就是国家对犯罪者实行本应由其享有的某种利益的剥夺，表现为对犯罪者及其行为的否定评价。”⑤ 美国学者杜菲认为，刑罚可以理解为“当权者对有选择能力但却违反了既定行为准则的其他行为施加预定的不快后

---

① 由于持强制方法说的主要是中国学者，因而在关于刑罚概念内涵的描述上，差别不如持制裁方法说的学者那样大，基本上都是围绕刑罚的实施主体、适用对象展开的。

② 见林山田著：《刑法通论》，台湾三民书局1986年版，第363页。

③ 见刘清波著：《刑法概论》，台湾开明书局1981年版，第127页。

④ 参见［日］西原春夫著：《刑法总论》，［日］成文堂1978年版，第433页。

⑤ 见［前苏联］H. A. 别利亚耶夫、M. И. 科瓦廖夫编：《苏维埃刑法总论》，马改秀、张广贤译，群众出版社1987年版，第265页。

果并表示谴责。”①

（二）对各类观点的评析及结论性意见

由于不同国家的学者对概念下定义所依据的标准不同，因而他们关于刑罚的定义出现不同的表述形式十分正常，并且无所谓孰对孰错。但是，在涉及有关刑罚的性质等实质性内容时，笔者认为还是有必要对各种定义评出优劣得失。要评价出各种观点的优劣得失，显然首先必须确立一个评价标准。这个评价标准是什么呢？笔者认为应当从以下两个方面考虑：

第一，应当从刑罚定义的任务出发考虑问题，即应当以某一关于刑罚的定义是否完成了刑罚定义的任务为标准，来判断该定义的优劣得失。

所谓定义，“是揭示概念所反映的事物本质的较为简短而明确的命题。”根据这一“定义”的定义，可以知道各种概念的定义都有一个共同的任务，即揭示某一概念所反映的事物的本质。因此，刑罚的定义的任务就在于揭示刑罚这一概念所反映的刑罚的本质。所谓本质，就是“事物本身所固有的，决定事物的性质、面貌和发展的根本属性。”② 关于刑罚的本质，目前刑法理论界主要存在三种观点，第一种观点认为：“刑罚的法律本质是惩罚的严厉性。”③ 第二种观点认为：“刑罚的本质是对犯罪的惩罚性，亦即刑罚是对犯罪的惩罚。”④ 第三种观点认为：“刑罚是对实施了犯罪行

① 见［美］大卫. E. 杜菲著：《美国矫正政策与实践》，司法部预防与劳动改造研究所组织翻译，中国人民大学出版社 1992 年版，第 9 页。

② 见《现代汉语词典》，商务印书馆 1996 年修订版，第 61 页。

③ 见何秉松主编：《刑法教科书》，中国法制出版社 1997 年版，第 452 页。另外参见邱兴隆、许章润著：《刑罚学》，群众出版社 1988 年版，第 60 页。

④ 见马克昌主编：《刑罚通论》，武汉大学出版社 1999 年版，第 39 页。

为的人（犯罪人）的报应（惩罚）。”[①] 其中，持后两种观点的人占多数。笔者赞同第三种观点，认为只有这种观点才正确反映了刑罚的根本属性，理由是：刑罚是为了惩罚犯罪才诞生的，因而惩罚性才是其与生俱来的，亦即其本身所固有的属性；而犯罪只能是犯罪人所实施的，因而对犯罪的惩罚最终必然落到犯罪人的身上。因此，刑罚的本质应当是对实施了犯罪行为的人的惩罚。既然刑罚的本质是对犯罪人的惩罚，那么，以揭示刑罚本质为任务的刑罚定义就应当包含对犯罪人的惩罚这一内容。

以上述标准来评判前述各类关于刑罚的定义，可以知道无论是强制方法说，还是制裁方法说亦或是法律效果说，只有那些包含了对犯罪人的惩罚这一内容的定义，才可能是科学的。因此，以下关于刑罚的定义不可取：（1）不包含惩罚性内容的各种定义。例如，强制方法说中的“刑罚就是人民法院代表国家依法对犯罪分子适用的强制方法”的观点。（2）强制方法说和制裁方法说中将刑罚定义为惩罚犯罪的强制方法的观点。关于将刑罚本质界定为惩罚犯罪的强制方法的观点所存在的缺陷，已有学者作出了精当的阐述。[②] 笔者在此还想指出的是，我国刑法学界之所以有不少人将刑罚的本质界定为对犯罪行为的惩罚，除了受西方古典学派的影响外，对马克思有关行为的论述的错误理解也是重要原因之一。马克思曾经这样论述：“我只是由于表现自己，只是由于踏人现实的领域，我才进入受立法者支配的范围。对于法律来说，除了我的行为以外，我是根本不存在的，我根本不是法律的对象。我的行为就是我同法律打交道的唯一领域，因为行为就是我为之要求生存权利、

---

① 见谢望原著：《刑罚价值论》，中国检察出版社 1999 年版，第 40 页。应当注意的是，国外学者对刑罚本质的探讨内容与我国学者不同，当国外学者探讨刑罚本质的时候，他们实际上是在探讨刑罚权的根据，涉及的是可以对什么适用刑罚？为什么可以适用刑罚？可以适用什么样的刑罚等问题。因此，笔者没有列举国外学者关于刑罚本质的观点。

② 参见谢望原著：《刑罚价值论》，中国检察出版社 1999 年版，第 40 页。

要求实现权利的唯一东西，而且因此我才受到现行法的支配。”①在这段论述中，马克思确实特别强调了行为的重要性，甚至提出了行为人不是法律的对象，但有两点需要加以澄清：第一，马克思这段论述的背景。众所周知，马克思的这段论述是针对当时反动的普鲁士专制政府所颁布的书报检查令而来，根据该书报检查令，纯粹的思想方式也将受到惩罚。因此，马克思在此强调行为在法律领域的重要性，只是为了谴责普鲁士专制政府惩罚思想方式的丑恶行径，并不能由此推断马克思认为法律惩罚的是行为。第二，从马克思的其他论述可以认为，马克思同样认为法律惩罚的是行为人。例如，在前段论述随后的论述中，马克思这样讽刺普鲁士政府：“法律惩罚我并不是因为我做了坏事，而是因为我没有做坏事。其实我受罚的原因是我的行为并不违法，正是由于这一点，我就迫使好心肠的法官只去审查我那非常慎重、不至于使自己在行动中暴露出来的恶劣的思想方式。”② 可见，马克思同样认为法律惩罚的是行为人。实际上，从常理也可以知道刑罚惩罚的是犯罪人而不可能是犯罪行为，因为犯罪行为根本不具备承受刑罚的条件。当我们说严惩走私犯罪活动的时候，实际上是在说严厉打击从事走私犯罪活动的犯罪分子，从这一点上看，全国人大常委会《关于严惩严重危害社会治安的犯罪分子的决定》以及《关于严惩严重破坏经济的罪犯的决定》的表述才是精当的，而《关于惩治走私罪的补充规定》之类的表述是不准确的。司法机关实际上是想通过惩罚实施了犯罪行为的人来达到预防犯罪的目的，而不可能通过惩罚犯罪来预防犯罪。

第二，应当从下定义的基本方法去考虑，即应当以各种刑罚定义是否遵循了下定义的基本方法来判断其优劣得失。

---

① 见《马克思恩格斯全集》（第一卷），第16~17页，转引自李光灿、吕世伦主编：《马克思恩格斯法律思想史》，法律出版社1991年版，第60~61页。

② 见《马克思恩格斯全集》（第一卷），第17页，转引自李光灿、吕世伦主编：《马克思恩格斯法律思想史》，法律出版社1991年版，第61页。

要想给刑罚概念下一个科学的定义，首先应当考察下定义的基本方法。给概念下定义是一项逻辑思维活动，必须符合逻辑学基本规律。在逻辑学中，给概念下定义的基本方法是属加种差的方法。所谓属，即属概念，是同类事物中外延较大的事物的概念。例如，水果和西瓜属于同一类事物的概念，其中水果的外延更大，因而在这两个概念中，水果属于属概念。所谓种，即种概念，是同类事物中外延较小的事物的概念。例如，在水果和西瓜这两个概念中，西瓜外延较小，因而西瓜属于种概念。种差是使同属不同种事物区别开来的本质规定性。根据属加种差的下定义方法，在给刑罚下定义时，应当正确界定两项内容：一是刑罚所属的属概念是什么，二是刑罚与和它处于同一属概念的其他种概念的差异——种差。

关于刑罚所属的属概念，如前所述，主要有三种观点，即强制方法说、制裁方法说和法律效果说三类观点，分别认为刑罚是一种强制方法、一种制裁方法和法律效果。那么，哪一种概括更科学呢？对此，笔者认为应当从以下几方面加以分析：第一，所给出的属概念是否外延是否过窄，以至于未能将所有刑罚方法涵盖在内。分析上述观点，可知无论是将刑罚界定为一种强制方法，还是一种制裁方法抑或是法律效果，都将刑罚的外延囊括在内，因而上述属概念在这一点上不存在缺陷。[①] 第二，所给出的属概念外延是否过宽，以至于将某些与刑罚不属于同类事物的事物也涵盖在内。笔者认为在这一点上强制方法说和法律效果说不无缺陷，表现在：刑罚以惩罚性为其根本属性，因而任何不具备惩罚性的事物都与刑罚不属于同类事物。而在强制方法和法律效果中，均有相当一部分事物不具有惩罚性。例如，刑事诉讼过程中所采取的强制措施，也属于

① 需要指出的是，所谓“法律效果”是我国台湾地区学者和翻译成中文的日本刑法学著作中的提法，从我国台湾地区刑法学说的主要渊源于日本和德国的事实来看，我国台湾地区学者所持的法律效果说的观点也可能来源于日本。笔者认为从语义上分析，根据学者们所要表达的真实意思推测，法律效果的提法有欠贴切，称法律后果似乎更妥当。

强制方法，而这些强制方法就不具有惩罚性，因而与刑罚不属于同类事物。又如，夫妻互负扶养对方的义务是结婚行为的法律效果，这种法律效果更不具有惩罚性。因此，以强制方法或者法律效果作为刑罚所属的属概念，违反了逻辑学对下定义的要求，并不合适。相比之下，将制裁方法作为刑罚所属的属概念，则是准确的，因为所有的制裁方法无疑都具有惩罚性，因而都与刑罚属于同类事物。

对种差的界定，是一项十分复杂而困难的工作，这是因为事物是千差万别的，要对如此纷繁复杂的事物进行定义，当然不是一件容易的事。在对种差进行界定时，只能根据不同的事物确定不同的界定方式，而关键必须认识到，种差界定是否科学的标准就是看这种界定是否达到了这一要求，即是否将某一事物与其他同类事物区别开来了。具体到刑罚，就是看是否将其与其他制裁方法区别开来了。这种区别不外乎表现在实施制裁的主体和制裁适用的对象两个方面。这两个方面确定下来了，刑罚与其他制裁方法的区别也就体现出来了。反之，这两个方面没有界定清楚，就难以将刑罚与其他制裁方法区别开来。由于未经法院依法判决，对任何人都不得确定有罪的无罪推定原则已经为世界各主要国家法律所确认，而未确定有罪就不得施加刑罚，因而适用刑罚的主体可以确定为法院。刑罚只能适用于实施了犯罪行为的人，因而刑罚的适用对象只能是实施了犯罪行为的人。同时，考虑到对实施了犯罪行为的人可能提起附带民事诉讼并给予民事制裁，而对犯罪人的民事制裁不属于刑罚的范畴，因而还要将对犯罪人的这种制裁排除在外。民事制裁非刑法所规定，而刑罚皆为刑法所规定，因而可以用刑法所规定加以限定。至于刑罚所具有的其他特征，由于对于区分刑罚与其他制裁方法并非必不可少，为了使刑罚定义尽量简短明确，以符合定义的基本要求，笔者认为以不纳入刑罚概念的内涵为宜。

基于以上考虑，笔者认为，对刑罚可以作出以下为世界各国都能适用的定义：“刑罚是由刑法所规定的，由法院适用于实施了犯罪行为的人的一种制裁方法。”

二、刑罚权的根据

在探讨刑罚权的根据时，首先应当将“刑罚的根据”与“刑罚权的根据”加以区分。在一些刑法学论著中，只论及刑罚的根据而未涉及刑罚权的根据，[①] 而在另外一些刑法学论著中，却只探讨了刑罚权的根据而未涉及刑罚的根据。[②] 这是为什么？是学者们将二者视为了同一事物？还是他们只探讨了其中一个问题而忽视了另一个问题？显然有必要加以澄清。

笔者认为，有的学者将“刑罚的根据”和“刑罚权的根据”视为了同一事物，这主要表现在以下三个方面：第一，有的学者在其前一部著作中，探讨的是刑罚权的根据问题，在其后一部著作中，探讨的则是刑罚的根据问题，而对这两个问题的探讨，得出的结论均为报应和功利的统一。[③] 显然，该学者将刑罚的根据和刑罚权的根据画上了等号，否则不可能得出同一个结论。第二，一些探讨刑罚根据的学者和一些探讨刑罚权根据的学者，都不约而同地得出刑罚的根据或者刑罚权的根据是报应或者功利或者报应和功利二

---

① 参见林山田著：《刑罚学》，台湾商务印书馆股份有限公司1992年版，第105～107页；邱兴隆著：《关于惩罚的哲学——刑罚根据论》，法律出版社2000年版。另外，由日本学者木村龟二主编的《刑法学词典》（顾肖荣等译，上海翻译出版公司1991年版，第406～418页），以及我国台湾地区学者高仰止著的《刑法总则之理论与实用》（台湾五南图书出版公司1986年版，第444～446页）等书中论及刑罚的本质时，探讨的实际上都是刑罚根据问题。

② 参见马克昌主编：《刑罚通论》，武汉大学出版社1999年版，第20～27页；高铭暄、马克昌主编：《刑法学》（上编），中国法制出版社1999年版，第403～404页；邱兴隆、许章润著：《刑罚学》，群众出版社1988年版，第66～68页。

③ 例如，邱兴隆先生在与许章润先生1988年合著的《刑罚学》一书中，探讨了刑罚权的根据问题；邱兴隆先生在2000年独撰的《关于惩罚的哲学——刑罚根据论》一书中，专门研究了刑罚权的根据问题，而无论是探讨刑罚权的根据，还是探讨刑罚权的根据，作者得出的结论都是报应和功利的统一。

者结合的结论。[①] 这意味着，不是探讨刑罚根据的学者，就是探讨刑罚权根据的学者，将刑罚的根据和刑罚权的根据混淆了。第三，有些学者虽然未将报应和功利视为刑罚权的两个根据，却将报应和功利视为其他学者所持的关于刑罚权根据的观点，并且未对刑罚权的根据和刑罚的根据加以必要的区分。[②] 可见，在上述三类学者看来，刑罚的根据与刑罚权的根据实际上是指同一事物。

笔者认为，不加说明地将刑罚的根据与刑罚权的根据视为同一事物有欠妥当，理由是：从字面含义来看，“刑罚的根据”和“刑罚权的根据”是明显不同的。所谓根据，在此解释为理由较为合适。刑罚的根据，是指国家运用刑罚惩罚犯罪分子的正当理由是什么，或者说国家为什么可以而且应当运用刑罚惩罚犯罪。[③] 刑罚权的根据，是指国家拥有刑罚权的理由是什么，或者说国家为什么拥有运用刑罚惩罚犯罪分子的权力。前者指的是一种惩罚方法存在的理由，后者指的是一种权力存在的理由。二者有其不同的内涵，本不是同一类事物。如果不加分辨、不加说明地将二者混为一谈，第一不符合对事物进行分类的科学标准，第二容易导致认识上的混乱，[④] 显然不妥。

在刑法理论界比较通行的观点中，刑罚的根据与刑罚的目的被

---

① 参见林山田著：《刑罚学》，台湾商务印书馆股份有限公司 1992 年版，第 105 ~ 107 页；高铭暄主编：《刑法学原理》（第 3 卷），中国人民大学出版社 1994 年版，第 27 页。

② 参见马克昌主编：《刑罚通论》，武汉大学出版社 1999 年版，第 22 ~ 24 页；高铭暄、马克昌主编：《刑法学》（上编），中国法制出版社 1999 年版，第 403 页；

③ 在刑罚权的根据之词义中，本不包含国家这一主体，但由于在刑罚的适用主体为国家这一点上刑法学界没有争议，因而在此加上了国家这一刑罚主体。

④ 事实上，在不少刑法学论著中，已经存在这样的问题。这些论著一方面将刑罚权的根据作狭义的解释；另一方面在进一步论述刑罚权的根据或者介绍关于刑罚权根据的不同观点时，却又将有关刑罚权的根据的观点纳入其中，甚至更多的是探讨这方面的问题。这种名不副实的探讨显然不足取。

视为同一概念，都以预防和报应作为其考察内容。[①] 笔者认为，这不应当是刑罚权的根据应当探讨的内容，因此，笔者在此对以报应和预防为探讨内容的刑罚的根据问题不予涉及。

对于刑罚权属于国家，即对犯罪人实行刑罚惩罚的权力属于国家，各国刑法理论界和实务部门均无异议。[②] 笔者在此不作赘述。对于刑罚权的根据，即国家刑罚权存在的理由，或者说为什么国家具有运用刑罚惩罚罪犯的权力，则分歧观点颇多，主要有以下几种：

（一）天命说或者神权说

历史上最早的关于刑罚权根据的观点可以归纳为天命说或者神权说。这种观点认为国家刑罚权是由上天或者神明所赋予的。据史书记载，我国奴隶社会就有了这种刑罚权根据观。例如，《尚书·皋陶谟》记载了皋陶在夏禹王的御前会议上发表的一次政论："天叙有典，敕我五典五惇哉！天秩有礼，自我五礼有庸哉！……天讨有罪，五刑五用哉！"[③] 其中，"天讨有罪，五刑五用哉"，意思即为了替上天惩罚犯了罪的人，我们要运用好五种刑罚。显然，统治者认为，他们惩罚犯罪人的权力，是由上天所赐，他们只是替天行罚。在西方中世纪，君权神授的思想必然得出刑罚权神授的结论，因而神权说也占有主导地位。例如，有学者明确指出："我们再也

① 参见邱兴隆著：《关于惩罚的哲学——刑罚根据论》，法律出版社 2000 年版，第 283 页。

② 应当注意将历史上存在过的某些合法惩罚权与刑罚权加以区分。这些合法惩罚权的内容和刑法规定的刑种重合。前者如奴隶制和封建制国家普遍存在的君主对臣民的惩罚权，宗族内部族长对宗族成员存在的惩罚权。其惩罚内容也包括剥夺人的自由、肉刑以及剥夺人的生命等，与当时法律规定的刑罚方法并无差别。这些惩罚方法与刑罚的主要不同之处在于：刑罚的适用主体是代表国家的审判机关，而这些惩罚方法的适用主体是君主或者族长。因此，尽管在奴隶制和封建制国家中，常常君主就代表着国家，圣旨就是法律，但后一种惩罚方法由于不具有审判机关依法作出这一特征而不能视为刑罚。相应地，享有这种惩罚权的人也不能视为拥有刑罚权。

③ 转引自高绍先著：《中国刑法史精要》，法律出版社 2001 年版，第 83 页。

不用去思索刑罚权的渊源，这无非是神的代理人根据保障社会的必要，以惩罚作恶者的一种权力。”① 在统治者专横，刑罚残酷，社会处于蒙昧时期的情况下，以虚幻却令人敬畏的上天、神明的授权作为刑罚权的根据，确实有其妙用，它至少使大多数人不敢随便怀疑国家刑罚权的正当性。但是，这种刑罚权的根据未免过于虚幻，在科学已经十分发达的今天，如果再坚持这种观点，实属自欺欺人，恐怕很少有人真正认同。

（二）契约说

到了资产阶级启蒙运动时期，契约说成了关于刑罚权根据的主要学说。这种学说认为，人们为了避免在混乱无序的利益争夺中同归于尽而订立了契约，将部分自由割让出来，割让出来的这部分自由形成了国家刑罚权。例如，贝卡里亚认为：“正是这种需要（即避免在混乱无序的利益争夺中同归于尽的需要——论者注）迫使人们割让自己的一部分自由，而且，无疑每个人都希望交给公共保存的那份自由尽量少些，只要足以让别人保护自己就行了。这一份份最少量自由的结晶形成惩罚权。”② 刑罚权当然属于惩罚权的一部分。契约说使神权说之下虚幻的刑罚权的根据变得较为具体，并且部分符合了实际情况，即对于那些希望自己的生命、健康、财产、人身自由等利益能够得到保障的人而言，他们确实不愿意每个人都可以随意处置他人的上述利益，因而愿意将自己的部分自由割让出去——如果割让出去后确实能使自己得到更好的保护的话。相对于神权说而言，契约说的基础显然要扎实些。但是，从整体上看，契约说也是与事实不符的。首先，我们从来没有看到过这种契约的存在。其次，很多的自由人们并不是主动割让出去的，而是统治者通过法律强行剥夺的，统治者对人们违反这部分法律所拥有的

① 转引自马克昌主编：《刑罚通论》，武汉大学出版社 1999 年版，第 20 页。

② 见［意］贝卡里亚著：《论犯罪与刑罚》，黄风译，中国大百科全书出版社 1993 年版，第 9 页。

刑罚权，完全说不上是根据契约产生的。最后，对于不同的人而言，他们所愿意割让的自由不可能是相同的，因此，人类根本不可能达成一个所谓的契约。

（三）命令说或者国家统治权说

这是分别由西方学者和我国学者提出的观点。19世纪，西方有学者提出了命令说。该说认为刑罚权的根据在于主权者的命令，国家的刑罚权源于国家的命令权。例如，有学者这样阐述："主权者宣布和执行法律，假若他的命令不能使违犯者发生危险，那么，法律也将不成其为法律，而仅是一种劝告，一种请求，主权者也将不成其为主权者，而仅是一种宗教上的'传教师'罢了。……所以合法的刑罚权，仅在于命令权（法律）的依赖……"①

20世纪80年代，我国刑法学者提出了国家统治权说。持这种观点的学者认为，国家刑罚权是一种国家权力，其根据就在于国家统治权，没有国家，没有国家统治权，也就无所谓刑罚权。② 这种观点与西方的命令说颇为相似，即都认为国家刑罚权源于国家权力，只不过国家统治权说称这种国家权力为国家统治权，命令说认为这种权力为国家命令权。笔者认为，国家命令权源于国家统治权，是国家统治权的一部分。因此，西方法学家的命令说和我国学者的国家统治权说在本质上是一致的，故将这两种观点归纳为一种。

（四）社会自律性与他律性统一说

这是我国学者在20世纪90年代提出的观点。持这种观点的学者认为，从应然的角度来说，刑罚权行使应该表现为一种社会自律性。所谓自律，即自我约束，自我控制。只有当刑罚权的行使对社会的发展起到了推动与促进作用，反映了社会发展的客观规律，刑

① 转引自马克昌主编：《刑罚通论》，武汉大学出版社1999年版，第22页。

② 参见杨春洗、杨敦先主编：《中国刑法论》，北京大学出版社1994年版，第176页。

罚权的行使才具有社会自律性。所谓社会他律性，是指刑罚权的行使受到一定的限制，它不以主权者的意志为转移。刑罚权的行使是社会自律性和社会他律性的统一，社会自律性说明了刑罚权行使的合理根据，而社会他律性则表明了刑罚权行使的应有限制。刑罚权行使的这种社会自律性与社会他律性的两重性，就是刑罚权根据之所在。[①] 这种观点令人费解。按照这种观点，只有刑罚权在行使过程中具有社会自律性和社会他律性两重属性，刑罚权才能够存在，国家才具有运用刑罚惩罚犯罪人的权力。因此，恶法非法，如果统治者进行惩罚时违反社会自律性的要求，那他就不是在进行合法的刑罚惩罚，而是在进行非法惩罚。但问题是，我们能不能将不具有社会自律性的惩罚都排除在刑罚之外，亦即能不能保证刑罚权的行使都具有社会自律性？这显然是不可能的。事实证明，曾经有很多的刑罚处罚对社会的发展起到了阻碍作用，但这丝毫不影响国家刑罚权的存在。[②] 而且，很多的刑罚处罚，在适用的当时我们不可能知道究竟是促进社会的发展还是阻碍社会的发展。因此，笔者认为，这种观点不切实际，难以成立。它实际上是将国家为什么具有运用刑罚惩罚犯罪人的权力的问题误当作刑罚权应当如何行使的问题来探讨了，结论当然不可能正确。

（五）利益和需要说或称适当自卫说

这是我国学者提出的又一种观点。持这种观点的学者认为，统治阶级为了对付违反它的生存条件的行为而进行自卫，这才是刑罚权的根据。但仅此还不够，还需要对“它的生存条件”加以解释。所谓“它的生存条件”，也就是该社会（即该社会的统治阶级）所

---

① 参见樊凤林主编：《刑罚通论》，中国政法大学出版社 1994 年版，第 36 ~ 39 页。另参见陈兴良：《论刑罚权及其限制》，载《四川法学研究》1993 年第 2 期。

② 例如，在我国经济转型时期，司法部门经常将一些不符合计划经济的要求却对社会经济的发展起着推动作用的行为，视为投机倒把或者贪污受贿行为而予以刑罚惩罚。我们可以在事后对这类判决依法予以纠正，却不能说国家对这类行为的处罚行使的不是刑罚权，而是非法处罚权。

存在的经济基础。作为法律现象的刑罚权，也必须由它所存在的经济基础来说明。所以刑罚权的根据，归根结底，还在于一定的物质、生产方式所产生的利益和需要。[①] 笔者认为，这种观点值得商榷。一个很明显的漏洞是：统治阶级为了对付违反它的生存条件的行为而进行自卫，就可以产生刑罚权，那么，被统治阶级为了对付违反它的生存条件的行为而进行自卫，为什么就不能产生刑罚权呢？显然，从为了对付违反其生存条件的行为而进行自卫出发，并不能当然得出国家有权运用刑罚惩罚犯罪人的结论。这种观点实际上是将国家运用其掌握的刑罚权要达到什么目的这一问题，误当作刑罚权的根据问题来探讨了，结论当然也就难以令人接受。

综上分析，笔者认为，在关于国家为什么具有运用刑罚惩罚罪犯的权力这一问题上，中西方学者的天命说或者神权说陷于虚幻之中，西方学者的契约说只是经不起事实检验的主观演绎或者归纳，我国学者的社会自律性与社会他律性统一说以及利益和需要说亦均未能把握问题的实质，因而这些观点或者学说都不能成立。西方学者的命令说和我国学者的国家统治权说最准确地揭示了国家刑罚权的根据，因而这两种观点最为可取。两种观点相比，我国学者的观点又更胜一筹。理由是：第一，有国家必然有国家统治权。在阶级社会，国家是阶级统治的工具，是统治阶级压迫被统治阶级的暴力工具；在阶级逐渐消失，社会分化为不同阶层的社会，国家成为当权者维护社会秩序，调和各阶层利益冲突的工具。无论作为哪一种工具，如果没有国家统治权这种强制性权力作为后盾，都根本不可能发挥作用。因此，国家统治权是国家赖以存在和发挥作用的基础，有国家存在必然有国家统治权存在。第二，国家统治权是一切国家权力的源泉。国家管理社会事物的过程，也就是其统治权实现

---

① 参见马克昌主编：《刑罚通论》，武汉大学出版社 1999 年版，第 26 ~ 27 页。另外参见高铭暄、马克昌主编：《刑法学》（上编），中国法制出版社 1999 年版，第 403 ~ 404 页。

的过程，但这种统治权并不是以整体面貌出现的，而是表现为各种具体的国家权力，如命令权、禁止权、惩罚权，等等。可见，统治权是一切其他具体国家权力的源泉。正是由于国家具有统治权，才会也必然会派生出各种具体的国家权力。刑罚权也不例外，它同样来源于国家统治权。第三，虽然国家命令权的存在需要以国家刑罚权作为依托，[①] 因而在局部来看，国家刑罚权似乎确实来源于国家的命令权。但问题在于，国家为什么拥有命令权本身就是一个需要加以解释的问题。用一个本身就有待解释的结论去解释另一个结论，得出的结论显然是仍然有待于进一步解释的，因而是不圆满的。实际上，如前所述，无论是命令权还是刑罚权，它们都来源于国家的统治权，而国家统治权是一种与国家诞生俱来的国家权力，是一种不以人的意志为转移的客观存在，令人无可置疑。因此，只有国家统治权才最深刻而全面地揭示了一切国家权力的源泉，当然也揭示了国家刑罚权的根据。

① 有论者不赞成主权者的命令这一提法，认为这一提法不科学，因为法律是经过法定程序表现的统治阶级的意志，并非主权者的一般命令（参见马克昌主编：《刑罚通论》，武汉大学出版社 1999 年版，第 24 ~ 25 页）。笔者认为，主权者的命令、统治阶级的命令以及国家的命令的提法实际上是一回事，因为国家的命令实际上就是以国家名义体现出来的统治阶级的命令，而所谓的主权者实际上就是国家或者说以国家名义出现的统治阶级，主权者的命令实际上也就是国家或者统治阶级的命令。法律中的可能引发刑罚惩罚的义务性规范，都可以归入以国家名义表现出来的统治阶级的命令之列。因此，主权者的命令这种提法并无明显不妥之处。

第十题 死刑适用论

一、我国死刑适用面临的观念性挑战

中国传统死刑观属于中华法律文化的组成部分。法律文化一旦积淀成民族心理，就会对国家法制发展产生长远而深刻的影响。[①]“纯法律举动很明显取决于感情和态度，感情和态度在决定该法律的对象是否组织起来，对法律施加压力要求改变或采取敌对行为等方面也很重要。所以，必须考虑所谓法律文化。”[②] 要解决我国死刑适用中面临的问题，不能不探讨传统死刑观在死刑适用中扮演的角色。中国当前存在的死刑适用不正当的问题，表面上看是立法技术不成熟，司法水平不精湛以及由社会转型引发的严峻犯罪形势所共同造成，深层次看则是中国传统死刑观在作祟。因此，有必要认真反思中国传统死刑观对我国死刑适用的消极影响。

（一）中国传统死刑观的主要特征

所谓中国传统死刑观（以下称传统死刑观），是指中国历史上据主流地位的对死刑的认识和态度。传统死刑观是在对死刑现象反复感知的基础上，逐步积淀而来，与中国死刑史息息相关。仔细考察中国历史上的死刑现象、死刑制度和死刑思想，可以发现传统死刑观具有三个方面的特征：一是笃信死刑的正当性；二是不顾死刑适用的合理限度，极力追求死刑的威慑效果；三是容忍过度发挥死

① 参见田洪生：《传统法律文化对当今法制建设影响析》，载《河北大学学报》1995 年第 3 期。

② 见［美］劳伦斯．M. 弗里德曼：《法律制度——从社会科学角度观察》，李琼英、林欣译，中国政法大学出版社 1994 年版，第 14 页。

刑的复仇价值，放纵死刑带来的报复满足感和精神刺激。

1. 笃信死刑的正当性

死刑通常被认为来源于血亲同态复仇习惯，对恶行进行报复能够释放受害者及其亲友的愤恨，带给他们快感，并且恢复遭到破坏的正义，因而受到广泛认同。无论中外，死刑作为复仇手段，其正当性在很长时间内从未受到过怀疑。不过，关于死刑正当性的认识到近现代开始分化。在西方，贝卡里亚于1764年正式向死刑的正当性发起挑战："体现公共意志的法律憎恶并惩罚谋杀行为，而自己却在做这种事情；它阻止公民去做杀人犯，却安排一个公共的杀人犯。我认为这是一种荒谬的现象。"① 此后，关于死刑存废之争此起彼伏，从未间断，赞同贝卡里亚观点的学者逐渐增加。"人们越是密切关注死刑问题，就越可能倾向于采纳贝卡里亚的主张"。② 对死刑正当性问题长期论战的结果，是死刑废除论在西方最终成为占主流地位的观念，并在欧洲催生出彻底废除死刑的立法和司法。中国的情况正好相反。封建专制者对思想的长期钳制，加上东方人直观而缺乏缜密推理过程的思维习惯，使得关于死刑的思考一直停留在感性认识的层面。而在感性认识层面，轻易占据人的思维和情感的，又总是朴素的、本能的报应观。这种报应观与统治阶级的重刑威慑观殊途同归，因而被统治阶级加以肯定并大肆宣扬，深入人心。在这样的观念之下，死刑作为对"杀父之仇"等恶行的报复手段，其正当性毋庸置疑，"杀人偿命"如同"欠债还钱"一样，天经地义。

2. 极力追求死刑的威慑效果

中国历史上曾经存在过慎用死刑的观念，"与其杀不辜，宁失

① 见［意］贝卡里亚著：《论犯罪与刑罚》，黄风译，中国大百科全书出版社1993年版，第49页。

② 见［英］吉米·边沁著：《立法理论——刑法典原理》，孙力等译，中国人民公安大学出版社1993年版，第90页。

不经”[①]堪称这种观念的代表。不过，这种观念在中国死刑观中从来没有成为主流。充斥统治阶级头脑中的，是杀气腾腾的重刑威慑观念。刑罚是一种恶害，人都具有趋利避害的本能，因而对刑罚这种恶害都会感到畏惧。刑罚越严厉，人们对它的畏惧感就越强烈。因此，刑罚具有威慑作用，死刑作为最严厉的刑罚，其威慑作用最为强烈。中国的统治阶级十分倚赖死刑这种威慑作用。他们迷信“禁奸止过，莫若重刑。”[②]认为“诛莫如重，使民畏之。”[③]从早期史书记载的“用命赏于祖；弗用命，戮于社，予则孥戮汝”[④]等赤裸裸的死亡恐吓，到封建社会中晚期朱元璋发出的“吾为政愈严，犯法者愈众”，“吾欲除贪赃官吏，奈何朝杀而暮又犯”[⑤]的慨叹，都可以清楚地看到统治者欲借助死刑的威慑效果来达到奴役民众、巩固统治秩序的目的。

在重刑威慑主义的指导下，中国历史上的死刑泛滥成灾，死刑适用的正当标准遭到排斥和漠视。从秦始皇焚书坑儒，到明清两代反复兴起的文字狱；从秦始皇诛杀刻有“始皇帝死而地分”字迹的陨石附近居民的恶行，到贯穿整个中国封建社会的株连制度，无不表明统治者在适用死刑的时候，只想着如何有效地恐吓民众，而没有考虑过对死刑适用设置一个相对合理、明确的标准。宋朝的一则死刑判例很典型地反映出统治阶级对死刑适用标准的不屑一顾：一个名为张乖崖的崇阳县令，某日发现一个从库房出来的小吏的鬓

---

① 见《尚书·大禹谟》，转引自高绍先著：《中国刑法史精要》，法律出版社 2001 年版，第 88 页。

② 见《商君书·赏刑》，转引自高绍先著：《中国刑法史精要》，法律出版社 2001 年版，第 91 页。

③ 见《韩非子·八经》，转引自高绍先著：《中国刑法史精要》，法律出版社 2001 年版，第 92 页。

④ 见《尚书·甘誓》，转引自龙安生：《〈尚书·甘誓〉并非‘连坐’制度之源》，载《韶关学院学报》（社会科学版）2003 年第 1 期。

⑤ 见刘辰：《国初事迹》，转引自吴广伦：《朱元璋的历史难题——浅谈朱元璋重典治贪》，载《安徽冶金科技职业学院学报》2006 年第 2 期。

角旁边、头巾下面有一枚铜钱。经追问，得知钱是库房里的。张乖崖命令对小吏给予打板子的处分。小吏怒道："一个小钱，算得了什么？还值得打我吗？你能打我，总不能杀我吧？"张奋笔疾书，判决道："一日一钱，千日一千，绳锯木断，水滴石穿。……"据此判处小吏死刑，并亲自操剑把小吏斩杀，然后申报上级，对自己进行弹劾。[①] 这类极端的死刑判决虽然罕见，但与之仅五十步与百步之别的滥用死刑判决，在中国历史上比比皆是。这类判决充分体现出封建统治阶级对死刑威慑效果的极力追求和对死刑适用标准的轻视。

3. 容忍过度发挥死刑的复仇价值

在传统的报应刑理论中，蕴涵着刑罚存在的正当根据，"如果刑罚的公正性应该得到尊重，立足于因果报应的罪刑关系来考察刑罚之所以应该存在的根据，便合理而正当。"[②] 正因为如此，死刑具有正当性的观念深入人心。问题是，传统报应论所蕴涵的复仇内容虽然朴素，却带有野蛮、残忍和原始的气息，它容易毒害人的灵魂，在不知不觉中让人变得狭隘，缺乏宽容心，这种心态与人类文明发展方向不符，需要不断调整并最终扬弃。不受限制的报复则因为连公正性都丧失而更不能允许。传统死刑观恰恰对死刑作为报复手段所具有的负面价值缺乏必要的警惕，只讲报复而不讲限度，对基于复仇而展开的过度杀戮持肯定和理解态度。这种观念通过《赵氏孤儿》等一个个激动人心的历史复仇故事得到弘扬，[③] 致使死刑的复仇功能被过度发挥，死刑被严重滥用，死刑带来的报复满足感和精神刺激被放纵。在中国历史上，对犯罪人执行死刑一度成为民众的精神盛宴，死刑不但被适用于犯罪者本人，还经常被适用于其亲属。这种死刑实践又进一步加强了民众崇尚死刑，依赖死

---

① 参见罗大经：《鹤林玉露·补遗》（三），中华书局1985年版，第108～109页。

② 见邱兴隆著：《刑罚理性导论》，中国政法大学出版社1998年版，第7页。

③ 参见苏力：《复仇与法律——以〈赵氏孤儿〉为例》，载《法学研究》2005年第1期。

刑，动辄希望判处罪犯死刑，而对死刑适用的正当根据和必要限度漠不关心的极不正常的死刑观。

笃信死刑的正当性，无限度地追求死刑的威慑功能，放纵适用死刑带来的报复满足感，使得我国的死刑成为一匹动辄伤人甚众的烈马。这匹烈马在中国刑法史上横冲直撞，危害甚巨。它虽然随着野蛮的封建制度的消亡而丧失了肆虐的园地，但是，伴随它而形成的传统死刑观却阴魂不散，对当今死刑适用产生诸多消极影响。

（二）传统死刑观阻碍中国死刑立法的现代化，为死刑被滥用埋下隐患

当代国际社会越来越普遍地认为，死刑是一种残酷的、不人道的和堕落的刑罚，废除死刑有助于提高人的尊严和促进人权的持续发展；[①]“在未废除死刑的国家，判处死刑只能是作为对最严重的罪行的惩罚。”[②]所谓最严重的罪行，应当是指故意对最重大的利益造成最严重的损害的罪行。能够归入最严重的罪行之列的，只能是那些直接剥夺生命权的犯罪，而绝大多数非暴力犯罪并不会直接侵犯人的生命权，因此，难以将其归入“最严重的罪行”之列。仅根据这一点，对绝大多数非暴力犯罪就没有理由配置死刑。这一现代刑事法治的基本要求，在我国刑法中却没有得到体现。1997年修订的刑法仍然对大量的贪财型以及其他类型的非暴力犯罪配置了死刑。[③]

有学者为这样的死刑立法辩护，认为无论是从某些非暴力犯罪的严重程度来看，还是从威慑效果以及民意基础来看，目前对这些

---

① 参见马长生主编：《国际公约与刑法若干问题研究》，北京大学出版社 2004 年版。

② 见中国社会科学院法学研究所编：《国际人权文件与国际人权机构》，社会科学文献出版社 1993 年版，第 24 页。

③ 参见赵秉志著：《死刑改革探索》，法律出版社 2006 年版，第 118 ~ 119 页。

非暴力犯罪规定死刑都是必要且合理的。[①] 更多的学者则从死刑适用的国际标准到发展趋势，从宏观的刑罚理论到微观的具体个罪，全面、深入地揭示了现阶段对非暴力犯罪大量配置死刑已经缺乏正当性。[②] 然而，立法者和政治决策层对刑法理论界乃至整个法学界对我国死刑立法存在的问题的反思淡然处之，没有尽快修订刑法以解决有关问题的打算。其主要原因在于立法者和政治决策层认为："考虑到目前社会治安的形势严峻，经济犯罪的情况严重，还不具备减少死刑的条件。"[③] 这样的保留经济犯罪等非暴力犯罪死刑的理由，正是传统死刑观作用的结果。在对犯罪是否规定死刑时，考虑的仍然只是发挥死刑的威慑功能，至于现代社会公认的规定死刑时应当遵守的限制性条件，则被随意突破。如果说在生产力十分落后，物质极度匮乏的时代，贪财图利在一定程度上等于间接剥夺民众生存权，对这类犯罪配置死刑还有一定的合理性，那么，在社会已经发展到整体上实现小康的时代仍然对单纯的贪财型非暴力犯罪配置死刑，则已经完全丧失了正当性。在传统死刑观的作用下，立法者和政治决策层甚至无视实证研究所表明的死刑对盗窃、贪污、受贿等经济犯罪的威慑效果十分有限的结论，继续坚持保留这些犯罪的死刑。这样的死刑立法使得我国自外于死刑立法的世界潮流，与死刑立法的现代化相去甚远。

有学者认为，目前废除盗窃、贪污、受贿等经济犯罪的死刑，缺乏经济基础、民主政治基础和人文基础；[④] 有人还担心贸然废除这些经济犯罪死刑，严重违背民意，可能引发社会动荡。笔者认为，这样的观点不但在理论上经不起推敲，而且与实际情况明显不

---

① 参见高一飞：《目前应否对贪污贿赂罪废除死刑》，载《中国社会导刊》2007年第3期。

② 参见赵秉志主编：《中国废止死刑之路探索》，中国人民大学出版社2004年版。

③ 见赵秉志著：《死刑改革探索》，法律出版社2006年版，第96页。

④ 参见黄长旺、叶旺春：《贪污罪与死刑的适用》，载《四川警官高等专科学校学报》2002年第1期。

符。说整体上已经达到小康水平的社会还缺乏废除经济犯罪死刑的经济基础，显然难以让人信服；说我国缺乏废除经济犯罪死刑的民主政治基础，更令人匪夷所思；至于说我国缺乏经济犯罪死刑的人文基础，实际上就是指传统死刑观阻碍经济犯罪死刑的废除，这正是我们要通过死刑立法改革需要加以变革的事物，岂能反而成为拒绝死刑立法改革的理由？从实际情况来看，我国1997年刑法废除了绝大部分盗窃犯罪的死刑，近几年对贪污、受贿犯罪分子适用死刑的标准明显提高，适用死刑的数量相对减少，都没有引发什么社会动荡。可见，拒绝对经济犯罪等非暴力犯罪的死刑立法进行改革的各方面理由均难以成立，这方面的改革步履维艰的真正原因，乃是有人不肯放弃传统死刑观，并以此评判当前的死刑立法状况，如此难免得出我国死刑立法无须作出大的改革的结论。

宽泛的死刑适用标准和范围，为死刑的滥用埋下了的隐患。尽管刑法规定死刑只能适用于罪行极其严重的犯罪分子，但是，由于对何谓罪行极其严重缺乏严格、具体、具有可操作性的衡量标准，刑法分则又对大量犯罪配置了死刑，使得死刑适用的范围和对象都变得较难以琢磨，一些本不应当适用死刑的犯罪分子，出人意料地被判处了死刑立即执行，给死刑适用留下了诸多悲剧。

（三）传统死刑观阻碍现代死刑适用标准的确立

刑罚的首要目的在于预防犯罪，因此，对犯罪适用刑罚时应当考虑预防犯罪的需要，应当尽可能满足预防犯罪的需要，死刑的适用也不例外。但是，在适用刑罚时，又不能以预防犯罪为唯一导向。这是因为：第一，以预防犯罪为适用刑罚的唯一导向容易造成刑罚过于严厉的后果。“功利主义者易于高估犯罪之损害，因而引入严刑来抵消它。”① 因此，单纯以预防犯罪作为决定刑罚的根据，

① See Philip bean, Punishment: A Philosophical and Criminological Inquiry, Oxford: Martin Robertson, 1981, p.44. 转引自邱兴隆著：《关于惩罚的哲学——刑罚根据论》，法律出版社2000年版，第123页。

难免导致严刑苛罚，使得刑罚之恶超过罪行之恶。一旦如此，“立法者就是制造更大的痛苦而不是防止痛苦，是以较大恶之代价来消除较小之恶。”① 这是非正义的，对社会发展弊大于利，甚至有害无益。第二，以预防犯罪为适用刑罚的唯一导向容易造成刑罚不公。预防犯罪所需要的刑罚究竟为多重，难以准确测定，而且，预防犯罪所需要的刑罚既可能高于也可能低于与罪行的轻重相适应的刑罚，因此，单纯根据预防犯罪的需要所确定的刑罚很可能是不公正的刑罚。② 不公正的刑罚缺乏存在的合理根据，因为不公正的刑罚不符合正义的要求，而“正义是社会制度的首要价值，正像真理是思想体系的首要价值一样。”③ 为了使死刑的适用既能预防犯罪又符合正义的要求，就必须在追求死刑适用的威慑效果的同时，设置明确具体的死刑适用的限制性标准，合理控制死刑的适用量，防止过度适用死刑。然而，由于传统死刑观的影响，在我国，符合现代法治要求的死刑适用具体标准迟迟不能产生。

虽然我国刑法第48条规定，死刑只适用于罪行极其严重的犯罪分子，但是，何谓罪行极其严重？对犯下极其严重罪行的犯罪分子如何适用死刑？比如，在共同犯罪中，对共犯应当如何适用死刑？对单个人犯罪，具有何种情节不应当判处死刑？这些问题在司法中都没有得到解决。究其原因不外乎三个：其一，担心制定明确具体的死刑适用标准后，会束缚司法人员的手脚，使他们难以基于功利主义的目的在某些情况下超量适用死刑以震慑犯罪分子，因而不愿制定符合现代法治要求的死刑适用具体标准。其二，缺乏明确的理论作为指导，不知如何制定死刑适用的具体标准。尽管有人认

---

① 参见［英］吉米·边沁著：《立法理论——刑法典原理》，孙力等译，中国人民公安大学出版社1993年版，第68页。

② 参见邱兴隆著：《关于惩罚的哲学——刑罚根据论》，法律出版社2000年版，第122～123页。

③ 见［美］约翰·罗尔斯著：《正义论》，何怀宏译，中国社会科学出版社1988年版，第1页。

为，我国的司法实践中，死刑适用也是有标准的，表现为法官在决定是否适用死刑时，会遵循刑法关于死刑适用条件的规定，还会遵循先例，考虑社会对犯罪行为的反应，关注被害人与犯罪行为的关系，收集对被告人有利的酌定情节。① 但这类缺乏可操作性，弹性有余而刚性不足的所谓标准，根本不足以保证死刑适用的公正性、合理性，显然无法成为现代社会死刑适用的具体标准。实务中，司法机关在适用死刑时，更多关注的是遵循“刑罚之苦必须超过犯罪之利”② 的原则，而很少认真思考刑罚之“苦”只能“苦”到何种程度，更不知如何制定正当、合理、具体、统一的具有普遍适用价值的死刑适用标准。其三，错误理解罪刑关系，将生命与金钱直接画上等号。时至今日，刑法理论和实务界仍然有相当一部分人认为，经济犯罪虽然不能直接导致他人死亡的法律后果，却可间接地导致成千上万户贫困家庭成员失学、失业甚而饥寒交迫、病饿而亡。因此，这些犯罪事实上正在“谋财害命”，只有对他们判处死刑才能满足一般民众的报应心理，从而稳定社会政治经济秩序。③ 这种观点丝毫不考虑从单纯的贪财到致死人命之间的诸多其他介入因素，以及二者之间极不紧密的联系，将谋财与害命完全等同起来，显然是荒唐的。上述阻碍现代死刑适用标准确立的因素，正是传统死刑观中的糟粕和不足。要想在我国建立起符合现代刑事法治精神的死刑适用标准，就必须借鉴和吸收现代死刑观的合理内涵，反思和清算传统死刑观存在的问题。

（四）传统死刑观成为法官及官员慎重适用死刑的桎梏

在各国历史上，刑事法官似乎都存在过同样的问题，那就是在

---

① 参见范登峰：《论死刑的适用标准》，湘潭大学硕士学位论文，2003 年 10 月印，第 32 ~ 33 页。

② 见［英］吉米·边沁著：《立法理论——刑法典原理》，孙力等译，中国人民公安大学出版社 1993 年版，第 67 页。

③ 参见屈学武：《贪污受贿死刑，废还是留》，载《人民论坛》2006 年第 7 期。

认定被告人是否有罪时十分慎重，而在决定刑罚轻重时却极为任意。[①] 不幸的是，这种重定罪轻量刑的态度在西方已经受到清算，在当今中国的刑事法官中却依然存在，它与传统死刑观结合，导致一些法官在适用死刑时缺失理性，胆大妄为，使我国死刑司法蒙受耻辱。

公认的刑罚理论早已论证，刑罚应当与犯罪行为的严重性保持均衡。我国刑法第5条也明确规定了罪责刑相适应原则。然而，某些深受传统死刑观浸染的法官和官员对法律的规定和法理的要求不屑一顾，一再过度适用死刑。他们迷醉在重刑威慑和超量报复的快感中，全然忘记了或者从未意识到自己生存在人类文明已经进化到超越等价报应的时代，对超出正当范围的死刑判决散发出的野蛮、残忍和堕落的气息麻木不仁，丝毫不觉得这种判决既不人道，又不公正。由此导致一个又一个明显过度的死刑判决的出现。以发生于江西省南昌市的杀害南昌市东湖公安分局刑侦大队大队长潘堃的案件为例。杀害警察罪行固然极其严重，应当依法严惩，但这种严惩应当在法制的框架内进行。可是，该案的严惩却严重偏离了法律的规定。在该案中，有多达6名犯罪分子被判处死刑立即执行，其中有2人根本没有参与杀害潘堃的犯罪，而只是参加过该团伙过去实施的并未造成任何人员伤亡的入室抢劫犯罪。[②] 正常情况下，入室抢劫而没有造成人员伤亡的，并不会被判处死刑。因此，本案中两名被判处死刑的入室抢劫者显然是受到了杀害警察事件的牵连。在该案的判决中，我们既看不到刑法明确要求的对主犯与从犯的区别对待，也看不到对罪责刑相适应原则的起码尊重，显然是不妥的。

有学者认为，死刑案件二审不开庭审理是造成死刑错案的重要原因，如在佘祥林等案件的二审过程中，如果能公开开庭审理，主

---

① 参见［德］拉德布鲁赫著：《法学导论》，米健、朱林译，中国大百科全书出版社1997年版，第108页。

② 参见新浪新闻：《杀害南昌刑警队长潘堃的六名罪犯今天被执行枪决》，载http://news.sina.com.cn/c/178872.html。

要证据经过控辩双方当庭质证、辩论，那么，诸如刑讯逼供、被告人衣服血迹形成原因、被害人死亡时间改动、证人证言的虚假性等问题和意见都有查清的机会，一审判决的错误也可以及时发现和纠正。[1] 我们赞同这种观点。然而，需要进一步指出的是，如果法官的死刑观念不变革，那么，即使二审开庭，也可能无济于事。以袁宝璟雇凶杀人案为例，该案存在诸多未能查明的疑点，这些疑点对于正确认定被告人的行为性质以及在共同犯罪中的作用至关重要，即使二审不开庭，这些疑点也一目了然。然而，二审法院不顾这些疑点，仍然判处袁宝璟等3人死刑立即执行，1人死缓。而从该案案情来看，即便法院判决所认定的袁宝璟等人的罪行完全能够成立，也只是一起被害人有过错在先（对袁宝璟进行敲诈勒索）的雇凶杀人案，何至于要判处4个人死刑？可见，导致死刑屡屡被滥用的重要原因，是传统死刑观中重刑威慑思想在通过我们的法官发挥影响。

另一个值得警惕的问题是，传统死刑观在当前还屡屡通过某些官员而影响死刑适用。我国法治建设尚处于起步阶段，远未树立起人人必须尊重和服从法律的信念。权力干预司法，以权压法的现象还时有发生。在这样的时代背景下，浸染了传统死刑观的官员也会对死刑司法控制产生消极影响。在死刑案件裁判中存在的案件请示和案件协调的做法，当属权力干预死刑适用的典型体现。[2] 如果法官和官员不能更新死刑观念，不能养成现代死刑观并以之指导司法实践，中国死刑司法就将继续处于令人难以捉摸的状态，死刑的司法控制仍将困难重重。

---

① 参见中国新闻网：《最高法总结错杀冤错案件多数存在刑讯逼供问题》，载 http://news.163.com/06/0630/13/2kschrhl0001124J.html。

② 参见赵秉志：《我国现阶段死刑制度改革的难点及对策》，载《中国法学》2007年第2期。

（五）传统死刑观导致死刑案件的裁判可能面临来自民众的非正常压力

由于价值观的差异，对死刑的保留与废止、限制与扩张问题形成争论十分正常。1764 年，贝卡里亚已经对死刑的必要性和有益性公开提出质疑，1789 年，法国人还在为如何公正地执行死刑而辩论，① 根本没有考虑过是否应当废除死刑。在 20 世纪以前，死刑废止说在世界范围内还基本没有存在空间，宣布废除死刑的只有四个无足轻重的国家，而且其中有两个国家在宣布废除死刑后很快又恢复了死刑。② 然而，当人类社会发展到绝大多数国家都已经废止死刑或者实际不执行死刑，其他保留并实际执行死刑的国家每年被判处并执行死刑的人也寥寥无几的时候，在我国判处并且实际执行死刑的人数已经相当惊人的背景下，国民仍然在渴望多判死刑，则十分反常。催生这种反常现象并使之恶化的原因，正是传统死刑观支配民众心理的结果。

在传统死刑观的熏陶下，国民不知不觉中形成了对死刑的盲目崇尚，动辄要求法院判处被告人死刑，有时甚至达到丧失理智的程度。以刘涌案为例，该案二审法院基于律师提供的大量确凿证据，依据刑法和刑事诉讼法的有关规定，对罪行极其严重的刘涌改判死缓。对此判决，民众和媒体不是冷静理智地思考法院的判决根据是否充分，在法律适用上是否存在不妥之处，而是不顾案情真相，对二审法院展开铺天盖地的批评甚至谩骂，连带对曾经就一审判决中存在的法律问题提出法律意见的刑法学者也进行谩骂，以致显得一时民怨沸腾，终于导致最高人民法院对该案进行再审，改判刘涌死刑立即执行。笔者在此无意评论各级法院对该案的判决结论，而是要指出，从本案处理过程中民众和媒体舆论所发挥的作用可以看

① 参见［法］马丁·莫内斯蒂埃著：《人类死刑大观》，袁筱一等译，漓江出版社 1999 年版，第 363 页。

② 参见赵秉志著：《死刑改革探索》，法律出版社 2006 年版，第 660 ~ 661 页。

到，深受传统死刑观影响的民众和媒体，可能给死刑司法控制造成意想不到的负面影响，需要引起我们的警惕。在传统死刑观的作用下，民众往往对作为被告人的他人生命极度漠视。例如，对于袁宝璟雇凶杀人案的判决，有人写道："辽阳市中级人民法院判决书是简明神圣的。"① 这可以看做法盲无知无畏的呓语，也可以解读为公民在传统死刑观的作用下对他人生命权利的极度轻视。一份要剥夺三条生命的刑事判决，岂能"简明"？"简明"的判决何以说明如此疑难复杂的案件真相？这样的判决又怎么能与"神圣"沾边？然而，有人居然把二者联系在了一起，还堂而皇之地登载在重要的报刊媒体上。

传统死刑观存在一个致命的疏漏，就是只看到死刑可能具有的威慑作用，而没有注意死刑威慑作用的正常发挥还有赖于死刑的及时性和确定性，因而高估死刑的威慑功能。商鞅虽然说过"重刑而必得，则民不敢试"，② 却没有认真思考过他是否能够做到"必得"。如果做不到"必得"，重刑还能否收到"民不敢试"的效果。西方学者早指出，有效发挥刑罚在预防犯罪方面所具有的作用，不在于刑罚是以何种罪名施加，而在于刑罚的及时性和严厉性。刑罚越及时、越不可避免，其预防犯罪的功能就越强。"刑罚应该尽可能紧随罪行而发生，因为它对人心理的效果将伴随时间间隔而减弱。"③ "只有使犯罪和刑罚衔接紧凑，才能指望相联的刑罚概念使那些粗俗的头脑从诱惑他们的、有利可图的犯罪图景中立即猛醒过来，推迟刑罚只会产生使这两个概念分离开来的结果。"④ 因此，

---

① 见关庚寅：《到底是谁杀了汪兴》，载 http://cul.sina.com.cn/s/2005-05-13/1429126328.html。

② 见《商君书·赏刑》，转引自高绍先著：《中国刑法史精要》，法律出版社 2001 年版，第 91 页。

③ 见［英］吉米·边沁著：《立法理论——刑法典原理》，孙力等译，中国人民公安大学出版社 1993 年版，第 69 页。

④ 见［意］贝卡里亚著：《论犯罪与刑罚》，中国大百科全书出版社 1993 年版，第 57 页。

刑罚越及时，对人的心理刺激就越强烈，其威慑作用就越强大，预防犯罪的效果也就越好。而“即使刑罚是有节制的，它的确定性也比联系着一线不受处罚希望的可怕刑罚所造成的恐惧更令人印象深刻。因为，即便是最小的恶果，一旦成了确定的，就总令人心悸。”① 所以，要想真正发挥刑罚在预防犯罪方面的效果，既不能只在死刑上做文章，也不能主要在死刑上做文章。传统死刑观既高估死刑的威慑作用，又不顾死刑适用的正当根据和合理限度，应当受到反思并加以扬弃。

二、民意对死刑适用的影响辨析

民意作为民众的感情和态度的表达形式之一，对死刑适用这种法律举动所产生的影响，已经透过若干死刑个案体现出来，并引起刑法学界的关注。那么，民意真的对我国死刑适用存在很大的影响吗？剥开民意影响死刑适用的表象，分析民意的成因和发挥作用的途径，或许有助于我们看清影响我国死刑适用的真正原因。

（一）民意要求判处被告人死刑的个案分析

晚近民意强烈要求判处被告人死刑的个案中，张金柱酒后驾车致人死伤案以及刘涌黑社会性质组织案堪称代表。前者发生在20世纪末的1997年，后者发生在21世纪初的2002年。张金柱案本属一起酒后驾车交通肇事后逃逸的案件，② 刘涌案属于一起组织、领导黑社会性质组织致人死伤并腐蚀收买国家干部的案件。这两个案件的共同之处是当时都引起了极大的民愤，民意强烈要求判处被告人死刑立即执行。

张金柱案在案发后，尚未进入司法程序便受到了社会和媒体的高度关注。案发第二天，即1997年8月25日，河南《大河报》在

① 见［意］贝卡里亚著：《论犯罪与刑罚》，中国大百科全书出版社1993年版，第59页。

② 参见沉钟：《问“法”中原——张金柱案件启示录》，载《时代文学》2001年第3期。

头版显著位置报道了该案。[①] 报道引起强烈的社会反响和新闻媒体连锁反应。此后，不但《大河报》每日刊登追踪报道，《郑州晚报》、郑州电台、郑州电视台也都进行了大量的报道。中央级新闻媒体新华社关于张金柱案的电讯发出后，全国大多数日报、晚报都登载了关于本案的消息。1997 年 10 月 13 日，当时收视率极高的中央电视台《焦点访谈》栏目对该案进行了揭露，对张金柱的民愤就此达到沸点，并引起中央、国务院对该案的重视。随后，中纪委、公安部派出调查组赴郑州，进行调查。[②] 1998 年 1 月 9 日，张金柱被一审法院以犯故意伤害罪，判处死刑，剥夺政治权利终身；犯交通肇事罪判处有期徒刑 3 年；决定执行死刑，剥夺政治权利终身。1998 年 2 月 16 日，二审法院驳回张金柱上诉，维持原判。1998 年 2 月 26 日，张金柱被执行死刑。[③]

刘涌案则是在二审法院将对刘涌的死刑立即执行判决改为死刑缓期二年执行之后，才引起民愤。2002 年 4 月 17 日，一审法院以故意伤害罪、组织、领导黑社会性质组织罪等罪名判处刘涌死刑，立即执行；2003 年 8 月 15 日，二审法院以“鉴于本案的具体情况”为由，改判刘涌死刑，缓期二年执行。判决一出，立即招致舆论的一片质疑之声，不但传统纸质媒体批评不断，新兴的网络媒体更是骂涛汹涌，铺天盖地。据统计，有 1000 多家媒体报道了本案或者转载了其他媒体对本案的报道，新浪网 2003 年 8 月 21 日登载的一则关于本案的报道，半天时间内的点击量就达 100 多万。[④] 许多人发出这样的质疑：对于刘涌这样一个十恶不赦的黑社会老大，由判处死刑立即执行改判死刑缓期执行，是法治的退步、人权

① 参见乙丁：《大笔写正义——张金柱案报道的前前后后》，载《新闻爱好者》1998 第 2 期。

② 参见唐卿：《从张金柱被判死刑谈舆论监督》，载《学术论坛》1999 年增刊。

③ 参见沉钟：《问“法”中原——张金柱案件启示录》，载《时代文学》2001 年第 3 期。

④ 参见韦洪乾：《刘涌案报道回顾》，载《今传媒》2005 年第 9 期。

的耻辱。他们强烈要求遵循民意，落实正义。[①] 2003 年 12 月 22 日，最高人民法院对刘涌案经再审后作出判决，改判刘涌死刑，立即执行。当日，刘涌被执行死刑。[②]

从张金柱案及刘涌案我们可以得出以下结论：第一，民意在一定的条件和氛围下会成为影响死刑适用的重要因素。具体而言，当民意借助新闻媒体，形成一股汹涌的舆论浪潮，对司法机关和政治决策层产生巨大的心理压力，以至于他们担心如果不顺从民意适用死刑，就会面临被动局面时，民意就会成为影响死刑适用的重要因素。第二，民意不等于法意，顺从民意适用死刑，可能恰好违背了法律的规定和精神。以张金柱案为例，尽管张金柱的犯罪行为令人发指，但是，根据客观、全面的证据能够证明的案件事实，张金柱罪不至死。司法机关顺从民意判处张金柱死刑，恰好违背了罪刑法定原则的要求。正因为如此，该案在法律界经常被作为“媒介审判”[③] 以及舆论误导司法的典型案例提及。[④] “从表面看，法庭顺应了民意，媒体功不可没。但实际上，由于法律程序受到舆论的左右，法律的公正性和权威性遭到了破坏。”[⑤] 第三，民意可能被误导。尘埃落定后，再认真反思张金柱案甚至是刘涌案，我们可能发现当年人人皆曰可杀该杀的其人其事，实际上并没有达到当时认为的可恶可恨的程度。这意味着，当时的报道存在偏差，正是在这种

---

① 参见马雅玲：《公民舆论监督探析——以刘涌案等为背景的分析》，载《民主与法制》2004 年第 8 期。

② 参见文水：《刘涌案盖棺定论》，载《时代潮》2004 年第 1 期。

③ “媒介审判”是指大众传媒对现实生活中发生的具有广泛影响的重大案件，在司法机关作出相应的判决前，就对该案件进行大量报道，并在报道中掺杂个人主观评价，从而担当起“民间审判”的角色。参见冯宇飞：《从法理学的视角看“媒介审判”的负面效应》，载《新闻战线》2002 年第 11 期。

④ 参见周海燕：《重读刘涌案：公共领域视野中的司法与传媒之争》，载《新闻大学》2006 年第 4 期。

⑤ 参见杜骏飞、胡翼青著：《深度报道原理》，新华出版社 2001 年版，第 157～158 页。

偏差的误导下，形成了“不杀不足以平民愤”的民意。这种现象在历史上并不罕见。例如，明朝统治者中清兵反间计，误认抗清名将袁崇焕叛国，为引起民众对袁崇焕的切齿痛恨，统治者极力蛊惑民众，果然使民众误认为袁罪恶滔天，非死不可。在凌迟处死袁崇焕时，围观者上万人，“百姓将银一钱，买（袁）肉一块，如手指大，啖之。食之必骂一声，须臾，崇焕肉悉卖尽。”[①] 而在今天，我们看到的袁崇焕实乃一抗清名将。可见，不适当地看重民意对死刑适用的影响，可能反而破坏法治。尤其是在当今中国，民众对死刑持广泛认同的心理，如果顺从民意，结果往往是适用死刑。这样的民意虽然为死刑制度提供了正当性和合法性资源，但很可能导致死刑适用陷入非理性状态，因为这种民意往往是交织着理智与情感、意识与潜意识、理性与非理性、正义与非正义的矛盾统一体，具有相当的情绪性、不可捉摸性，甚至可能陷入歇斯底里和集体无意识的状态。[②]

（二）民意要求不判处被告人死刑的个案分析

尽管目前民众普遍赞同保留并且广泛地适用死刑，但并非针对每一件死刑个案都一概要求判处被告人死刑。对某些可能被判处死刑的被告人，民意可能是要求不判处死刑。值得注意的是，此时民意似乎丧失了影响力，结果往往是被告人仍然被判处了死刑立即执行。在这类案件中，浙江徐建平杀妻案、大学生周一超杀人案、客车司机李文兵杀人案具有一定代表性。

徐建平因琐事将妻子丁遐杀害并分尸抛尸。[③] 在徐建平案审理期间，近200人投书法院，为被告人徐建平求情，但是法院拒绝了

---

① 见计六奇：《明季北略》（上），魏得良、任道斌校点，中华书局1984年版，第119页。

② 参见梁根林：《公众认同、政治抉择与死刑控制》，载《法学研究》2004年第4期。

③ 参见董碧水：《对杰出科学家能够法外施恩吗》，载《中国青年报》2003年6月6日。

这份“民意”。2003年4月1日，绍兴市中级人民法院以故意杀人罪判处徐建平死刑。2003年12月15日，浙江省高级人民法院裁定驳回徐建平上诉，维持原判。2003年12月25日，徐建平被注射执行死刑。[①] 周一超杀人案留下的则是对公务员招录制度的反思。2003年4月3日，浙江大学农业与生物技术学院学生周一超被告知自己由于患乙肝而未被录用为公务员（当时嘉兴市秀洲区政府招收9名乡镇公务员，周一超参加考试，笔试排名第三，面试后总成绩排名第五），遂因怀疑考试的公正性，于当日持刀刺伤嘉兴市秀洲区人事局的两名工作人员，致使其中一人因抢救无效死亡。在案件审理过程中，许多人写信给法院，请求给周一超留条生路。在民意调查中，83.4%的民众认为，应对周一超判处死缓，以观后效。有关民意也被法院拒绝。2003年9月，一审法院以故意杀人罪判处周一超死刑。2004年，二审法院驳回周一超的上诉，维持原判。2004年3月2日，周一超被执行注射死刑。[②] 李文兵案引起的是对激情犯罪死刑适用标准的反思。2003年11月10日，江苏省兴化市客车司机李文兵空车行驶时，突然遇一伙人持木棒拦车，在驾车摆脱追截的过程中，李文兵撞死了一位拦车老人。2004年3月24日，泰州市中级人民法院以故意杀人罪判处李文兵死刑。该案二审期间，约2000人签名请求法院“刀下留人”，[③] 不少新闻媒体也作了倾向于不判处李文兵死刑立即执行的报道。[④] 但二审法院还是驳回了李文兵上诉，维持原判，李文兵最终被执行死刑。类似民意试图影响死刑适用而未能成功的案件还有不少，如王斌余故

---

① 参见徐东良：《“科学家杀妻案”终审裁定杀妻者徐建平被处决》，载《正义网》http://www.jcrb.com/zyw/n101/ca181108.htm,浏览日期:2007年11月11日。

② 参见朱立毅、傅丕毅：《浙江高院驳回上诉，周一超被执行死刑》，载《新华每日电讯》2004年3月4日。

③ 参见新浪网：《撞死路霸 千人上书“刀下留人”》，载 http://news.sina.com.cn/c/2004-04-16/05502319653s.shtml,浏览日期:2007年11月11日。

④ 参见张培元：《“千人求情”推敲“法不容情”》，载 http://www.66163.com/Fujian_w/news/mbrb/040421/4_6.html,浏览日期:2007年11月11日。

意杀人案、邱兴华故意杀人案。

从徐建平、周一超、李文兵、王斌余、邱兴华等案我们可以得出以下结论：第一，民意对死刑适用的影响其实是十分有限的。具体而言，当民意未能形成强大的舆论压力，或者未能对政治决策层产生震动时，很难对死刑适用产生影响。前面介绍的若干案例中的民意有一个共同之处，就是呼声较为微弱，有的还很快遭到不同声音的严厉斥责。如徐建平案中，近200人投书法院为徐建平求情后，很快就有人撰文指责这种行为是公然干预司法。[①] 这样的民意对司法机关是否适用死刑的影响显然是十分有限的。第二，当民意的倾向有利于被告人时，其对死刑适用的影响相对更加微小。上述案件中民意的另一个共同之处是都倾向于同情被告人，而多数民众对被告人是缺乏同情心的，因此，对一定范围内的同情被告人的民意即使不予理睬，也不会激起广泛的民愤，更不会对现存秩序造成明显冲击。而相对于被告人的个人权利而言，司法机关及政治决策层更关心的通常是社会秩序的稳定，如此一来，这种民意对死刑适用能够产生的影响当然也就更有限了。第三，民意有时是法意的体现，是能否适用死刑的直观标准，应当予以重视。适用死刑属于量刑，关于量刑时是否应当考虑民意，学者们从民愤对量刑的作用这一角度进行了探讨。有人认为，民愤的大小体现着犯罪对人们既存价值观念的破坏程度，并反映了人们对犯罪的否定评价的严厉程度，内含着人们要求惩罚犯罪以求恢复价值的心理平衡的愿望的强度。因此，量刑应当考虑民愤。[②] 另有人则认为，把民愤的有无和大小作为量刑的重要依据之一，没有理论与法律上的依据，有悖于刑罚的目的，因而予以否定。[③] 笔者认为，司法机关在决定是否适

① 参见李克杰：《“200人上书”是公然干预司法》，载 http://www.jcrb.com/zyw/n132/ca73147.htm，浏览日期：2007年11月10日。

② 参见邱兴隆、许章润著：《刑罚学》，群众出版社1988年版，第262~263页。

③ 参见伍柳村、左树声：《民愤能否作为量刑的依据》，载《法学研究》1989年第4期。

用死刑时，应当慎重考虑包括民愤在内的民意，这样做有着充分的理论和法律上的根据。根据刑法第48条的规定，死刑只适用于罪行极其严重的犯罪分子。刑法理论通说认为，所谓罪行极其严重，“是犯罪的性质极其严重、犯罪的情节极其严重、犯罪分子的人身危险性极其严重的统一。”① 而民意正是民众对犯罪严重程度的综合反映，在民意没有被误导的情况下，如果民意强烈倾向于判处犯罪分子死刑，很可能是其罪行极其严重的表征；如果民意强烈倾向于不判处犯罪分子死刑，则很可能意味着其犯罪性质、主观恶性等犯罪情节或者人身危险性尚未达到极其严重的程度。因此，当某种关于死刑适用的民意出现时，司法机关理应认真对待，慎重考量，以使裁判更加合法合理。

（三）对民意在死刑适用中的作用之进一步分析

通过分析民意在不同案件中对死刑适用所发挥的作用可以看出，民意虽然对死刑适用可能产生一定影响，但这种影响十分有限，影响死刑适用的主要案外因素是媒体和“官意”。所谓民意影响死刑适用往往只是一种表象，真正影响死刑适用的决定性案外因素通常不是民意，而是掌握强势话语权的新闻媒体和直接制约着司法官的政治决策层的意志（我们可以称之为“官意”）。当我们说在某个案件中民意影响了死刑适用时，实际情况往往是强势媒体或者政治决策层借助民意将自己的意志加在了死刑适用活动上。因此，需要引起我们高度警惕的不是民意，而是强势新闻媒体和不适当介入司法的“官意”对死刑适用的不适当影响。民意确实有可能通过新闻媒体而对死刑适用产生实质性的影响。这时一定要分清楚是民意借助新闻媒体对死刑适用施加影响，还是新闻媒体通过不真实或者不全面的报道误导并煽惑起民意，进而左右死刑适用。媒体与司法的这种紧张关系应当引起重视。有人认为，“传媒与司法

① 见高铭暄、马克昌主编：《刑法学》（第二版），北京大学出版社、高等教育出版社2005年版，第254页。

在理论上和事实上都不存在根本的紧张关系，相反，它们是具有共同使命、共同维系社会统治的两个基本要素；作为主导意识形态传播载体的传媒与作为国家机器的司法都是主流政治制度的工具；因此，对传媒与司法的关系不应放在对抗模式中认识，而应当从协调社会统治手段的角度加以理解。"① 问题是，司法可能存在腐败，判决可能丧失公正，而媒体有维护正义的责任，有自己独立的价值取向甚至利益诉求，因此，在一定的条件下，媒体与司法的紧张关系不可避免。此时，对媒体需要做的不是封杀，而是防止其基于自身利益诉求或者其他原因而对案件进行有失客观公正的蛊惑性报道和评论，这是保障新闻自由及其对司法的监督权，同时防止媒体煽惑起不当民意进而影响死刑适用的关键。

有人对民意在死刑适用中能够发挥的影响作出了否定性评价，这似乎有失偏颇。有人认为，民意不一定代表正义，因而并不等于法律。民意的本质是犯罪后果、被告人主观恶性、犯罪情节等量刑情节的综合反映，但又不是这些因素的简单相加，因为它还打上了民众的价值观、道德观、伦理观、法律观的深深烙印，因此，刑事审判中适用死刑时的表现为"民愤"的民意因素应当排除。② 笔者认为，既然承认民意的本质是犯罪后果、被告人主观恶性、犯罪情节等量刑情节的综合反映，司法官在适用死刑时，就应当慎重考察民意，以更客观、全面、准确地把握量刑情节，而不应当在适用死刑时排除民意因素。有人认为，作为民意源泉的"普通人更习惯于将问题道德化，用好人和坏人的观点来看待这个问题，并按照这一模式来要求法律作出回应"，③ 因此，法官不能被民意所左右或者影响，应只服从法律，司法应当独立于民意，在个案审理中必须

---

① 见顾培东：《论对司法的传媒监督》，载《法学研究》1999 年第 6 期。

② 参见卢建平：《死刑适用与"民意"》，载《郑州大学学报》（哲学社会科学版）2005 年第 5 期。

③ 见苏立：《基层法院审判委员会制度的考察及思考》，载《北大法律评论》编委会编：《北大法律评论》（第一卷第二辑），法律出版社 1999 年版，第 353 页。

保证法官独立地依据法律作出判决，“用法律规范来创造一个相对独立于外部环境的决策的隔音空间。”[①] 笔者认为，法官也是一个社会人，他作出的裁判不但是一个法律价值判断，而且是一个社会价值判断，不可能也不应该独立于外部环境。因此，民意并非法官不能触碰的红线，而是可以用来帮助法官正确适用法律规范的参考。还有人认为，“司法阶层以及法院应当成为居于政府与民众之间的中立的仲裁。”[②] 这种观点将民众与政府视为影响司法独立性和公正性的两个等量级的因素，恐怕不大符合目前我国国情。用这种观点来看待民意在死刑适用中的作用，也难免得出偏颇的结论。总之，民意在死刑适用中并非只有负面作用，无须对民意抱以过分戒备的心理，相反，应当将民意作为检视死刑适用的法律效果和社会效果的标准之一，认真、慎重地加以对待。

民意影响死刑适用还可能源于司法机关本身判决不当。以刘涌案为例。二审法院改判刘涌死缓之所以激起广泛的强烈不满的民意，重要原因之一就是这份判决在陈述改判理由时，存在不透明、不公开以及模糊表述等“硬伤”，[③] 这种“硬伤”被人概括为三个方面在媒体上加以报道：一是刘涌是犯罪组织的首要分子，另一被告人宋健飞是主犯，同案的主犯被判处死刑而首要分子却被判处死缓，于法无据；二是二审与一审认定的犯罪事实与适用法律几乎完全一致，按常规应是维持原判，而二审作出改判，理由却交待不清；三是辽宁省高院的判决书不讲道理。[④] 在公众舆论之下，刘涌案二审判决的公正性受到严重挑战，从根本上发生动摇，而这种动摇又严重危及整个法院系统的形象，终于促使最高法院直接介入该案，按审判监督程序提起再审，改判刘涌死刑。分析刘涌案诉讼过

① 见季卫东著：《法治秩序的建构》，中国政法大学出版社 1999 年版，第 16 页。

② 见贺卫方著：《司法的理念与制度》，中国政法大学出版社 1998 年版，第 6 页。

③ 参见陈瑞华：《判决书中的正义——从刘涌案件改判看法院对刑讯逼供的处理问题》，载《政法论坛》2003 年第 5 期。

④ 参见韦洪乾：《刘涌案报道回顾》，载《今传媒》2005 年第 9 期。

程的来龙去脉可以看到，二审判决的致命缺陷是引发怒潮汹涌的民意并最终葬送刘涌性命的重要原因。因此，民意并不可怕，可怕的是判决不讲理。须知，裁判权掌握在法官手中，只要裁判理由经得起推敲，裁判结论经得起检验，用不着担心民意对死刑适用的不当影响，所谓民意影响死刑适用也就可能成为一个虚假的命题。

三、雇凶杀人案的死刑适用问题*

雇凶杀人犯罪虽然不是市场经济发育出的毒瘤，但在市场经济的环境下确实异乎寻常地猖獗。这种被美国量刑委员会等同于一级谋杀的严重犯罪，① 把金钱与罪恶的交易演绎到极致，把市场经济的负面价值以令人恐怖的形式呈现出来。它所具有的极其严重的客观危害以及它所体现的行为人极其严重的主观恶性都是显而易见的；它给公众带来的恐惧和不安感尤其强烈。在保留死刑的时代背景下，雇凶杀人犯罪理当成为死刑重点打击的目标。然而，对雇凶杀人案能否正确适用死刑，既关涉正义能否得到伸张，也关涉人权能否得到保障、刑罚本身是否正当，尤其关涉生死大事，不能不慎重、稳妥。

（一）雇凶杀人案死刑适用现状及引发的思考

雇凶杀人犯罪在我国明显增加已经是不争的事实。从已经发生的案件来看，这类犯罪的分布范围很广，其中以官场、商场、情场雇凶杀人较为多见。② 这类犯罪由于在道德和法律层面都具有强烈的负价值，同时又颇具新闻性，因而一旦暴露，往往引起巨大的社会震动。官场雇凶杀人被视为官场腐败的极端例证；商场雇凶杀人

---

* 本部分内容系与天津市东丽区人民检察院政治处主任黄祖帅同志合作完成，谨致谢忱。

① 参见［美］美国量刑委员会：《美国量刑指南》，逄锦温等译，法律出版社2006年版，第41页

② 参见郭子贤：《雇凶杀人犯罪研究》，载《湖南省政法管理干部学院学报》2001年第3期。

被视为资本为追逐利润不惜冒绞首危险的极端例证；情场杀人则被视为社会道德沦丧的极端例证。频繁发生在这些领域的雇凶杀人犯罪一次次震撼着公众视听，引起人们对干部选拔制度、市场经济体系以及社会价值观念的反思甚至怀疑，危及到上层建筑。鉴于雇凶杀人犯罪所具有的严重社会危害性，我国对这类案件的死刑适用总体上是极其严厉的。在这类案件中，死刑适用面较广，雇主和受雇者都经常被同时判处死刑；死刑的适用量也较大，经常有两个、三个甚至更多的被告人被判处死刑。例如，2000 年 6 月，辽宁省丹东市中级法院对一起商人雇凶杀人案（犯罪对象一人，被杀害）作出宣判，两名雇主和一名受雇者被判处死刑。① 2005 年 9 月 30 日下午，郑州市中级人民法院对河南省原副省长吕德彬买凶杀妻案作出宣判，雇主吕德彬、尚玉和及受雇者张松雪与徐小同四人均被判处死刑。② 2006 年，辽宁省高级法院对袁宝璟雇凶杀人案作出终审裁定，维持辽阳市中级法院一审判决，对袁宝璟等三人判处死刑，另一人判处死刑缓期二年执行。③ 上述雇凶杀人案的处理结果，明显偏离了报应刑所要求的限度，只有主张重刑威慑的一般预防论能够作出解释。由此引发了这样的思考：雇凶杀人犯罪的危害性究竟达到了什么程度？对雇凶杀人案是否可以或者应当判处如此之多的死刑（立即执行）？这样的裁判体现了怎样的刑罚思想？是否符合现代刑法理念的要求？

不过，也有对雇凶杀人案适用刑罚较轻的案例。例如，曾在广西北海市轰动一时的原社保局女干部黄敏雇凶杀人案，有关法院于

---

① 参见张英华：《雇凶杀人依法严惩》，载《法制日报》2000 年 6 月 19 日第 7 版。

② 参见腾讯新闻网：《吕德彬一审死刑》，http://news.qq.com/a/20051004/000263.htm。

③ 参见范春生：《亿万富翁袁宝璟雇凶杀人被执行死刑》，载《新华每日电讯》2006 年 3 月 19 日第 2 版。

2007年12月6日二审改判被告人黄敏死刑缓期二年执行,[①] 从而使该案成为少数无法定从轻情节而没有适用死刑的雇凶杀人案之一。另外，也有对雇凶杀人犯罪只判处一个犯罪分子死刑的情况，其中，有的只判处直接杀人者死刑而免了雇主一死,[②] 有的则只判处雇主死刑而免了直接杀人者一死。但是，从晚近的生效裁判来看，只判处直接杀人者死刑而免除了雇主死罪的情形有增加的趋势。由此引发了另一方面的思考：在缺乏法定从宽处罚情节的情况下，能否对雇凶杀人犯罪不适用死刑？通常情况下，对于雇凶杀人犯罪，是判处一个罪犯死刑合理，还是判处两个罪犯死刑合理？如果只能判处一个罪犯死刑，是判处雇主死刑合理，还是判处直接杀人者死刑合理？

（二）雇凶杀人案死刑适用的极限

对雇凶杀人案所采取的极端严厉的死刑政策，彰显了国家司法机关对这种犯罪最强烈的否定态度。雇凶杀人犯罪是如此的可恨又可怖，以致深受传统死刑观影响的公众的第一反应往往是把雇主和凶手都杀光才解心头之恨。这是一种朴素但并不理智的心态，现代司法者显然不能在这种心态的支配下来处理雇凶杀人案件。然而，现实中的法官和政治决策层有时似乎比公众更加感情用事，他们在处理某些雇凶杀人案件时显示出的杀戮之心和暴戾之气连民众都感到震惊。例如，袁宝璟雇凶杀人案的过重处理结果就引起了社会舆论的一片质疑之声。那么，对于雇凶杀人犯罪，最多只能判处几个罪犯死刑呢？这是一个尖锐但又不能回避的问题。

如果我们以重刑威慑论为指导，就会认为对雇凶杀人犯罪判处多个罪犯死刑是震慑犯罪分子的需要，并无不当。重刑威慑论是中国封建统治阶级格外青睐的一种理论。法家思想的代表人物商鞅、

---

① 参见搜狐新闻：《北海原社保局女干部雇凶杀人案二审宣判》，http://news.sohu.com/20071207/n253857145.shtml。

② 参见新浪财经网：《千万富翁李少波被杀案 其妻雇凶杀夫一审领无期》，http://finance.sina.com.cn/g/20070518/09533606550.shtml。

韩非等曾经不遗余力地鼓吹和论证过这种理论。[①] 而严刑峻法也确实能够为维护封建统治阶级眼前的秩序发挥立竿见影的作用，因而被统治者一再祭起。时至今日，一些深受中国传统刑罚观影响的法官和政治决策人物，仍然对重刑威慑思想情有独钟。在重刑威慑思想的指导下，对雇凶杀人这种极其严重的犯罪多判处几个死刑，就是再顺理成章不过的选择了。问题是，重刑威慑论存在极其明显的不合理性：首先，它不可避免地导致严刑苛罚，无法做到罪刑均衡，难有公正性可言。“功利主义者易于高估犯罪之损害，因而引入严刑来抵消它。”[②] 其次，刑罚威慑效果的大小难以正确衡量，以其作为刑罚的根据，势必导致刑罚的盲目性与随意性。最后，重刑威慑论为遏制犯罪而不惜刑罚成本的投入，有违效益原则。因此，重刑威慑论作为一种野蛮、落后的刑罚理论，不但被报应论者所唾弃，而且为新的一般预防论者所取代。[③] 如果我们想要追赶人类法治文明的脚步，就不能再用重刑威慑论来指导雇凶杀人案中的死刑适用活动。而且，无论我们是否承认，重刑威慑论者往往同时又是过度报复论者，在他们的内心深处，都隐藏着从目睹他人遭受痛苦中得到快乐的情绪。[④] 即便是原始的等量报应论，也不是永恒正义的。它所蕴涵的复仇内容虽然朴素，却带有野蛮、残忍和原始的气息，它容易毒害人的灵魂，在不知不觉中让人变得狭隘，缺乏宽容心，这种心态与人类文明发展方向不符，需要不断调整并最终

---

① 参见高绍先著：《中国刑法史精要》，法律出版社 2001 年版，第 91 ~92 页。

② See Philip bean, Punishment: A Philosophical and Criminological Inquiry, Oxford: Martin Robertson, 1981, p. 44. 转引自邱兴隆著：《关于惩罚的哲学——刑罚根据论》，法律出版社 2000 年版，第 123 页。

③ 参见邱兴隆著：《关于惩罚的哲学——刑罚根据论》，法律出版社 2000 年版，第 80 ~81 页。

④ 参见邱兴隆著：《关于惩罚的哲学——刑罚根据论》，法律出版社 2000 年版，第 19 页。

扬弃。不受限制的报复则因为连原始的公正性都丧失而更不能允许。[①] 因此，对雇凶杀人犯罪判处多个死刑，在理论上是找不到合理和正当根据的。没有理论的实践是盲目的实践，而没有理论指导的刑法实践则不但盲目，而且危险。[②] 在错误的理论指导下的雇凶杀人犯罪死刑适用活动，即便满足了一时之需，也乏善可陈。因为这种需求本身可能就是不正当的，是原始、野蛮、本能的需求。面对这种需求，刑罚不能一味顺从少数甚至是多数人的意见，而应当担当起引导者的任务，把人们从传统观念的束缚中解放出来，最终舍弃这种需求。否则，有关雇凶杀人犯罪的死刑适用活动除了满足一些人短促的过度报复欲望以外，在刑罚活动史上恐怕只能留下一丝过于血腥的痕迹。这显然不是社会主义刑事法治所追求的结果。

从刑罚正义的要求出发，在受害者只有一人的情况下，对雇凶杀人犯罪最多只能判处一个罪犯死刑。“正义是社会制度的首要价值，正像真理是思想体系的首要价值一样。”[③] 因此，正义是现代刑罚不能舍弃的价值。而报应刑论相对实现了刑罚与正义的最完美结合。报应刑坚持刑罚的该当性，要求刑罚只作为犯罪的结果而施加，并且刑罚的轻重与犯罪的轻重相对应。[④] 它所蕴涵的“恶有恶报”、“罪刑相当”的理念，体现了最直观、最朴素的正义观。因此，“如果刑罚的公正性应该得到尊重，立足于因果报应的罪刑关系来考察刑罚之所以应该存在的根据，便合理而正当。”[⑤] 尽管报应刑论者经常受到指责，他们的理论“被称之为复仇的一种文雅

---

① 参见左坚卫：《论中国传统死刑观的负价值》，载《北京师范大学学报》（社会科学版）2008 年第 2 期。

② 参见赵秉志、肖中华、左坚卫著：《刑法问题对谈录》，北京大学出版社 2007 年版，代序第 1 页。

③ 见［美］约翰·罗尔斯著：《正义论》，何怀宏译，中国社会科学出版社 1988 年版，第 1 页。

④ 参见邱兴隆著：《关于惩罚的哲学——刑罚根据论》，法律出版社 2000 年版，第 63 页。

⑤ 见邱兴隆著：《刑罚理性导论》，中国政法大学出版社 1998 年版，第 7 页。

的名字；它是报复性的、不人道的、野蛮的与不道德的”，[1] 但是，我们要维护刑罚的正义性，就不能离开报应主义的规制。具体到雇凶杀人案件的死刑适用上，基于报应主义的要求，对这种极其严重的犯罪，在受害人只有一人的情况下，最多也只能判处一个罪犯死刑立即执行。这是因为，尽管雇凶杀人犯罪体现出犯罪人极为严重的主观恶性，并造成了极为严重的客观危害，但是，它毕竟是一种故意杀人犯罪。我们即使退到最原始的同态复仇的立场，对于杀害一人的犯罪，也只能判处一人死刑立即执行，更何况人类发展到今天，早已远离原始社会，在处理杀人犯罪时，岂能比原始社会更加蛮横，动辄判处两个、三个甚至更多人死刑立即执行？有人认为，报应刑当中，怎样的刑罚量才算与所犯罪行相适应难以确定，因而报应刑难以在司法实践中得到贯彻。这恐怕只是为不肯放弃重刑威慑观念而找的一个借口。至少对于故意杀人这种最传统的自然犯，与罪行相当的刑罚量是很容易确定的。

有人可能会提出质疑：对于雇凶杀人这种极为严重的共同犯罪，刑罚之苦显然应当超越犯罪之所得，因此，在雇凶杀害一人的情况下，判处一个罪犯死刑是不够的，通常应当判处雇主和凶手两个人死刑立即执行。这样才能有效发挥刑罚预防犯罪的功能，也不违背报应刑论所主张的罪刑相当的要求。我们认为，这种理解恐怕不妥。不可否认，在共同犯罪中，同一犯罪客体成为各个犯罪主体的众矢之的。这种特殊的主客体结构扩大了主体侵害的能力，从而更易于给客体造成危害或造成更大的损害。[2] 因此，共同犯罪相对于单个人犯罪具有更为严重的社会危害性，应当予以更严厉的打击。但是，笔者认为，判处一个罪犯死刑立即执行，同时对其他共犯处以其他刑罚，就已经能够体现对雇凶杀人犯罪从严打击的立

① 见邱兴隆：《关于惩罚的哲学——刑罚根据论》，法律出版社 2000 年版，第 19 页。

② 参见何秉松：《犯罪构成系统论》，中国法制出版社 1995 年版，第 369 页。

场。这是因为，在受害人仅为一人的情况下，雇凶杀人这种共同犯罪尽管体现了犯罪人很深的主观恶性，并且使犯罪更容易得逞，但其造成的危害结果毕竟是有限的。在判处一人死刑，并对其他犯罪人根据罪行轻重判处相应刑罚时，实际上是在已经有一人承担了全部罪行的情况下，同时还要求多人对该罪行进行责任分担，这无疑已经体现对共同犯罪的从严打击。而判处两个罪犯死刑立即执行，则已经明显超越了罪刑相当的限度，成为过分之刑。

我们永远不能要社会或者国家去负起个人犯罪的全部责任，但是，我们也不能永远让罪犯一个人去负起全部的犯罪责任。一个将犯罪的责任全部推卸到罪犯个人身上的社会和国家，不是一个善良、宽容、人道的社会和国家，恐怕也难以成为一个让人感受到温暖与幸福的社会与国家。因此，我们不能只想着对罪犯进行报复，也不应当为了严惩雇凶杀人这种极为严重的犯罪而随意跨越刑罚的正当极限。

（三）雇凶杀人案中雇主还是凶手更应当被判处死刑

随着重刑威慑观念逐渐退出刑罚的舞台，仅一人死亡的雇凶杀人犯罪最多只能判处一个罪犯死刑立即执行的立场终将获得普遍支持。届时，我们需要面对一个两难的选择：对一些雇主和凶手的犯罪情节均很恶劣的雇凶杀人犯罪，究竟是判处雇主死刑还是凶手死刑？对这个问题的回答与对雇主和凶手在共同犯罪中所起作用的理解直接相关。

有学者认为，从实际情况来看，雇佣者对雇佣犯罪的形成、实施与完成往往起决定或者重要作用，应认定为主犯。至于受雇者，一般都是由于法制观念淡薄，经不住金钱的诱惑而参加到犯罪活动中来的，在共同犯罪中有时是起次要或辅助作用，可以认定为从犯。[①] 由于刑法第 27 条第 2 款明确规定，对于从犯，应当从轻、

① 参见刘文：《雇佣犯罪问题研究》，载《政治与法律》2001 年第 6 期；王沛恒：《略论雇佣犯罪》，载《河北法学》1999 年第 1 期。

减轻或者免除处罚，因此，按照这种观点，在雇凶杀人犯罪中，一般只应判处雇主死刑，而不能判处受雇杀人的凶手死刑。这种观点可能受到了传统观念的影响。在传统上，雇凶杀人的雇主被视为主犯，而受雇者则被视为从犯。例如，《唐律疏议》卷第十七贼盗律规定：在故意杀人犯罪中，造意者“身虽不行，仍为首罪”，[①]“‘雇人杀者，亦同’，谓造意为首，受雇加功者为从。”[②] 对此，有学者提出了质疑，他们认为，我国传统刑法思想中的“造意犯”处理模式显示出强烈的主观主义倾向，在某种程度上背离了主客观相统一的现代刑法思想。[③] 笔者认为，刑事责任应当以行为为中心，以主客观相统一原则为指导，仅看由谁提起犯意而不论犯意发起者的危害行为便一概以主犯论，确实不符合现代刑事责任理论主流，不足为取。从实际情况来看，一些受雇的凶手，特别是已经初步形成的职业杀手阶层，无论从其主观恶性还是从其行为造成的客观实害分析，都应当归入主犯之列，一概以从犯论显然不妥。不过，认为受雇者一般是从犯的学者并不否认少数情况下，受雇者可以成为主犯。[④] 同时，这种观点为我们在雇凶杀人犯罪中应当将谁作为打击重点指明了方向，应当说具有重要价值。

另有学者则认为，雇凶犯罪中，雇主和受雇者通常均为主犯。例如，有人认为，雇佣犯罪中雇主为犯罪的起意者，应视为主犯，而受雇者作为犯罪行为的实施者，也是主犯。[⑤] 另有人认为，一般而言，雇主在雇佣犯罪中起着核心关键作用，是犯罪的根源所在，应认定为主犯；受雇人是实行犯，在通常情况下在共同犯罪中也起

---

① 见长孙无忌等：《唐律疏议》，刘俊文点校，中华书局1983年版，第329页。

② 见长孙无忌等：《唐律疏议》，刘俊文点校，中华书局1983年版，第329页。

③ 参见丁芝华：《雇佣犯罪的定罪与处罚研究——兼论主从犯分类理论的不合理性》，载《湖南公安高等专科学校学报》2007年第5期。

④ 参见王沛恒：《略论雇佣犯罪》，载《河北法学》1999年第1期。

⑤ 参见庞林、罗英：《雇佣犯罪问题研究》，载《江西公安专科学校学报》2003年第2期。

着主要作用，故受雇人多数应认定为主犯。① 这种观点应当说是比较符合实际情况的。就通常情况而言，在雇凶杀人犯罪中，雇主和受雇者一个是犯意发起者，一个是行为实施者；一个是组织、策划者，一个是计划落实者，二者虽然分工不同，但对犯罪的完成所起的作用似乎难分伯仲，均认定为主犯是符合各自在犯罪中所起的作用的。

那么，如果只能判处一个死刑立即执行，均为主犯的二者究竟谁更应当被判处死刑呢？笔者认为，无论从预防犯罪的角度还是从罪责刑相适应的要求看，在雇凶杀人犯罪中，雇主通常都比凶手更应当判处死刑。换言之，如果对雇凶杀人犯罪只能判处一个人死刑立即执行，通常应当考虑判处雇主死刑。

首先，从预防犯罪的功利角度分析，雇主比凶手更应当判处死刑。当前之所以仍然有不少人主张对雇凶杀人犯罪予以特别严厉的打击，主要是基于功利主义的考虑，即通过重刑阻吓雇凶杀人犯罪。而要有效阻吓这类犯罪，首先当然是严防有人发起这种犯意并组织实施有关行为。这正是唐律对雇凶杀人犯罪规定造意为首，受雇加功者为从的原因。因此，从功利主义的角度看，唐律对雇凶杀人中雇主和受雇者的定位是十分正确的。目前，预防犯罪仍然是我国刑罚的主要目的，基于这一刑罚目的的需要，对作为犯意发起者的雇主处以比凶手更为严厉的刑罚无疑是十分必要且合理的。如果轻易饶过雇主而将受雇者作为判处死刑立即执行的首选，很可能使人认为雇凶杀人是既能达到犯罪目的又能逃脱法律严惩的有效途径，从而选择这种犯罪模式，显然十分不利于对这种严重犯罪的预防。而且，如此处理往往使罪大恶极的不法商人和堕落干部逃脱法律应有的制裁，象征着金钱和权力这两种社会强势资源正在发挥着邪恶的力量，给公众带来的不公正感是严重的，对预防犯罪当然也

---

① 马松建：《雇佣犯罪基本问题研究》，载《郑州大学学报》（哲学社会科学版）2005 年第 4 期。

是不利的。

其次，在雇凶杀人犯罪中，雇主对犯罪的完成通常起着决定性作用，属于最主要的主犯，因而比凶手更应当判处死刑。从已经发生的雇凶杀人犯罪来看，雇主通常既是犯意的发起者，又是犯罪的组织、策划者。从法律性质来分析，这种情况下的雇主既是教唆犯，又是共谋共同正犯，其主观恶性比受雇者大，对犯罪完成所起的作用也不比受雇者小。教唆犯由于是犯意发起者，其主观恶性本来就已经很大。在雇凶杀人案件中，雇主不但是教唆犯，而且企图通过借刀杀人，既达到自己的犯罪目的，又逃脱法律的制裁，动机可谓卑劣，手段可谓歹毒，再加上是采用金钱诱惑这种比较恶劣的教唆方式，因而是一种情节恶劣的教唆犯。而受雇者则通常是因为挡不住金钱的诱惑而产生犯意。相比较而言，雇主的主观恶性显然比受雇者要深。在雇凶杀人犯罪中，雇主采用利诱的恶劣手段教唆他人犯罪，对被教唆人影响很大，使得被教唆人的行为选择自由受到削弱，在犯罪中已经起着主要作用。① 同时，雇主还往往是犯罪的组织、策划者。这种组织、策划者在外国司法实务中被称为“共谋共同正犯”，② 虽然我国刑法没有对这种犯罪人的刑事责任作出明确规定，但从刑法对危害行为同样表现为组织、策划、指挥犯罪的首要分子的规定来看，这种共谋共同正犯在共同犯罪中所起的作用并不小于实行犯。作为集教唆犯与犯罪组织、策划者于一身的雇凶者，其在共同犯罪中所起的作用通常只会更大而不会更小。

总之，通常情况下，雇凶杀人犯罪中的雇主和受雇者，前者是犯意的主动发起者，后者是在金钱的诱惑下，被动产生犯意者；前者是以金钱或者其他利益诱使他人参与犯罪者，后者是挡不住金钱的诱惑，铤而走险实施犯罪者；前者是在整体上组织、策划或者指

① 参见陈兴良著：《共同犯罪论》，中国社会科学出版社1992年，第277页。

② 参见［日］木村龟二主编：《刑法学词典》，顾肖荣等译，上海翻译出版公司1991年版，第355～356页。

挥实施犯罪者，后者是按照组织、策划实施犯罪者。相比较而言，前者的主观恶性比后者大，行为的危害性不小于后者，理应比后者承担更大的刑事责任，因此，无论是从预防犯罪的角度还是从罪责刑相适应原则的要求来考察，在雇凶杀人犯罪中，雇主通常都比凶手更应当判处死刑。

四、死刑个案研究

（一）崔英杰故意杀人案

【选案理由】

“一个怀着改变生活热望的小贩，一刀捅死了一名恪尽职守的‘城管队长’。这名小贩就是轰动京城的‘杀人犯’崔英杰。他的这一刀，不知扎碎了死者和自己家庭多少人的心。”[①] 在北京无证卖烤肠的崔英杰扎死城管案，引发了远远超出刑法范围的争议和思考。城管和小贩之间的猫鼠游戏由来已久。崔英杰案只不过是矛盾激化到极致出现的一个极端事件。对于崔英杰案，人们一方面为城管李志强之死扼腕叹息，另一方面又对生存在社会底层的凶手崔英杰寄予深刻的同情。人们从不同角度反思这个没有赢家的案件带给我们的沉痛教训，呼吁政府改变城市管理手段，关注社会底层民生，保持对公民权利的基本尊重，建立起和谐的城市管理模式。正如几年前的孙志刚事件终结了中国的收容遣送制度一样，在某种意义上可以说，崔英杰案推动了城管执法方式的转变。《北京市实施城市管理相对集中行政处罚权办法》于 2008 年 1 月 1 日起正式开始实施。我们看到，城市小贩有了相对宽阔的生存空间，城管执法有了更明确的法律界定，执法人员以一种更亲和友善的形象走近被执法者。北京市第一中级人民法院“考虑崔英杰犯罪的具体情节及对于社会的危害程度”，对崔英杰判处死刑，缓期二年执行，以及崔英杰在收到判决书后曾经萌发的上诉要求改判自己死刑的念头

① 吕娟：《小贩崔英杰》，载《法律与生活》2007 年第 1 期。

等法律现象，又引发我们对死刑适用条件等刑法理论问题的深层次思考。

【基本案情】

2006 年 8 月 11 日 17 时许，被告人崔英杰在北京市海淀区中关村一号桥东南侧路边无照摆摊经营烤肠食品时，被北京市海淀区城市管理监察大队的执法人员查处。此前，崔英杰已经被城管收缴过一辆三轮车，这次被收缴的是向同事借了 1000 元买的新三轮车，因而极不情愿。在求告无效后，崔英杰以持刀威胁的手段抗拒执法。最后，执法人员还是将崔英杰经营烤肠用的三轮车扣押并装上执法车，崔英杰进行阻拦，后持刀猛刺该城市管理监察大队海淀分队的现场指挥人员李志强（男，殁年 36 岁）颈部一刀，致刀柄折断，后逃离现场。李志强因被伤及右侧头臂静脉及右肺上叶，致急性失血性休克死亡。

【裁判要旨】

明知持刀刺扎他人要害部位会导致他人死亡的后果，仍不计后果持刀猛刺被害人颈部，表明行为人对其持刀刺扎他人颈部可能造成被害人死亡的后果采取放任的态度，其行为符合故意杀人罪的犯罪构成。

【引发的理论问题】

本案中，控辩双方对被告人持刀猛扎他人颈部，致受害人死亡的行为构成故意杀人罪还是故意伤害罪（致人死亡）存在重大分歧。控方认为，崔英杰的行为构成故意杀人罪；辩方认为，崔英杰的行为只构成故意伤害罪。值得关注的是，公安机关在本案的起诉意见书中，认为被告人崔英杰的行为，触犯的是刑法第 234 条，即关于故意伤害罪的规定。北京市公安局经过马振川局长负责审核本案确定的结论是，崔英杰涉嫌故意伤害罪而不是故意杀人罪。

控方还认为，崔英杰的犯罪性质极其恶劣，情节、后果特别严重，社会危害性极大。辩方对此提出强烈质疑，如果根据这样的结论，本案的判决结果依法只能是一个：判处被告人死刑，并且立即执行！因为，把“一个杀人犯，犯罪性质极其恶劣、犯罪情节特别严重、犯罪后果特别严重”这样的专业用语，转换成大众的通俗用语，就是说，“这个杀人犯是罪大恶极”，不杀不足以平民愤！

由此引发了以下三个涉及死刑的理论问题：其一，如何根据案件具体情况来判断行为人犯的是故意伤害罪（致人死亡）还是故意杀人罪？其二，对于主观上出于间接故意的故意杀人罪行为人是否可以判处死刑？其三，如何正确把握故意杀人罪的死刑适用标准，合理控制对这类犯罪的死刑适用范围？

1. 如何根据案件具体情况来判断行为人犯的是故意伤害罪（致人死亡）还是故意杀人罪

故意伤害罪（致人死亡）和故意杀人罪的区分问题，一直是司法实务中的一个难题。二者难以区分的原因在于：两罪的主要不同之处即主观方面的不同，是一种内在的心理活动，需要通过行为等外部特征来说明，而两罪的行为等外部特征的界限又恰好模糊不清，有时行为的外在表现极为接近，很难作出截然区分。通常认为，在通过行为等外部特征来判断行为人是犯故意伤害罪（致人死亡）还是故意杀人罪时，应当从案件的起因，被告人和被害人平时的关系，犯罪有无预谋和准备以及是怎样预谋和准备的，伤害的部位，犯罪行为有无节制，犯罪人的一贯表现，以及犯罪后的态度和表现等方面着手。[①] 不过，实际发生的案件是极其复杂多样的，即便从上述方面进行判断，有时也很难得出无可置疑的结论。以本案为例，就能发现上述标准的模糊性，并不能解决所有问题。

（1）从案件的起因来判断行凶者心态存在的问题

考察案件的起因，即考察行凶案件是怎样起来的，是由于生活

---

① 参见高铭暄主编：《刑法专论》（第二版），高等教育出版社 2006 年版，第 655～656 页。

小事，还是由于双方积怨很深，素来有仇恨引起的，是由于一时激动还是经过密谋策划。持论者认为，这些因素可以帮助我们分析被告人有没有产生杀人的思想基础。问题是，一时激动而行凶同样可能不顾受害人的死活，经过密谋策划也可能只是想造成伤害结果。因此，案件的起因仅具有较弱的参考价值。例如，本案中，被告人崔英杰与被害人李志强就素不相识，崔英杰行凶也是出于一时激动。但我们只能说通常在这种情况下，崔英杰只会想伤害李志强而不会不顾李志强的死活下毒手，但并不能排除崔英杰在行凶时可能存在放任李志强死亡结果发生的心态。

（2）从被告人和被害人平时的关系怎样来判断行凶者心态存在的问题

考察被告人和被害人平时的关系怎样，即考察他们平时是好还是一般，或是素不相识，或是多年的仇人。持论者认为这有助于分析认定被告人有无杀人的思想基础。然而，本案中崔英杰与被害人虽然素不相识，却又存在管理和被管理关系，存在矛盾和冲突，从前者看，崔英杰不应当存在杀害李志强的故意，而从后者看，却难以排除这种心态的存在，因此，很难从两人的关系上判断崔英杰对李志强之死出于什么心态。崔英杰的辩护人认为：“被告崔英杰与被害人李志强素不相识、无冤无仇，只是因为现场混乱，城管在追赶被告，被告担心不止是三轮车被没收，自己的人身也可能受到强制，在急于脱身的情况下随便挥了一刀。而且从公诉人提供的视听资料来看，被告人第二次进入现场时曾经经过李志强的身边，并没有对李志强实施任何行为。在这种情况下，指控被告具有杀害李志强的故意，于理不通，于情不合。”这一辩护理由略显勉强。主要体现在城管人员依法没有对崔英杰采取人身强制措施的权力，当时也没有试图对崔英杰人身采取强制措施。因此，所谓崔英杰是“在急于脱身的情况下随便挥了一刀”的辩解与实际情况不能吻合，难以成立。

（3）从犯罪有无预谋和准备，以及是怎样预谋和准备的来判

断行凶者心态存在的问题

持论者认为，凡是预谋杀人的，一般都经过周密准备，要选择最能致人死命的工具，而伤害案件，一般情况下，不需要做这么周密的准备，也不需要特殊的工具。问题是，对于激情杀人犯而言，这一判断标准没有意义。而崔英杰案中，被告人崔英杰恰好是在新买的第二辆三轮车又被收缴，情绪失控的情况下行凶，虽然没有预谋却不能就此否定其有杀人的故意。

（4）从伤害的部位来判断行凶者心态存在的问题

持论者认为，一般地说，故意杀人的，总要朝致命的部位打击；而故意伤害的，往往是不选择部位，甚至有意识地避开要害部位。行为人如果打击的是非要害部位，通常可以认定其没有杀人故意。问题是，如果打击的是要害部位，却不能一概认定是故意杀人，伤害过程中，也可能因没有控制好而伤到要害部位。本案中，崔英杰伤害的部位是李志强的脖子，应当视为要害部位，但就此只能认定他可能具有杀害李志强的故意，却难以确认他具有杀害李志强的故意。

（5）从犯罪行为有无节制来判断行凶者心态存在的问题

持论者认为，一般地说，故意杀人的，特别是以杀人为目的，往往表现为行为没有节制，不置被害人于死地不会住手。而伤害犯因为是以造成对方伤害为满足，不想造成对方的死亡，所以，往往比较有节制。本案中，从被告人崔英杰的打击次数来看，是有节制的，表现为仅仅刺李志强一刀，而从侵害强度来看，却是没有节制的，表现为下手极重，深达受害人肺部，并且导致刀具折断，留在了受害人体内。可见，从行为有无节制来看，本案的事实同样存在矛盾之处，并不能得出十分肯定的结论。

（6）从犯罪人的一贯表现来判断行凶者心态存在的问题

持论者认为，犯罪人是平时表现很粗暴、凶残、放荡不羁、流氓成性，还是平时比较胆小怕事，比较懦弱、温顺，可以帮助我们分析被告人产生杀人企图可能性的大小。问题是，人的性格极为复杂，上述两种分类远不足以概括人的全部性格。本案中，崔英杰的性格虽不粗暴、凶残，却也不懦弱、温顺，他参过军，具有阳刚之气，但遵纪守法，与他人相处融洽，曾在别人欺负到头上的时候还能保持冷静不还手，从其一贯表现看不出有杀人的意图。但是，这种人一旦超过忍耐的极限转为暴发，其下手往往也是不加控制的。因此，从本案被告人的一贯表现也难以看出他对被害人的死亡持何种心态。

(7) 从犯罪后的态度和表现来判断行凶者心态存在的问题

持论者认为，一般说，故意杀人的，当把人杀死后，他往往表现为一种比较满足的表情。如果行为人只是故意伤害的，当他知道被害人死亡时，往往表现为惊讶和出乎意料的表情。问题是，只有行为人得知被害人死亡后第一时间的表情和反应才是其真实心情的流露，才对判断其心态具有重要的参考价值，而这一时刻的表情很少有人能够及时发现并注意，等到被抓获时，为了逃避责任，犯罪人往往辩解说受害人的死亡完全出乎他的意料。因此，这一标准很难在实践中得到正确运用。本案中，根据辩护人的发言："被告离开案发现场到达天津之后，曾经发短信询问被害人的伤势状况，因此，可以证明其确实没有预见到被害人死亡的后果，对被害人的死亡结果无主观上的希望或放任态度。"笔者认为，仅仅根据被告人其逃走后曾经询问被害人的伤势，尚不足以认定其行为时对被害人死亡的结果无希望或者放任的心态，因为即便是追求死亡结果发生的人，也可能会在事后了解被害人的伤势如何，是否已如愿将被害人置于死地。

(8) 本案中被告人崔英杰是否存在放任受害人死亡结果发生的心态

从本案实际情况来看，可以排除被告人崔英杰存在希望杀害李志强的心理态度，但是，无论根据上述哪个方面的标准，都难以清晰地看出被告人崔英杰在行为当时究竟是对被害人李志强死亡结果的发生持放任态度，还是只想伤害李志强，而没有认识到可能导致李志强死亡结果的发生。辩方认为，本案属于典型的激情犯罪，被告崔英杰是在混乱之中，情急之下，奔逃途中，顺手一刀刺中李志强，完全是在一种强烈的感情支配下导致的犯罪，整个过程只有3~5秒钟。在如此短暂的时间内，李志强只有临时产生的伤害城管人员的故意，而不会有更进一步更复杂的关于自己的行为可能置被害人于死地并且放任这种结果发生的心理活动。控方则认为，被告人崔英杰在用于非法经营的三轮车被查扣后，产生行凶报复的念头，并在这种念头的支配下实施伤害行为，并且放任受害人死亡的结果发生，即已经认识到了自己的行为可能发生被害人死亡的结果。法院最后采纳了控方的观点，认为崔英杰明知持刀刺扎他人要害部位会导致他人死亡的后果，仍不计后果持刀猛刺被害人颈部，并逃离现场，故崔英杰对其持刀刺扎他人颈部可能造成被害人死亡的后果采取放任的态度，其行为符合故意杀人罪的犯罪构成。

那么，究竟何方的观点更为可取呢？笔者认为，如果本案确实属于典型的激情犯罪，那么，严格结合人的心理活动过程以及本案具体情况来分析，笔者认为辩方的结论更为可取。因为在临时起意的激情犯罪中，行为人在起意的瞬间只可能进行极其短暂的基于本能的心理活动，即支配其行为的直接故意心理活动，而无暇展开更为复杂的间接故意心理活动。在这样的情况下，硬要认定行为人在当时与普通人在事后一样认识到了自己的行为可能发生受害人死亡的结果，恐怕是强人所难，难以服人。

然而，本案恐怕不能说是一个典型的激情犯罪案件。从整个案件发展过程可以看出，被告人崔英杰是在自己的第二辆三轮车被城管查扣，经多方努力也未能要回的情况下，基于报复心理而对城管进行伤害，因此，其行凶的心理活动不是临时起意、短暂急促的，而是有一个较为充裕的时间过程的，在这种情况下，就不能再以激情犯罪的心理活动特征来判断崔英杰当时的心理活动，而应当以正常人在事后对行为的认识来判断。从本案中崔英杰所使用的工具、打击的部位和打击的强度来进行事后的综合判断，正常人都明显可以看出可能置人于死地。因此，应当认定崔英杰在行为当时已经认识到自己的行为可能发生致人死亡的结果。而崔英杰并没有采取任何措施阻止这种结果的发生，其主观心态不符合反对这种结果发生的过失心态，而符合对危害结果的发生是持放任的心态，因而属于间接故意。控方以及一审法院以故意杀人罪（间接故意）对被告人进行指控和定罪处罚，在定性上无可非议。

2. 对于主观上出于间接故意的故意杀人犯，是否可以判处死刑立即执行

在认定崔英杰的行为构成故意杀人罪以后，接下来的问题是，对于主观上出于间接故意的故意杀人犯是否可以判处死刑？辩方十分担心，一旦崔英杰的行为被定性为故意杀人罪，那么，根据控方得出的“被告人犯罪性质极其恶劣、犯罪情节特别严重、犯罪后果特别严重这样一个结论”，本案的公正判决结果依法只能是一个：“判处被告人的死刑，并且立即执行！”出乎辩方意料，法院一方面没有采纳辩护方关于崔英杰的行为只构成故意伤害罪而不构成故意杀人罪的辩护意见，而是认定崔英杰构成故意杀人罪（间接故意），另一方面认为“考虑崔英杰犯罪的具体情节及对于社会的危害程度，对崔英杰判处死刑，可不立即执行”，从而以故意杀人罪判处崔英杰死刑，缓期二年执行。

由此引发了一个问题：对于主观上出于间接故意的故意杀人犯，是否可以判处死刑立即执行？从司法实践来看，这样的判决是存在的。从现阶段立法机关和司法机关对死刑适用的标准的把握来看，对某些性质极为恶劣的间接故意杀人案件中的犯罪分子，判处死刑立即执行也不违背罪责刑相适应原则的要求。试想，对于以特别残忍的手段致人重伤或者死亡的犯罪分子，法律和司法解释尚且规定可以判处死刑立即执行，而在这类案件中，行为人还没有造成他人死亡，或者对他人死亡结果的发生持过失心态，对于同样存在伤害故意，却已经造成他人死亡结果的发生，并且对死亡结果的发生持放任心态的犯罪分子，有什么理由不能判处死刑立即执行呢？

不过，从严格限制死刑适用的发展趋势和间接故意杀人案件的特点来分析，未来在死刑改革过程中，对这种杀人犯，恐怕还是以先于出于直接故意的杀人犯，一概不判处死刑立即执行为妥。这是因为，在间接故意的杀人案中，行为人对死亡结果的发生不是一种积极追求的心态，而是既不追求也不阻止的听之任之的心态，与直接故意的杀人犯相比，间接故意的杀人犯在主观恶性上明显要小。当然，这样的做法只有在已经将故意伤害罪的死刑取消之后，才可以考虑，否则将导致刑法分则的罪刑配置失衡。

3. 如何正确把握故意杀人罪的死刑适用标准，合理控制对这类犯罪的死刑适用范围

故意杀人罪是我国适用死刑的最主要犯罪，如何控制对这种犯罪的死刑适用范围，对于控制我国死刑适用具有重要意义。本案中，辩方认为城管的不当执法方式对案件发生起到了负面作用，因而应当减轻被告人的责任，不应当适用死刑。控方则认为，崔英杰与李志强虽然没有个人恩怨，但崔英杰只因为他的个人无照经营被查处就产生了报复念头，其报复念头并不是单单指向李志强一个人，而是指向在场的城管队员，其行为反映出无视国法的主观恶性，属于性质极其恶劣的表现，言下之意是对崔英杰应当判处死刑立即执行。由此引发了我们关于如何正确把握故意杀人罪的死刑适用标准，合理控制对这类犯罪的死刑适用范围的思考。

对这一问题，已经有学者作了系统研究，他们认为，确定故意杀人罪适用死刑的标准同样要从极其严重的犯罪社会危害性、极其恶劣的主观恶性、极其危险的人身危险性三方面来确定，即故意杀人的行为人同时具备这三方面的要素。具体而言，具有下列四个方面情节之一的，可以考虑对犯罪分子适用死刑：

第一，恶劣、卑鄙的犯罪动机或者目的。如为打击报复、恶意竞争而预谋杀人或雇凶杀人的；出于恐怖目的而杀人的；为实施违法犯罪或者逃避法律追究而杀害军警人员、国家执法人员的；实施其他犯罪后，为掩盖罪证而杀人的。

第二，特别恶劣的犯罪手段。如冒充军警人员、司法人员杀人的；采用特别残酷手段杀人的。

第三，杀害受到特别保护的犯罪对象。如残忍杀害老弱病残孕幼；残忍杀害尊亲属。

第四，造成特定严重的犯罪结果。如杀害二人以上；杀人后肢解、毁灭、侮辱尸体。①

对照上述标准，本案被告人崔英杰并不具有从严情节，因此，法院没有判处其死刑立即执行，而是判处其死刑缓期二年执行，是较为公正的。

另外，本案辩护人从个案横向比较的角度，论述了对崔英杰不应当判处死刑立即执行的理由，也较为有力。辩护人认为，通过与他所列举的12个案例进行比较，可以得出结论，被告人崔英杰并不是像公诉人所说的那样，“犯罪性质极其恶劣、犯罪情节特别严重、犯罪后果特别严重”。这12个案例中，与崔英杰案较有明显可比性的案件有五个：

第一，北大学生八十余刀杀死同学案。2005年6月25日早上6时许，21岁的北京大学医学部大二学生崔培昭，在北京世纪坛医院宿舍内被同班同学安然杀害。据检察院指控，22岁的北京人安然与同学崔培昭素有矛盾。案发时，安然在世纪坛医院教学楼西侧三至四层楼梯处与崔培昭相遇，并因琐事发生争执。然后安然在追赶崔培昭到四楼平台时，用事先藏匿在四楼门后的菜刀，猛砍崔培昭头面部、颈部等数十刀，并用随身携带的尖刀，刺扎崔培昭背部两刀，崔培昭因被砍切颈部，伤势过重而死。2006年3月14日，北京市第一中级人民法院对“北大学生八十余刀杀死同学案”刑事部分作出判决，安然一审被判处死刑，缓期两年执行。

第二，姓名亦为崔英杰的犯罪人抢劫、强奸、杀人案。2004

① 参见赵秉志主编：《死刑改革研究报告》，法律出版社2007年版，第129~130页。

年10月10日下午，贵州省安顺市云马厂子弟崔英杰和宋金宁商量，一起实施抢劫。当晚10点左右，附近某中学高三女生王兰下晚自习后从云马厂路过，崔英杰和宋金宁持刀威胁，从她身上抢走现金15元，并将王兰挟持到附近某中学对面的山上，对王兰实施了轮奸。随后，两人又将王兰挟持到她所租住的宿舍内，再次抢得现金40元。由于担心王兰报警，崔英杰和宋金宁决定杀人灭口，他们准备将王兰带到云马厂蜜蜂水库杀害。在前往蜜蜂水库的路途中，崔英杰和宋金宁又对王兰实施了一次轮奸。到水库后，崔英杰和宋金宁用一条小船将王兰载到水库深处，崔英杰跳下水，让宋金宁将王兰推下水，打算将她按进水里。当时已是秋天，水冰冷刺骨，崔英杰被迫爬上船，脱下王兰身穿的白色夹克，将她捆住后推进水库，准备将她淹死，谁知王兰会游泳，竟奋力向岸边游去。崔英杰和宋金宁未能得逞，但两人并没有放弃杀心。他们把船划到岸边，哄骗王兰上岸，马上用岸边的石头对着王兰的头部一阵猛砸，致使王兰当场死亡。两人把王兰的尸体抛到水库中后逃逸。经过审理，2005年6月16日，安顺市中级人民法院作出刑事判决，认定崔英杰犯故意杀人罪、强奸罪、抢劫罪，判处死刑；判决后，崔英杰表示不服，向贵州省高级人民法院提起了上诉。2005年11月23日，贵州省高级人民法院对此案作出了终审判决。在判决中，贵州省高级人民法院维持了安顺市中级人民法院对崔英杰和宋金宁的罪行认定，但撤销了对崔英杰的量刑，因“考虑到上诉人崔英杰能够坦白其罪行，认罪态度好，对其判处死刑可不立即执行”，将量刑改为“死刑，缓期二年执行”。

第三，原武汉铁路分局副局长刘志祥故意伤害、贪污、受贿、巨额财产来源不明案。法院判决认定刘志祥在任汉口火车站站长期间，被害人高铁柱因汉口火车站招待所转租一事，多次找刘志祥索要赔款，刘未予解决，后刘志祥得知高铁柱准备与他人一起到有关部门举报其违法犯罪问题，便指使无业人员彭支红去“修理”高铁柱。在刘志祥的多次催促下，彭支红邀约并指使冯立海殴打高铁柱。2002 年 12 月 8 日，冯立海又邀约“长毛”等人携带弹簧刀、铁管等凶器窜入高铁柱的租住处，对其进行殴打，冯立海向其连刺三刀，刺破右股动静脉，致其急性失血性休克死亡。法院还查明被告人刘志祥：（1）贪污巨额财产。1995 年至 2004 年，被告人刘志祥在担任汉口火车站站长和武汉铁路分局副局长期间，利用职务便利，指使财务人员、工作人员和下属单位负责人等从汉口站“小金库”中取出巨额款项，以外出学习、考察、办事、旅游、需要用钱、“感谢”有关方面等名义，采取无条和白条领款等手段，单独侵吞或伙同他人私分公款，贪污公款及公物。其中，刘志祥个人实得现金及物资折款共计人民币 1144 万余元、美元 52 万元、欧元 3.5 万元。（2）收受巨额贿赂。刘志祥还利用职权，先后 160 余次收受工程建筑商、车票代售点负责人和所属工作人员等的巨额款物，为他人谋取利益，非法所得现金及物资折款共计人民币 1435.4 万余元。（3）巨额财产来源不明。有关机关依法扣押、冻结被告人刘志祥财产的数额特别巨大，扣除其个人及家庭成员合法收入、个人贪污受贿所得、违纪款物等外，还有共计人民币 527.5 万余元、美元 88.744 万元、欧元 5.8 万元、港币 120.473 万元的财产不能说明其合法来源。法院根据被告人刘志祥的犯罪事实、性质和情节、悔罪表现及其行为的社会危害程度，依照《中华人民共和国刑法》的有关规定，判决被告人刘志祥犯贪污罪，判处死刑，缓期二年执行，同时判决对被告人刘志祥 4000 余万元的非法所得予以追缴。

第四，原辽宁省人大代表侯建军驾车杀人案。2007 年 9 月 12 日，原辽宁省人大代表侯建军驾车杀人一案在沈阳宣判，被告从一审的死刑被改判为死缓。侯建军驾车将受害人刮碰，但他却不道歉，反而与对方争执、撕扯，竟然开车追撵受害人，受害人跑到人行道他不放过，受害人跑到百货大楼休闲广场，他还不放过，而是越过路边石，从行人通道口冲入该广场，将受害人撞倒致死。

第五，曾任浙江省兰溪市市委书记的孔哲故意杀人案。曾为浙江省兰溪市市委书记的孔哲，于2000年10月15日中午在《浙江青年报》记者方筱萍住处将其杀死。当天下午，孔哲向公安机关投案自首。杭州市中级人民法院于2001年2月9日一审以故意杀人罪，判处孔哲死刑，缓期二年执行。

辩护人列举的其他7个案例分别是：

第六，原北京市交通局副局长毕玉玺贪污受贿1304万元被判死缓。

第七，原黑龙江省委副书记韩桂芝贪污受贿736万元被判死缓。

第八，原深圳市民政局局长黄亦辉贪污受贿1660万元被判死缓。

第九，原山东省青岛市市长助理王雁贪污受贿496万元被判死缓。

第十，原黑龙江省绥化市市委书记马德贪污受贿600万元被判死缓。

第十一，原成都市市委宣传部部长高勇贪污受贿955万元被判死缓。

第十二，原黑龙江省鸡西市市委书记丁仍今贪污受贿620万元被判死缓。

客观上，虽然我国不是一个判例法国家，但是，我国刑法明确规定了罪责刑相适应原则，该刑法基本原则要求法院对犯罪人判处刑罚的轻重，应当与其所犯罪行及其所承担的刑事责任相适应。如果法院已经作出判决的案件中，有的主观恶性明显比崔英杰更加严重，造成的客观危害与崔英杰案相当，法院却没有判处被告人死刑立即执行，上级法院也没有推翻有关判决，就说明这样的判决结果能够成立，从罪责刑相适应原则的要求出发，对崔英杰更不应当判处死刑立即执行。笔者认为，这种通过个案横向比较，以判断是否应当对犯罪分子判处死刑立即执行的方法，值得法院借鉴。

4．结论

第一，可以通过案件的起因，被告人和被害人平时的关系，犯罪有无预谋和准备以及是怎样预谋和准备的，伤害的部位、犯罪行为有无节制、犯罪人的一贯表现，以及犯罪后的态度和表现等外部特征，来判断行为人是犯故意伤害罪（致人死亡）还是故意杀人罪。当通过对上述因素的判断仍然存在模糊性时，应当重点从犯罪手段，打击部位，打击强度进行判断。

第二，如果本案确实属于典型的激情犯罪，那么，由于行为人在起意的瞬间只可能进行极其短暂的基于本能的心理活动，即支配其行为的直接故意心理活动，而无暇展开更为复杂的间接故意心理活动。在这样的情况下，不宜认定行为人在当时认识到了自己的行为可能发生受害人死亡的结果，因而不宜以故意杀人罪论处。

第三，本案不能说是一个典型的激情犯罪案件。从整个案件发展过程可以看出，被告人崔英杰是在自己的第二辆三轮车被城管查扣，经多方努力也未能要回的情况下，基于报复心理而对城管进行伤害，因此，其行凶的心理活动不是临时起意、短暂急促的，而是有一个较为充裕的时间过程。

第四，法院对本案的判决在定罪量刑方面都较为适当。在崔英杰属于决意报复行凶的情况下，不能再以激情犯罪的心理活动特征来判断崔英杰当时的心理活动，而应当以正常人在事后对行为的认识来判断。从本案中崔英杰所使用的工具、打击的部位和打击的强度来进行事后的综合判断，正常人都明显可以看出可能置人于死地。因此，应当认定崔英杰在行为当时已经认识到自己的行为可能发生致人死亡的结果。而崔英杰并没有采取任何措施阻止这种结果的发生，其主观心态不符合反对这种结果发生的过失心态，而符合对危害结果的发生是持放任的心态，因而属于间接故意。控方以及一审法院以故意杀人罪（间接故意）对被告人进行指控和定罪处罚，在定性上无可非议。

第五，在目前的情况下，对基于间接故意心态而实施的故意杀人犯罪，不能一概排除死刑立即执行的适用。但是，从严格控制死刑的发展趋势来看，对间接故意杀人犯罪，应当先于直接故意杀人犯罪排除死刑适用。

附录一

北京市人民检察院第一分院起诉书

京检一分刑诉字［2006］第243号

被告人崔英杰，男，1983年7月15日生，汉族，河北省阜平县人，农民，户籍所在地：河北省保定市阜平县平阳镇各老村（暂住本市海淀区中关村51号楼地下室）。因涉嫌犯故意伤害罪，于2006年8月12日被北京市公安局海淀分局刑事拘留，经本院批准，同年9月19日被北京市公安局逮捕。

被告人张雷，男，1986年1月6日生，汉族，吉林省公主岭市人，农民。户籍所在地：吉林省公主岭市杨大城子村一屯（暂住本市海淀区闵庄路3号）。因涉嫌犯窝藏罪，于2006年8月12日被北京市公安局海淀分局刑事拘留，经本院批准，同年9月19日被北京市公安局逮捕。

被告人牛许明，男，1986年12月7日生，汉族，河北省定州市人，农民，户籍所在地：河北省定州市开元镇绳油村。因涉嫌犯窝藏罪，于2006年8月31日被北京市公安局海淀分局刑事拘留，经本院批准，同年10月1日被北京市公安局逮捕。

被告人张健华，男，1986年4月12日生，汉族，吉林省公主岭市人，农民，户籍所在地：吉林省公主岭市杨大城子村一屯（暂住本市海淀区闵庄路3号）。因涉嫌犯窝藏罪，于2006年8月12日被北京市公安局海淀分局刑事拘留，同年9月19日被取保候审。

被告人段玉利，男，1982年4月14日生，汉族，河北省阜平县人，农民，户籍所在地：河北省保定市阜平县平阳镇王快村。因涉嫌犯窝藏罪，于2006年9月1日被北京市公安局海淀分局刑事拘留，同年9月30日被取保候审。

北京市公安局对本案侦查终结，以被告人崔英杰涉嫌故意伤害罪、被告人张雷、牛许明、张健华、段玉利涉嫌窝藏罪，于2006年10月31日向本院移送审查起诉。本院受理后，于2006年10月31日已告知被告人有权委托辩护人，并告知被害人近亲属有权委托诉讼代理人，依法讯问了被告人，审查了全部案件材料。

经依法审查查明：被告人崔英杰于2006年8月11日17时许，在本市海淀区中关村科贸大厦西北角路边，因无照经营被海淀区城管大队查处时，即持刀威胁，阻碍城管人员的正常执法活动，并持刀猛刺海淀城管队副分队长李志强（男，殁年36岁）颈部，伤及李右侧头臂静脉及右肺上叶，致李急性失血性休克死亡。

被告人张雷、牛许明、张健华、段玉利明知崔英杰扎伤城管人员的犯罪事实，张雷、张健华仍为崔英杰联系在天津的贾××帮助崔英杰安排住处，牛许明、段玉利分别向崔英杰提供人民币500元帮助崔英杰逃匿。

被告人崔英杰、张雷、牛许明、张健华、段玉利作案后分别被查获归案。

认定上述事实的证据如下：

被告人供述与辩解，证人证言，勘验、检查笔录及照片，尸体检验报告书、生物物证鉴定书、生物物证鉴定书等鉴定结论，物证、书证，视听资料，报案材料、抓获报告等。

本院认为，被告人崔英杰无视国法，以暴力手段妨害城管执法人员依法执行公务，并持刀行凶，致人死亡。犯罪性质极其恶劣，情节、后果特别严重，社会危害性极大。其行为触犯了《中华人民共和国刑法》第二百三十二条，犯罪事实清楚，证据确实充分，应当以故意杀人罪追究其刑事责任。被告人张雷、牛许明、张健华、段玉利明知崔英杰是犯罪的人而为其提供资助，协助其逃匿，四被告人的行为均触犯了《中华人民共和国刑法》第三百一十条，犯罪事实清楚，证据确实充分，应当以窝藏罪追究其刑事责任。根据《中华人民共和国刑事诉讼法》第一百四十一条之规定，本院提起公诉，请依法判处。

附录二

北京市第一中级人民法院刑事判决书

［2006］一中刑初字第3500号

公诉机关北京市人民检察院第一分院。

被告人崔英杰，男，23岁（1983年7月15日出生），汉族，出生地河北省保定市，初中文化，名柜餐饮娱乐（北京）有限公司员工，暂住北京市海淀区中关村51号楼南侧出租房（户籍所在地：河北省保定市阜平县各老村160号）。因涉嫌犯故意杀人罪于2006年8月12日被羁押，同年9月19日因涉嫌犯故意伤害罪被逮捕。现羁押在北京市看守所。

辩护人夏霖，北京市义派律师事务所律师。

辩护人李劲松，北京市忆通律师事务所律师。

被告人张雷，男，21岁（1986年1月6日出生），汉族，出生地吉林省公主岭市，初中文化，金渤瀚国际商务会馆员工，暂住北京市海淀区闵庄路3号（户籍所在地：吉林省公主岭市杨大城子镇杨大城子村一屯）。因涉嫌犯包庇罪于2006年8月12日被羁押，同年9月19日因涉嫌犯窝藏罪被逮捕。现羁押在北京市看守所。

辩护人赵文阁，北京市君泰博华律师事务所律师。

被告人牛许明，男，20岁（1986年12月7日出生），汉族，出生地河北省定州市，初中文化，北京市海淀区中关村恒昌技术有限公司职员，住河北省定州市开元镇绳油村348号。因涉嫌犯包庇罪于2006年8月31日被羁押，同年10月1日因涉嫌犯窝藏罪被逮捕。现羁押在北京市看守所。

辩护人王洪普，北京市国韬律师事务所律师。

被告人段玉利，男，24岁（1982年4月14日出生），汉族，出生地河北省阜平县，高中文化，北京雨辰视美科技有限公司职员，住河北省保定市阜平县平阳镇王快村。因涉嫌犯包庇罪于2006年9月1日被羁押，同年9月30日被取保候审。

被告人张健华，男，20岁（1986年4月12日出生），汉族，出生地吉林省公主岭市，初中文化，金渤瀚国际商务会馆员工，暂住北京市海淀区闵庄路3号（户籍所在地：吉林省公主岭市杨大城子镇杨大城子村一屯）。因涉嫌犯包庇罪于2006年8月12日被羁押，同年9月18日被取保候审。

北京市人民检察院第一分院以京检一分刑诉字［2006］第243号起诉书指控被告人崔英杰犯故意杀人罪，被告人张雷、牛许明、张健华、段玉利犯窝藏罪一案，于2006年12月1日向本院提起公诉。本院依法组成合议庭，公开开庭审理了此案。北京市人民检察院第一分院指派检察员徐焕出庭支持公诉，被告人崔英杰及其辩护人夏霖、李劲松，被告人张雷及其辩护人赵文阁，被告人牛许明及其辩护人王洪普，被告人张健华、段玉利到庭参加诉讼。现已审理终结。

北京市人民检察院第一分院指控，被告人崔英杰于2006年8月11日17时许，在本市海淀区中关村科贸大厦西北角路边，因无照经营被海淀区城管大队查处时，即持刀威胁，阻碍城管人员的正常执法活动，并持刀猛刺海淀城管队副分队长李志强颈部，伤及李志强右侧头臂静脉及右肺上叶，致李志强急性失血性休克死亡。

被告人张雷、牛许明、张健华、段玉利明知崔英杰扎伤城管人员的犯罪事实，张雷、张健华仍为崔英杰联系在天津的贾××帮助崔英杰安排住处，牛许明、段玉利分别向崔英杰提供人民币500元帮助崔英杰逃匿。被告人崔英杰、张雷、牛许明、张健华、段玉利作案后分别被查获归案。

北京市人民检察院第一分院向本院移送了指控被告人崔英杰、张雷、牛许明、张健华、段玉利犯罪的证人证言、现场勘查笔录、刑事科学技术鉴定结论、抓获经过及几被告人供述等证据，认为被告人崔英杰的行为触犯了《中华人民共和国刑法》第二百三十二条的规定，已构成故意杀人罪，被告人张雷、牛许明、张健华、段玉利的行为触犯了《中华人民共和国刑法》第三百一十条的规定，均已构成窝藏罪，提请本院依法惩处。

被告人崔英杰在法庭审理中辩称，他不知对方是城管工作人员，也没有杀死李志强的主观故意，其行为不构成故意杀人罪。被告人张雷、牛许明、张健华、段玉利对公诉机关的指控均未提出异议。

崔英杰的辩护人提出的辩护意见是：崔英杰不具有杀人的主观故意，不应以故意杀人罪追究其刑事责任。辩护人还申请对尸体进行重新检验鉴定。

张雷的辩护人提出的辩护意见是：张雷不知崔英杰实施的犯罪行为的严重程度，且犯罪情节轻微，请求对张雷免除刑事处罚。

牛许明的辩护人提出的辩护意见是：牛许明认罪态度好，又系初犯，请求对其从轻处罚。

经审理查明：

被告人崔英杰于2006年8月11日17时许，在北京市海淀区中关村一号桥东南侧路边无照摆摊经营烤肠食品时，被北京市海淀区城市管理监察大队的执法人员查处，崔英杰对此不满，以持刀威胁的手段抗拒执法，当执法人员将崔英杰经营烤肠用的三轮车扣押并装上执法车时，崔英杰进行阻拦，后持刀猛刺该城市管理监察大队海淀分队的现场指挥人员李志强（男，殁年36岁）颈部一刀，致刀柄折断，后逃离现场。李志强因被伤及右侧头臂静脉及右肺上叶，致急性失血性休克死亡。

被告人张雷、牛许明、张健华、段玉利明知崔英杰实施了犯罪行为，张雷、张健华仍为崔英杰联系藏匿地点，牛许明、段玉利分别向崔英杰提供人民币500元帮助崔英杰逃匿。

2006年8月12日3时许，公安机关向被告人张雷了解崔英杰的情况时，张雷交待了其窝藏崔英杰的犯罪事实，并揭发了其他同案人。后被告人段玉利于2006年9月1日向公安机关投案；被告人崔英杰、牛许明、张健华分别被查获归案。

上述事实，有下列经庭审举证、质证的证据在案证实，本院予以确认：

1．证人崔公海（北京市海淀区城市管理监察大队队员）的证言证明：2006年8月11日下午，他们在中关村地区清理无照商贩，当行至中关村科贸大厦西北角时，见李志强追赶一名男子，这名男子在追逐一辆城管执法车，他也跟着追这人，后该男子停下转身快步向他俩走来，当走到他俩身后时，李志强对别的同事说了句话，刚转过身，追车的男子扑过来，右手反握匕首，由上向下扎了李志强脖子一刀，就跑了。

公安机关出具的《辨认笔录》证明：经证人崔公海对12张不同男性照片辨认后，指出2号照片上的人（崔英杰）是手持匕首杀害李志强的人。

2．证人狄玉美（北京市海淀区城市管理监察大队工作人员）的证言证明：2006年8月11日下午，城管大队在中关村地区清理无照经营商贩，当车行至科贸电子城西北角，见有一男一女在路边经营烤肠，副队长李志强带领城管执法员将摊贩的三轮车按住，那名男商贩右手始终握着一把匕首，抗拒执法，与队员推搡，不让队员没收摊位，后几名队员将商贩的三轮车抬上她所驾车的车斗内，那名女商贩又哭又闹抓住三轮车的前轮不松手，几名执法队员把女商贩拽离执法车，李志强站在她所驾车的右侧让她快开走，李志强刚转回身，那名男商贩跳过护栏手持匕首迎面刺扎李志强左侧颈部一刀，还把手一横，刀刃折断，男商贩将匕首把扔在地上转身跑进胡同。

公安机关出具的《辨认笔录》证明：经证人狄玉美对 12 张不同男性照片辨认后，指出 10 号照片上的人（崔英杰）是手持匕首杀害李志强的人。

3. 证人芦富才（北京市海淀区城市管理监察大队协管员）的证言证明：2006 年 8 月 11 日下午，他们治理中关村地区的无照游商，大约 17 时许，李队长带领他们 5 个协管员巡逻至科贸电子商城北侧的胡同时，见一名男子手持水果刀护着三轮车，李队长让这名男子将刀放下，这男子不让扣车，李队长拽住三轮车，那男子没抢下车，就往一个大院里跑了，李队长让他们将三轮车装上汽车，没一会儿，那名持刀男子又回来了，见三轮车已被拉走，就向李队长走去，持刀刺扎李队长的脖子后逃跑。

4. 证人张建国的证言证明：2006 年 8 月 11 日 16 时许，他们与城管队执法时，当车行至中关村大街科贸电子商城北侧，发现有两个卖哈密瓜的新疆无照商贩，胡同口还有一个卖烤肠的男商贩，他们将一个新疆人的车没收，后没走多远，听后面特乱，回头见李志强队长站在路边，全身是血，脖子前面还在不停地喷血。

公安机关出具的《辨认笔录》证明：经证人张建国对 12 张不同男性照片辨认后，指出 1 号照片上的人（崔英杰）是案发前在案发地卖烤肠的商贩。

5. 证人赵乔然的证言证明：她父亲的朋友说崔英杰在北京市海淀区中关村科贸大厦做保安员，平时摆摊卖烤肠，想找人帮忙，她也想来京打工，便于 2006 年 8 月 10 日下午到京。次日下午，她和崔英杰在崔的住处制作香肠，16 时许，二人来到中关村科贸大厦附近摆摊卖烤香肠，后城管工作人员要没收他们的三轮车和香肠，崔英杰拿出刀威胁城管人员，不让扣车，城管人员将三轮车装上一辆货车，她在旁边哀求，拉着车不让运走，后她见崔英杰跑了，她站了会儿，也离开了现场。

6. 证人贾奉祥的证言证明：2006 年 8 月 11 日 20 时许，一个叫张雷的朋友给他打电话，称有个姓崔的朋友来找他，问他在天津的住址，还让他去接姓崔的。当日22时许，姓崔的给他打电话，约好见面地点后，他将崔带回单位的宿舍休息。次日一早，警察到宿舍将姓崔的抓走了。

7. 证人范保山的证言证明：2006年8月11日17时许，他在科贸中心上班时听朋友说崔英杰将城管扎伤了。后他在一层遇见段玉利，就对段说：小崔出事了，好像是把城管队员扎伤了。

8. 证人方文起的证言证明：大约在2006年8月11日左右17时许，段玉利向他借手机，直到第二天早上，段玉利才将手机还他，他的手机是西门子S65型。

9. 北京市公安局海淀分局刑事侦查支队出具的《现场勘验检查笔录》及现场照片证明：现场位于北京市海淀区中关村一号桥东南侧主路右侧车道。中心现场位于中关村一号桥东南侧由南向北主路路口停车标识线向南30米处右侧车道内。中心现场地面有长1.7米血迹（已提取），血迹附近地面上有一把红色塑料刀柄（已提取）。在海龙大厦地下一层海淀城管大队海淀分队办公室内停放一辆三轮车（系被告人所用），车斗内装有火炉、铁锅等物，物品下发现红色塑料刀鞘一个（已提取）。在海淀医院急诊室，从海淀城管大队海淀分队尹肇江处提取刀刃一把，刀刃长10.5厘米、宽2.3厘米（据介绍刀刃是抢救李志强时从其颈部取出）。

在北京市海淀区中关村科贸电子城8层名柜娱乐城保卫部监控室过道第79号更衣柜内提取到上衣一件（已送检）。

10. 北京市公安局法医检验鉴定中心出具的京公法病理字［2006］第676号《尸体检验鉴定书》鉴定结论证明：李志强颈前喉结左侧可见斜行条状创口1处，创道方向沿皮下浅肌层斜向右下，造成右侧头臂静脉破裂，进入右胸腔，止于右肺上叶，创道长为10厘米，李志强系被他人用锐器（片刀类）刺伤颈部，伤及右侧头臂静脉及右肺上叶，致急性失血性休克死亡。

11. 北京市公安局法医检验鉴定中心出具的京公法物证字

[2006] 第2747号《生物物证鉴定书》鉴定结论证明：极强力支持送检现场血迹2处、刀刃上血迹、上衣（名柜娱乐城保卫部监控室过道第79号更衣柜构）上的血迹为李志强所留。

12. 执法工作现场录像证明：在查处崔英杰无照经营活动时，崔英杰先是持刀阻挠城管人员查处，又在执法车离开现场时，冲向执法车的情况。

13. 当庭出示的公安机关出具的三轮车、刀刃、刀柄、刀鞘照片，经被告人崔英杰辨认后确认是其使用的物品及凶器。

14. 北京市公安局海淀分局刑事侦查支队出具的《接受刑事案件登记表》证明：2006年8月11日17时10分，报案人崔公海称其与同事李志强等人在海淀区中关村科贸大厦西北角路边执行公务时，一名男子持刀将李志强颈部扎伤，李志强因抢救无效死亡。

15. 北京市公安局海淀分局刑事侦查支队出具的《到案经过》、《工作说明》证明：经调查确定崔英杰有重大犯罪嫌疑，后于2006年8月12日3时许在北京市海淀区金渤瀚国际商务会馆将崔英杰的朋友张雷传唤，张雷交待崔英杰找其称自己将城管砍伤，要借钱躲藏，后崔英杰携带牛许明和段玉利提供的钱财，去了张雷、张健华为其安排的藏匿地。当日4时许，公安人员在北京市海淀区金渤瀚国际商务会馆将被告人张健华抓获；5时30分许，在天津市塘沽开发区万连别墅72栋5楼将被告人崔英杰抓获。2006年8月31日16时许，公安人员在北京市海淀区中关村恒昌科技有限公司内将被告人牛许明抓获。同年9月1日9时许，段玉利主动与公安机关联系投案，公安人员即到北京市海淀区科贸大厦内将被告人段玉利带回审查。

16. 公安机关出具的《户籍证明》证明：被告人崔英杰、张雷、牛许明、张健华、段玉利及被害人李志强的姓名、出生日期、住址等情况。

17. 被告人崔英杰在侦查期间供述：2006年8月11日16时许，他刚将摊位支好，城管人员来执法，要没收他的三轮车，他不让扣车，并拿刀威胁，后城管人员将他的三轮车装上执法车，他想将三轮车抢回，但执法车已开走，他未追上，很气愤，想教训教训城管队员，便持刀将最前面的城管队员扎伤。

18. 被告人崔英杰、张雷、牛许明、张健华、段玉利供述窝藏的犯罪事实与上述证据相符，并可相互印证。

对于崔英杰的辩护人提出对公安机关出具的《尸体检验鉴定书》进行重新鉴定的申请，经查：辩护人申请重新鉴定的理由不足，故对辩护人提出的申请本院不予支持。

对于被告人崔英杰所提他不知对方是城管工作人员的辩解，经查：视听资料及证人狄玉美的证言均证实，现场有穿制服的城管人员在执法；案发时与崔英杰一起无照经营烤肠的证人赵乔然亦证实：城管人员要没收他们的三轮车，且同案人张雷、牛许明在侦查期间的供述均证实，崔英杰曾对其讲："将城管扎了"，故崔英杰的当庭辩解与在案证据不符。崔英杰所提其没有杀死李志强的主观故意，不构成故意杀人罪的辩解及崔英杰的辩护人提出的崔英杰不具有杀人的主观故意，不应以故意杀人罪追究其刑事责任的辩护意见，经查：崔英杰明知持刀刺扎他人要害部位会导致他人死亡的后果，仍不计后果持刀猛刺被害人颈部，并逃离现场，故崔英杰对其持刀刺扎他人颈部可能造成被害人死亡的后果采取放任的态度，其行为符合故意杀人罪的犯罪构成，崔英杰的辩解及辩护人提出的辩护意见均不能成立，本院不予采纳。

对于张雷的辩护人提出的张雷不知崔英杰实施的犯罪行为的严重程度，请求对张雷免除刑事处罚的辩护意见，经查属实，本院酌予采纳。对于牛许明的辩护人提出的牛许明认罪态度好，又系初犯，请求对其从轻处罚的辩护意见，本院酌予采纳。

本院认为，被告人崔英杰以暴力方法阻碍城市管理监察人员依法执行职务，并持刀故意非法剥夺他人生命，致人死亡，其行为已构成故意杀人罪，犯罪性质恶劣，后果特别严重，应依法惩处。考虑崔英杰犯罪的具体情节及对于社会的危害程度，对崔英杰判处死刑，可不立即执行。被告人张雷、牛许明、张健华、段玉利明知崔英杰是犯罪的人，还分别为其提供隐藏处所、钱财，帮助崔英杰逃匿，其行为均已构成窝藏罪，依法均应惩处。鉴于张雷、段玉利有投案的情节，并能如实供述犯罪事实，系自首；且张雷到案后，能揭发同案犯的共同犯罪事实，故依法对张雷免除处罚，对段玉利予以从轻处罚；鉴于张健华所犯罪行情节轻微，依法予以免除处罚。北京市人民检察院第一分院指控被告人崔英杰犯故意杀人罪、被告人张雷、牛许明、张健华、段玉利犯窝藏罪的事实清楚，证据确凿，指控罪名成立。根据被告人崔英杰、张雷、牛许明、段玉利、张健华犯罪的事实、犯罪的性质、情节和对于社会的危害程度，依照《中华人民共和国刑法》第二百三十二条、第三百一十条第一款、第四十八条第一款、第五十一条、第五十七条第一款、第二十五条第一款、第六十七条第一款、第七十二条第一款、第七十三条第二款、第三款、第三十七条、第六十一条、第六十四条及最高人民法院《关于处理自首和立功具体应用法律若干问题的解释》第一条、第三条、第六条的规定，判决如下：

一、被告人崔英杰犯故意杀人罪，判处死刑，缓期二年执行，剥夺政治权利终身（死刑缓期执行的期间，从高级人民法院核准之日起计算）。

二、被告人牛许明犯窝藏罪，判处有期徒刑一年，缓刑二年（缓刑考验期限，从判决确定之日起计算）。

三、被告人段玉利犯窝藏罪，判处有期徒刑一年，缓刑一年（缓刑考验期限，从判决确定之日起计算）。

四、被告人张雷犯窝藏罪，免予刑事处罚。

五、被告人张健华犯窝藏罪，免予刑事处罚。

六、随案移送的鞋一双、裤子一条、上衣一件、刀把一个、刀鞘一个、刀头一个、小勺一个、三轮车一辆、小火炉一个予以没收。

如不服本判决，可在接到判决书的第二日起十日内，通过本院或者直接向北京市高级人民法院提出上诉。书面上诉的，应当提交上诉状正本一份，副本六份。

审判长 刘俊燕
代理审判员 郑文伟
代理审判员 黄肖娟
二〇〇七年四月十日
北京市第一中级人民法院（章）
书记员 顾 昕
书记员 张 洋

（二）王斌余故意杀人案法理研究[①]

【选案理由】

农民工王斌余因讨要工钱未果而杀死4人的案件，引起全社会的高度关注。“如果抛开案件背景，它可能只是一个寻常的刑事案件。但如果结合背景的话，就不是一个普通的案件了：农民工法律地位问题，讨薪不成所处的孤立无援处境，他们种种让人扼腕的遭遇，以及非常高的维权成本。大家关注这个案子，主要是因为这个背景，以及背景之下的社会不公正。”[②] 围绕这一案件，也产生了许多法理上的争议。如本案是否属于防卫过当，激情犯罪应当如何正确评价，自首情节如何影响量刑，多种情节中既包括从宽情节又包括从严情节时，应当如何量刑。无论从社会影响上看还是从法理价值上看，本案都值得认真反思。

① 本案的法理分析部分内容得到了崇文区检察院李丹检察官的启示和帮助，系二人合作完成，谨致谢忱。

② 见陈兴良、梁治平：《王斌余杀人案：底层群体罪与罚的正义之辩》，载《新京报》2005年9月19日。

【基本案情】

2005年5月11日上午，王斌余给外出在宁夏中宁县的宁夏亚泰机电设备安装有限公司（以下简称亚泰公司）工程承包人陈继伟打电话，提出辞工返乡，要求付清自己与王斌银以及已经辞工返乡的王路全、王胜伟2005年的工资。陈继伟让王斌余到中宁县结算，王斌余未去。当日下午3时许，王斌余以人身权利得不到保障，父亲脚骨骨折，自己急需回家，陈继伟不给结算工资为由，到石嘴山市惠农区人事劳动保障局投诉。惠农区人事劳动保障局副局长宋尚礼当即电话通知陈继伟和吴新国前来解决问题，吴新国代表陈继伟来到该局。在宋尚礼主持下，经调解，双方同意五日内结清工资。吴新国还提出王斌余、王斌银不能继续在工地吃住。宋尚礼则要求，如不能提供食宿，吴新国必须先支付给王斌余、王斌银部分生活费，然后从工资中扣除，吴新国应允。离开人事劳动保障局后，吴新国即给付王斌余50元生活费，王斌余嫌少未要。

当日晚，王斌余与王斌银回到工地，见宿舍房门被锁，便于晚10时30分左右来到惠农区河滨街钢电路63号吴新国的住处敲门索要生活费。吴新国称自己已睡下，明天再解决，王斌余不同意，双方隔着门发生争吵。吴新国打电话让被害人吴华过来劝走王斌余兄弟。吴华将此事告诉了身边的被害人苏志刚、苏文才和苏香兰。苏志刚先赶到吴新国住处劝王斌余兄弟离开。苏文才、吴华、苏香兰随后赶到现场。王斌余对苏志刚说："没你的事，你回去吧。"苏志刚讲："咋没我的事，你老到老陈（陈继伟）那儿告我，我看你今天是欠揍了。"王斌余又说："你没到6点（晚6点）就把电焊收了，我说你咋了？"二人为此争吵。苏文才见状上前责问并打了王斌余一耳光，双方遂发生厮打。王斌余掏出随身携带的折叠刀，先后将苏志刚、苏文才捅倒在地。此时，王斌银抓住王斌余持刀的手进行劝阻，王斌余推开王斌银，又将吴华、苏香兰捅倒在地。吴新国妻子汤晓琴闻讯从屋内走出，搀扶被刺倒在地的苏志刚，王斌余又将汤晓琴捅成重伤，汤晓琴负伤躲避。此时，王斌余发现吴新国也在场，遂持刀追杀，未果。王斌余返回现场，边喊“让你全家都死！”边对已被刺倒在地的苏志刚等人连捅数刀，致苏志刚、苏文才、吴华、苏香兰当场死亡。汤晓琴经送医院抢救，脱离危险。经检验，五名被害人共被捅刺48刀。王斌余乘出租车逃离现场后，将凶器抛入黄河。公安机关接到群众报案后，立即开展侦查工作，确认王斌余为犯罪嫌疑人。王斌余于当日晚11时55分到公安机关投案自首，公安机关扣押了其沾有血迹的衣服及随身携带的人民币1452元。

【裁判要旨】

杀人行为虽然发生在索要拖欠的工资及生活费的过程中，但如果行为人尚有生活费用，并已向劳动部门投诉，并与劳动单位达成协议，则应按照协议解决问题。在此情况下杀人，并非生活无着，索要工资无结果的情况下，被逼无奈杀人，不属于可以从宽处罚的酌定情节。

被害人打骂过被告人，且在案发当晚的争吵中先动手打被告人，在案件起因上有一定过错。对于事出有因，被害方有过错的案件，一般情况下，对被告人可以从轻处罚，但并非不论情节、后果一律从轻处罚。犯罪以后能自动投案，如实供述自己的罪行，其行为构成自首。依照我国刑法规定，对于自首的犯罪分子可以从轻或者减轻处罚，但并非不论罪行轻重，均应无条件从轻或者减轻处罚。行为人无视他人的生命权利，不听劝阻，持刀连续捅刺多人，杀害无辜；特别严重的是，行为人在追杀他人未果返回现场后，又对已倒在血泊中的被害人连续补刺，必欲置被害人于死地而后快，造成四人当场死亡，一人重伤，杀人手段极其残忍，情节特别恶劣，犯罪后果极其严重，虽具有出于激愤杀人，并且自首等可以从轻处罚情节，但不足以从轻处罚。

【引发的理论问题】

针对本案，尽管陈兴良教授个人希望对王斌余“不判死刑，甚至主张废除死刑，也希望王斌余案能作为一个在极度激愤下杀人不判死刑的判例确定下来。”[①] 但他基于我国司法实践中杀人案件判决的现状，清醒地认识到改判对王斌余难乎其难，原因是“这个案件本身从法律上说，是没有悬念的。根据我国以往的司法实践，一审判决在法律上没有问题。王斌余杀死四人，又重伤一人，尽管他有种种前因后果，但是这样一种行为在法律评价上，应该说是极其严重的故意杀人。在国外刑法中，杀一个人是一个杀人罪，杀四个人就构成四个杀人罪。当然，我国刑法不管杀几个人，都只构成一个杀人罪，但杀人多少显然是量刑上要考虑的一个非常重要的事实。”[②]

不过，梁治平教授的看法似乎有所不同：“我觉得从事实上看，有些问题是至关重要的，比如这个人是处在什么精神状态下实施的犯罪——他当时的精神状态，是能够比较清楚地了解自己的行为，还是暂时性的失控状态。比如，王斌余这样的农民工，他们从小生活在农村，希望过好的生活，然后到了城里，受到歧视，生活在社会的边缘，生理需要难以满足，受到各种欺凌，受到很粗暴的对待，而且其他人的生活和他的生活形成非常大的反差。所有这些东西，可能在某个时刻，控制了他的思想，使他疯狂起来。这样的可能性是存在的。王斌余这样一个阶层的人的生活史与他们的精神状态之间的联系，非常值得研究。”[③]

由此引发了三个值得探讨的理论问题：其一，对激情犯罪人的刑事责任如何认定？其二，对具有自首等多项从宽情节的犯罪人如何处理？其三，在罪行极其严重，同时又有自首等多项从宽情节的情况下，如何处理？

① 见陈兴良、梁治平：《王斌余杀人案：底层群体罪与罚的正义之辩》，载《新京报》2005 年 9 月 19 日。

② 见陈兴良、梁治平：《王斌余杀人案：底层群体罪与罚的正义之辩》，载《新京报》2005 年 9 月 19 日。

③ 见陈兴良、梁治平：《王斌余杀人案：底层群体罪与罚的正义之辩》，载《新京报》2005 年 9 月 19 日。

1. 激情犯罪对王斌余刑事责任主观要素的影响

本案审判过程中，王斌余及其辩护人提出，王斌余是在索要工资无结果的情况下，被逼无奈，激愤杀人，应当从轻处罚。二审法院认为："本案虽然发生在王斌余向吴新国索要生活费的过程中，但王斌余既已投诉，并与亚泰公司达成协议，理应按照协议解决问题，且并非生活无着。王斌余与苏志刚、吴华（本案被害人）均系打工者，是因平时积怨发生争吵，苏文才（本案另一被害人）先动手打人，直接引发此案。其辩护人提出王斌余是在索要工资无结果的情况下，被逼无奈杀人，应从轻处罚的理由，与事实不符，不能成立，不予采纳。"从二审裁定认定的事实来看，王斌余确实不是因为讨要工资无果而杀人，而是在讨要工资的过程中，因遭他人殴打，矛盾激化而杀人。那么，按照二审裁定所认定的事实，王斌余是否属于激愤杀人呢？对于因激愤而杀人，是否可以或者应当从宽处罚呢？要回答这一问题，必须厘清激愤情绪与刑事责任的关系，因为刑罚的轻重应当与刑事责任的大小相适应，只有正确认识激愤情绪对刑事责任的影响，才能正确判断它对刑罚的影响。

（1）激愤情绪对刑事责任能力的影响

刑事责任的有无及其大小，与行为人刑事责任能力的有无及强弱、犯罪人所犯罪行的轻重以及犯罪人人身危险性的大小相关。激情犯罪中的激愤情绪，与行为人在行为时的控制能力以及主观恶性的有无及强弱是否存在关联？倘若能够证明行为人在激愤状态下对自己行为的控制能力减弱甚至丧失，或者主观恶性减轻，就说明在这种状况下行为人的刑事责任能力降低甚至丧失，也就应当对其从宽处罚甚至不能给予刑罚处罚。

那么，激愤情绪对刑事责任是否有影响呢？为解决此问题，需要对刑事责任能力的内容加以了解。刑事责任能力以控制能力和认识能力为内容，控制能力本质上是一种意志能力，它是在辨认能力的基础上形成的决定自己行为的能力，亦即人的意志自由能力。尽管我国对刑事责任能力的判断是兼采医学标准和法律标准，但都是在静态中来把握意志自由的度。而现实生活中，意志自由的发挥是在动态中进行的，是与周围环境互动的结果。环境可以影响行为人的认识，进而影响意志自由的正常发挥；同时，客观环境还可能对行为人的心理产生直接压制，使其丧失意志自由。所以，即使行为人在事后的鉴定中被认定具有刑事责任能力，在行为当时也不一定存在意志自由。尤其是在突遇强烈刺激，产生强烈情感的情况下，行为人可能在瞬间丧失意志自由或者意志自由严重减弱。因此，激愤情绪会影响被告人的主观恶性："激情使意志减弱，因而主观恶性要相对小一些。如果在激情突发的情况下，意志力完全丧失，且这种激情是不正当行为引起的，那么就应当认为没有主观恶性。"①

需要强调的是，激情犯罪人在极度激愤情况下，通常也没有完全丧失自我控制能力，即即便是极度愤怒，通常也不会导致行为人完全无法控制自己的行为，或根本不知道自己在做什么（如果有这两种情况之一，被告人就已经完全丧失意志自由，也就缺少犯罪故意，一个缺少犯意的行为，是不应被作为犯罪行为处理的），而是仍然具有正常人的判断能力，只是由于其感情遭到突然刺激和伤害，控制不住的愤怒和羞辱等情感必然会冲击和削弱他的控制自己行为的能力，使其控制能力明显弱于情绪平静之时，因而刑事责任能力减弱。

正是基于上述原因，许多国家的法律都明确规定激情属于减轻甚至免除处罚的理由。例如，《瑞士联邦刑法典》第 64 条规定，行为如果系因受非法刺激或者侮辱造成行为人愤怒和痛苦而实施的，法官可以对其从轻处罚。②《德国刑法典》第 33 条规定，行为

① 见陈兴良著：《刑法哲学》（第三版），中国政法大学出版社 2004 年版，第 37 页。

② 参见徐久生译：《瑞士联邦刑法典》，中国法制出版社 1999 年版，第 25 页。

人如果是出于慌乱、恐惧或者惊吓而超越紧急防卫的界限，不受处罚。[①] 在慌乱、恐惧或者惊吓的情况下实施的行为，显然属于激情场合实施的行为，因此，该规定体现了对特殊的激情犯不予处罚的精神。《菲律宾刑法典》第 13 条也规定，在不可避免地产生激情或者意识混乱的强烈冲动支配下实施行为的，减轻刑事责任。[②]

基于上述分析，我们认为，如果能够认定本案中王斌余属于激情犯罪，就有必要考虑对其从宽处罚，具体表现为不判处其死刑立即执行。

（2）激情犯的认定

激情犯又称情感犯，指因外在的言辞、行为等因素被激怒、刺激而实施了犯罪的人。激情犯是道德因素和冲动因素结合的产物。在行为人身上，被害人的不当行为与被告人的道德情感同时在发挥作用，因此，激情犯必符合下列特征：一是即时性。此犯罪是针对激情犯产生犯意和实施犯罪的时间而言，激情犯在面临具有刺激属性的言辞、行为时即刻产生犯意，并在产生犯意后立刻或非常接近的时间内就实施犯罪。激情犯对自我控制能力的丧失必须是“突然的、即时的”，并在犯意产生后合理时间内实施犯罪。美国刑法要求只有在被告人受到刺激和实行致命打击之间不存在足以使激情冷却下来的时间差，才可以把谋杀降为激情杀人。[③] 大陆法系对这一点更为限制严格，有关立法都明确使用“当场”“当时”等用语。二是特定性。此犯罪是针对激情犯实施的犯罪而言。现代无论英美法系还是大陆法系刑法，都将激情犯限定在杀人犯当中。如上述，激情犯的犯意产生是即时的，且犯意产生后立刻实行犯罪，所以在某些犯罪中，如经济犯罪、诈骗罪等需要犯罪人保持清醒的意识，进行周密的思考，甚至需要多人共谋才能得逞的犯罪中，不存

---

① 参见冯军译：《德国刑法典》，中国政法大学出版社 2000 年版，第 14 页。

② 参见陈志军译：《菲律宾刑法典》，中国人民公安大学 2007 年版，第 6 页。

③ 参见储槐植著：《美国刑法》（第三版），北京大学出版社 2005 年版，第 155 页。

在激情犯罪的可能性。根据龙勃罗梭的实证统计，几乎所有的激情犯都是针对人身的，极少是针对财产的。三是情绪性。此犯罪是针对主观意识而言。菲利说，情感犯能够抵制偶犯的非意外力量的一般诱惑，但不能抵制有时确实难以抗拒的心理风暴。体现在：在受到刺激实施犯罪前，激情犯都是正常且有理智的人，在受到刺激而实施犯罪时，激情犯极度冲动，无法控制自己的行为。与预谋的犯罪人相反，激情犯不是秘密地实行犯罪，不设圈套，没有共犯也不精心准备工具；激情犯一般不会像预谋的犯罪人那样百般抵赖，否认自己的犯罪行为，而是“在犯罪或被捕之后就即刻认罪，其真诚的自责感很强烈，甚至于会即刻自杀或自杀未遂。当被定罪的时候——尽管其很少被陪审团定罪——他们始终懊悔，改变自己的生活，或者不再犯罪。”①

（3）本案中的王斌余是否属于激情犯

本案中王斌余是一名农民工，纯朴诚实，具有一定法律观念，能够运用法律武器维护自己的合法权益，案发前曾通过劳动部门、法律部门等合法途径解决问题，是一个理智健全的人。在上门讨薪之前，并不存在杀人意图，只是想拿回自己的工资，只是在遭到吴某的不公正待遇及其他人的言辞刺激、肢体侵犯下，长期积累的抑郁和屈辱瞬间爆发，丧失理智，并立即转化为外在的疯狂行为。“他骂我像条狗，用拳头打我的头，还用脚踢我，××也一起打我和弟弟”，“我当时实在忍受不了，我受够了他们的气”。种种陈述清楚地反映出王斌余是在受到外界因素的强烈刺激后，瞬间情绪失去控制，痛下毒手。酿成大错后，非常自责，“我觉得很后悔，当时也是一时冲动。我做了傻事，法律要追究责任。我评价自己是不忠不孝”，“说起来我也是坏人，不应该把别人弄死了，我也不想发生这样的事情。这件事情，对于双方的父母都是伤害”。并主动

① 见［意］恩里科·菲利著：《犯罪社会学》，郭建安译，中国人民公安大学出版社 1993 年版，第 33 页。

向公安机关自首。可见，王斌余行为完全符合激情犯的特征，属于典型的激情犯。

（4）对本案判决结果的反思

本案中王斌余的行为和心情可以得到社会的理解和同情，但其行为却未能获得法律的宽恕，更准确地说是未能获得司法者的宽恕。那么，法律或者法官在本案中是否可以展示其温情的一面，对王斌余采取不判处死刑的宽容态度？我们认为是可以的。

我国刑法 48 条规定：“死刑只适用于罪行极其严重的犯罪分子。”何谓罪行极其严重？通常认为必须是犯罪的性质极其恶劣、犯罪的情节极其严重、犯罪分子人身危险性极其严重的三位一体的统一，即犯罪的社会危害性与犯罪人的人身危险性相结合。作为犯罪量刑的情节，是表明行为社会危害性和行为人人身危险性及其程度的主客观事实情况。而社会危害性和行为人人身危险性及其程度的判断，不应仅仅从行为所侵害的法益及其严重程度来看，还要看行为人的情况及其主观因素，如是否预谋、偶犯还是累犯等也是表征行为人的社会危害性和人身危险性的重要因素。即使被告人的犯罪行为造成的社会危险性极其严重，也必须同时具备极其严重的人身危险性，才可以适用死刑立即执行。我们认为，王斌余作为一名激情犯，并且在犯罪以后自首，并没有达到主观恶性以及人身危险性极其严重的程度。如此，则根据刑法所规定的死刑适用条件，是不应当对王斌余判处死刑立即执行的。最高人民法院在《全国法院维护农村稳定刑事审判工作座谈会纪要》中指出：“要正确把握故意杀人罪适用死刑的标准，对故意杀人犯罪是否要判处死刑，不仅要看是否造成了被害人死之结果，还要综合考虑案件的全部情况。对于被害人一方有明显过错或对矛盾激化负有直接责任，或者被告人有法定从轻处罚情节的，一般不应判处死刑立即执行。”这一会议精神也同样适用于本案。本案中，一方面被害人有明显过错，对矛盾激化负有直接责任，另一方面被告人有属于激情犯罪以及自首等酌定和法定从轻情节，应否判处死刑立即执行是应慎重对待的。

遗憾的是，本案审理中，被告人所具有的表明他较低程度的主观恶性和人身危险性的因素没有被充分考虑，最终王斌余被剥夺了生命。本案中司法机关在运用犯罪情节时，偏执于对行为后果的重视，事实上危害结果成为决定被告命运的唯一标准。表现为一审、二审均认为“王斌余无视他人生命权利，持刀连续捅刺无辜，杀死四人，重伤一人，杀人手段极其残忍，情节特别恶劣，犯罪后果极其严重”，“虽具有自首情节，但不足以从轻处罚”，量刑从结果出发，对王斌余罪前罪后表现及由此折射出的被告人人身危险性，未给以足够重视，甚至否认作案动机。体现出我国立法司法中对结果无价值的偏爱。

（5）对结果无价值论的反思以及对二元论的评价

关于刑法的违法性的内容，刑法学中存在“规范违反说”与“法益侵害说”的对立。凡认为违法性的内容是违反了刑法规范背后存在的社会伦理规范的，即为规范违反说；凡认为违法性的内容是对法益的侵害或者危险的，即为法益侵害说。规范违反说主张“行为无价值论”；法益侵害说主张“结果无价值论”。[①] 简单地说，在犯罪构成的两个因素，即行为和结果中，将行为作为犯罪本体的见解就是行为无价值论，将结果作为犯罪本体的见解就是结果无价值论。所谓结果，就是指“人的行为对刑法所保护的法益所造成的损害。”[②] 结果无价值论和前期的古典学派（客观主义）关系深厚，认为刑法规范是为了保护法益而设定，犯罪行为表现的是结果无价值。结果主义导致完全凭借结果决定刑事责任，这种观点因为与现代刑法理念相违背而受到质疑。不过，完全抛开结果无价值不管的行为无价值论（一元论），与重视行为人主观意思的主观

① 参见［日］野村稔著：《刑法总论》，全理其、何力译，法律出版社2001年版，第149页。

② 参见马克昌、杨春洗、吕继贵主编：《刑法学全书》，上海科学技术文献出版社1993年版，第621页。

主义刑法并无二致，而且，就刑法中所规定的结果犯而言，行为无价值的考虑，显然有违反罪刑法定之嫌。因此，以结果无价值论为基础，同时考虑行为无价值论的所谓“二元论”或“折中说”取而代之并逐渐占据优势。按这种观点，刑法上的实质违法性，是违反社会伦理规范（或偏离社会相当性）的法益侵害或危险。认为犯罪是行为脱离了社会秩序，结果无价值不足以表现刑法的性格。刑法不仅要注意行为的方向与客体，还要重视行为样态，即对于犯罪，除了要关注危害结果之外，还要关注刑法行为人的主观态度，犯罪是行为人人格的表现。二元论主张以客观材料分析行为人，考虑的定罪因素更多，量刑情节更丰富，更多体现刑法目的刑论。它吸收了行为无价值论和一元论的合理因素，为大陆法系普遍接受。

然而，对行为人的刑事责任，我国立法司法实践中反映出的却是结果无价值论的倾向。我们关于犯罪人人身危险性判断的逻辑过程是无精神病史即为精神健全，如果行为造成的危害结果非常严重，对此严重结果一个精神健全人又不可能无认识或不存在认识减弱，那么，其主观恶性便极其严重。司法机关通常不是根据案件发生时的具体环境判断辨认、控制能力，进而决定刑事责任能力，而是根据结果的严重程度，来决定人身危险性的严重程度。这在逻辑上显然是混乱的。

（6）激情犯在我国刑法中的应有地位

在英美法系，激情犯常被律师以精神失常为由作为无罪或罪轻辩护的理由。我国刑法理论是不存在这一可能的。刑法将达到法定刑事责任年龄，具备健全的心理精神状况，假定为完全的刑事责任能力人。我们认为，这种假定过于武断和草率，需要反思和重构。具体情况下的行为有许多被决定的成分，行为人的辨认控制能力，受不同因素影响发挥程度不一样，所以反映出来的主观恶性也不一样，本案中王斌余无论是事前事后判断，都属精神健全。但并不能因此否认特殊情况下他的精神可能受到刺激导致控制能力减弱。我们不能不注意到，本案中许多情形促成了被告人犯罪。它处于一个特殊的社会地位，当法律不能给予他的合法权益以充分有效保障时，若将一切责任都归结于被告明显有失公允。因此，笔者认为，对王斌余进行刑罚裁量时可在法定幅度内减轻。

以激情犯理论为王斌余进行辩护，部分学者的担心并非全无道理：是否任何情况下，情绪的激动都可以为自己的行为开脱罪责？如果不是，是否会产生刑法中的不平等？笔者认为对于激情犯的认定当然要结合其他外部条件，对于斗殴、寻衅中不顾后果的杀人伤害行为，当然不能因其一时情绪失控犯而予减轻。美国原先由控方或检察官承担举证责任，证明标准为排除合理怀疑，即必须排除陪审团对行为人作案期间的认知判断和责任能力的任何合理怀疑，而非仅仅证明无精神病史或病症轻微。后来，里根总统遇刺，凶手以精神失常脱罪，舆论大哗。国会遂立法改革诉讼程序，变为被告人举证，标准为清楚且令人信服，同时，法院判例对《联邦证据规则》关于科技文献和专家证人资格的解释也松动了，不再要求被业内公认或普遍接受了。不过据统计，改革以来精神失常的抗辩的成功率未见明显变化。这说明法官并非如大众担心的那样情绪化，易受律师和专家意见摆布。实证说明我们应相信法官们的理性。综上笔者认为本案中，对王斌余进行责任认定时应借鉴激情犯理论，考虑从轻处罚。

2. 自首情节对王斌余刑事责任的影响

我国刑法第67条规定："犯罪以后自动投案，如实供述自己的罪行的，是自首。对于自首的犯罪分子，可以从轻或者减轻处罚。其中，犯罪较轻的，可以免除处罚。"

我国刑法关于自首犯采取相对从宽原则，亦称得减原则，对自首是否从轻减轻，由审判人员依所自首罪行的情形、危害轻重，结合自首的原因、悔悟迟早等进行具体分析，以确定是否从轻减轻。应当说，立法的这一规定，是考虑合理的。因为犯罪的性质情节千差万别，自首的具体情况也不尽一致。故刑法规定可以从宽处罚，即并非对每一个自首的犯罪人都一律从轻处罚，在特别情况下，如罪行特别严重情节特别恶劣的犯罪、预谋利用自首逃避应得惩罚而实行严重犯罪的犯罪分子，即使投案自首，也不能从轻处罚，避免犯罪分子钻法律的空子，同时不失法律的公正性。那么，本案中王斌余的行为是否应排除在适用之外呢？二审法院认为“王斌余无视他人生命权利，持刀连续捅刺无辜，杀死四人，重伤一人，杀人手段极其残忍，情节特别恶劣，犯罪后果极其严重”，“虽具有自首情节，但不足以从轻处罚”，对此笔者持不同看法。

第一，从设计自首制度的意义来看。确认自首者可以从宽处罚，并不是也不可能是基于因自首而使犯罪行为的社会危害性减小或消除，而是因为犯罪人的自首反映其对犯罪行为有所认识和悔罪的表现，即使是因为慑于法律的威力而洗手不干了，也反映了犯罪人的人身危险性的减弱或消除。因此，犯罪人投案自首，理应从宽处罚。自首制度显示犯罪人已经认识到自己行为的恶劣，谴责这种行为，接受惩罚，把受罚看成是他罪有应得的结果，并准备赎罪。本案中王斌余善良淳朴，热爱生活，“我的愿望很简单，让我父亲、爷爷、奶奶过得好一点，他们苦了一辈子。我希望周围人都要有一颗善良的心，不要瞧不起我们农民工。我希望人和人之间都很友好，都能够互帮互助。我希望社会能够更多地关注我们农民工。”通过上面的分析王斌余应属激愤杀人，根据行为时的客观环境，对王斌余的期待可能性降低，而案发后他的悔悟自责进而自首的一系列行为进一步印证王斌余主观恶性的减弱。对此，笔者认为不能用犯罪结果来否定自首行为的意义。

第二，刑法惩罚犯罪的目的，不是为了惩罚而惩罚，更重要的在于教育和改造，预防犯罪。“法律规范作为控制社会的一种手段，它与法律规范在社会中的作用、效果都是成正比的。”① 因此，对犯罪人量刑时，必须坚持社会公正原则，即必须考虑犯罪人犯罪

① 见陈明华著：《当代苏联东欧刑罚》，中国人民公安大学出版社 1989 年版，第 260 页。

行为的客观特性和主观特性，采用不可避免的、公正的方法使犯罪人负担刑事责任，才能使其从内心诚服刑法的公正。这种诚服的程度越高，刑罚才有可能达到其预防犯罪的社会效果。投案自首是犯罪人犯罪后有悔罪或悔改之意的开端，表明犯罪人已具备了接受改造、悔过自新的主观基础。因此，对案件自首的犯罪分子从宽处罚实际上是刑罚目的的中介手段。正是这一中介手段将刑罚的一般预防与特殊预防积极的目的转化为积极的刑罚效果。本案中王斌余始终尊重并相信法律，出于这种信任他曾运用法律维权，也因触犯法律自责，并主动投案，“说起来我也是坏人，不应该把别人弄死了，我也不想发生这样的事情。这件事情，对于双方的父母都是伤害。”在他心中，仍然对法律对社会充满期待，“你们采访我，文章发出来，可以让更多的人关注我们农民工。领导到下面来，只看表面大楼好着呢，我们在墙上施工，一不小心就摔死了，你知道修大楼多少民工死了？我知道有保护我们农民工的政策，但下面人不执行，我们的权利还是得不到保障。”相信法律能以宽容的同情的眼光来处理自己，而终审判决后王斌余那无奈而又绝望的一吼，或许表明了他的彻底绝望。

第三，自首制度的价值体现。公正、谦抑和人道是现代刑法追求的三大价值目标。刑法的社会效果是通过刑事活动的公正性与功利性的统一达到的社会功能。自首是公正性与功利性相统一的刑罚制度。表现在，自首从宽使刑罚裁量与罪犯犯罪时、犯罪后的投入基本相适应，通过对犯罪人的从宽处罚，自首制度价值得以实现。这一制度运用得越合理，越符合犯罪人的实际情况，其价值实现程度越高。因为，合理公正的刑罚运作，必然产生惩罚犯罪、预防犯罪的最佳社会效益。而是否予以从宽，需结合案件具体情况分析。而本案之所以广为关注，正是因为王斌余的杀与不杀涉及到法理公平正义问题，涉及到刑法谦抑性与刑法公正的关系，而一审后为王斌余喊冤的呼声不断，民意是刑罚效果的最直接反映，不能令大多数民意信服的判决即使合法，未必能达到公正合理的要求。

从我国刑法关于自首制度的立法变化来看，1979年刑法规定：“可以从轻处罚，其中犯罪较轻的，可以减轻或者免除处罚；犯罪较重的，如果有立功表现，也可以减轻或免除处罚。”1997年刑法修改，新刑法第67条、第68条对自首犯作了更加处罚从宽规定，即对所有的自首犯都可以从轻或者减轻处罚；其中犯罪较轻的可以免除处罚。对自首后并有重大立功表现的，采取绝对从宽原则。可见，我国立法关于自首犯处罚的趋势是越来越宽容的，体现普遍公平与区别对待的原则。结合本案的特殊背景，笔者认为，对王斌余的自首情节予以认定并在量刑时予以从宽处罚是符合立法规定与其折射出的立法精神的。法院最终没有因为王斌余有自首情节而对其从宽处罚，免除其一死，实际上仍然是受结果无价值论的影响。

3. 在行为人犯有极其严重的罪行，同时又存在诸如自首、激情犯罪等法定或者酌定可以从宽处罚情节的情况下，应当怎样处理

本案具有一个十分特殊的现象，即一方面，王斌余的犯罪行为造成了四人死亡，一人重伤的极其严重的危害结果，另一方面，王斌余又同时存在多个从宽处罚情节，其中包括受害人存在明显过错，属于激情犯罪，犯罪后自首等明显应当从宽处罚的酌定或者法定情节。在这种情况下，究竟应当怎样处理呢？是否还能够判处死刑立即执行呢？我们认为，由于这些从宽处罚的情节综合在一起，已经充分表明犯罪人的主观恶性和人身危险性较小，因此，已经不符合刑法所规定的死刑适用条件，不应对行为人判处死刑立即执行。

值得警惕的是，尽管刑法理论界普遍主张对刑法第48条规定的“死刑只适用于罪行极其严重的犯罪分子”应当作扩张解释，即应当解释为死刑只适用于犯罪性质极其恶劣、犯罪情节极其严重、人身危险性极其严重的犯罪分子，但是，从司法实践来看，不少法官并没有受到影响，他们依然在结果无价值论的作用下，仅根据危害后果来确定是否对犯罪人适用死刑。如此，难免导致司法实践中死刑适用标准不一致，进而导致死刑判决明显不公，严重损害法院判决的公信力和司法机关的权威。

附录

宁夏回族自治区高级人民法院刑事裁定书

［2005］宁刑终字第97号

原公诉机关宁夏回族自治区石嘴山市人民检察院。

上诉人（原审被告人）王斌余，男，1977年4月30日出生于甘肃省甘谷县盘安镇尉家沟村，汉族，小学文化，农民，捕前住宁夏回族自治区石嘴山市惠农区河滨街电化厂出租房。因涉嫌犯故意杀人罪，于2005年5月12日被石嘴山市惠农区公安分局刑事拘留，同年5月25日被逮捕。现在押。

辩护人曹长安，宁夏回族自治区石嘴山市宁正律师事务所律师。

宁夏回族自治区石嘴山市中级人民法院审理石嘴山市人民检察院指控被告人王斌余犯故意杀人罪一案，于2005年6月16日作出［2005］石刑初字第16号刑事判决。判决宣告后，王斌余不服，提出上诉。本院依法组成合议庭，公开开庭审理了本案。宁夏回族自治区人民检察院指派检察员朱绍银和代理检察员张炜、吴瑞林出庭支持公诉。上诉人王斌余及其辩护人曹长安到庭参加诉讼，证人陈继伟、吴新国、宋尚礼出庭作证。现已审理终结。

石嘴山市中级人民法院判决认定：2005年5月11日晚10时30分左右，被告人王斌余和其弟王斌银到石嘴山市惠农区河滨街钢电路63号西部聚氯乙烯有限公司保温保冷安装工程工地施工队队长吴新国住处，向吴新国索要生活费，双方发生争吵。吴新国打电话让工地技术员吴华过来劝走王斌余兄弟。吴华接电话后，告知岳父苏文才、妻兄苏志刚、妻子苏香兰。苏志刚先赶到吴新国住处，劝王斌余兄弟离开。吴华、苏文才、苏香兰随后赶到。王斌余与苏文才、苏志刚因其他琐事发生争吵，苏文才打了王斌余一耳光。王斌余掏出随身携带的折叠刀先后将苏志刚、苏文才、吴华、苏香兰捅倒在地，将吴新国妻子汤晓琴捅成重伤。王斌余发现吴新国在场，持刀追赶未果后，返回现场再次对被刺倒在地的苏志刚等人连捅数刀，致苏文才、苏志刚、吴华、苏香兰当场死亡。王斌余逃离现场后于当日夜自首。

石嘴山市中级人民法院判决认为，被告人王斌余在向吴新国索要生活费的过程中与被害人苏文才等人发生争吵，持刀肆意捅死四人，重伤一人的行为已构成故意杀人罪。

其杀人手段极其残忍，情节特别恶劣，后果特别严重，虽有自首情节，但不足以从轻处罚。依照《中华人民共和国刑法》第二百三十二条、第五十七条第一款的规定，以故意杀人罪判处被告人王斌余死刑，剥夺政治权利终身。

上诉人王斌余上诉和二审开庭时提出：自己是被逼激愤杀人，有投案自首情节，一审量刑过重，请求从轻处罚。其辩护人辩称：王斌余是在讨要工钱无结果，被逼无奈的情况下激愤杀人，情有可原，且能自首，应从轻处罚。

二审开庭时宁夏回族自治区人民检察院认为，上诉人王斌余与被害人因往日一同打工时的矛盾发生争吵，促使矛盾激化，其故意杀人与索要工资没有直接关系，王斌余及其辩护人提出的王斌余系激愤杀人的理由不能成立。王斌余接连捅杀四人，重伤一人，在被害人已被刺倒后，又进行第二轮捅刺，手段极其残忍，情节特别恶劣，后果特别严重，虽有投案自首情节，但不能从轻处罚。一审判决认定的事实清楚，证据确实充分，适用法律正确，量刑适当。

经本院审理查明：2003 年 8 月，上诉人王斌余到宁夏亚泰机电设备安装有限公司（以下简称亚泰公司）打工，2004 年在亚泰公司承包的石嘴山市惠农区西部聚氯乙烯有限公司保温保冷安装工程工地打工。2004 年初和 2005 年初，王斌余分别领取了上年的工资 3000 余元和 9975 元。2005 年 2 月中旬，王斌余介绍其弟王斌银和同乡王路全、王胜伟也来到该工地打工。2005年2月26日王斌余向工地借款50元，4月10日、4月20日、4月30日王斌余陆续向工地借款共1150元，总计借款1200元。打工期间，王斌余与一同打工的被害人吴华、苏志刚在工作中产生矛盾，曾被吴华打骂。同年5月5日下午，王斌余因对工作安排不满，不再出工，但仍吃住在工地。

5月11日上午，上诉人王斌余给外出在宁夏中宁县（距惠农区250公里）的亚泰公司工程承包人陈继伟打电话，提出辞工返乡，要求付清自己与王斌银以及已经辞工返乡的王路全、王胜伟2005年的工资。陈继伟让王斌余到中宁县结算，王斌余未去。当日下午3时许，王斌余以人身权利得不到保障，父亲脚骨骨折，自己急需回家，陈继伟不给结算工资为由，到石嘴山市惠农区人事劳动保障局投诉。惠农区人事劳动保障局副局长宋尚礼当即电话通知陈继伟和吴新国前来解决问题，吴新国代表陈继伟来到该局。在宋尚礼主持下，经调解，双方同意五日内结清工资。吴新国还提出王斌余、王斌银不能继续在工地吃住。宋尚礼则要求，如不能提供食宿，吴新国必须先支付给王斌余、王斌银部分生活费，然后从工资中扣除，吴新国应允。离开人事劳动保障局后，吴新国即给付王斌余50元生活费，王斌余嫌少未要。

当日晚，上诉人王斌余与王斌银回到工地，见宿舍房门被锁，便于晚10时30分左右来到惠农区河滨街钢电路63号吴新国的住处敲门索要生活费。吴新国称自己已睡下，明天再解决，王斌余不同意，双方隔着门发生争吵。吴新国打电话让被害人吴华过来劝走王斌余兄弟。吴华将此事告诉了身边的被害人苏志刚、苏文才和苏香兰。苏志刚先赶到吴新国住处劝王斌余兄弟离开。苏文才、吴华、苏香兰随后赶到现场。王斌余对苏志刚说："没你的事，你回去吧。"苏志刚讲："咋没我的事，你老到老陈（陈继伟）那儿告我，我看你今天是欠揍了。"王斌余又说："你没到6点（晚6点）就把电焊收了，我说你咋了？"二人为此争吵。苏文才见状上前责问并打了王斌余一耳光，双方遂发生厮打。王斌余掏出随身携带的折叠刀，先后将苏志刚、苏文才捅倒在地。此时，王斌银抓住王斌余持刀的手进行劝阻，王斌余推开王斌银，又将吴华、苏香兰捅倒在地。吴新国妻子汤晓琴闻讯从屋内走出，搀扶被刺倒在地的苏志刚，王斌余又将汤晓琴捅成重伤，汤晓琴负伤躲避。此时，王斌余发现吴新国也在场，遂持刀追杀，未果。王斌余返回现场，边喊"让你全家都死！"边对已被刺倒在地的苏志刚等人连捅数刀，致苏志刚、苏文才、吴华、苏香兰当场死亡。汤晓琴经送医院抢救，脱离危险。经检验，五名被害人共被捅刺48刀。王斌余乘出租车逃离现场后，将凶器抛入黄河。公安机关接到群众报案后，立即开展侦查工作，确认王斌余为犯罪嫌疑人。王斌余于当日晚11时55分到公安机关投案自首，公安机关扣押了其沾有血迹的衣服及随身携带的人民币1452元。

上述事实，有下列经庭审举证、质证的证据证实：

1. 上诉人王斌余在亚泰公司打工时的考勤表、工资结算清单等书证和证人陈继伟、吴新国证实：2003年8月至2005年5月5日，王斌余在亚泰公司打工。亚泰公司已于2004年初付清王斌余2003年8月至年底的工资3000余元，于2005年初付清王斌余2004年全年工资9975元。王斌余2005年1月至5月5日的工资共计3640元，扣除借款1200元，尚有2440元未支付。加上王斌银、王路全、王胜伟2005年的工资，共计5210元。

2. 西部聚氯乙烯有限公司保温保冷安装工程工地借款记录和证人吴新国、王斌银证实：王斌余于2005年2月26日向工地借款50元，4月10日、4月20日、4月30日陆续向工地借款共1150元，总计借款1200元。

3. 证人吴新国、陈继伟、宋尚礼证实：王斌余打工时曾被吴华打骂。2005年5月5日下午，王斌余因对工作安排不满，即不再出工，但仍吃住在工地。

4. 石嘴山市惠农区人事劳动保障局接待信访登记表、王斌余投诉状等书证和证人宋尚礼、陈继伟、吴新国、王斌银证实：2005年5月11日下午，王斌余以人身权利得不到保障，父亲脚骨骨折，自己急需回家，陈继伟不给结算工资为由，到惠农区人事劳动保障局投诉。惠农区人事劳动保障局副局长宋尚礼当即电话通知陈继伟和吴新国前来解决问题，吴新国代表陈继伟来到该局。当日下午5时许，在宋尚礼主持下，经调解，双方达成亚泰公司五日内付清王斌余、王斌银、王路全、王胜伟工资的口头协议。当时，吴新国提出王斌余、王斌银不能继续在工地吃住，宋尚礼则要求如不能提供食宿，吴新国必须先支付给二人一部分生活费，然后从工资中扣除，吴新国同意。

5．证人吴新国、王斌银证实：2005年5月11日傍晚，王斌余、王斌银和吴新国从惠农区人事劳动保障局出来后，吴新国给付王斌余50元生活费，王斌余嫌少未要。

6．证人吴新国、被害人汤晓琴证实：2005年5月11日晚10时30分许，王斌余、王斌银来到其住处敲门索要生活费，吴新国称自己已睡下，明天再解决，王斌余不同意，双方隔着门发生争吵；吴新国打电话让吴华前来劝走王斌余、王斌银。

7．证人吴新国证实：苏志刚、苏文才、吴华、苏香兰先后赶到现场，苏志刚、苏文才与王斌余发生争吵，苏文才动手打了王斌余一耳光，引起双方厮打。王斌余持刀连刺苏志刚、苏文才、吴华、苏香兰各数刀。

8．证人王斌银证实：5月11日晚，自己随王斌余到吴新国住处，敲门索要生活费，双方发生争吵。苏志刚赶到现场后，自己向苏志刚说明了投诉情况和来向吴新国要生活费的原因。苏文才、吴华、苏香兰赶到后，王斌余对苏志刚说："没你的事，你回去吧。"苏志刚说："咋没我的事，你老到老陈（陈继伟）面前告我，我看你今天是欠揍了。"苏文才对王斌余说："你告苏志刚干啥呢！"并打了王斌余一耳光。王斌余掏出带在身上的折叠刀将苏志刚、苏文才捅倒在地。自己见状上前抓住王斌余持刀的手进行劝阻，王斌余将自己推开，又将吴华、苏香兰捅倒在地。

9. 被害人汤晓琴陈述：自己闻讯从屋内走出，见苏志刚倒在地上便去搀扶，王斌余持刀连续捅自己胸、腹等部位数刀。自己跑开躲避，后被送往医院，经抢救脱离危险。

10. 证人夏学荣、安建平、陈晓萍、张建国、高志军、韩孝明证实：王斌余持刀连续捅刺苏志刚、苏文才、吴华、苏香兰、汤晓琴。

11. 证人韩涛、岳恒效、韩孝明证实：王斌余追赶吴新国未果后返回现场，又分别对已被刺倒在地的苏志刚等人连捅数刀。

12. 证人徐海亚证实：王斌余返回现场后，边喊“叫你全家都死!”边对已被刺倒在地的苏香兰、吴华等人连捅数刀。

13. 现场勘验笔录证实：现场位于石嘴山市惠农区河滨街钢电路61至71号间，地面散见血迹，有三男一女四具尸体。

14. 尸体检验报告证实：苏志刚胸、腹部裂创7处，其中1处刺破右锁骨下动脉，致失血性休克死亡；苏文才胸、腹、颈、腰、背等部位裂创15处，其中剑突上方横行9厘米处裂创深达心脏及左肺，致失血性休克死亡；吴华胸、腹、腰等部位裂创10处，其中胸骨上缘左下方2.3厘米处裂创刺破左肺及肺静脉、脐上方3厘米处裂创刺破腹主动脉，致失血性休克死亡；苏香兰颈、胸、腰、臀等部位裂创9处，浅表切割创1处，浅表切划伤1处，其中颈部左侧1处裂创刺破颈总动脉，左胸部1处裂创刺破心脏，致失血性休克死亡。

15. 活体检验报告证实：汤晓琴胸、腹等部位刺创5处，其中腹部刺创贯通腹腔致胃破裂，系重伤。

16. 石嘴山市惠农区公安分局接受刑事案件登记表证实：2005年5月11日晚10时53分，吴新国电话报警称，王斌余因纠纷将苏志刚、苏文才等人杀死在河滨街钢电路63号住宅附近。刑侦队立即派员赶赴现场，经初步调查，确认犯罪嫌疑人为王斌余。

17. 证人石嘴山市惠农区公安分局副局长李军、刑警队教导员钟宏建、民警马向前和扣押物品清单、返回物品清单等书证证实：王斌余于2005年5月11日晚11时55分到惠农区公安分局自首，公安机关当场扣押了其沾有血迹的衣服及随身携带的人民币1452元。7月5日，王斌余从公安机关领取了被扣押的1452元。

18. 上诉人王斌余供述：打工期间，吴华在工作上有事没事找茬，并打过自己。2005年5月5日下午，自己为了干活方便，提出焊架子，吴华不让焊，自己觉得没法干了，便不再出工干活。王斌余还供述：5月11日上午，自己给外出在中宁县的陈继伟打电话，提出辞工返乡，结清自己与王斌银以及已经辞工的王路全、王胜伟2005年的工资。陈继伟让自己去中宁县结算，自己未去。当日下午，自己去人事劳动保障局投诉。当日晚，自己与弟弟王斌银回到工地，见宿舍房门被锁，便去吴新国住处敲门索要生活费，双方隔着房门发生争吵。不久，苏志刚、苏文才、吴华、苏香兰过来劝说。自己对苏志刚说："没你的事，你回去吧。"苏志刚讲："咋没我的事，你老到老陈那儿告我。"自己便说："那天你不到6点就把电焊收了，我说你咋了。"二人为此发生争吵。苏文才见状先上来打自己一耳光，双方遂厮打在一起。自己用折叠刀先将苏志刚、苏文才捅倒。王斌银抱住自己进行劝阻，自己推开王斌银，又将吴华、苏香兰捅倒，并捅了汤晓琴几刀。

在追赶吴新国未果返回现场后，见苏志刚等人躺在地上未死，又捅了苏志刚等人几刀。

上诉人王斌余在庭审中对上述证据无异议。

以上证据，本院予以确认。

本院认为：上诉人王斌余在与被害人争吵、厮打过程中持刀杀死四人，重伤一人，其行为已构成故意杀人罪。

上诉人王斌余提出辞工，要求结清工资，并向当地人事劳动保障局投诉，系依法行使权利。但案发前，其2003年和2004年的打工工资已经结清；其2005年的工资支付问题，案发当日下午经当地人事劳动保障局调解，双方已达成亚泰公司五日内付清王斌余等人工资的协议；王斌余从2005年2月下旬至4月30日陆续从工地借款1200元，案发时随身携有1452元现金，且当天拒收吴新国给付的50元生活费，有能力解决个人食宿问题。本案虽然发生在王斌余向吴新国索要生活费的过程中，但王斌余既已投诉，并与亚泰公司达成协议，理应按照协议解决问题，且并非生活无着。王斌余与苏志刚、吴华均系打工者，是因平时积怨发生争吵，苏文才先动手打人，直接引发此案。其辩护人提出王斌余是在索要工资无结果的情况下，被逼无奈杀人，应从轻处罚的理由，与事实不符，不能成立，不予采纳。

被害人吴华在打工时曾打骂过王斌余，苏文才在案发当晚的争吵中先动手打王斌余一耳光，被害方在案件起因上有一定过错。对于事出有因，被害方有过错的案件，一般情况下，对被告人可以从轻处罚，但并非不论情节、后果一律从轻处罚。王斌余犯罪以后能自动投案，如实供述自己的罪行，其行为构成自首。依照我国刑法规定，对于自首的犯罪分子可以从轻或者减轻处罚，但并非不论罪行轻重，均应无条件从轻或者减轻处罚。王斌余无视他人的生命权利，不听其弟劝阻，持刀连续捅刺五人，杀害无辜；特别严重的是，王斌余在追杀吴新国未果返回现场后，又对已倒在血泊中的被害人连续补刺，前后共刺杀被害人48刀，必欲置被害人于死地，造成四人当场死亡，一人重伤。王斌余杀人手段极其残忍，情节特别恶劣，犯罪后果极其严重，虽具有可以从轻处罚情节，但不足以从轻处罚。王斌余及其辩护人提出的王斌余属于激愤杀人，构成自首，应当从轻处罚的上诉理由及辩护意见，不能成立，不予采纳。

综上，原判认定事实清楚，证据确实、充分，定罪准确，量刑适当。审判程序合法。依照《中华人民共和国刑事诉讼法》第一百八十九条第（一）项的规定，裁定如下：

驳回上诉，维持原判。

本裁定为终审裁定。

根据《最高人民法院关于授权高级人民法院和解放军军事法

院核准部分死刑案件的通知》的规定，本裁定即为核准以故意杀人罪判处被告人王斌余死刑，剥夺政治权利终身的刑事裁定。

审判长　刘瑞华
审判员　金周强
代理审判员　贾　奇
二〇〇五年十月十八日

本件与原件核对无异

书记员　马　龙

第十一题 罚金刑完善论*

罚金刑在世界范围内运用日益广泛，在一些西方国家，已逐渐进入自由刑与财产刑（其中主要是罚金刑）并驾齐驱的时代。① 我国刑法修订后，可以判处罚金刑的犯罪种类大量增加，② 罚金刑的实际适用也大大扩展。然而，司法机关在判处和执行罚金刑的时候，却往往忽视适用罚金刑究竟要达到什么目的。事实上，罚金刑作为一种刑罚，同样具有威慑、教育、惩罚等功能，罚金刑的适用应当尽可能发挥罚金刑的这些功能，努力达到维护正义、预防犯罪的目的。基于这一立场，笔者认为，应当从以下三个方面完善我国罚金刑执行制度。

一、建立罚金刑易科制度

罚金刑易科制度包含两方面内容：一是以罚金刑代替所宣告的自由刑。二是以其他刑罚或者强制措施代替所宣告的罚金刑。③ 前者不在本文探讨范围之内。我国法律没有规定罚金刑易科制度，早

---

* 本部分内容系与北京师范大学刑事法律科学研究院副教授阴建峰博士合作完成。

① 参见林亚刚、周娅：《罚金刑易科制度探析》，载《法制与社会发展》2002 年第 1 期。

② 修订后的刑法中共有 147 个条文规定了罚金刑，占刑法分则条文总数（351 条）的 42%。

③ 传统观点认为，罚金刑易科制度仅限于罚金刑易科为自由刑（参见孙力著：《罚金刑研究》，中国人民公安大学出版社 1995 年版，第 216 页；姜国旺、王晨：《罚金刑：困境与出路》，载《人民司法》1999 年第 7 期），笔者认为，为了充分发挥罚金刑的功能，实现刑罚的目的，罚金刑易科不能局限于易科为自由刑，应当扩大到劳役及社区公益劳动等范围。详细理由在后面的正文中阐述。

期理论对罚金刑易科也持否定态度。[①] 而外国立法例中多规定了罚金刑易科制度。[②] 刑法修订后，罚金刑适用面扩大，[③] 对许多犯罪还规定了必处罚金，因而司法实践中罚金适用率大幅度提高，罚金刑执行率低下所引发的问题凸现，相应地，罚金刑易科制度受到空前关注。很多学者提出我国应当建立罚金刑易科制度，同时，反对罚金刑易科制度的声音也不绝于耳。

我们主张建立我国的罚金刑易科制度，这主要基于以下两方面理由：

（一）罚金刑易科制度有其存在的现实需要

罚金刑执行难是有目共睹的现象。相对于生命刑、自由刑，罚金刑属于开放性刑罚，其执行对象游离于犯罪人人身之外，极易被犯罪人或者其他相关人员转移、隐匿，以致难以找到。有的犯罪人甚至根本就没有财产。这样，如果将罚金刑执行局限于实际执行犯罪人的财产，罚金刑执行难在所难免。我国罚金刑执行实际情况就是例证。罚金刑难以执行现象的广泛存在，必然危及法院判决的严肃性和法律的权威。当法院的裁判沦为一纸空文的时候，再谈什么法律的权威和法院判决的严肃性显然都是自欺欺人了。而丧失权威的法律和丧失严肃性的法院判决难免成为嘲笑的对象和败坏法治的毒药。因此，确保罚金刑得到执行，是完善我国罚金刑执行制度首先应当解决的问题。如果某一制度能够有效解决这一问题，那么它便有了存在的现实需要。罚金刑易科为自由刑或者其他不受犯罪人自身条件限制的执行方式，恰是保证罚金刑执行的有效救济途径，

① 参见邱兴隆、许章润著：《刑罚学》，群众出版社 1988 年版，第 234 页；樊凤林主编：《刑罚通论》，中国人民公安大学出版社 1994 年版，第 542 页；公培华著：《刑罚论》，青岛海洋大学出版社 1999 年版，第 131 页。

② 法制较为健全的主要发达国家，如美、英、德、意、日等国的刑法，都规定了罚金刑易科制度。

③ 我国刑法分则中共有 151 个条文规定了罚金刑，占分则条文数总数（354 条，其中有 4 个条文为历次刑法修正案所增）的 42.7%。

其存在的基础就此已经奠定。

罚金刑易科制度通过以下两种途径有针对性地解决罚金执行难的问题：其一，对于愿意缴纳罚金但确实无力缴纳的被执行人，可以通过对其易科公益劳动抵偿罚金。这种易科措施一方面使所判罚金刑得到变通执行，使犯罪人的刑事责任得到落实并受到应有的惩戒；另一方面使犯罪人因判决执行完毕而从心理上摆脱赎罪的阴影，从而正常地参与社会生活。其二，对于有能力缴纳却恶意拒不缴纳罚金的被执行人，易科自由刑将剥夺人身自由作为罚金刑执行后盾，犯罪人会在罚金刑与自由刑之间权衡利弊而选择缴纳罚金，即使犯罪人仍然拒不缴纳罚金，易科自由刑也能使罚金刑得到合法的变通执行，从而使犯罪人消除逃避刑罚的侥幸心理。而且，罚金刑易科制度具有较强的可操作性。只要刑法明确规定了易科的适用条件、罚金刑与易科措施的比价关系，司法机关就可以简便地完成易科，从而节约司法成本、提高司法效率。事实上，不仅仅是罚金刑，世界上各种缺乏有效执行方式的刑罚，如保护观察、社会服务令、矫正劳动、限制自由等，最终都需要以剥夺自由刑作为后盾。[①]

（二）罚金刑易科制度在法理上能够成立

反对建立罚金刑易科制度的主要理由不外乎以下几方面：其一，罚金刑易科事实上是同罪异罚，违背适用法律人人平等原则。[②] 其二，罚金刑易科自由刑违反罚金刑的立法本意。罚金刑的设立就是为了避免短期自由刑的弊端，而罚金刑易科自由刑使判处罚金刑的犯罪人实际执行自由刑，这显然有违设立罚金刑的初

---

① 参见马克昌主编：《刑罚通论》，武汉大学出版社 1999 年版，第 570～571 页，转引自魏东、罗志红：《论罚金刑易科制度的正当根据与制度设计》，载《贵州民族学院学报》（哲学社会科学版）2003 年第 6 期。

② 参见邱兴隆、许章润著：《刑罚学》，群众出版社 1988 年版，第 234 页；公培华著：《刑罚论》，青岛海洋大学出版社 1999 年版，第 131 页。

衷。[1] 其三，如果罚金刑易科为其他措施，如劳役、自由劳动等，又会陷入新的执行困境。其四，罚金刑易科有损法律的尊严和严肃性，也是对罪责刑相适应原则的破坏。可能导致“以刑代罚”的现象。[2] 其五，罚金刑易科有违我国刑罚的功能。罚金刑易科会使无力缴纳罚金的犯罪人产生抵触情绪，对抗教育和改造，从而影响刑罚功能的发挥。[3] 笔者认为，上述理由均难以成立。

首先，罚金刑易科并不当然意味着同罪异罚，也不当然违背适用法律人人平等原则。所谓同罪异罚，是指对犯相同罪行的人给予不同的刑罚处罚。对同罪异罚不能简单理解为所给予的刑罚种类和刑期的长短（针对自由刑而言）或者数额的多少（针对财产刑而言）不一致，而应当作实质性的理解，即只有在对犯相同罪行的犯罪人所给予的刑罚处罚的轻重明显失衡时，才能说是同罪异罚。如果刑罚的种类不同，但给犯罪人造成的痛苦基本相同，所产生的威慑效果和教育作用基本相同，也应当视为同罪同罚。否则，便无法理解最高法院的司法解释为什么会规定除了根据犯罪情节，还要综合考虑犯罪分子缴纳罚金的能力来判处罚金。因此，当罚金刑无法得到执行时，改而易科在惩罚强度和威慑、教育作用方面与被判处的罚金刑基本相当的其他刑罚或者强制措施，如一定期限的自由刑，一定时间的公益劳动，不能说是同罪异罚。在这种情况下，本来根本落不到实处的刑罚相对得到了落实，做到了有罪的人都得到法律的制裁，也不能说违背了适用法律人人平等的原则。

其次，罚金刑易科为自由刑也不一定违反罚金刑的立法本意。避免短期自由刑的弊端并非设立罚金刑的全部目的，罚金刑的制定

---

① 参见曹坚：《论罚金刑的执行》，载《江苏公安专科学校学报》2000 年第 2 期。

② 参见公培华著：《刑罚论》，青岛海洋大学出版社 1999 年版，第 131 页。

③ 参见公培华著：《刑罚论》，青岛海洋大学出版社 1999 年版，第 131 页。参见张芳英：《罚金刑易科制度探析》，载《中国矿业大学学报》（社会科学版）2005 年第 3 期；魏东、罗志红：《论罚金刑易科制度的正当根据与制度设计》，载《贵州民族学院学报》（哲学社会科学版）2003 年第 6 期。

和适用也必须追求公平和正义，也必须为实现预防犯罪的目的服务。亦即罚金刑的立法本意不仅在于避免短期自由刑的弊端，而且包括伸张正义和预防犯罪。如果罚金刑根本得不到执行，那么，犯罪人就根本没有得到实际惩罚，也没有感受到痛苦，相应地，恶行就没有得到恶报，正义就没有得到伸张，而通过适用刑罚给犯罪人以威慑从而预防犯罪的目的就难以达到。正如贝卡里亚所说："如果让人们看到他们的犯罪可能受到宽恕，或者刑罚并不一定是犯罪的必然结果，那么社会就会煽蛊起犯罪不受处罚的幻想。"① 这才显然违反罚金刑的立法本意。因此，在罚金刑无法执行的情况下，只有选择易科，使其得到落实，才能说符合立法本意。至于在罚金刑易科为自由刑可能引发短期自由刑的弊端的问题，只能通过采取其他措施来解决，而不能因此便完全放弃对罚金刑的执行。事实上，短期自由刑的弊端也并非只能靠放弃短期自由刑来避免，还可以采取其他措施解决，如加强监管、有效隔离。因此，罚金刑易科为自由刑既不会必然产生负面效果，也不能说违反了罚金刑的立法本意。

第三，罚金刑易科为劳役、自由劳动等其他措施，并不会陷入新的执行困境。罚金刑易科为劳役或者自由劳动，是对犯罪人的一种相对从宽的制裁，即是在犯罪人犯下罪行，本应当被剥夺财产或者自由的情况下，出于宽大为怀、促使其改过自新的考虑，让其在一定场所或者在社会上从事劳动，以部分赎回自己所犯的罪行。如果犯罪人对这种宽大处理拒不接受，就表明其没有改过自新之心，也就没有理由再给予其宽大处理，而应当严格遵循报应原则，改而易科自由刑并强制执行。

第四，罚金刑易科并不会导致"以刑代罚"的现象。所谓"以刑代罚"，是指用刑罚手段代替罚款。罚金并非罚款，它也是一种刑罚，和自由刑在刑罚体系中同等重要，只不过两者发挥刑罚

---

① 见贝卡里亚著：《论犯罪与刑罚》，黄风译，中国大百科全书出版社 1993 年版，第 60 页。

功能、实现刑罚目的的途径有所不同而已。因此，罚金刑易科自由刑并不存在“以刑代罚”。正如有的学者所指出的：钱款一旦被定位为“罚金”，就已不是一般意义上的金钱了，而是作为刑罚而存在。罚金刑与自由刑的本质是相同的，目的是一致的。①

第五，罚金刑易科并不违背我国刑罚的功能。对于一些有能力缴纳罚金但基于抗拒心理而拒绝缴纳的犯罪人，只有当其受自由刑的威慑时，才会被迫缴纳罚金。因此，罚金刑易科恰好能更充分地发挥刑罚的威慑功能。而对那些虽想缴纳但无力缴纳罚金的犯罪人，罚金刑易科制度并不会对他们易科自由刑，而是易科更为宽大的公益劳动，这种宽大处理不但不会使犯罪人产生抵触情绪，而且应当会使其心生感激而积极接受教育和改造，促进刑罚功能的发挥。笔者认为，上述理由均难以成立。因为有的时候，使判处罚金刑的犯罪人实际执行自由刑，这显然有违设立罚金刑的初衷。

总之，罚金刑易科制度的设立，可以使法院的罚金刑刑事判决得到有效执行，使被执行人受到应有的惩戒，在心理上产生痛苦和消除或者避免这种痛苦的愿望，消除了其逃避刑罚处罚的侥幸心理，使其自省而不敢再次犯罪，充分发挥了刑罚的惩罚和改造功能，实现特殊预防目的；而罚金刑一旦作出就必然得到执行的现实，又会对社会上的不稳定分子产生威慑效果，并教育广大社会成员遵守法律，增强法律意识，有助于一般预防目的的实现，同时还能抚慰被害人的创伤，伸张正义。

在罚金刑易科制度的具体设置上，应当注意解决以下问题：第一，应当明确规定罚金刑可以易科为哪几种其他刑罚或者矫正措施。笔者认为，应当根据不同情况，在公益劳动、限制自由的劳役和短期自由刑三种措施中进行选择。第二，应当明确界定罚金刑易科的适用范围和适用条件。即在何种情况下，可以对判处罚金刑的

---

① 参见林亚刚、周娅：《罚金刑易科制度探析》，载《法制与社会发展》2002 年第 1 期。

犯罪人易科，何种情况下可以易科为公益劳动、限制自由的劳动或者短期自由刑。具体而言，在罚金刑判决限定的缴纳期限届满后，犯罪人有能力支付却拒不缴纳罚金，采取强制措施不足以奏效的，应易科自由刑；对于被判处自由刑并处罚金的犯罪人，在自由刑服刑期满后不能缴纳罚金的，应采取罚金刑易科限制自由的劳动；对于单处罚金而判决指定的缴纳期满后，犯罪人虽想缴纳但无力支付或无法缴纳罚金的，应易科公益劳动这种矫正措施。第三，应当明确规定罚金刑与易科措施的易换比值。

二、建立罚金刑缓刑制度

（一）对罚金刑适用缓刑的立法例

对罚金刑能否适用缓刑，目前立法上有肯定和否定两种对立的态度，巴西、俄罗斯、瑞士、朝鲜以及我国刑法明确规定对罚金刑不适用缓刑或者没有规定对罚金刑可以适用缓刑，日本、法国、意大利、奥地利、西班牙、韩国刑法典，以及我国台湾地区的“刑法”则规定可以对罚金刑适用缓刑。在规定可以对罚金刑适用缓刑的刑法中，又可以分为三种情形：第一种情形是对判处一定数额罚金的犯罪人可以宣告缓刑。如日本现行刑法典第25条规定，对被宣告50万日元以下罚金的人，可以暂缓刑罚的执行。[①] 德国刑法典则规定对被判处180日额罚金的犯罪人可以适用保留刑罚的警告，由于保留刑罚的警告属于一种暂缓宣告缓刑，因而也相当于规定了对被判处一定数额罚金的犯罪人可以适用缓刑。第二种情形是对确实无力缴纳罚金的人，法院可以对其宣告缓刑。西班牙刑法典第98条第3项的规定便是如此。第三种情形是对所有被判处罚金刑的人，只要符合一定条件，均可宣告缓刑。规定了对罚金刑可以适用缓刑的国家或地区的刑法多数采用的是这种立法模式。

---

① 参见张明楷译：《日本刑法典》，法律出版社1998年版，第14页。以下有关现行日本刑法典的内容，未注明出处的，均来自此译本。

（二）对罚金刑是否可以适用缓刑之争

在刑法理论上，也存在赞成和反对对罚金刑可以适用缓刑两种对立观点。由于缓刑在设立之初只适用于被判处短期自由刑的人，其重要理由是缓刑可以避免短期自由刑的弊端。罚金刑并无短期自由刑的弊端，因而在缓刑发展的初期基本没有人主张可以对罚金刑适用缓刑。但随着教育刑理论在刑罚论中占据主导地位，缓刑的适用范围不断扩大，主张对罚金刑可以适用缓刑的人不断增加，规定对罚金刑可以适用缓刑的立法例也呈逐步增加的趋势。在此过程中，自然少不了关于对罚金刑是否可以适用缓刑的争论，这一争论至今仍未平息。

1. 反对罚金刑可以适用缓刑的主要理由及评析

反对罚金刑可以适用缓刑论者从设立罚金刑缓刑的必要性、对暂时不能缴纳罚金的犯罪人缓期执行与缓刑的区别等方面论述了为什么不宜设立罚金刑缓刑，具体理由可以概括如下：缓刑是为避免罪行较轻的犯人进入监狱、感染恶习而设的，而罚金刑不需剥夺罪犯自由，故无适用缓刑的必要。至于说罚金一时不能缴纳者的缓期执行，则与缓刑性质不同，它不能因犯人行状善良而免除其刑罚的效力，只能因经济条件的限制不能执行时免除，因此，罚金刑不能适用缓刑。①

笔者认为，反对罚金刑可以适用缓刑者的理由显得苍白无力。缓刑虽然是为了避免短期自由刑的弊端而设立的，但这并不意味着缓刑永远只能为避免短期自由刑的弊端而存在，如果对某种刑罚（比如罚金刑）适用缓刑既能达到教育感化犯罪人的目的，又不会产生负面效果，为什么不能设置这样的缓刑呢？可见，有无必要设置罚金刑缓刑，不是看罚金刑是否具有剥夺自由刑的内容，而是看这样做是否既能达到教育感化犯罪人的目的，又不会产生负面效

---

① 参见马克昌、杨春洗、吕继贵主编：《刑法学全书》，上海科学技术文献出版社1993年版，第679页。

果。至于以对一时不能缴纳罚金者缓期执行不同于缓刑为理由来说明对罚金刑不能适用缓刑，就更加站不住脚了，因为对罚金刑适用缓刑就是打算在犯罪人没有发生应当撤销缓刑的事项时，不再执行罚金刑，它当然与被判处罚金刑后由于犯罪人一时不能缴纳而推迟执行的性质不同，这是互不相干的两种措施，怎么能因二者性质不同而得出其中一种措施不妥的结论呢？

2. 主张对罚金刑可以适用缓刑的论者所持主要理由及评析

主张对罚金刑可以适用缓刑的论者从缓刑的功能、罚金刑的严厉程度、对罚金刑适用缓刑在理论和实践上的意义等方面论证为什么可以对罚金刑适用缓刑，具体理由可以概括如下：第一，对罚金刑适用缓刑与对自由刑适用缓刑一样，同样可以起到鼓励犯罪人改过自新的作用，既然对自由刑尚可以适用缓刑，那么对轻于自由刑的罚金刑也应当允许适用缓刑。第二，根据刑法分则的规定或者数罪并罚的结果，常有自由刑与罚金刑并科的情况，如果只允许对自由刑适用缓刑而对财产刑却不能适用缓刑，不仅理论上根据不足，而且实践中亦多不便。第三，为了顾及贫困的犯罪人及其家属的生活，由刑罚衡平的观念出发，也应考虑对罚金刑予以缓刑。第四，对于无法缴纳罚金的过失犯或者主观恶性较小的初犯，适用罚金刑缓刑比易科自由刑更为可取。[①] 第五，犯同一罪处同等数额的罚金，形式上似乎平等，但实质上是不平等的，对罚金适用缓刑可以抑制这种不平等。第六，对无力缴纳或者不愿缴纳罚金的犯罪人判处罚金，容易导致犯罪人为了缴纳罚金而实施新的犯罪，对罚金刑适用缓刑可以避免这种现象的发生。第七，罚金刑在刑罚的改善及教育目的的实现上价值较小，对罚金刑适用缓刑则可以增强罚金刑的教育功能。第八，适用罚金刑容易使犯罪人亲属因帮其支付罚金

---

① 参见谢瑞智著：《中外刑事政策之比较研究》，台北中央文物供应社 1987 年版，第 239 页，转引自孙力著：《罚金刑研究》，中国人民公安大学出版社 1995 年版，第 161～162页。

而受到牵连，有违罪责自负的原则，对罚金刑适用缓刑则可以避免出现这种情况。第九，规定罚金刑缓刑制度，实际上是在刑事处罚与免予刑事处罚之间又设立了一级，便于对犯罪人采取区别对待政策，使刑罚体系更加完整。① 第十，如果罚金刑上升为主刑后却没有规定缓刑制，那么，对轻微犯罪人单处罚金的实际效果反而重于判处短期自由刑缓刑的情况，会造成犯罪人的心理不平衡，其他人也容易产生莫名其妙的感觉。②

上述关于可以对罚金刑适用缓刑的种种理由，大多数言之成理，但却给人以凌乱不堪、缺乏头绪之感，另有个别理由则值得商榷，如第五条和第六条理由。关于可以对罚金刑适用缓刑的理由，容笔者在本文下一部分整理，在此先就上述理由中值得商榷的第五、第六条提出拙见。

主张对罚金刑可以适用缓刑的第五条理由认为，犯同一罪处同等数额的罚金，形式上似乎平等，但实质上不平等。笔者认为，这种观点只看到对经济条件不同而犯同一罪的犯罪人判处同等数额罚金的不合理性，却没有看到这种不合理性不是规定可以对罚金刑适用缓刑所能消除的。首先，既然设立了罚金刑，在判处罚金刑时就必须遵循罪刑相当这一刑法基本原则。对这两种人犯同一罪判处不同数额的罚金同样是不合理的。试问，既然一个人的财产是合法取得的，或者没有证据证明他是非法取得的，他的财产就应当得到法律的保护，有什么理由在犯相同罪行的情况下，财产多的人就应当被多罚呢？难道仅仅因为犯罪人的财产多就应当多罚？这种平均主义思想将罪刑相当原则又置于何地？可见，在罚金刑诞生之时，它就陷入了这种同罪同罚不公平，同罪不同罚也不公平的两难境地。其次，罚金刑的不合理之处是罚金刑本身所固有的，即使规定可以

---

① 参见周应德、周海林：《试论罚金刑的缓刑》，载《现代法学》1998 年第 3 期；另参见孙力著：《罚金刑研究》，中国人民公安大学出版社 1995 年版，第 213 ~214 页。

② 参见孙力著：《罚金刑研究》，中国人民公安大学出版社 1995 年版，第 214 页。

对罚金刑适用缓刑，也不能消除它的不合理性。规定对罚金刑可以适用缓刑，只能让那些经济条件不好而又符合缓刑条件的犯罪人得到合理的处遇，由此却又产生了新的不合理现象，比如，对那些富有而又符合适用缓刑条件的被判处罚金刑犯罪人该如何处理？对他们宣告缓刑的意义远远小于对经济条件不好的犯罪人宣告缓刑，而既然他们符合适用罚金刑缓刑的条件，又有什么理由不对他们宣告缓刑？因此，设立罚金刑缓刑对富有的人而言，实际上是相对不合理的。

主张对罚金刑可以适用缓刑的第六条理由认为，对无力缴纳或者不愿缴纳罚金的犯罪人判处罚金，容易导致犯罪人为了缴纳罚金而实施新的犯罪。笔者认为这种观点不符合实际情况。首先，对于被判处罚金而无力缴纳的犯罪人而言，只要不易科自由刑，罚金刑对他们并不会造成什么现实的痛苦，因而他们根本无须也不会为了缴纳罚金而去实施新的犯罪，因此，只要不设立罚金刑易科制度，就不会出现被判处罚金的犯罪人为了缴纳罚金而去实施新的犯罪的情况。其次，对那些被判处罚金刑，能够缴纳而不愿缴纳的犯罪人而言，强制其缴纳并不会导致他去实施新的犯罪。因为犯罪是有风险的，行为人在受到刑罚处罚后，亲身感受到了刑罚的威力，通常只会改邪归正，而不会继续去实施犯罪。可见，认为对无力缴纳或者不愿缴纳罚金的犯罪人判处罚金，容易导致犯罪人为了缴纳罚金而实施新的犯罪的观点，只是想当然而已。

3. 结论性观点及论证

要确定是否应当规定对罚金刑可以适用缓刑，首先应当考察清楚对罚金刑适用缓刑的利弊，然后再权衡利弊，作出取舍。笔者认为，综合考虑罚金刑缓刑的利弊，还是以规定对罚金刑可以适用缓刑为宜。下面试论之。

（1）规定对罚金刑可以适用缓刑的弊端

规定对罚金刑适用缓刑的弊端主要体现在以下两个方面：

第一，有违刑罚的公正性和公平性。对犯罪人判处罚金是因为他实施了应当或者可以判处罚金的犯罪，比如实施了贪财图利的犯罪。根据罪刑相当原则的要求，应当做到有罪必罚，罚当其罪，一旦判处了罚金刑，就应当实际执行，这样才能体现刑法的公正性，而对罚金刑适用缓刑却是打算对被判处罚金的犯罪人不实际执行刑罚，这显然有违罪刑相当原则，也有违刑罚的公正性。同时，如果对犯罪人判处罚金刑同时适用缓刑，还会出现违法的严重性与责任的轻重倒挂现象：对于那些没有达到犯罪程度的一般经济违法行为，执法机关从来不会在决定罚款的同时宣布暂缓执行，视行为人今后表现决定是否执行，而是一概执行，除非行为人确实没有财产可供执行，否则其经济损失不可避免；而那些实施了已经达到犯罪程度的严重经济违法行为的人，却可以通过适用罚金刑缓刑而避免经济损失，这显然是不公平的。

第二，不利于一般预防目的的实现。一般预防是刑罚的目的之一。如果刑罚的运用起到了震慑社会上潜在的犯罪分子的作用，使他们因惧怕刑罚的惩罚而放弃了原来的犯罪企图，就达到了一般预防的目的，同时也就有效地维护了社会秩序。如果刑罚的运用不能够达到一般预防的目的，那么那些潜在的犯罪分子便会从隐蔽处赤膊上阵，实施具体犯罪活动，社会秩序也就同时受到了破坏。一般预防的目的是通过刑罚的必定性和严厉性来实现的，现代刑法的严厉性受到了严格限制，因而刑罚的必定性在实现刑罚之一般预防的目的上起着决定性的作用，“如果让人们看到他们的犯罪可能受到宽恕，或者刑罚并不一定是犯罪的必然结果，那么社会就会煽蛊起犯罪不受处罚的幻想。”① 设立罚金刑缓刑，便会使一些人认为他们实施某些犯罪可能得到宽恕，从而“煽蛊”起他们去实施这些犯罪的冒险心态。因此，规定对罚金刑可以适用缓刑不利于一般预防目的的实现。

---

① 见贝卡里亚著：《论犯罪与刑罚》，黄风译，中国大百科全书出版社 1993 年版，第 60 页。

（2）规定对罚金刑可以适用缓刑的合理之处

第一，罚金刑缓刑对于挽救部分偶犯有特殊作用。有的犯罪人是偶然起意实施应当科处罚金刑的犯罪，如盗窃罪、抢夺罪。这种犯罪人有的虽然拥有一定数量的财产可供执行罚金刑，但一旦实际执行，就会一贫如洗，陷入生存危机。此时他们对自己的财产是十分珍惜的，同时往往对自己的犯罪行为十分后悔，很愿意得到改过自新的机会。如果这时仍然实际执行罚金刑，就等于把他逼入绝境，显然不利于其改过自新；而如果对这种犯罪人在判处罚金的同时宣告缓刑，他通常就会十分珍惜这一机会，彻底改过自新。即便他不思悔改，再次犯罪或者严重违反缓刑期间应当遵守的行为准则，对他实际执行罚金刑也做到了仁至义尽，从道义上说无可非议。可见，这种情况下，罚金刑缓刑的作用无可替代。还有的应当判处罚金刑的偶犯，根本就没有财产可供执行，而易科公益劳动或者限制自由的劳动又可能严重影响其正常生活，如行为人是家庭经济支柱，一旦从事公益劳动便会导致家庭失去生活来源，此时，对其适用罚金刑缓刑也具有特殊效果。

第二，罚金刑缓刑可以大大增强罚金刑的教育功能，有助于特殊预防目的的实现。实际执行的罚金刑由于以追缴一定数量的金钱为目的，钱款收上来了，罚金刑就算执行完毕了，缺乏对犯罪人进行教育感化的时间和空间，因而在促进犯罪人的改善及教育目的的实现上价值较小。而罚金刑缓刑则不同，它通过对被判处罚金刑的人有条件地不执行，并设置相应的考验期，为教育、矫正犯罪人提供了时间条件，同时通过对犯罪人设置具体的行为准则，并对其进行考察，使有关教育、矫正活动落到了实处，从而大大增强了罚金刑的教育功能。同时，通过对被判处罚金的人适用缓刑，给某些一旦被判处的罚金刑实际执行便可能陷入生存困境的犯罪人以改过自新之机，又达到了特殊预防的目的。

第三，罚金刑缓刑在促进特殊预防目的实现的同时，还能够在一定程度上缓解因罚金刑完全得不到执行所造成的不公正性。不可否认，罚金刑缓刑存在某些不公正性和不妥当性。例如，它无法实现罚金刑的全部初衷。对犯罪人判处罚金是因为他实施了应当或者可以判处罚金的犯罪（比如贪财图利的犯罪），是为了不让犯罪人在经济上得到好处，因此，一旦判处了罚金刑，通常就应当实际执行，这样才能体现刑法的公正性，实现罚金刑的初衷。但问题在于，由罚金刑本身的特点所决定，并非所有的罚金刑都能够得到实际执行，因此，设立罚金刑的初衷注定不可能在任何情况下都能实现。相反，总会有部分罚金刑得不到实际执行，在这种情况下，如果设立罚金刑缓刑，再配合以罚金刑易科制度，就既能有助于实现教育、矫正犯罪人的目的，又能在一定程度上缓解罚金刑完全得不到执行而造成的不公正性。

第四，罚金刑缓刑制度还能够缓解罚金刑因受刑人贫富不均而面临的两难境地。对于犯相同罪行的犯罪人究竟是判处等额罚金，还是视被判刑人经济状况不同判处罚金数，历来存在两种对立观点，而且各执一词，难以形成一致意见，① 即便是我国的立法和司法解释，所持立场也是对立的。② 对经济条件不同而犯相同罪行的犯罪人判处同等数额罚金固然会由于造成的痛苦明显不同而不合理，对这两种人犯相同罪行判处不同数额的罚金同样存在不合理性。试问，既然一个人的财产是合法取得的，或者没有证据证明他是非法取得的，他的财产就应当得到法律的保护，有什么理由在犯相同罪行的情况下，财产多的人就应当被多罚呢？难道仅仅因为犯罪人的财产多就应当多罚？这岂不是财产越多罪责越大，这样做又

① 参见马克昌主编：《刑法学》，高等教育出版社 2003 年版，第 245 页；马登民、徐安住著：《财产刑研究》，中国检察出版社 2004 年版，第 251～252 页。

② 刑法第 52 条规定："判处罚金，应当根据犯罪情节决定罚金数额。"显然持同罪同罚的立场。而最高人民法院 2000 年 11 月 15 日通过，2000 年 12 月 19 日起施行的《关于适用财产刑若干问题的规定》第 2 条规定："人民法院应当根据犯罪情节，如违法所得数额、造成损失的大小等，并综合考虑犯罪分子缴纳罚金的能力，依法判处罚金。"显然持同罪异罚的立场。

将罪刑相适用原则置于何地？可见，在罚金刑诞生之时，它就陷入了这种同罪同罚不公平，同罪不同罚也不公平的两难境地。罚金刑的这种不合理是罚金刑本身所固有的，即使规定可以对罚金刑适用缓刑，也不能完全消除这种不合理。但是，罚金刑缓刑可以在一定程度上缓解这种不合理。对那些基于值得同情的个人原因（如饥饿、贫穷、人格缺陷、家庭残缺等）和社会原因（如教育落后、制度腐败、分配不公等）而产生的犯罪，人们认为如果不是屡教不改，而是能够期待犯罪人改邪归正的话，则可以予以原谅，并不一定要实际给予刑罚制裁。在这种情况下，对犯罪人判处罚金刑同时予以缓刑，所导致的刑罚不公正性便不再有人十分关注了，同时却避免了对不能缴纳罚金的犯罪人判处罚金刑所造成的不能实际执行的尴尬局面，还缓解了因贫富差距所造成的罚金刑数额相同，则效果不佳，数额不同，则有违罪责刑相适应原则的不合理现象。而当被宣告罚金刑缓刑的犯罪人在缓刑考验期间再次犯罪时，即使对其易科自由刑，公众也不会觉得刑罚过于苛刻，而犯罪人自己也没有什么可以抱怨的了。可见，将缓刑引入罚金刑之中，既摆脱了在某些情况下实际执行罚金刑所面临的困难，又不会引起公众的不满从而损害法律的权威，同时还为行为人今后如果再犯罪给予较为严厉而又可行的刑罚处罚奠定了基础。正如有学者所指出，规定罚金刑缓刑制度，实际上是在刑事处罚与免予刑事处罚之间又设立了一级，便于对犯罪人采取区别对待政策，使刑罚体系更加完整。①

第五，规定对罚金刑可以适用缓刑，还可以在一定程度上避免因犯罪者本人不能实际缴纳罚金，其亲属只好代其缴纳而导致的株连无辜。当犯罪人不能缴纳罚金时，如果对其宣告缓刑，既可以避免其亲属为了帮助其缴纳罚金而遭受的财产损失，又不至于要轻易动用易科其他刑罚这种也可能出现负面效果的措施。同时，当犯罪

① 参见孙力著：《罚金刑研究》，中国人民公安大学出版社1995年版，第213～214页。

人在缓刑考验期间因再次实施危害社会的行为而被实际执行罚金刑或者被易科其他刑罚时，也会因为其不思悔改、咎由自取而得不到人们的同情和宽恕，从而在很大程度上抵消了罚金易科自由刑制度的负面作用。

将规定对罚金刑可以适用缓刑所具有的弊端与其合理之处相比，笔者认为利大于弊，主要理由是：第一，对罚金刑适用缓刑对刑罚公正性的损害较小，只要正确运用，一般能够为公众所理解和接受，并不至于损害刑法的权威和公众对刑法的信任。第二，对罚金刑适用缓刑所具有的不利于一般预防目的之实现的缺陷，并不会对社会秩序造成大的破坏，因为对被判处罚金刑的犯罪人适用缓刑是有条件的，并非所有被判处罚金刑的人都可以得到缓刑。因此，可以相信并不会有很多人会因为考虑到自己在犯罪后可能得到缓刑而去实施犯罪。而对罚金刑适用缓刑而具有的特殊预防的作用则可以大大降低犯罪人再次犯罪的比例，从而能够有效减少社会秩序遭到破坏，并更多地保住了个人自由。第三，规定罚金刑缓刑所能够产生的效益是其他刑罚所无法替代的。比如，通过对被判处罚金的人适用缓刑，可以给某些一旦被判处的罚金刑实际执行，便陷入生存困境的犯罪人以改过自新之机，这样一方面达到了特殊预防的目的，另一方面又因避免了被判刑人因再次犯罪而给社会秩序造成的破坏。又如，规定对罚金刑可以适用缓刑，可以在一定程度上避免因犯罪者本人不能实际缴纳罚金，其亲属只好代其缴纳而导致的株连无辜。罚金刑缓刑所具有的这些作用都是其他刑罚所不具有的。基于上述理由，笔者主张我国应当建立罚金刑缓刑制度。

缓刑虽然是为了避免短期自由刑的弊端而设立的，但这并不意味着缓刑永远只能为避免短期自由刑的弊端而存在，如果罚金刑缓刑既能在教育感化犯罪人、实现特殊预防目的方面发挥独特作用，又不会产生负面效果，就完全应当设置这种刑罚制度。那种认为罚金刑不需剥夺罪犯自由，故无适用缓刑的必要的观点，恐怕不能成立。罚金刑缓刑作为一种对犯罪人暂不实际执行罚金刑，同时配合以一定监督考察内容的制度，在促使犯罪人改过自新方面具有独特的作用，理应在刑罚制度中占有一席之地。具体的制度设计，应当结合我国实际情况，同时博采日本、法国、意大利、奥地利、西班牙、韩国等罚金刑缓刑制度较为发达完善的国家刑法典规定之长加以确定。

三、建立罚金刑的行刑时效制度

我国刑法没有关于行刑时效的规定。根据刑法第53条的规定，罚金刑的执行没有时间限制，一旦被判处罚金刑，在刑罚执行完毕以前，被判刑人随时都处于被执行状态，任何时候只要发现其财产，随时都可以执行。尽管这一规定避免了罪犯逃避罚金刑制裁的可能性，但随时追缴实质上是强制缴纳的执行方式在时间上的无限延伸，造成判决当时不能及时执行，使得罚金刑未执行的案件大量积压，削弱了罚金刑的惩罚与教育犯罪的刑罚功效。① 最高人民法院发布的《关于严格执行审理期限的若干规定》第5条虽然规定了“刑事案件罚金刑，应当在判决、裁定发生法律效力后三个月内执行完毕，至迟不超过六个月。”但是，超过六个月以后没有执行完毕怎么办，仍然没有规定。

对于是否应当建立罚金刑行刑时效制度，理论界存在否定与肯定两种观点。否定者认为，财产刑应为终身刑，只要不经过法定的减免程序，随时都可以执行，自然人即便死亡，只要有遗产，都要优先保证财产刑的执行。这样才能消除犯罪分子隐匿、转移财产，逃避追缴罚金的侥幸心理，最大限度保证罚金刑的实现。② 肯定者认为，不设立罚金刑行刑时效制度，存在两方面的弊端：其一，削弱刑法的权威。现行的对罚金刑随时追缴的立法模式，虽然避免了

---

① 参见郑战杰：《解决罚金刑执行难的对策》，载 http://www.chinalawedu.com-news2004_10180855181326.htm。

② 参见汤建国、张桂林：《论刑事审判中财产刑的细化与均衡——兼谈姜堰市人民法院试行〈规范量刑指导意见〉中财产刑的适用》，载《法律适用》2004年第10期。

犯罪人逃避罚金刑制裁的可能性，但是由此造成判决不能及时执行，使得罚金刑未执行的案件大量积压，长期不能结案，有损法律的严肃性和权威性。其二，有违刑罚的目的。按照罚金刑随时追缴的规定，在罚金刑执行完毕之前，只要犯罪分子经济上略有盈余，人民法院任何时候都应当予以追缴。这意味着有些人终其一生，都将生活在一贫如洗的状况下，显然不利于其改过自新。①

笔者认为，从稳定社会关系，以及促进犯罪人改过自新、积极投入新的生活，以实现特殊预防目的出发，应当建立罚金刑行刑时效制度。指望通过对犯罪人的财产随时追缴来达到最大限度执行罚金刑的目标，弊大于利，并且缺乏可操作性。因为这种制度极易促使犯罪人产生抵触情绪和逃避缴纳罚金的念头，而犯罪分子一旦存在这种企图，必然会千方百计转移、隐匿自己的财产，人民法院要想发现其财产将更加困难，所谓随时追缴基本上是一句空话。为了这句空话而牺牲法律的严肃性和权威性，显然得不偿失。特别是在建立了罚金刑易科制度和罚金刑缓刑制度之后，大多数罚金刑都能够通过不同的变通办法得到执行或者消灭，随时追缴制度就更没有多大意义了。完全可以通过建立罚金刑行刑时效制度，将极少数确实得不到执行的罚金刑予以消灭。以利于犯罪分子顺利改过自新，回归社会，正常生活。

那么，罚金刑行刑时效制度会不会产生放纵犯罪人的不良后果呢？笔者认为，只要配以适当的管束措施，应当不会出现这种情况。具体而言，在规定罚金刑的行刑时效的同时，应当设置与行刑时效制度配套的罪犯管束制度。规定在行刑期限内，服刑人必须遵守的行为准则，如定期报告自己的工作情况、收入状况，应当接受有关部门为其安排的工作，不得从事奢侈性的消费活动等。关于行

① 参见于志刚：《关于罚金刑行刑时效制度的思考》，载广东省佛山市中级人民法院、北京师范大学刑事法律科学研究院编：《财产刑执行专题研讨会论文集》，2006 年 3 月印。

刑时效的期限，需要结合实际情况，经反复对比研究，再确定一个既不至于放纵被判处罚金刑的犯罪人，又不会严重打击犯罪人重返社会的信心和积极性的期限。有人主张，罚金刑行刑时效应规定为被执行人刑满释放后三个月或者六个月内。① 有人认为，在单纯判处罚金刑时，行刑时效可以设置为5年，在并处罚金刑时，应当为自由刑执行期满后5年。② 我们原则上赞同后一种观点，同时认为，不宜对所有罚金刑的行刑时效一概规定为5年，而应当根据罚金数额设置为3~5年，罚金数额越少，行刑时效应当越短。这是因为，在行刑时效内，行为人还是受到一定管束的，罚金数额不同而受到的管束时间却相同，有所不公，因此，行刑时效既要给罚金刑执行留有余地，还应当针对不同罚金数额有所区别。将罚金刑行刑时效规定为被执行人刑满释放后三个月或者六个月内显然太短，可能还来不及调查清楚行为人的财产状况和行为动向，行刑时效就已经届满，显然不利于罚金刑的执行和采取相应的变通措施。从既尽力争取罚金刑的执行，又有利于犯罪人改过自新的目的出发，笔者认为对单处罚金的，行刑时效应当设置为判决生效后3~5年，在并处罚金刑时，应当设置为自由刑执行期满后3~5年。这样，即便罚金刑最终没有执行，由于对犯罪人进行了3~5年的管束，也基本上达到了惩罚和教育的目的。

---

① 参见赵建平、张道富：《论罚金刑适用及执行对策》，载《河北公安警察职业学院学报》2001年第2期。

② 参见陈飞霞：《关于罚金刑完善的几个问题》，载高铭暄主编《刑法修改建议文集》，中国人民大学出版社1996年版，第383~384页。

第十二题　缓刑适用论

对缓刑适用实质条件的合理规定和准确把握，对正确适用缓刑至关重要，只有准确、全面、详细地规定缓刑适用的实质条件，才能有根据、有把握地作出是否对犯罪人适用缓刑的裁决。

一、适用缓刑的罪种条件

关于可以适用缓刑的罪种，亦即对犯何种罪行的人可以适用缓刑，各国刑法规定有所不同，可以分为两类，一类是没有对可以适用缓刑的罪种加以限制，犯任何罪行的人都有可能被宣告缓刑；另一类是规定对犯某些罪行的人不得适用缓刑。根据笔者所掌握的立法资料，在当今各主要国家刑法所规定的缓刑制度中，大多数没有对可以适用缓刑的罪种作出限制，即实施任何一种犯罪的人，原则上都有可能被宣告缓刑。这些国家的刑法都以不对可以适用缓刑的罪种作出任何规定的形式体现上述精神，如现行德国刑法典第 56 条规定："在判处不超过一年的自由刑时，法院暂缓刑罚的执行、付以考验，如果期待被判决人已经由判决受到警戒，并且在将来无须刑罚执行的影响也不会再实施犯罪行为。"没有对可以适用缓刑的罪种作出任何规定，由此表明缓刑可以适用于实施了任何一种犯罪的行为人。中国大陆刑法、现行中国台湾"刑法"、现行日本刑法典、现行法国刑法典、现行俄罗斯联邦刑法典、1996 年瑞士联邦刑法典、现行韩国刑法典、1985 年修订的加拿大刑事法典以及现行意大利刑法典等均没有对可以适用缓刑的罪种作出限制。只有极少数国家对可以适用缓刑的罪种作出了限制。

（一）规定有缓刑适用罪种条件的立法例

在有些国家和地区的刑事法中，对可以适用缓刑的罪种作出了限制。例如，现行香港刑事诉讼程序法中规定，对于非预谋杀人、强奸或者强奸未遂、聚众斗殴、运输毒品、提供毒品、企图谋杀、意图造成伤害结果造成重伤、非礼、抢劫、经营或者持有火器等犯罪，不得判处缓刑。[①] 在英国，对谋杀罪、纵火罪、抢劫和强奸等严重的刑事犯罪分子也不适用缓刑。[②] 中国大陆 1979 年刑法第 69 条规定，对于反革命犯，不得适用缓刑。前苏俄刑法典第 24 条第 2 款也规定，因犯特别危险的国事罪，武装伙匪罪，故意杀人罪，故意重伤他人身体罪，结伙强奸、对未成年人实施强奸、引起特别严重后果的强奸以及强奸幼女罪，特别恶劣的流氓罪而被判刑的人，不得宣告缓刑。[③]

（二）对规定缓刑适用罪种条件之立法例的评析

不同种类的犯罪所具有的社会危害性以及所体现的行为人的主观恶性存在很大差别，在对犯罪人是否适用缓刑时理应区别对待，为什么大多数国家的刑法却未对可以适用缓刑的罪种作出任何限制呢？究竟是作出限制好还是不作出限制好呢？笔者认为，还是以不作出绝对限制为好，理由是：第一，以犯罪人所犯罪行的种类来决定是否可以对其适用缓刑，难免与适用缓刑的实质条件发生冲突。现实中的犯罪具体情节千差万别，行为人实施犯罪的动机千奇百怪，即便是同一种犯罪，从开始为犯罪准备工具、创造条件到犯罪既遂，所具有的社会危害性也存在天壤之别，再严重的犯罪类型，也可能存在值得对犯罪人加以同情和宽宥的情节，因此，仅以所犯

① 参见赵秉志主编：《香港刑事诉讼程序法》，北京大学出版社 1996 年版，第 269 页。以下有关香港刑事法的内容，未注明出处的，均来自本书。

② 参见王运生、严军兴著：《英国刑事司法与替刑制度》，中国法制出版社 1999 年版，第 167～168 页。

③ 资料来源：方蕾、韦江、文建编译：《外国刑法分解汇编》（总则部分），国际文化出版公司 1988 年版，第 366 页。

罪行的种类一个因素来决定是否可以对犯罪人适用缓刑，难免与适用缓刑的其他实质条件发生冲突，导致对本来完全可以不执行刑罚的犯罪人也必须实际执行刑罚。以犯强奸罪的人为例，在通常情况下，强奸犯的主观恶性和社会危害性都很大，因而一般不能适用缓刑，但强奸犯也有在犯罪未得逞时便幡然悔悟、中止犯罪的情形，对这种强奸犯予以缓刑并不违反缓刑适用实质条件。第二，设置适用缓刑的罪种条件导致刑法关于缓刑适用条件的规定出现双重性。对于适用缓刑的各种条件，各国刑法从前提条件（即刑种和刑期）到实质条件（即各种情节）均作出了明确规定，只要严格按照这些条件加以判断，足以正确决定是否应当对犯罪人宣告缓刑，无须另行在犯罪种类上加以限制。如果在适用缓刑的刑种、刑期以及情节条件之外再加上一个罪种条件，则会导致关于缓刑适用条件的规定出现双重性，这表现在：关于适用缓刑的刑种、刑期以及情节条件的规定，是以犯罪人所实施的具体犯罪的社会危害性和所体现出的行为人的主观恶性为考察对象，而关于适用缓刑的罪种条件的规定，则是以抽象的某一类犯罪在总体上所具有的社会危害性大小为考察对象。这种适用缓刑条件的双重性导致在某些情况下，司法机关在决定是否对犯罪人适用缓刑时处于两难的尴尬境地，即如果对犯罪人适用缓刑，则违反了刑法关于对犯某种罪行的人不得适用缓刑的规定；如果不对犯罪人适用缓刑，行为人却又明明完全符合适用缓刑的刑种、刑期条件和情节条件。第三，对某些种类的犯罪之所以通常不能适用缓刑，不外乎因为这些犯罪通常一旦实施便具有严重的客观危害，或者表明犯罪人主观恶性很深，而这些因素是在考虑是否对犯罪人适用缓刑时都必然会涉及的。因此，笔者认为不宜也没有必要对适用缓刑设置罪种条件，规定对某些种类的犯罪一律不得适用缓刑。

不过，在不规定对某些种类的犯罪一律不得适用缓刑的同时也应当看到，不同种类的犯罪所体现出的社会危害性和主观恶性有时确实相差悬殊。某些严重侵犯人身权利的犯罪，如强奸犯罪、抢劫犯罪、杀人犯罪等，以及其他一些严重的暴力犯罪，通常一旦实施，便具有严重的社会危害性，尤其是暴露出犯罪人严重的主观恶性，因而实施这类犯罪的行为人通常都不符合宣告缓刑的实质条件，不能宣告缓刑，而且对这类犯罪分子如果不实际执行刑罚而放在社会上进行改造，往往会给周围群众带来严重不安甚至恐惧，这显然不合适。为了防止缓刑被滥用，笔者认为可以考虑采取折中的办法，在刑法中作出指导性规定，规定对某些通常具有严重的社会危害性并体现出行为人严重的主观恶性的犯罪原则上不适用缓刑。

二、缓刑适用的刑种条件

对于被判处何种刑罚的人可以适用缓刑，各国刑法的规定有所不同，有的规定只能对被判处短期自由刑的人适用缓刑，有的规定可以对被判处短期自由刑和附加刑的人适用缓刑，还有的规定对被判处短期自由刑、罚金刑、附加刑的人均可以适用缓刑。下面对这三种刑罚的缓刑加以探讨。

（一）短期自由刑的缓刑

1．可以适用缓刑的短期自由刑的种类

缓刑能够避免短期自由刑的弊端，教育感化犯罪人。它所具有的这一价值目前仍然得到刑法理论界和实务部门的普遍承认。因此，现代各国刑法无不规定对被判处短期自由刑的犯罪人可以适用缓刑。由于各国对自由刑刑种的规定有所不同，因而在缓刑可以适用于哪些短期自由刑的规定上也有所不同。有的国家刑法没有对有期自由刑再作种类上的划分，其缓刑制度中也就只规定缓刑可以适用于短期自由刑，现行德国刑法典关于自由刑缓刑的规定便是如此；有的国家刑法则对自由刑还作了进一步分类，相应地，其缓刑制度中对何种自由刑可以适用缓刑作出了规定，现行日本刑法典和中国大陆刑法典的规定便是如此;[①] 不过，还有的国家刑法典虽然对自由刑进行了分类，但在缓刑制度中还是只笼统地规定对短期自由刑可以适用缓刑，1996 年瑞士联邦刑法典的规定便是如此。[②]

需要指出的是，在现行德国刑法典中，还规定了一种适用于有期自由刑余刑和终身自由刑余刑的缓刑，[③] 我国也有学者主张增设对被判处无期徒刑的犯罪人适用缓刑的规定，具体条文内容可以设置为:“对于应当判处无期徒刑的犯罪分子，认为不需要立即执行的，可以在判处无期徒刑的同时宣告缓刑两年执行。”[④] 笔者认为，从现行德国刑法典有关规定的内容来分析，这种所谓的缓刑在决定对刑罚暂缓执行的时间上以及法律后果上均与缓刑不同，[⑤] 实际上是一种假释而不是缓刑，因而不能认为缓刑可以适用于终身自由刑。至于我国学者主张增设的无期徒刑缓刑，从其具体内容来看，实际上是与死缓制度类似的措施，如果说死缓制度是死刑中的一种执行制度的话，所谓的无期徒刑缓刑也就是无期徒刑制度中的一种执行方法，与通常的缓刑制度在法律后果上大相径庭，不宜归入通常的缓刑制度之中。而且，被判处无期徒刑的犯罪人如果在刑罚执行期间表现很好，可以通过减刑予以鼓励，设置无期徒刑缓期执行的规定并无实际意义，反而多此一举，因而不足为取。

---

① 现行日本刑法典将有期自由刑分为惩役、监禁和拘留，根据该刑法典第 25 条的规定，可以适用缓刑的自由刑为惩役和监禁，对拘留不得适用缓刑；我国刑法典将有期自由刑分为管制、拘役、有期徒刑，根据该法第 72 条的规定，可以适用缓刑的自由刑为拘役和有期徒刑。

② 1996 年瑞士联邦刑法典将有期自由刑分为重惩役、监禁刑和拘役刑，但该法第 41 条只是笼统地规定，对 18 个月以下的自由刑可以适用缓刑。根据该法的有关规定，重惩役、监禁刑、拘役刑的刑期都有可能在 18 个月以下，因而都应当可以适用缓刑。

③ 有关内容参见现行德国刑法典第 57 条和第 57 条 a。

④ 参见赵秉志主编:《刑法修改研究综述》，中国人民公安大学出版社 1990 年版，第213 页；另参见余学斌:《无期徒刑适用缓刑问题探讨》，载《广东法学》1989 年第2期。

⑤ 这种不同笔者将在探讨部分执行的缓刑时加以详述。

2．可以适用缓刑的短期自由刑刑期限度

刑期在有期自由刑和某些剥夺权利的刑罚中存在（如剥夺政治权利、剥夺驾驶权利），但由于在各国现行刑法中，或者规定对剥夺权利的附加刑不得适用缓刑，或者没有对可以适用缓刑的剥夺权利的附加刑设置刑期上的限制，因此，缓刑适用的刑期条件只在短期自由刑中才存在。

在自由刑中，只有对短期自由刑才可以适用缓刑，至于必须短到什么程度，各国刑法的规定存在较大差别。例如，现行德国刑法典规定，可以宣告缓刑的通常只能是被判处1年以下自由刑的人；[①] 而现行法国刑法典则规定，可以对被判处5年以下自由刑的人适用缓刑；[②] 朝鲜刑法典更是规定，对被判处5年以上徒刑的人，也可以适用缓刑。[③] 但从各国立法的发展趋势来看，可以适用缓刑的自由刑的刑期在向2年或者3年以下这一幅度靠近。例如，瑞士1971年修订的刑法典规定，缓刑只适用于被判处8个月以下自由刑的犯罪人，1996年修订的刑法典则规定，缓刑可以适用于被判处18个月以下自由刑的犯罪人。

关于可以适用缓刑的自由刑刑期的设置，20世纪50年代我国刑法学界就展开了讨论，学者们曾提出了三种观点。第一种观点认为，可以适用缓刑的有期徒刑的刑期应当限制在5年以下。理由主要是一方面可以防止对严重犯罪可能滥用缓刑的危害，从而加强对严重犯罪的特殊预防尤其是一般预防的作用，另一方面可以充分发

---

① 根据现行德国刑法典第56条第1款的规定，法院只能对被判处1年以下自由刑的人宣告缓刑，但根据该条第2款规定，如果犯罪及犯罪人的人格具有特殊情况，可以将适用缓刑的自由刑刑期提高到2年。

② 现行法国刑法典第132－41条规定，因普通法之重罪或轻罪判处5年以下监禁刑罚，适用附考验期之缓刑。

③ 朝鲜刑法典第53条第3项规定，5年以上徒刑的缓刑期间，为7年以上10年以下（参见金峰玉等译：《朝鲜民主主义人民共和国刑法典》，法律出版社1956年版）。

挥广泛适用缓刑的可能性。[①] 第二种观点认为，可以适用缓刑的徒刑刑期一般应在 3 年以下，但最高不得超过 5 年。理由有三：其一，缓刑是与轻微犯罪作斗争的工具，而 3 年以下的徒刑一般是轻微的犯罪，对之适用缓刑符合缓刑的目的；其二，在某些特别情况下，被判 3 年以上 5 年以下徒刑的也可能是轻微的犯罪；其三，这样规定既可以充分发挥缓刑与轻微犯罪作斗争的作用，也可以防止对缓刑的滥用。[②] 第三种观点认为，可以适用缓刑的最高徒刑刑期以 3 年最为合适，理由主要是：首先，被判处徒刑长到 5 年的人，不是罪质比较严重，就是罪情比较恶劣，或者是事后态度不好，或者是品质很坏，甚至是上述情形同时具备，对上述任何一种情形均不宜宣告缓刑。其次，从一般预防来说，如果被判 5 年徒刑仍可宣告缓刑，不免促使产生"藐法"的不良影响。最后，广泛适用缓刑应当解释为适用缓刑的人数相对增加，而不能解释为适用缓刑的徒刑最高刑期的提高。[③]

上述三种观点虽然产生于 20 世纪 50 年代，距今已有 50 多年的历史，当时定罪量刑的具体标准与现在已经相差悬殊，因而关于对多长刑期的自由刑可以适用缓刑的具体标准已经不适用于现在，但是，学者们对自己观点的论证理由却很值得我们借鉴，这些论证提醒我们，在设置可以适用缓刑的自由刑的刑期时，既要注意充分发挥缓刑在教育感化犯轻微罪行的犯罪人方面所具有的功能，又要防止因对缓刑的滥用而产生的使人藐视法律的不良后果。

晚近又有学者对可以适用缓刑的自由刑刑期条件进行了探讨，基本上都主张限制在 3 年以下，理由主要是：第一，与大部分西方

① 参见孔钊、朱华荣：《中华人民共和国刑法中的有期徒刑缓刑》，载《政法研究》1956 年第 4 期。

② 参见童颜、戈风、郑正非：《关于〈中华人民共和国刑法中的有期徒刑缓刑〉一文的几点意见》，载《政法研究》1956 年第 6 期。

③ 参见童颜、戈风、郑正非：《关于〈中华人民共和国刑法中的有期徒刑缓刑〉一文的几点意见》，载《政法研究》1956 年第 6 期。

国家相比，我国犯罪构成标准较高，轻罪数量较少，缓刑适用于刑期为3年以下者，与其他国家的缓刑面大致相似。① 第二，3年有期徒刑在我国刑法中有特殊的意义，需要判3年以上有期徒刑的，相对来说，都是罪行较重的，行为人的人身危险性较大，行为社会危害性较大；而判处3年以下有期徒刑的，相对来说，行为人的人身危险性较小，行为社会危害性不大，因此，规定对被判处3年以下有期徒刑的犯罪分子可以适用缓刑符合我国刑法逻辑。② 但也有学者认为应当提高可以适用缓刑的自由刑的刑期。多数学者主张提高到5年，③ 有学者甚至认为在特定情况下可以对被判处7年以上有期徒刑、无期徒刑的犯罪人适用缓刑。④

笔者赞同将可以适用缓刑的自由刑刑期限制在3年以下的观点，但认为有关理由值得商榷。根据第一条理由，似乎规定缓刑只能适用于3年以下自由刑是为了能使缓刑的适用面与其他国家大致相似。这样的理由既从逻辑上站不住脚，又与实际情况相违背。适用缓刑有其明确目的，而不是为了缓刑而缓刑，因此，如果仅仅是为了使缓刑的适用面与其他国家大致相似而规定缓刑适用于3年以下自由刑的犯罪人，不但毫无意义，而且是完全错误的。如果扩大缓刑的适用面既能够充分发挥缓刑在教育感化犯罪人方面的作用，又不至于损害法律的尊严和威信，引起社会公众的不满，那么即使缓刑的适用面比其他国家更宽，也是完全可取的。同时，当今各国缓刑的适用面宽窄不一，有的国家缓刑适用率达到40%多甚至更高，有的国家则只有10%左右甚至更低，要做到与其他国家的缓刑面大致相似是不可能的。根据第二条理由，似乎是因为我国刑法

---

① 参见李贵方著：《自由刑比较研究》，吉林人民出版社1992年版，第280页。

② 参见翟中东：《缓刑制度研究综述》，载于志刚主编《刑法问题与争鸣》，中国方正出版社2001年第1辑，第205～206页。

③ 邓又天、邓修明：《修改我国缓刑制度的若干设想》，载《法学评论》1989年第6期；问朝楼：《关于缓刑立法的修改建议》，载《中外法学》1992年第6期。

④ 参见吴松：《论缓刑的扩大适用》，载《现代法学》1991年第4期。

将3年作为一个重要的法定刑幅度，规定可以适用缓刑的自由刑刑期为3年以下才合理。笔者认为这无疑是一条重要理由，但将可以适用缓刑的自由刑刑期限制在3年以下还有其他深层次的原因。至于主张将可以适用缓刑的自由刑刑期提高到5年甚至更高的观点，则很不可取。

3. 对可以适用缓刑的自由刑适当刑期的论证

将可以适用缓刑的自由刑刑期限制在什么样的限度内较为合适？这是一个涉及到立法者对刑罚价值认识的问题。在缓刑的背后，是报应刑论和教育刑论两种刑罚观在进行此消彼长的斗争，可以适用缓刑的自由刑刑期的长短，反映了立法者对报应和功利二者的态度，可以适用缓刑的自由刑刑期越长，表明立法者对报应之刑法目的放弃得越多，而对特殊预防之刑罚目的的追求越强烈；可以适用缓刑的自由刑刑期越短，表明立法者对报应之刑罚目的越关注，而对以放弃报应为代价来追求特殊预防之目的的做法越谨慎。对可以适用缓刑的自由刑刑期的确定过程，同时也是一个在报应与预防两极之间选择一个适当的立足点的过程。笔者认为，可以适用缓刑的自由刑刑期应当限制在3年以下，主要理由如下：

第一，将可以适用缓刑的自由刑刑期设置得过长，将对刑法在维护正义方面的价值造成损害。

犯罪是具有意志自由的人对法律所保护的国家、社会或者个人利益的严重非法侵犯，对犯罪予以刑罚惩罚的重要目的就是恢复被犯罪所破坏的秩序并伸张正义，其中主持正义乃是刑法（当然同时也是刑罚）为保持其生命力、尊严和威信所应当做到的。刑法如果不能让人相信它代表着公平和公正，不能让人感受到它的正义性，就会变成一个以合法的名义公然为非作歹的巨大怪物，其存在只会增加人们对政府的不满，对法律的痛恨，减弱甚至灭绝公众对法治的期望，从而进一步破坏法治的人文基础，此外并不能比没有刑法带来更多的社会秩序和个人自由。如果将可以适用缓刑的自由刑刑期设置得过长，就会出现那些犯下严重罪行的犯罪人仍然可以逃脱法律的制裁的结果，这对于社会公众特别是受害人来说显然是无法接受的，也是不公正的，因而显然是对刑法正义性的严重破坏，难免使公众对刑法的公正性和公平性产生怀疑，从而动摇刑法的根基。同时，那些刑罚不公的受害者还会产生新的怨恨甚至萌发新的犯意或者实施新的犯罪行为，由此又产生了新的不稳定因素或者给社会秩序造成新的破坏，从而在整体上导致社会秩序和个人自由受到的潜在威胁增大。因此，对可以适用缓刑的自由刑刑期设置得过长显然是不合适的。而正如有的学者所指出的，被判处3年以上自由刑的犯罪人基本上都罪行严重或者主观恶性大，如果对他们仍然可以适用缓刑，最终一般会导致完全不执行刑罚，难免让人感到法院的判决如同儿戏，因为这样的判决一方面似乎给犯罪人判了很重的刑，另一方面犯罪人却根本没有受到过实际惩罚，这时刑法就难以保持公正合理的形象了，因而难免损害刑法的权威和公正，使人产生藐视法律的心理。因此，认为应当将可以适用缓刑的刑期提高到5年以上的观点不可取。

第二，将可以适用缓刑的自由刑刑期设置得过短，不利于充分发挥缓刑在维护社会秩序、保全个人自由方面的作用。

由于缓刑意味着对被判处自由刑的犯罪人实际上不予关押，对被判处剥夺其他权利的犯罪人的权利暂缓剥夺，因而它最大限度地保全了犯罪人的个人自由。同时，司法实践表明，被宣告缓刑的犯罪人再犯罪的比例非常之低，说明缓刑在教育改造犯罪人方面确实有其积极意义，这种积极作用使得社会上减少了许多潜在的犯罪人，从而对维护社会秩序又发挥了积极的作用。在可能的条件下，应当充分发挥缓刑在维护社会秩序和保全个人自由方面所具有的作用。如果将可以适用缓刑的自由刑刑期设置得过短，难免使得一些对其适用缓刑公众也可以接受的犯罪人不能获得缓刑，从而不利于充分发挥缓刑在上述两方面的作用。

第三，可以适用缓刑的自由刑刑期设置为3年以下既不过长，也不过短。

将可以适用缓刑的自由刑刑期限制在3年以下，不会对刑法的公正性造成明显损害。从刑期的长短来看，对被判处3年以下自由刑的犯罪人不实际执行刑罚，公众一般不会觉得法律的随意性太大，因而一般不会明显有损于法律的严肃性和公正性。综观各国刑事司法实践，被判处2年或者3年以下自由刑的犯罪人或者是造成的危害后果不严重，或者是主观罪过较轻，因而在大多数情况下都是罪行较轻的，对这些人不予实际关押，很多人都可以接受，即便有的人有所不满，其所受刺激也不至于过于强烈，达到难以接受的程度，因而对被判处3年以下自由刑的犯罪人适用缓刑，不会对刑罚的公正性造成过度损害。因此，将可以适用缓刑的自由刑刑期设置为3年以下不算过长。

从特殊预防和一般预防的目的，以及维护社会秩序和刑罚公正的要求考虑，不宜将可以适用缓刑的自由刑刑期设置得超过3年。如果可以适用缓刑的自由刑刑期设置超过3年，相应的缓刑考验期限必然更长。在缓刑考验期间，犯罪人虽然没有被完全剥夺自由，但仍然会比普通公民受到更多的限制，如果一个人长期生活在这样一种与社会上其他人不平等的状况下，他便很容易在心理上失去平衡，从而忘记缓刑是对他的宽大，反而可能觉得是对他的一种折磨。一旦缓刑犯产生这种心理，缓刑就会丧失教育感化犯罪人的功能，并回过头去影响已经取得的效果。因此，如果将可以适用缓刑的自由刑刑期设置得超过3年，不利于实现特殊预防的目的，最终也会对社会秩序和个人自由造成新的损害。另外，如前所述，被判处3年以上自由刑的犯罪人不是犯罪所造成的危害后果严重，就是犯罪人主观恶性大，对这类犯罪人再适用缓刑，受害人和公众难免十分不满意，这就会损害刑罚公正的形象。同时，对主观恶性大或者造成的后果十分严重的犯罪人仍然适用缓刑，还会给社会上潜在的犯罪人起到撑腰打气的作用，使他们心怀侥幸去实施严重犯罪，或者放松对自己的约束而最终酿成灾难。例如，社会上潜在的不稳定分子如果发现某人被判处4年甚至5年有期徒刑的犯罪人仍然被宣告缓刑，便可能产生去实施稍微轻于这些犯罪人所犯罪行的念头，并指望即使被抓获也判个缓刑。因此，将可以适用缓刑的自由刑刑期设置得超过3年，对一般预防目的的实现也是十分不利的。可见，将可以适用缓刑的自由刑刑期设置为3年也不过短。

（二）附加刑的缓刑

1．附加刑是否可以适用缓刑的各种立法例及学术观点

对附加刑是否可以适用缓刑包括对与主刑并科的附加刑是否可以适用缓刑，以及对单科的附加刑是否可以适用缓刑。

关于对与主刑并科的附加刑是否可以适用缓刑，各国刑法的规定存在较大不同，可以归纳为三种：第一种是明确规定被宣告缓刑的犯罪人如果被判处附加刑，附加刑仍须执行。如我国刑法第72条第2款的规定便是如此。1996年瑞士联邦刑法典也有类似的规定，如该法第41条第4项规定，被判刑人在缓刑[①]考验期间表现良好，且罚金和绝对之附加刑已经执行的，为判决之州的主管机关，应从刑事犯登记册中消除判决记录。这说明在通常情况下，在主刑被宣告缓刑后，附加刑不但必须执行，而且还是在缓刑考验期满后消除缓刑人犯罪记录的条件之一。第二种是没有明确规定是否可以对并科的附加刑适用缓刑，在这种立法例之下，实际操作时又有两种态度：其一，在实务中对并科的附加刑必须实际执行。如现行俄罗斯联邦刑法典第73条第4款只规定，在判处缓刑时，可以判处除没收财产以外的从刑，却没有规定对从刑能否缓刑，而根据俄罗斯联邦总检察院编的《现行俄罗斯联邦刑法典释义》的解释，在缓刑时，除主刑外，所有从刑应当实际执行。[②] 其二，在实务中对并科的附加刑有时可以缓刑，有时又不得缓刑。如我国台湾地区现行“刑法”没有规定缓刑的效力是否及于从刑，但在司法实践

① 在1996年瑞士联邦刑法典中，缓刑被称为“附条件执行”。——笔者注。

② 参见［俄］斯库拉托夫、列别捷夫主编：《俄罗斯联邦刑法典释义》（上册），黄道秀译，中国政法大学出版社2000年版，第183页。

中，有时明确解释为缓刑效力及于从刑；但有时又解释为缓刑之效力不及于从刑。[①] 第三种是明确规定对主刑缓刑时，附加刑也随之缓刑。例如，现行意大利刑法典第 166 条规定，缓刑的适用扩及附加刑。

学者中则有人认为，当主刑被宣告缓刑时，附加刑应当随之缓刑。我国台湾地区有不少学者持这种观点，如杨大器先生认为："缓刑之效力及于从刑。主刑缓刑，其褫夺公权当然亦缓刑。"[②]

对单处的附加刑是否可以适用缓刑，也存在两种不同的立法例，一种是规定对附加刑可以适用缓刑。例如，1996 年瑞士联邦刑法典第 41 条规定，法官可以对 18 个月以下的自由刑或附加刑予以缓刑。现行法国刑法典第 132 - 31 条也规定，对自然人判处除没收以外的附加刑，可以适用缓刑。另一种是没有规定对附加刑可以适用缓刑，即对单处的附加刑不得适用缓刑。如现行日本刑法典、现行俄罗斯联邦刑法典、我国刑法均没有规定对单处的附加刑可以适用缓刑，这意味着对单处的附加刑不得适用缓刑。

2. 笔者管见

笔者认为，在主刑被宣告缓刑的情况下，对于并科的附加刑除了罚金刑以外，均以实际执行为宜。理由是：

第一，当附加刑与自由刑主刑并科时，说明出于预防犯罪的需要应当给予犯罪人附加刑方面的制裁，否则便无须判处附加刑。众所周知，与主刑并科的附加刑在严厉程度上要远远轻于主刑，因而从感化犯罪人的角度来看，对主刑予以缓刑就足够了，对判处的附加刑是否实际执行在这方面的作用差别并不大，但是从预防再犯的角度看却有重大区别：如果实际执行了，就意味着在一定时间内剥夺了犯罪人再犯的能力，对其再犯起到了釜底抽薪的作用。如剥夺

① 参见蔡墩铭著：《刑法总则争议问题研究》，台湾五南图书出版公司 1991 年版，第 382 页。

② 参见蔡墩铭著：《刑法总则争议问题研究》，台湾五南图书出版公司 1991 年版，第 381 页。

犯罪人的驾驶资格或者政治权利，就剥夺了他在一定时间内驾驶交通工具或者参加游行示威的权利，在正常情况下，他也就不会再犯交通肇事罪或者非法集会、游行、示威罪了。因此，对犯罪人并科附加刑，目的主要在于防止再犯而不在于感化犯罪人，既然要并科附加刑，就说明需要实际执行这种制裁措施，否则便根本不需要判处这种刑罚。

第二，当附加刑与自由刑主刑并科时，说明犯罪人所犯罪行已经较为严重，对附加刑实际执行可以在一定程度上弥补因主刑缓刑而造成的不公正，同时从另一方面促使犯罪人改邪归正。在对犯罪人判处主刑并科附加刑的情况下，犯罪人所犯罪行一般都已经达到了一定严重的程度，否则只须直接判处附加刑就可以了。在这种情况下对主刑宣告缓刑，体现出了对犯罪人宽大的一面，有利于促使其改过自新；而对附加刑实际执行，多少剥夺了一些犯罪人的权利，给犯罪人造成了一些痛苦，因而多少缓解了一些因罚不当罪而给法律公正性造成的损害，并促进特殊预防目的的实现。以我国刑法中的剥夺政治权利这一附加刑为例，有论者认为，如果被判处缓刑的人，还要附加剥夺政治权利并实际执行，那么在缓刑期间就无法使他们以积极的态度进行改造，势必影响他们重新做人的积极性。[①] 笔者的观点却正好相反，对犯罪人在主刑缓刑的同时剥夺其政治权利，并不会必然导致他们无法以积极的态度进行改造。这是因为，对被判处自由刑附加剥夺政治权利的人，对他们的宽大应当也只能体现在对自由刑的缓刑上，而不是体现在对剥夺政治权利的缓刑上，如果犯罪人可以挽救，那么当他罪该被投入监狱而国家没有对他这样做时，他受到的感化必然是最为强烈和深刻的，此时再对并处的剥夺政治权利予以缓刑对于教育感化他已经没有什么意义；而如果对自由刑予以缓刑他还无动于衷的话，再对附加的剥夺政治权利予以缓刑显然也不会让他有所感动。可见，对并科的剥夺

① 参见鲍遂献：《论缓刑的适用》，载《中国法学》1992 年第 6 期。

政治权利适用缓刑并没有什么必要性。在我国，判处自由刑宣告缓刑同时可以并处剥夺政治权利的，只能是实施了罪行较轻的危害国家安全罪的人，对这些人在判处他们自由刑宣告缓刑的同时实际剥夺一定时间的政治权利，[①] 既能让他们感受到政治权利的宝贵从而倍加珍惜，又不至于过于严厉（剥夺政治权利与剥夺人身自由相比，通常情况下显然后者更为严厉），而且，当犯罪人被判处的自由刑被宣告缓刑时，其实际上被剥夺政治权利的时间已经缩短了，原因是：根据我国刑法第 58 条第 1 款的规定，剥夺政治权利的效力当然施用于主刑执行期间，也就是说，如果主刑没有被宣告缓刑，那么犯罪人被剥夺政治权利的实际期限是主刑的刑期 + 被判处剥夺政治权利的期限，而如果主刑被宣告缓刑，那么由于主刑没有执行，犯罪人被实际剥夺政治权利的时间也就只是被判处剥夺政治权利的时间了。

关于主刑被宣告缓刑后，附加刑仍需实际执行所产生的所谓操作难题也不难解决。如果缓刑的法律后果是使原判刑罚不再执行，那么由于不存在前科消灭的问题，而累犯的构成又是以被判处的有期徒刑以上刑罚执行完毕为前提，因而附加刑执行了并不会产生后遗症，不存在操作上的困难；如果缓刑的法律后果是使前科消灭，则可以参考 1996 年瑞士联邦刑法典第 41 条第 4 项的规定来处理。根据该项规定，如果被判刑人被宣告缓刑以后，在缓刑考验期间表现良好，并且罚金和绝对之附加刑已经执行，则从刑事犯登记册中消除判决记录。也就是说，即使犯罪人被判处的附加刑已经实际执行，仍然可以通过一定程序消除其犯罪记录。

第三，其他附加刑并不像罚金刑那样存在无法执行的问题，因

① 值得注意的是，在我国，犯罪人一旦被判处剥夺政治权利，那么不但其主刑执行期间的政治权利被当然剥夺，而且还要延续到主刑执行完毕或者赦免以后一定时间，笔者认为这种规定不能适用于主刑缓刑的情形，因为在缓刑考验期间，主刑既没有执行，也不属于赦免，因而没有理由认为剥夺政治权利的效力当然适用于主刑缓刑考验期间。合理的被并处的剥夺政治权利的起算时间，应当是判决生效之日。

而也不存在像罚金刑那样退而求其次的必要。

对于罚金刑而言，如果犯罪人没有实际缴纳能力，就面临着或者易科劳役或自由刑，或者等到犯罪人有缴纳能力的时候再执行，或者免予执行等选择，而无论是哪种办法，都存在明显的缺陷，而罚金刑缓刑对解决上述问题有一定帮助，因而罚金刑缓刑有其存在的价值。而其他附加刑（主要是剥夺资格或者权利以及没收），都不存在难以执行的问题，因而并不需要通过缓刑来缓解有关矛盾的必要。

至于单独适用的附加刑，笔者认为没有适用缓刑的必要性和合理性，理由是：

第一，实际执行单处的附加刑更符合罪责刑相适应的刑法基本原则。当附加刑被单独适用时，所针对的都是罪行较为轻微的犯罪人，实际执行之所具有的惩戒作用和暂缓执行之所具有的感化作用相比，很难说何者更有利于特殊预防目的的实现，而暂缓执行附加刑还有罚不当罪、有违刑罚公正的嫌疑，对于一般预防目的的实现也有害无益。权衡利弊，对单处的附加刑实际执行显然更为可取。

第二，实际执行单处的附加刑给被判刑人带来的负面作用并不明显。由于对附加刑的实际执行并不会像实际执行自由刑那样导致犯罪人与社会隔离，因而不会使犯罪人明显感到不适应社会。同时，之所以要对犯罪人判处附加刑，是因为确实有必要在一定时间内剥夺其某方面的权利，使其没有机会和能力去实施某些犯罪，对犯罪人实际执行附加刑无论对社会还是对其个人都有益，而且由于附加刑对犯罪人的资格或者权利的剥夺通常并不是永久性的（除没收外），刑罚执行完毕又可以恢复，因而对犯罪人的负面影响并不大。

第三，许多单处的附加刑的内容十分接近于缓刑中的保护管束措施，对这些附加刑没有必要再适用缓刑。例如，1996 年瑞士联邦刑法典中的不能担任公职、剥夺教养和监护权、禁止执业或禁止经商等，与缓刑中的限制从事一定活动便十分接近，对这些附加刑予以缓刑不但没有必要，反而给缓刑制度增添不必要的烦琐，笔者认为殊不足取。

顺便指出，在现行德国刑法典中，还规定了一些对非刑罚措施（如收容于精神病院或戒除瘾癖的机构、禁止执业）予以缓刑的内容。从有关具体内容来看，这些所谓的缓刑实际上是有条件提前结束对行为人的保安处分措施，不属于缓刑制度的内容，故在此不作展开探讨。

三、缓刑适用的实质条件

可以适用缓刑的罪种、刑种、刑期，以及对一人犯数罪的情形是否可以适用缓刑、如何适用缓刑，解决的都是缓刑适用的前提性条件问题，尚未涉及缓刑适用的实质性内容。行为人所犯罪行，被判处的刑种和刑期即使符合可以适用缓刑的条件（比如在我国某犯罪人被判处 2 年有期徒刑），并不当然表明他的犯罪情节不严重，或者他的主观恶性和再犯可能不大，也就不能据此证明对他不实际执行刑罚也不致再危害社会。因此，刑法理论界将可以适用缓刑的罪种、刑种、刑期等要件称为适用缓刑的前提条件①或者形式要件，② 而将据以判断对犯罪人不实际执行刑罚也不至于再危害社会或者再犯罪的条件称为缓刑适用的实质要件。笔者在此沿用通行观点。

对缓刑适用实质条件的合理规定和准确把握，对正确适用缓刑至关重要，只有准确、全面、详细地规定缓刑适用的实质条件，才能有根据、有把握地作出是否可以对犯罪人适用缓刑的裁决，才能最大限度地避免在决定是否对犯罪人适用缓刑时出现错误判断，才能在出现错误判断时明确责任、追究渎职行为，从而有效防止法官

---

① 参见鲍遂献：《论缓刑的适用》，载《中国法学》1992 年第 6 期。

② 参见翟中东：《缓刑制度研究综述》，载于志刚主编《刑法问题与争鸣》，中国方正出版社 2001 年第 1 辑，第 202 页。

滥用自由裁量权。因此，有必要对缓刑适用的实质条件进行重点探讨。

（一）规定缓刑适用实质条件的立法例

关于适用缓刑的实质要件应当有哪些，大多数国家刑法规定较为原则、抽象。就具体内容来看，各国规定很不相同，但这种不同主要是在表述方式和表述重点上的不同，并非确定标准或者原则的本质区别。概括而言，各国刑法关于缓刑适用实质条件的规定可以分为两种情形。

1. 没有规定任何缓刑适用实质条件的立法例

这种立法例规定犯罪人只有在不具有某种前科的情况下，才可以考虑适用缓刑，至于其他方面的实质性条件，则没有作出任何规定。笔者将在缓刑适用排除条件一节中阐明，犯罪人是否具有某种前科，不完全属于缓刑适用实质条件。因此，笔者认为，这种立法例属于没有规定任何缓刑适用实质条件的立法例。例如，我国台湾地区现行“刑法”第 74 条规定，未曾受有期徒刑以上刑之宣告，或者虽然受过有期徒刑以上刑之宣告，但在执行完毕或赦免后，5 年之内未曾受有期徒刑以上刑之宣告者，认为以暂不执行为适当者，可以宣告缓刑。现行日本刑法典第 24 条规定，以前未被判处过监禁以上刑罚，或者以前虽然被判处过监禁以上的刑罚，但从执行完毕或者获得免除执行之日起，5 年内未再被判处监禁以上刑罚的，可以根据情节，予以缓刑。现行法国刑法典第 132 - 30 条规定，对自然人，只有被告在其犯罪行为前 5 年内未因普通法之重罪或轻罪被判处徒刑或者监禁刑者，始得命令缓刑。对法人，只有在其犯罪行为前 5 年内未因普通法之重罪或轻罪被判处数额超过 40 万法郎之罚金者，始得命令缓刑。

2. 规定以犯罪人无再犯可能性为适用缓刑实质条件的立法例

这类立法例在当今世界缓刑立法中占多数。其共同之处是都规定一个对犯罪人适用缓刑的实质条件方面的基本判断标准，即对犯罪人不执行刑罚也不会再犯罪或者危害社会，在此基础上，又规定了一些适用缓刑的具体实质条件，这些具体实质条件是用以确定对犯罪人即使不执行刑罚也不会再犯罪或者危害社会的依据，至于这些具体实质条件的内容，不同国家的刑法规定又有不同。根据具体内容的不同，可以分为以下 3 种规定：

第一种，规定应当根据犯罪人所实施犯罪的情节、悔罪表现，来判断是否对其不执行刑罚也不致再犯罪或危害社会。

在这种立法例中，据以判断是否对犯罪人不实际执行刑罚也不致再犯罪或危害社会的具体实质条件是犯罪情节和悔罪态度。例如，我国刑法第 72 条规定："……根据犯罪分子的犯罪情节和悔罪表现，适用缓刑确实不致再危害社会的，可以宣告缓刑。" 至于犯罪情节有哪些，悔罪表现为何，法律没有作进一步明确的规定。

第二种，规定应当根据犯罪人所实施犯罪的情节、犯罪后的表现，以及犯罪人的个人情况，来判断是否对其不执行刑罚也不致再犯罪或危害社会。

在这种立法例中，据以判断是否对犯罪人不实际执行刑罚也不致再犯罪或危害社会的具体实质条件包括犯罪情节、犯罪后的表现和犯罪人个人情况三方面的内容。多数国家关于缓刑适用的具体实质条件的规定都是从这三方面考虑。例如，现行俄罗斯联邦刑法典第 73 条第 1 款规定："……法院认为被判刑人不服刑亦可能得到改造时，法院可以判处缓刑。" 该条第 2 款规定："在判处缓刑时，法院应考虑犯罪的性质和社会危害性的程度、犯罪人的身份，以及减轻情节和加重情节。"① 其中的"犯罪的性质和社会危害性程度"属于犯罪情节；"犯罪人的身份"属于犯罪人的个人情况；"减轻情节"则包括犯罪后的表现方面的内容。我国澳门特别行政区现行刑法第 48 条第 1 款规定："经考虑行为人之人格、生活状况、犯

① 见［俄］斯库拉托夫、列别捷夫主编：《俄罗斯联邦刑法典释义》（上册），黄道秀译，中国法制出版社 1996 年版，第 34 页。现行俄罗斯联邦刑法典于 1997 年 1 月 1 日生效。以下有关现行俄罗斯联邦刑法典的内容，未注明出处的，均来自此译本。

罪前后之行为及犯罪之情节，认为仅对事实作谴责并以监禁作威吓可适当及足以实现处罚之目的者，法院得将科处不超逾三年之徒刑暂缓执行。”① 其中的“行为人之人格、生活状况”属于犯罪人个人情况。现行意大利刑法典第164条规定，只有当法官根据下列情节推定犯罪人将不再实施新的犯罪时，才允许适用缓刑：第一，说明犯罪严重程度的情况。包括：（1）行为的性质、类型、手段、对象、时间、地点和其他方式；（2）对犯罪被害人造成的损害或者危险的程度；（3）故意或者过失的程度。第二，说明犯罪人的犯罪能力的情况。包括：（1）犯罪的原因和犯罪人的特点；（2）刑事处罚前科，尤其是犯罪人在犯罪前的品行和生活；（3）犯罪时的品行和犯罪后的品行；（4）犯罪人所处的个人、家庭和社会生活环境。② 其中，犯罪后的品行是通过犯罪后的表现表现出来的。现行韩国刑法典第59条第1款规定，对悔改表现显著者，可以暂缓宣告刑罚；第62条第1款规定，对有可宽恕事由者，可以暂缓执行刑罚。在判断犯罪人悔改表现是否显著以及是否有可宽恕事由时，则应参酌以下事项：（1）犯人的年龄、性格品行、知能和环境。（2）与被害人的关系。（3）犯罪的动机、手段与结果。（4）犯罪后的情况。③ 其中的可宽恕事由，包括犯罪情节和犯罪人个人情况，悔改表现则属于犯罪后的表现。美国示范刑法典④虽然没有明文规定是以不实际执行刑罚也不至于再犯罪或者危害社会为可以对犯罪人适用缓刑的实质性条件，也没有明文规定是根据

① 见澳门政府法律翻译办公室译：《澳门刑法典澳门刑事诉讼法典》，法律出版社1997年版，第24页。以下有关澳门刑事法的内容，未注明出处的，均来自此译本。

② 参见黄风译：《意大利刑法典》，中国政法大学出版社1998年版，第52、42页。以下有关现行意大利刑法典的内容，未注明出处的，均来自此译本。

③ 参见［韩国］金永哲译：《韩国刑法典及单行刑法》，中国人民大学出版社1996年版，第11~12页。现行韩国刑法典于1988年修订，以下有关现行韩国刑法典的内容，未注明出处的，均来自此译本。

④ 美国示范刑法典并非具有法律效力的刑法典，但由于美国法律过于繁杂，而示范刑法典又对各州的刑事立法具有一定的参考作用，在此加以列举。——笔者注。

犯罪情节、犯罪后表现以及犯罪人个人情况来判断是否对犯罪人不实际执行刑罚也不至于再犯罪或危害社会，但从有关规定的具体内容来看，也是遵循上述标准。①

第三种，规定应当以犯罪人的个人情况，以及犯罪后表现来判断是否对其不执行刑罚，也不会再犯罪或者危害社会。

在这种立法例中，据以判断对犯罪人不执行刑罚也不至于再犯罪或者危害社会的具体实质条件是犯罪人的个人情况以及犯罪后表现。例如，现行瑞士联邦刑法典第41条第1款第1段规定："如果被判刑人的履历和性格表明，不立即执行刑罚也不会再实施重罪或者轻罪，且可期望其对由法院或通过调解确定的损失进行赔偿的，法官可将18个月以下的自由刑或附加刑的执行予以推迟。"② 其中，被判刑人的履历和性格属于犯罪人的个人情况，可期望其对法院或通过调解确定的损失进行赔偿则属于犯罪后表现。从该法条的规定来看，没有对可以适用缓刑的犯罪情节作任何要求。

3. 规定以犯罪人无再犯可能性和不危及法律秩序为适用缓刑的实质条件

在这种立法例中，确定对犯罪人适用缓刑的基本实质条件不仅包括不实际执行刑罚也不会再犯罪或危害社会，而且还包括适用缓刑不会危及法律秩序。例如，现行德国刑法典第56条第1款中规定："法院暂缓刑罚的执行、付以考验，如果期待被判决人已经由

---

① 根据示范刑法典的规定，"法庭可以对已被证明有罪的人不施以监禁刑，除非考虑到被告人的本性、犯罪时和过去的情形、品质、状况，为了保护公众必须对其予以关押"（转引自[美]Joseph J. Senna，Larry J. Siegel. Introduction to Criminal Justice，New York：West Publishing CO.，1978，pp. 339－340）。其中的"为了保护公众利益必须对其予以关押"，便是指如果不实际执行刑罚（即予以监禁）犯罪人便可能再犯罪或者危害社会。从示范刑法典列举的应当倾向于适用缓刑的11项情形的具体内容看，包括犯罪情节、犯罪后表现和犯罪人个人情况三方面的实质性条件。

② 见徐久生译：《瑞士联邦刑法典》，中国法制出版社1999年版，第12页。现行瑞士联邦刑法典于1996年生效，以下有关现行瑞士联邦刑法典的内容，未注明出处的，均来自此译本。

判决受到警告，并且在将来无须刑罚执行的影响也不会再实施犯罪行为。这时特别必须考虑被判决人的人格性、他以前的生活经历、他的行为状况、他行为后的行动、他的生活环境和暂缓执行期待于他的作用。”但同时在该条第 3 款中规定：在判处至少 6 个月的自由刑时，如果实际执行刑罚为维护法秩序所必需，则不得适用缓刑。现行加拿大刑事法典第 736 条第 1 款规定，如果审判法院认为基于最有利于被告人利益考虑并且不因此有悖于公共利益，可以对被告人宣告缓刑。根据这些规定，缓刑适用的基本实质条件应当是对犯罪人不实际执行刑罚也不会再犯罪或危害社会，以及适用缓刑不会危及法律秩序。德国刑法典在这方面的规定是明确的；加拿大刑事法典虽然只是规定宣告缓刑不得有悖于公共利益，但判断是否有悖于公共利益的标准还是看不实际执行刑罚是否会再犯罪或危害社会，以及适用缓刑是否会危及法律秩序。

（二）对规定缓刑适用实质条件的诸种立法例的评析

在上述三种立法例中，第一种立法例未对缓刑适用的实质性条件作出任何规定，笔者认为显然不合适，它使司法机关缺乏对犯罪人适用缓刑的最基本的依据，导致司法机关对犯罪人适用缓刑时实际上处于无法可依的境地，这一方面可能导致法官在考虑是否对犯罪人适用缓刑时处于无所适从的状况，另一方面又容易导致法官滥用刑罚自由裁量权，对一些本不该适用缓刑的犯罪人适用了缓刑，而对一些应当适用缓刑的犯罪人却没有适用。

第二种立法例和第三种立法例都对缓刑适用的实质条件作出了明确规定，并且主要内容相同，即都规定犯罪人无再犯可能性是缓刑适用的基本实质条件，而且基本上都是从犯罪情节、犯罪后表现以及犯罪人个人情况三方面来判断犯罪人是否具有再犯可能性。二者的区别在于，根据第二种立法例，只要对犯罪人不实际执行刑罚也不至于再犯罪或者危害社会，就可以考虑适用缓刑；而根据第三种立法例，即使对犯罪人不实际执行刑罚也不会再犯罪或者危害社会，如果会因此危及法律秩序，也不能适用缓刑。

那么，不得危及法律秩序是否应当作为适用缓刑的一项基本实质条件呢？笔者认为，从促进缓刑所具有的维护秩序、实现正义、挽救自由的价值全面实现的角度看，将不得危及法律秩序作为适用缓刑的一项基本实质条件，与犯罪人无再犯可能性这一缓刑适用基本实质条件并列，是科学的。理由是，确定不得危及法律秩序这一缓刑适用基本实质条件，有助于进一步确保缓刑的适用不过分破坏正义和秩序。所谓缓刑适用不得危及法律秩序，是指缓刑适用不得严重偏离公正，从而引起公众的强烈不满，危及法律所保护的秩序。由于缓刑是以对犯罪人不实际执行刑罚为其最终结果，因而包含着有罪不罚或者重罪轻罚的成分在内，与罪责刑相适应原则存在一定的冲突之处，如果适用不当，便会违背刑罚公正的要求，引起公众特别是受害人的不满，并可能导致社会上不稳定分子认为犯罪有利可图并且代价不高，进而效仿犯罪分子去实施犯罪。如果适用缓刑所引发的这两方面的问题严重，就会因违反罪责刑相适应原则而危及秩序和正义。虽然将犯罪人无再犯可能性作为缓刑适用的基本实质条件也可能有助于维护秩序和正义，但它是从弥补报应刑在维护正义方面的局限①以及防止犯罪人再犯罪的角度出发，而不是从促进罪责刑相适应的角度出发来促进这一目标的实现的。因此，适用缓刑可能出现一方面通过防止犯罪人再犯罪而维护了法律秩序，另一方面却因为严重违背罪责刑相适应原则而破坏了法律秩序的情形。如果不规定不得危及法律秩序这一缓刑适用基本实质条件，而仅仅强调犯罪人无再犯可能性这一条件，便可能导致在缓刑适用活动中陷入过分注重保全犯罪人的利益而破坏刑罚的公正性从而危及法律秩序的误区，有欠妥当。

从各国刑法关于缓刑适用的具体实质条件的规定来看，大多数国家实际上都考虑到了缓刑适用不得危及法律秩序这一因素，这从

---

① 关于报应刑在维护正义方面的局限，可参见邱兴隆：《报应刑的价值悖论——以社会秩序、正义、个人自由为视角》，载《政法论坛》2001 年第 2 期。

多数国家的刑法都规定在决定是否对犯罪人适用缓刑时，应当考虑犯罪情节这一点得到证明。如前所述，大多数国家在规定缓刑适用的具体实质条件时，都将犯罪情节作为条件之一。可是，如果像我国刑法以及其他许多国家刑法规定的那样，判断对犯罪人是否可以适用缓刑的基本实质条件只是犯罪人是否具有再犯可能性，即不对其实际执行刑罚是否会再犯罪或者危害社会，那么只需要也只能从犯罪人的人身危险性来判断，因为只有这方面的因素对判断犯罪人是否还会危害社会有价值，犯罪情节，包括犯罪人犯罪时的主观恶性和犯罪行为所造成的客观危害程度在说明犯罪人的再犯可能方面并没有意义。比如，过失犯罪所造成的客观危害往往十分严重，但犯罪人的再犯可能却往往很小。显然，法官在考虑对犯罪人是否适用缓刑时，之所以要考察犯罪所造成的客观危害后果，就是在考虑如果对犯罪人适用缓刑，是否会严重有失公正，从而危及法律秩序。而且，正是基于这方面的考虑，在某些情况下，即使犯罪人没有人身危险性，也可能因为其主观恶性严重或者犯罪行为造成了严重的客观危害后果，因而不能对犯罪人适用缓刑。例如，甲因乙女检举揭发他的违法行为，而在大庭广众之下，出于报复动机公然侮辱乙女，致使乙女含恨自杀。甲在犯罪之后认识到自己行为的严重危害性，并表现出了真诚悔过、痛改前非的决心，而如果对其实际执行刑罚，则面临着失去工作，家庭生活受到严重影响等问题。因此，从特殊预防的角度而言，不宜对甲实际执行刑罚。但是，法院最后还是对甲判处3年实刑。法院的判决妥当吗？笔者认为是妥当的。在本案中，从人身危险性的角度分析，对甲并无判处实刑的必要，因为甲已经表现出真诚悔罪的态度，而且其侮辱行为是针对特定对象而实施的，现在特定对象已经不存在了，甲又真诚悔罪了，其再犯可能也就基本上没有了。但是，由于甲在犯罪中体现出来的主观恶性太深，具体表现在：第一，动机卑劣——出于对检举揭发其违法行为者的报复心理；第二，从选择的犯罪场所可见其用心恶毒——在大庭广众的地方；第三，手段卑劣——公然侮辱。加之所引发的客观危害后果又十分严重（致使受害人自杀），必然激起社会公愤。如果不对甲实际执行刑罚，难免使公众感到司法机关的判决严重有失公正，从而损害法律的权威，同时丧失其对潜在犯罪分子的威慑力。在这种情况下，要达到特殊预防的最佳效果，就会损害刑罚的公正性，于是产生了特殊预防与维护正义之间的冲突；同时，要达到特殊预防的最佳效果，还会使刑罚丧失应有的威慑力，于是又产生了特殊预防和一般预防的冲突。笔者认为，在这种情况下，再死抱特殊预防的目的不放而不惜牺牲法律的公正性和一般预防的目的，就未免显得本末倒置，不足为取。因此，法院对甲判处实刑是对的。在这里，判处实刑的原因显然不在于甲具有人身危险性，而在于甲在犯罪中体现出来的主观恶性和犯罪行为引发的客观危害太严重，因而从维护秩序和正义的角度看不宜对其适用缓刑。我们可以从如下假设中看到犯罪的客观危害程度对缓刑适用的影响：如果本案中的受害人没有自杀身亡，在甲的主观恶性相同的情况下，对甲宣告缓刑显然不会让人觉得太难以接受，而在受害人已经自杀的情况下，这种不公平感就显得极为强烈，从而可能危及法律秩序。可见，许多国家将犯罪情节作为适用缓刑的实质条件之一，并非因为犯罪情节可以用来判断行为人的人身危险性，而是因为犯罪情节中包含的行为的客观危害和行为人的主观恶性等内容可以用来判断对犯罪人适用缓刑是否可能危及法律秩序。

可见，围绕犯罪人的再犯可能性和适用缓刑是否会危及法律秩序两方面来设置缓刑适用实质条件是科学可取的。至于判断犯罪人是否具有再犯可能以及适用缓刑是否会危及法律秩序，则是通过考察犯罪情节、犯罪后表现以及犯罪人的个人情状三方面的内容来实现的。其中，犯罪情节中所包含的犯罪行为的客观危害程度和犯罪人的主观恶性大小可以用以判断对犯罪人适用缓刑是否会危及社会秩序；犯罪后的表现和犯罪人的个人情状可以用来判断犯罪人是否存在再犯可能。值得注意的是，对于我国刑法所规定的以犯罪人的悔罪表现作为缓刑适用的实质条件之一，笔者持有异议。悔罪表现与再犯可能并非完全对应，在某些情况下，犯罪人即使没有悔罪表现，也无再犯可能性，此时，仍然可以考虑对其适用缓刑。因此，笔者认为，将悔罪表现作为缓刑适用实质条件之一也许并不十分恰当。

还应当指出的是，适用缓刑对法律秩序可能造成的破坏的大小与犯罪行为所造成的客观危害程度的大小以及犯罪人的主观恶性紧密相关，而且只有在犯罪人的主观恶性较深的情况下，犯罪行为所造成的客观危害严重才会成为对犯罪人不得适用缓刑的理由之一。如果犯罪人主观恶性小，那么，即使其犯罪行为所造成的危害后果严重，对其适用缓刑公众以及受害人一般也不会感到强烈不满，因而一般也不会危及法律秩序。这充分体现在过失犯罪当中。过失犯罪所造成的客观危害往往十分严重，但犯罪人的主观恶性却往往很小，因而被认为是可以广泛适用缓刑的一类犯罪。

（三）缓刑适用实质条件的具体内容

在考虑是否对犯罪人适用缓刑时，应当考察犯罪情节、犯罪后的表现以及犯罪人个人情况中的哪些内容，各国刑法的规定都较为简略。例如，我国刑法虽然规定应当从犯罪情节和悔罪表现两方面来考虑是否对犯罪人适用缓刑，但没有对应当考虑哪些犯罪情节和悔罪表现作出任何规定。俄罗斯联邦刑法典第 73 条第 2 款只规定，在判处缓刑时，应考虑犯罪的性质和社会危害性的程度、犯罪人的身份，其他减轻和加重情节。现行德国刑法典的规定虽然比我国刑法典和俄罗斯联邦刑法典要详细一些，规定了决定是否对犯罪人适用缓刑时，应当特别注意“考虑被判刑人的人格性、他以前的生活经历、他的行为状况、他行为后的行动、他的生活环境和暂缓执行期对于他的作用。”但仍然不是很详细。虽然美国示范刑法典对缓刑适用的实质条件的具体规定较为详细，规定了从 11 个方面来考察犯罪情节、犯罪后的表现以及犯罪人的个人情况。① 但它并不具有法律效力。那么，为什么各国对缓刑适用条件的规定都较为简略呢？笔者认为主要原因在于：第一，影响行为人的再犯可能性的因素较为广泛且易于判断，不便于也无须逐一列举，只要将考虑的大的方向明确下来以指导法官的裁判活动即可，裁量时具体依据哪些事实则可以发挥法官的自由裁量权。第二，适用缓刑是否会危及法律秩序的判断标准较为模糊，难以作出某种刚性规定，也需要发挥法官的自由裁量权来确定在适用缓刑时是否可能危及法律秩序。不过，立法没有明确规定适用缓刑时应当考虑的犯罪情节、犯罪后表现以及犯罪人个人情况，并不是说就不需要在理论上澄清这三方面实质条件的具体内容，相反，尤其需要我们在理论上将这方面的问题彻底加以解决，这样，法官才不至于在行使自由裁量权时无所适从或者滥用。因此，有必要对缓刑适用具体实质条件包括哪些内容加以探讨。

---

① 根据示范刑法典的规定，“法庭可以对已被证明有罪的人不施以监禁刑，除非考虑到被告人的本性、犯罪时和过去的情形、品质、状况，为了保护公众必须对其予以关押，因为：a. 在缓刑或者保护观察期间，被告人将有实施另一项犯罪的严重危险；或者 b. 关押被告人的机构能够最有效地提供其所需要的矫正治疗措施；或者 c. 更轻的惩罚与其所犯罪行的严重性不相适应。在有下列因素的情况下，法庭虽然不是必须，但应当倾向于不判处监禁刑：a. 被告人的犯罪行为既没有实际导致严重损害，也没有导致发生严重损害的危险；b. 被告人没有预料到其犯罪行为会导致严重损害或者有导致严重损害的危险；c. 被告人是在受到强烈刺激的情况下实施行为；d. 有大量理由表明被告人的犯罪行为虽然不成立防卫，但是可以谅解的或者是正当的；e. 犯罪行为的受害人诱发或者促使了犯罪行为的发生；f. 被告人已经或者将赔偿犯罪行为的受害人所遭受的损失或者损害；g. 被告人没有犯罪前科，或者在实施本次犯罪行为之前，已经经历了足够长时间的守法生活；h. 被告人的犯罪行为是因不可靠的环境所致；i. 犯罪人的性格和态度表明他不会实施另一次犯罪；j. 被告人对缓刑矫正非常可能作出正面的反应；k. 对被告人的监禁会导致他本人或者他的受赡养人的过度困难”（转引自［美］Joseph J. Senna，Larry J. Siegel. Introduction to Criminal Justice, New York：West Publishing CO.，1978，pp. 339－340）。从列举的应当倾向于适用缓刑的 11 项情形的具体内容看，都是围绕犯罪情节、犯罪后表现和犯罪人个人情况三方面的实质性条件来规定的。

1. 犯罪情节的具体内容

这里的犯罪情节，是指在犯罪过程中体现出来的犯罪人的主观恶性和人身危险性，以及犯罪所造成的客观危害程度，因而在决定是否适用缓刑时应当予以考虑的各种事实情况。那些与犯罪事实无关的情节，如犯罪以后的自首、坦白、立功等悔罪表现，以及系累犯还是初犯，未成年犯还是成年犯等，均属于犯罪后表现或者犯罪人个人情况方面的事由，将置于犯罪后表现和犯罪人个人情状两部分加以探讨。关于可以考虑适用缓刑的犯罪情节具体有哪些，各国刑法大多未作出明确规定。理论上有学者提出了以下可以考虑适用缓刑的犯罪情节：（1）过失犯；（2）防卫过当和紧急避险过当；（3）预备犯、中止犯和未遂犯。①

笔者认为，由于考察犯罪情节主要是为了判断对犯罪人适用缓刑是否会过分有失公正从而危及法律秩序，而通常只有在犯罪人的主观恶性较深并且造成的客观危害也比较严重的情况下仍然对其适用缓刑才可能丧失公正性从而危及法律秩序。因此，在决定是否适用缓刑时考察犯罪情节主要应当围绕说明犯罪人的主观恶性以及犯罪所造成的客观危害程度来确定具体内容。同时，如果犯罪情节还能够体现犯罪人人身危险性的大小，从而反映出其再犯可能性的大小，则这种犯罪情节也应当在决定是否对犯罪人适用缓刑时加以考虑。基于这一标准，笔者认为前述学者提出的可以考虑适用缓刑的各项犯罪情节都是可取的，同时认为还可以加以适当补充，具体而言，下列犯罪情节应当成为决定对犯罪人是否适用缓刑时的考察对象。

（1）值得宽宥的犯罪动机和原因

犯罪动机和原因可以在一定程度上反映行为人的主观恶性。比如，因家庭生活困难，为生存而偷窃者的主观恶性要小于出于享乐和敛财动机而偷窃者；激于义愤而实施犯罪者的主观恶性要小于基

---

① 参见鲍遂献：《论缓刑的适用》，载《中国法学》1992 年第 6 期。

于卑劣的报复动机而实施犯罪者。因此，对前者可以更多地考虑适用缓刑，在对后者考虑适用缓刑时，就必须慎重考虑因此可能引发的社会公众和受害人的不满情绪以及可能造成的不良后果。这类可以倾向于考虑对犯罪人适用缓刑的值得宽宥的犯罪动机和原因主要有：其一，受到外界或受害人的强烈刺激或挑拨。比如，如果一个性格懦弱的人在多次受到欺侮后出于激愤而将欺侮他的人打伤从而构成故意伤害罪，从犯罪原因来看其犯罪行为便具有可宽宥之处，应当考虑对其适用缓刑。其二，受到普通人通常难以抗拒的压力。例如，犯罪人本不愿意做假账，但公司主要负责人经研究决定这样做，犯罪人如果不听从就会被解雇，为了保住工作只好这样做，最后构成提供虚假财务会计报告罪。从犯罪人犯罪时的处境看，其行为具有值得宽宥之处，应当考虑对其适用缓刑。其三，为了维护正义或者法律秩序。例如，一个村民因不满本村某村干部横行乡里、欺压百姓、以权谋私、贪污公款，又告状无门，于是在某日为维护村民利益将该村干部打伤，构成故意伤害罪，其犯罪原因和动机值得宽宥，也可以考虑对其适用缓刑。

（2）过失犯罪

由于过失犯主观上并不想犯罪，对危害结果的出现持的是反对态度，只是因为疏忽大意或者过于自信才酿成恶果，最终构成犯罪，而故意犯却是在企图危害社会或者放任危害社会的结果发生的心态支配下实施危害行为，因此，故意犯的主观恶性通常要大于过失犯。对于过失犯，通常完全可以相信即使不对他实际执行刑罚，他也不会再去实施犯罪行为，因此，笔者认为，对于过失犯，只要没有特殊情节表明犯罪人主观恶性较深（如交通肇事后逃逸），一般应当考虑适用缓刑。

值得注意的是，有论者主张，对过失犯罪者，应当将可以适用缓刑的范围扩大到被判处5年以下自由刑的人，理由是，很多过失犯罪分子犯罪后很短时间内就能认识到自己的过错，并痛悔自己给社会带来的巨大损失，本来他们主观上就没有多大恶性，改造比故意犯快得多。如果无视这些犯罪分子的改造情况（尤其是恶性矫正情况）而仍然实施关押，就与我国刑罚目的背道而驰，也是刑罚浪费。[①] 笔者认为，这种观点值得商榷。持这种观点的论者只看到特殊预防之刑罚目的，而没有看到一般预防和报应之刑罚目的，因而是片面的。对于因过失犯罪而被判处高达5年有期徒刑的犯罪人，不是犯罪行为已经造成了极为严重的危害后果，如造成多人死亡，就是有其他特别恶劣情节；如犯罪后为了逃避责任而实施严重违背道德或者违法的行为，其犯罪行为对社会秩序的破坏和对公众心理的影响都是十分恶劣的。如果对这种犯罪人仍然宣告缓刑，不仅严重违背罪责刑相适应的刑法基本原则，从而破坏法律的公正和权威，而且显然不利于威慑那些可能实施这类过失犯罪的潜在犯罪人，容易使他们继续对自己的行为不负责任，为最终酿成恶果、构成犯罪留下隐患。同时，这样做还可能激起社会的强烈不满从而破坏社会秩序。因此，对被判处高达5年有期徒刑的过失犯罪人宣告缓刑是一种得不偿失的做法，并不可取。

至于故意犯，由于他们主观恶性较深，相对于过失犯更难让人相信对他们不予关押也不至于再危害社会，因而在考虑是否对这类犯罪人适用缓刑时应当更加慎重。不过同时也应当看到，被判处3年以下自由刑的故意犯罪人的犯罪行为所造成的危害结果一般要远远小于被判处相同刑罚的过失犯罪人所造成的危害结果，在这方面给社会秩序造成的破坏也相对要小，对故意犯适用缓刑时，对法律的公正性的冲击也相应要弱一些，因此，也不能形成对故意犯一般不宜宣告缓刑的倾向性观念，而应当结合其他因素进行综合判断。

（3）防卫过当和避险过当

防卫过当是指行为人在正当防卫过程中，因为未能掌握防卫的限度，以致防卫行为明显超过必要限度，而给不法侵害人造成重大

① 参见邓又天、邓修明：《修改我国缓刑制度的若干设想》，载《法学评论》1989年第6期。

损害的情形。避险过当是指行为人的避险行为超过必要限度，造成不应有的损害的情形。有论者认为，对因防卫过当或者避险过当而构成犯罪的行为人，应当尽可能适用缓刑。理由是这些人主观恶性较小甚至没有恶性，适用缓刑一般不会对社会产生危害，对防卫过当者适用缓刑还能够鼓励广大公民同犯罪行为作斗争，并获得群众的支持。[①] 笔者赞同这种观点，主张对因防卫过当或者避险过当而被定罪判刑的犯罪人，一般应当考虑宣告缓刑。对因防卫过当构成犯罪的人一般应当考虑宣告缓刑的理由主要是：

从犯罪起因来看，对防卫过当行为人应当宣告缓刑。防卫过当的行为人是为了制止正在进行的不法侵害才发动对不法侵害者本人的打击，因而引起防卫过当的原因首先在于不法侵害，而不在于行为人的主观过错。没有不法侵害在先，就没有防卫过当在后，防卫过当完全是在特殊的情势下发生的犯罪，完全有理由相信，在正常的情况下，实施了防卫过当的行为人不会再危害社会。因此，从犯罪起因看，防卫过当者显然符合缓刑的实质条件。

从防卫过当的罪过形式来分析，对符合缓刑形式要件的犯罪人一般也应当宣告缓刑。这是因为：第一，防卫过当的行为人一般是出于过失，对这类人理应考虑缓刑。防卫过当行为人之所以防卫过当，主要是因为在遭受不法侵害的情况下，心理紧张、心情激愤或者其他可以理解的原因，而对自己防卫行为的强度失控，以至于本来应当预见自己的防卫行为可能明显超过必要限度造成重大损害，却因疏忽大意没有预见，或者虽然预见却轻信能够避免，因而造成不应有的重大损害。因此，行为人通常是出于过失而防卫过当。对于过失犯而言，由于其内心不但根本不存在犯罪的意图，而且反对危害结果的发生，因而其再犯可能基本没有，理应考虑缓刑。第二，对于那些放任危害结果发生，以致防卫过当的行为人，一般也应当考虑缓刑。虽然多数防卫过当的行为人是出于过失，但不能排

① 参见鲍遂献：《论缓刑的适用》，载《中国法学》1992 年第 6 期。

除少部分行为人是出于放任心态而导致防卫过当，即行为人明知自己的防卫行为可能明显超过必要限度造成重大损害，却放任这种危害结果发生。[①] 但即便在这种情况下，行为人也往往是为了确保防卫的成功而采取这种放任心态。因此，虽然他们所体现出的主观恶性要大于过失犯，但与那些为了追求某种有害于社会的目的而放任危害结果发生的间接故意犯相比，其主观恶性显然要小得多，因而一般也应当考虑适用缓刑。

从行为的动机和目的来看，防卫过当的行为人值得宽宥。通常情况下，促使正当防卫的行为人对不法侵害人实施打击的内在动机是保护合法利益，其行为目的则是制止不法侵害，无论从行为人的行为动机还是行为目的来看，本来都是值得鼓励和有益于社会的，因此，防卫过当的行为人最终构成犯罪是值得同情和宽宥的。对防卫过当的行为人适用缓刑，是诸多缓刑中与社会正义观最相符合的，因而也必然是公众所最愿意接受的。

可见，无论从犯罪起因还是从防卫过当的罪过形式来看，防卫过当行为人的再犯可能基本上没有，因而完全符合缓刑的实质条件；从防卫过当者的行为动机和目的来看，对其适用缓刑最能为公众所接受，因而可能产生的破坏法治和违背正义的负面效应最小。因此，对于符合缓刑形式条件的防卫过当者，一般应当适用缓刑。

上述对防卫过当者适用缓刑的三方面理由基本适用于避险过当者，只是具体内容与防卫过当有所不同。首先，对避险过当者而言，导致其犯罪的首要原因是客观条件的逼迫，即有某种极为紧迫的危险正在发生。如果没有这种极为紧迫的危险的存在，行为人不可能实施犯罪行为。而且，行为人是在迫不得已的情况下才损害其他合法利益。因此，完全可以相信，在没有迫在眉睫的危险发生的

① 至于以直接追求对不法侵害人造成明显超过必要限度的损害为目的的行为，笔者认为不能再称之为防卫行为，因为此时行为人的行为目的已经发生实质性的转变，有了明确的犯罪目的，如果再称之为以保护合法利益为前提的正当防卫的过限行为，显然名不符实，有损正当防卫的正义性。

正常情况下，避险过当的行为人不会再危害社会。其次，避险过当的行为人主观罪过也主要表现为过失，少数情况下表现为间接故意，在间接故意的情况下行为人也是为了保护某种合法利益才这么做，因而其主观恶性也明显小于其他类型的间接故意犯。最后，由于避险过当者是为了保护合法利益免受正在发生的危险而损害其他合法利益，从行为动机来说也值得宽宥。综合上述三方面的因素，对避险过当导致不应有的损害发生因而构成犯罪的人适用缓刑，既符合适用缓刑的实质要件，一般也能为公众所接受，因而不但是可行的，而且是必要的。

（4）犯罪中止

犯罪中止是指在犯罪过程中，行为人自动放弃犯罪或者自动有效地防止危害结果发生，而未完成犯罪的一种犯罪停止形态。对于中止犯，我国刑法规定没有造成损害的，应当免除处罚，造成损害的，应当减轻处罚。外国刑法对中止犯一般也有减免刑罚的规定。例如，现行日本刑法典第 43 条规定："……基于自己的意志中止犯罪的，应当减轻或者免除处罚。"现行德国刑法典第 24 条第 1 款规定，行为人自愿地放弃行为的继续进行或者阻止其完成的，不因其曾着手构成要件的实现而受处罚。[①] 现行瑞士联邦刑法典也规定，行为人自动中止犯罪的实施，法官可免除其刑罚。可见，在规定了犯罪中止情形的国家，对中止犯或者是根本不予以处罚，或者是减轻或者免除处罚。对于受到刑法处罚的中止犯，笔者认为一般应当考虑缓刑，理由是：其一，从中止犯的主观心态发展过程来看，对其不执行刑罚一般不会再危害社会。中止犯虽然是在故意心态的支配下实施了犯罪行为，但是，他在犯罪过程中，心态已经发生转变，由犯罪开始时的积极追求危害结果的发生变成了反对危害结果的发生。这说明行为人的主观恶性已经大大减弱，其人身危险性已经基本消失，因而可以相信对其不予关押也不至于再危害社

① 参见徐久生、庄敬华译：《德国刑法典》，中国法制出版社 2000 年版，第49 页。

会。其二，从中止犯的危害行为所造成的后果来看，一般不是很严重。由于行为人必须自动放弃犯罪或者自动有效地防止危害结果发生才能构成犯罪中止，因而只有在行为人所希望的危害结果尚未发生的情况下才可能存在犯罪中止。因此，只要行为人属于犯罪中止，其危害行为所造成的危害结果通常都不是很严重。当然，也可能存在已经出现严重危害结果的犯罪中止情形，如出于杀人故意将受害人杀至重伤后，又主动停止犯罪并防止了受害人死亡结果的发生，也属于犯罪中止，这时便出现了严重的危害结果。在这种情况下，当然应当慎重考虑是否应当对中止犯予以缓刑。但一般情况下，造成了严重危害结果的中止犯往往已经被判处了超过可以适用缓刑的刑期，因而也就不可能宣告缓刑了，如果犯罪人被判处的刑期仍然在可以适用缓刑的刑期之内，则还是可以考虑适用缓刑。其三，从中止犯的最后表现来看，对其适用缓刑不至于使公众难以接受。由于中止犯最后已经主动停止犯罪，或者积极采取措施防止了危害结果的发生，以实际行动表明了其真诚悔过的心理，一般能为公众普遍具有的“知错能改，善莫大焉”的善良宽容心所接受，因而对其予以缓刑，公众一般能够接受。

由上可见，中止犯通常情况下既没有再犯可能性，公众和受害人也不会对不给予其实际处罚感到强烈不满，因此，对中止犯适用缓刑无论是从再犯可能性上看，还是维护法律秩序的角度看，都是可行的。

（5）犯罪预备和某些犯罪未遂

有论者认为，在犯罪预备和犯罪未遂的情况下，由于行为人所追求的危害后果没有发生，因而其客观危害通常较小，从这一角度看，对预备犯和未遂犯也存在可以适用缓刑的理由。[①] 笔者对此基本赞同，但同时认为应当明确，对预备犯和未遂犯考虑适用缓刑的理由和对具有前几种情形的犯罪人考虑适用缓刑的理由是有所不同

① 参见鲍遂献：《论缓刑的适用》，载《中国法学》1992 年第 6 期。

的。对情有可原的犯罪人，因防卫过当、避险过当而构成犯罪的人，以及过失犯罪人和犯罪中止的人适用缓刑的理由，都是这些人主观恶性和人身危险性都很小，因而不执行刑罚也不至于再危害社会和危及法律秩序；对预备犯和未遂犯适用缓刑的理由则主要是在这两种情况下，犯罪所造成的客观危害通常较小，对他们适用缓刑一般不会引起公众的强烈不满，从而损害刑罚的公正性。由于对犯罪人适用缓刑的标准是对其不予关押也不至于再危害社会，而犯罪预备和犯罪未遂仅仅表明犯罪造成的客观危害不严重，并不当然说明犯罪人的主观恶性或者人身危险性小，因此，在对预备犯和未遂犯考虑适用缓刑时，必须结合能够说明其主观恶性和人身危险性大小的事实来决定，而不能只要看到预备犯和未遂犯没有造成严重客观危害，便适用缓刑，否则必然严重背离缓刑适用标准。同时还应当看到，在考虑适用缓刑时，犯罪预备情节和犯罪未遂情节所具有的说服力远不能与犯罪中止情节相提并论。

2. 犯罪后表现的具体内容

考察行为人的犯罪后表现，主要是为了确定犯罪人的悔罪表现和由此体现出的人身危险性。之所以将该项适用缓刑的具体实质条件归纳为犯罪后表现而不是悔罪表现，是因为在犯罪情节当中，有些本身又是悔罪表现，如犯罪中止便通常表明犯罪人已经悔罪，由于这些情节与犯罪活动的联系极为紧密，属于在犯罪过程中发生的情形，因而被置于犯罪情节中探讨。如果将犯罪后表现概括为悔罪表现，便会导致犯罪情节和悔罪表现的内容发生重合，因而有欠妥当。而且，某些犯罪后的表现虽然没有明显体现出犯罪人的悔罪心理，但也能在一定程度上说明犯罪人已经没有人身危险性，如犯罪后的补偿行为，为民除害后敢做敢当的自首行为便是如此。因此，将用以考察犯罪人人身危险性的犯罪后行为概括为犯罪后表现较为合适，称为悔罪表现则既不准确，概括又不全面，因而不足取。这些犯罪后表现主要有以下几类：

（1）自首

自首可以作为对犯罪人适用缓刑的重要理由。这一结论可以从以下两个方面得到体现：首先，自首是一种自动投案的行为，即行为人自动向有关机关承认自己实施了某种犯罪，并自愿将自己置于有关机关或者个人控制之下，准备接受国家的审查和裁判。由此可以推知其企图再次危害社会的可能性已经很小。因为在处于司法机关的控制，并受到审查和裁判的情况下，行为人不可能有机会再去实施危害社会的行为，如果行为人企图再次危害社会，就不会自动投案，从而使自己丧失行动的机会。其次，自首同时是一种如实交待自己的犯罪事实的行为，即行为人除了自动投案以外，还按照实际情况彻底交待了自己的犯罪事实。这表明犯罪人具有良好的认罪态度，愿意承担自己的罪责。正常人通常都知道，认罪的后果就是承担相应的刑事责任，行为人既然如实交待了自己的犯罪事实并愿意接受审判，就表明做好了承担相应刑事责任的准备。而犯罪人具有良好的认罪态度，愿意承担自己的罪责正是其悔罪的一种表现。一个认罪并真诚悔罪的人再次危害社会的可能性显然是较小的。上述两方面理由表明，行为人犯罪以后自首，其主观心态已经发生了重大转变，人身危险性已经大大减弱，可改造性则增强，因而可以相信其不致再危害社会，考虑对其予以缓刑。当然，并非所有自首的犯罪人都具有真诚悔罪的心理。有些犯罪人可能出于悔罪之外的其他原因而自首，如在将为非作歹者打伤后，基于好汉做事好汉当的心理而自首，犯罪人可能就缺乏悔罪心理，但只要他符合自首的条件，同样应当认定为自首。在这种情况下，犯罪人虽然没有真诚悔罪，但其人身危险性同样很小，这是因为，犯罪人既然愿意主动向司法机关承认自己犯有某种罪行，并置自己于司法机关的控制之下，并如实交待自己的犯罪事实，就充分说明他已经没有再去危害社会的企图，否则他不可能自投罗网。因此，无论自首的犯罪人是否真诚悔罪，其人身危险性通常都已经消除，因而都应当考虑适用缓刑。鉴于大多数自首的犯罪人，特别是罪行较轻的犯罪人都表现出真诚悔罪的心态，故还是将自首置于悔罪表现中探讨。

(2) 立功

立功行为一般也能反映行为人的悔罪心态。一般而言，行为人只有认识到自己行为的社会危害性并有了悔改之心，才会积极实施立功行为，以争取宽大处理，因此，行为人的立功表现也表明其人身危险性已经大大减小，因而可以考虑适用缓刑。当然，立功和自首有所不同，自首是行为人主动向有关机关承认自己犯了某种罪行并置于有关机关的控制之下，而立功则是检举揭发其他人的犯罪事实或者实施其他与自己罪行无关的有益于社会的行为，因而自首的悔罪表现通常更为明显，表明行为人的人身危险性更小。在对自首者和立功者考虑适用缓刑时，应当注意有所区别。

此外，犯罪人归案后积极坦白交待自己的犯罪事实和同案犯的犯罪事实，犯罪后积极采取措施避免危害结果的发生或者挽回犯罪造成的损失，积极补偿犯罪所造成的损害，向受害人赔礼道歉，案发后积极退赃等行为，都是犯罪人真诚悔罪的表现，通常都表明犯罪人的人身危险性已经较小，因而都可以作为考虑对犯罪人适用缓刑时的参考因素。

3. 犯罪者个人情况

这里的犯罪者个人情况，是指与犯罪行为没有直接关系的犯罪人性格、经历、所处环境和一贯表现等个人情况。不少国家的刑法都对可以适用缓刑的犯罪者个人情状提出了要求。例如，现行德国刑法典第56条规定，在判断是否能够期待被判决人已经由判决受到警戒，并且在将来无须刑罚执行的影响也不会再实施犯罪行为时，特别必须考虑被判决人的人格性、他以前的生活经历、他的行为状况、他的生活环境和暂缓执行期待于他的作用。根据现行韩国刑法典第59条和第62条的规定，在考虑是否对犯罪人适用缓刑时，也必须考虑其性格品行、所处环境。我国台湾地区现行“刑法”虽然没有规定对犯罪人适用缓刑时必须考虑犯罪人的个人情状，但在专家们提出的刑法修改建议中，则明确提出，法院宣告缓刑时，应审酌受判决人之性格、素行、生活环境、生活经历以及缓刑对受判决人所可期待之效果。作出类似规定的还有现行意大利刑法典、现行瑞士联邦刑法典、加拿大刑法典等，不具有法律效力的美国示范刑法典中也有这方面的规定。不过，也有国家的刑法典没有对适用缓刑时应当予以考虑的犯罪人的个人情状作出规定，如现行日本刑法典、现行俄罗斯联邦刑法典、现行法国刑法典以及我国刑法典。有的学者将决定是否适用缓刑时应当考虑的个人情状归纳为以下两个方面：一是犯罪人以前的记录。包括少年时是否受到何种判决，成年以后是否曾遭到逮捕和定罪。二是个人和家庭资料。包括自己以及父母兄弟姐妹的情况，个人婚姻状况，所受教育，从事的职业，身体健康状况，心理情绪健康状况，服兵役情况以及经济条件。①

笔者认为，犯罪人的个人情状应当作为适用缓刑时的考虑因素，理由是：犯罪人的性格、品行、生活环境等个人情状的不同，体现着犯罪人再犯可能性的大小、改造的难易程度以及缓刑对犯罪人所可能具有的作用大小的不同，亦即体现着不对犯罪人实际执行刑罚他再犯罪可能性的大小的不同，理应在决定是否适用缓刑时加以考虑。比如，那些性格宽和的犯罪人，由于比较容易适应社会，在缓刑期间一般能够较好地配合缓刑监督机构的监管，顺利改过自新，重新回归社会；而那些性格孤僻的犯罪人，由于与正常社会格格不入，在正常情况下都难以和社会融为一体，在其自由受到限制、行为受到监管的缓刑状态下，就更难指望他能够配合缓刑监督机构对他的教育改造，实现回归社会的目的，而很可能导致其性格和行为更加扭曲，再次犯罪。因此，对具有前一种性格和素行的人，应当倾向于考虑适用缓刑，而对具有后一种性格和素行的人，则不宜首先考虑适用缓刑，而应当考虑予以关押，进行有针对性的

① Paul F. Cromwell, George G. Killinger: Community Based Corrections: Probation, Parole and Intermediate Sanctions, St. Paul: West Publishing Company, 1994., p. 49.

人格康复矫正。

除了犯罪人的性格外，笔者认为以下犯罪人个人情状应当属于适用缓刑时加以考虑的因素：

第一，被告人的犯罪历史。主要是指行为人是再犯还是初犯。一般而言，行为人一再犯罪，就足以表明其人身危险性较大，特别是那些曾经被判处过实刑的再犯，一般是没有教育改造好的顽固犯，人身危险性尤其大，而初犯的人身危险性则明显小于再犯。因此，对于再犯，特别是曾经被判处过实刑的罪犯和惯犯，通常不能适用缓刑；对初犯则可以考虑多适用缓刑。

第二，犯罪人的一贯品行。主要是指犯罪人的道德品行和受过哪些非刑罚处罚。对于那些品行一贯良好的犯罪人，我们有理由相信他只是一时失足而坠入犯罪的深渊，在帮助他脱离犯罪的泥潭后，他不会再次走上犯罪道路；而对于那些一贯表现不好，品行不端，虽然没有受到过刑罚处罚，却经常受到其他制裁的犯罪人，我们则有理由认为他走上犯罪道路是其一贯品行不端、违法乱纪的必然结果，根据其以往的表现，今后仍然可能再次犯罪。因此，对品行良好的犯罪人，应当考虑多适用缓刑；而对于一贯品行不端、违法乱纪的犯罪人，则应当倾向于考虑实际执行刑罚。

第三，犯罪人的生活环境。包括犯罪人的家庭环境、生活的社区环境，接触的周围人群、个人的生活水平等。那些生存环境较好（如周围人群道德水准较高，都有遵纪守法的良好习惯），生活条件较为优越（如有稳定的工作）的犯罪人，由于其在社会上所处环境和所面临的生活条件有利于其改过自新，一般有理由相信不对他们执行刑罚也不至于再犯罪；而那些生活环境恶劣，生存条件艰难的犯罪人，一方面其所处的生活环境十分不利于他的改过自新，如其周围人群道德水准低下，犯罪现象猖獗，另一方面由于缺乏改恶从善的物质基础，很容易因为生活所迫而再次走上犯罪道路。因此，对前者应当倾向于适用缓刑，而后者在社会上改造好的可能性较小，更稳妥的办法应当是对他们实际执行刑罚，这样既将他们与恶劣的生环境隔离开来，又使他们能够在衣食无忧的条件下接受教育和改造。

第四，对犯罪人适用缓刑可以期待的效果。那些强烈希望缓刑，渴望通过得到缓刑机会来痛改前非的犯罪人，一般会十分珍惜缓刑这一宽大处理，积极配合缓刑监督机构的工作，严格约束自己的行为，努力改过自新，因而可以期待对这类犯罪人适用缓刑能取得较好的效果，对他们应当考虑多适用缓刑；而那些对于可能给予的缓刑无动于衷的犯罪人，则往往不会珍惜缓刑这一宽大处理，也不会因为获得缓刑而严格要求自己，难以让人相信对他们适用缓刑能有改过迁善之功效，因此，对这类人应当考虑实际执行刑罚。另外，那些适用缓刑能够保全工作，因而能够有稳定的经济收入和较好的生活条件的犯罪人，一般会十分珍惜缓刑所提供的机会，因而对他们适用缓刑通常能够取得良好的效果；而那些生活本来就没有着落的犯罪人，如果不能解决其生活来源问题，即使对其宣告缓刑，他也可能因为生活所迫而再次走上犯罪道路。因此，前一类人应当多考虑适用缓刑，对后一类人则应当考虑实际执行刑罚。

第五，犯罪人的个人经历。个人经历对犯罪人的人身危险性也有影响，经历复杂的人由于见多识广，阅历丰富，世界观一旦形成往往较为固定，相应地一旦实施犯罪，其矫正难度较大，人身危险性也较大；经历简单的犯罪人则与之相反。因此，犯罪人的个人经历也应当作为决定是否对其适用缓刑时单独加以考虑的个人情状。

第六，影响犯罪人再犯可能性的身体和精神方面的客观情况。例如，因患病或者身体残疾而丧失或者基本丧失犯罪能力的犯罪人，其再次危害社会的可能性已经消除或者基本消除，可以倾向于考虑适用缓刑；那些心理健康和情绪稳定的犯罪人，一般自我控制能力较强，再犯可能性相对较小，也可以倾向于考虑适用缓刑。相反，那些心理变态、情绪难以自我控制，以及具有某方面瘾癖的犯罪人，则容易在不正常心理和情绪的驱使下，或者在某方面瘾癖（如吸毒、酗酒）的控制下再次犯罪。

此外，某些国外学者认为，在决定是否对犯罪人适用缓刑时，还应当考虑犯罪人的职业技能、职业记录、支付能力，某些情况下还要考虑辩诉交易。①

四、数罪并罚情况下的缓刑适用

（一）犯数罪可以适用缓刑的立法例

关于犯罪人被数罪并罚时是否可以适用缓刑，有的国家刑法作出了明确的肯定规定，有的国家则没有作出规定，但据笔者掌握的资料，还没有哪个国家明确规定对受数罪并罚的犯罪人不得适用缓刑，只有新中国成立初期的1951年9月12日，当时的司法部在《对上海市人民法院关于财产刑罚使用问题的检查报告的批复》中曾规定："数罪并罚案件，可知其行为是不好的，一般不需宣告缓刑。"应当指出的是，没有规定数罪并罚可以适用缓刑，并不意味着对数罪并罚的犯罪人不得适用缓刑，因为法官完全可以根据犯罪人所犯数罪的性质、情节，犯罪人的悔罪表现以及个人情状等内容，以适用缓刑的法定条件为标准，决定是否对犯罪人适用缓刑，只要法律没有明确禁止对数罪并罚的犯罪人适用缓刑，法官的这种裁判就是合法并且合理的。尽管如此，还是有些国家的刑法明确规定了一人犯数罪仍然可以适用缓刑。例如，现行德国刑法典第58条第1项规定："如果某人实施了数个犯罪行为，那么，对第56条规定的暂缓执行刑罚来说，以总和刑罚的期限为准。"这表明，对因为实施了数个犯罪行为而被数罪并罚的犯罪人，只要符合刑法规定的缓刑的形式和实质条件，对犯数罪的人同样可以适用缓刑。1996年瑞士联邦刑法典第41条第1款第4段也规定："在数个刑罚相竞合的情况下，法官可以将同种刑罚宣告附条件执行（即缓刑——笔者注）。"这也说明对于受到数罪并罚的犯罪人同样可以

---

① See Paul F. Cromwell, George G. Killinger: Community Based Corrections: Probation, Parole and Intermediate Sanctions, St. Paul: West Publishing Company, 1994., p. 50.

适用缓刑。

（二）对被数罪并罚的犯罪人能否适用缓刑的理论争议

对被数罪并罚的犯罪人能否适用缓刑，刑法理论界存在赞同和反对两种观点。

对被数罪并罚的犯罪人可以适用缓刑持反对意见的学者们所持的理由主要是：一人犯有数罪，表明其社会危害性和人身危险性较大，不能轻信其不致再危害社会，故对被适用数罪并罚的犯罪人不能宣告缓刑。[①] 我国台湾地区“刑法”理论界也有论者倾向于主张这种观点。例如，蔡墩铭先生认为，“……惟如所犯者为数罪，即使数罪定执行刑之结果，仍在二年以下有期徒刑时，可否认为恶性不大，实不无问题。因之如果将缓刑之宣告严苛限制为一人犯一罪之情形，自不发生数罪之执行刑亦可宣告缓刑。”[②]

赞同对被数罪并罚的犯罪人可以适用缓刑的学者所持的理由主要是：第一，就缓刑适用要件看，一人犯有数罪，在数罪并罚后被判处的刑种和刑期仍然符合缓刑要求的情形是客观存在的；第二，一个人犯有数罪并不绝对表明其罪行严重或者主观恶性大。[③]

笔者认为，对被数罪并罚的犯罪人能否适用缓刑，同样应当以缓刑适用的形式条件和实质条件为标准来判断，即应当看在这种情况下，犯罪人被判处的刑罚是否能符合适用缓刑的形式条件，犯罪人的主观恶性和人身危险性是否都很大。除此之外没有其他特殊的判断标准。通常情况下，一个人数次犯罪，确实表现出了较大的社

---

① 参见赵秉志主编：《刑法争议问题研究》（上卷），河南人民出版社 1996 年版，第 796 页。另参见高铭暄主编：《新中国刑法学研究综述（1949－1985）》，河南人民出版社 1986 年版，第 501 页；甘雨沛主编：《刑法学专论》，北京大学出版社 1989 年版，第 472 页。

② 见蔡墩铭著：《刑法总则争议问题研究》，台湾五南图书出版公司 1991 年版，第 385 页。

③ 参见鲍遂献：《论缓刑的适用》，载《中国法学》1992 年第 6 期。另参见赵秉志主编：《刑法争议问题研究》（上卷），河南人民出版社 1996 年版，第 795 页；顾肖荣著：《刑法中的一罪与数罪问题》，学林出版社 1986 年版，第 141 页。

会危害性和人身危险性，因为每一次犯罪都会对社会秩序造成严重破坏，也都显示出犯罪人比其他人的更不可信赖性。从我国司法实务中有关数罪并罚的案件来看，确实有很多人的犯罪性质和情节都较为严重，主观恶性也较大，并且所受的刑罚处罚也超过了3年，因而从形式和实质上看都已经不符合适用缓刑的条件。但如果就此认为对被数罪并罚的人都不能适用缓刑，则不免犯以偏概全的错误，因为在实务中不能排除少数被数罪并罚的人被判处的刑罚没有超过3年有期徒刑，并且犯罪人的主观恶性和人身危险性也较小，从形式到实质都符合适用缓刑的条件。例如，甲因为生活困难，盗窃2000元钱，被判处有期徒刑1年，又因过失致人重伤被判处有期徒刑2年，两罪并罚决定执行有期徒刑2年零6个月。甲平时并无劣迹，犯罪后的认罪态度和悔罪表现都很好。对于甲，笔者认为就可以适用缓刑。可见，仅凭一人犯有数罪，便认定其社会危害性和人身危险性较大，不能轻信其不致再危害社会，过于武断，对于少数被数罪并罚之后仍然符合缓刑条件的犯罪人，还是可以适用缓刑。

（三）对被数罪并罚的犯罪人如何适用缓刑之研讨

这里主要涉及的是对于数罪并罚的案件，是以各项宣告刑相加的总和刑期为依据，还是以数罪并罚后决定执行的刑期为依据，来判断是否符合缓刑适用的刑期条件。

在对数罪并罚实行累加制的国家，当然不存在这一问题；在实行限制加重的国家，则是一个必须解决的问题。对此，有的国家刑法典作出了明确规定。例如，根据现行德国刑法典第58条第1款的规定，在数罪并罚适用缓刑的情况下，以总和刑罚的期限为准。而根据现行德国刑法典第54条的规定，在数罪并罚时，除存在被判处终身自由刑的情况外，总和刑罚通过限制加重的方式形成。可见，在现行德国刑法典中，是以数罪并罚后决定执行的刑罚为标准，来判断是否符合缓刑的刑期条件。

对这一问题，我国刑法理论界也存在两种观点，一种观点认为，必须根据数罪中各罪被判处的刑罚相加的总和刑期来决定能否适用缓刑。其主要理由是：数罪并罚中决定执行的刑期与缓刑制度中被判处的刑期是两个不同的概念，不能混淆；不能把数罪并罚决定执行的刑期，当作缓刑中被判处的刑期或原判刑期，适用缓刑。① 另一种观点认为，应当根据数罪并罚后决定执行的刑罚来判断能否适用缓刑。其主要理由是：（1）从我国刑法对缓刑的立法精神来看，对犯罪分子适用缓刑时，只是概括地考虑被告人的各种情节，然后决定是否适用缓刑。（2）刑法第67条（指1979年刑法，按1997年刑法应当是第72条——笔者注）规定的“被判处拘役、三年以下有期徒刑”，既可以理解为宣告刑，也可以理解为执行刑，它与刑法第64条（指1979年刑法，按1997年刑法应当是第69条——笔者注）所规定的“决定执行的刑期”，在法律效果上并无不同，都是针对法定刑而言的应当执行的刑罚。② 我国台湾地区也有不少学者持这种观点。例如，韩忠谟先生认为：“……在宣告多数二年以下有期徒刑之情形下，不仅须各罪之宣告刑，均不超过二年，且须所定执行刑之总刑期亦不超过二年，始得宣告缓刑，盖不如是，则法文上对于短期自由刑之限制，将等于虚设也。”③ 高仰止先生也认为：“数罪并罚之案件如谕知缓刑，应一并谕知，不得择一宣告缓刑，其各罪之宣告刑及执行刑均在二年以下者，亦得一并宣告缓刑，但各罪之宣告刑均在二年以下，如执行刑超过二年者，即不得缓刑。”④ 在上述两种观点中，后一种观点占主导地位。

---

① 参见赵秉志主编：《刑法争议问题研究》（上卷），河南人民出版社1996年版，第796页。另参见顾肖荣著：《刑法中的一罪与数罪问题》，学林出版社1986年版，第140～141页。

② 参见鲍遂献：《论缓刑的适用》，载《中国法学》1992年第6期。

③ 见韩忠谟著：《刑法原理》，台湾雨利美术印刷有限公司1981年版，第474页。

④ 见高仰止著：《刑法总则之理论与实务》，台湾五南图书出版公司1986年版，第546～547页。

笔者赞同根据数罪并罚后决定执行的刑罚来判断能否适用缓刑的观点，主要理由如下：

第一，数罪并罚后决定执行的刑期更准确地反映了行为人所犯数罪整体的社会危害性和犯罪情节。对被数罪并罚的犯罪人究竟是根据对各罪的宣告刑相加的总和刑期，还是根据数罪并罚后决定执行的刑期来判断犯罪人是否符合适用缓刑的刑期条件，关键是看究竟是总和刑期还是决定执行的刑期更准确地反映了犯罪行为的社会危害性和犯罪情节。如果是前者，就应当以总和刑期为根据，因为这意味着一旦各宣告刑的总和刑期超过了可以适用缓刑的刑期，从犯罪情节来看就已经不符合适用缓刑的条件，当然也就不应再适用缓刑；如果是后者，就应当以决定执行的刑期为根据，因为这意味着即使犯罪人数罪的宣告刑相加的总和超过了可以适用缓刑的刑期，从犯罪情节来看也可能还没有超过可以适用缓刑的程度，因而仍然可以适用缓刑。笔者认为，各宣告刑相加的总和刑期和数罪并罚后决定执行的刑期相比，后者更准确地反映了数罪在整体上表现出的社会危害性。这是因为：首先，对数罪所判刑罚简单相加后的总和刑期往往不能正确反映犯罪人所实施的数罪在整体上的社会危害性。根据系统论的观点，部分之和并不总是等于整体，事实上也是如此。具体到刑罚领域，对犯罪人所犯数罪分别定罪量刑后简单相加得出的刑期，就很难与其所有犯罪行为所体现出的整体社会危害性和刑事责任相适应。因为在对犯罪人各罪分别评价的时候，是以各罪的社会危害性和行为人在当时的表现为依据，而在对犯罪人所有罪进行整体评价的时候，则要对各种定罪量刑因素重新进行排列组合，在综合考虑的基础上得出结论，两种评价结果当然会有所不同了。其次，最终确定的执行刑才是对犯数罪的犯罪人所犯罪行的全面评价。在数罪并罚时，之所以要在数罪中的最高刑以上、总和刑以下来确定一个执行刑，是因为立法者认识到了对数罪所判处刑罚的简单相加往往不能准确反映出数罪所体现出的整体的社会危害性，因而授权给法官在一定幅度内，综合考虑各种因素，以确定一个与数罪在整体上的社会危害性相当的刑期，否则，就没有必要采取限制加重等数罪并罚原则。

可见，数罪并罚后决定执行的刑期才与数罪所体现出的整体上的社会危害性以及犯罪人应当承担的刑事责任相适应，才是在确定对犯数罪的犯罪人能否适用缓刑时在刑期上的依据。

第二，对缓刑设置刑期条件的原因之一是避免因适用缓刑的刑期过长而过度损害刑法的公正性，并影响缓刑的效果，以决定执行的刑期为根据来确定是否符合缓刑的刑期条件，符合这一立法意图。前面已经论述，如果对被判处较长刑期的犯罪人也适用缓刑，容易使人觉得刑法缺乏严肃性，影响刑法的权威和公正性，还容易导致因对犯罪人的缓刑考验期过长而影响缓刑的效果，这里所指的刑期，显然是指判决最终确定的刑期。因此，从这方面看，对数罪并罚的犯罪人也应当以判决最终决定执行的刑期为根据来确定是否符合缓刑的刑期条件。

五、我国缓刑适用中存在的问题与对策

缓刑曾被称为当代刑罚制度的宠儿。① 在刑事政策中被称为除刑罚和保安处分之外的第三支柱，② 并被视为一种具有“多元作用的独立性的刑法反应手段”。③ 不过，缓刑在我国刑罚体系中的地位远远没有这样显赫，在司法实践中也从未成为“宠儿”。倒是不时有人批评我国缓刑存在被滥用的问题。④ 而我国缓刑适用率与许

---

① 参见甘雨沛著：《比较刑法学大全》（下册），北京大学出版社 1997 年版，第 1137 页。

② 参见林山田著：《刑罚学》，台湾商务印书馆股份有限公司 1992 年版，第 207 页。

③ 见苏俊雄著：《刑法总论》（Ⅲ），台湾大地印刷厂股份有限公司 2000 年印，第 323 页。

④ 参见李忠诚：《当前适用缓刑中存在的问题及对策》，载《人民检察》1995 年第 1 期；邱继军：《严格掌握法律政策标准，正确适用缓刑》，载《法学与实践》1992 年第 5 期。

多缓刑制度较为完善的国家缓刑适用率相比，还是很低的。从这一角度看，我国缓刑总体上并没有被滥用，而是用得较少。缓刑被滥用的指责，以及缓刑在总体上适用较少的现实，实际上都折射出共同的问题，即我国在缓刑立法和司法方面存在不当之处，需要完善。

（一）缓刑适用缺乏公正性

缓刑作为一种刑罚个别化的措施，以有条件不执行刑罚为其内容，这使得适用缓刑很容易被指责为有失公正。公正与正义一样，“乃是使每个人获得其应得的东西的永恒不变的意志。”[①] 犯罪作为一种恶行，应当得到的是恶报，即刑罚。因此，有罪必罚、罚当其罪才是公正的。被宣告缓刑的犯罪分子在缓刑考验期内如果没有被撤销缓刑，原判刑罚却不再执行，这显然是对有罪必罚、罚当其罪的反动，因而缓刑存在与生俱来的不公正性。立法和司法部门在制定和适用缓刑的时候，应当注意缓和、淡化缓刑的这一缺陷。然而，从实际情况看，我国立法机关和司法部门并没有在这方面作出必要的努力，这就使得缓刑适用在我国经常展现出明显的不公正性，因而受到指责。

1. 缓刑立法失当为缓刑适用不公埋下隐患

缓刑制度所依据的个别预防论，认为刑罚的根据主要在于行为人人身危险性的大小。这种理论对报应刑论持否定态度，认为为了达到个别预防的目的，对社会成员既可以无罪施罚或者轻罪重罚，也可以有罪不罚或者重罪轻罚，由此难免导致罚不当罪，刑罚明显缺乏公正性。[②] 缓刑制度作为对个别预防论的制度性诠释，在许多情况下也带有有罪不罚或者重罪轻罚的色彩，它与罪刑均衡、刑罚平等等建立在报应刑理论之上的刑罚原则存在冲突，因而经常无法

---

① 见［美］E. 博登海默著：《法理学——法哲学及其方法》，邓正来、姬敬武译，华夏出版社 1987 年版，第 253 页。

② 参见邱兴隆著：《关于惩罚的哲学——刑罚根据论》，法律出版社 2000 年版，第 207 ~214 页。

做到刑罚公正。因此，缓刑的适用难免或多或少牺牲或者削弱了刑罚的正义性。

为了缓和及弱化缓刑适用可能造成的不公正，各国纷纷在立法上加以补救，具体做法是设置缓刑负担。所谓缓刑负担，是指给缓刑人规定的类似于刑事制裁的义务，其目的是对已经实施的违法行为实现补偿义务，这些义务的规定能够避免违法行为没有给行为人任何可感知的痛苦后果。① 例如，现行德国刑法典第56条b第2款规定，法院可以使被判决人完成以下缓刑负担：其一，尽力补偿由其行为所造成的损害。其二，根据行为人的行为和人格性，为有利于公益设施支付钱款。其三，提供其他公益性服务。其四，为有利于国库支付钱款。这类缓刑负担在不少国家的刑法中也作了部分或者全部规定。

对宣告缓刑的犯罪分子规定缓刑负担，在一定程度上弥补了缓刑造成的刑罚不足的问题，而且有助于对缓刑犯的表现进行考察、判断，有其合理性。刑罚不足是一个应被抛弃的恶，在理论上有损于公正，在实务上又放纵罪犯。② 它正如一个外科医生顾忌病人的某些痛苦而停止治疗，是在无秩序的痛苦呻吟之中又加上无效手术所带来的痛苦。③ 因此，应当努力避免刑罚不足。而缓刑表现为对判处刑罚的犯罪分子不实际执行任何处罚，它很容易导致刑罚不足。从这一角度看，对宣告缓刑的犯罪分子规定缓刑负担，是完全必要的。

然而，我国刑法没有为宣告缓刑的犯罪分子设置任何缓刑负担。刑法第75条只对被宣告缓刑的犯罪分子规定了四方面的义务，

---

① 参见［德］汉斯·海因里希·耶赛克、托马斯·魏根特著：《德国刑法教科书》（总论），徐久生译，中国法制出版社2001年版，第1007页。

② 参见赵秉志主编：《海峡两岸刑法总论比较研究》（下卷），中国人民大学出版社1999年版，第436页。

③ 参见（英）吉米·边沁著：《立法理论——刑法典原理》，孙力等译，中国人民公安大学出版社1993年版，第68～69页。

这四方面的义务都不涉及惩戒性的和补偿性的内容。因此，在我国，被宣告缓刑的犯罪分子实际上没有受到任何实质性的制裁，这样的缓刑立法和在此基础上的司法使得相当一部分人认为在我国宣告缓刑就等于无罪释放。虽然看法错误，却从一个方面反映出我国缓刑立法存在的问题。这种立法上的缺陷导致适用缓刑给人以无罪释放的感觉，其不公正性可以说是与生俱来的。

2. 偏离公正的我国缓刑适用司法实践

虽然缓刑具有天然的不公正性，但如果适用适当，还是可以在这方面有所弥补。首先，通过对社会危害性较小，从道义的角度看不应当受到处罚的犯罪人适用缓刑，不但可以弱化缓刑的不公正性，甚至可以恢复正义。由于法律观念的差距或者维护社会秩序的需要，立法者可能将一些社会公众能够接受甚至赞许的行为视为犯罪。在这种情况下，对犯罪人适用缓刑，就可以在一定程度上维护公正。其次，刑法典对某些犯罪规定了相对过于严苛的刑罚，对犯有这类罪的行为人适用缓刑，也可以使缓刑适用接近或者恢复公正。最后，由于法律意识的局限或者立法者的失误，刑事立法中难免存在不公正不合理之处，立法者可能对某些并不严重的犯罪规定相对较重的刑罚，甚至规定出某种令人憎恶的法律。实施一项令人憎恶的法律无论如何都不能算是正义的。① 在这种情况下，缓刑的适用也可以对受到损害的正义稍加补救，从而使缓刑的适用趋于公正。“正义是社会制度的首要价值，正像真理是思想体系的首要价值一样。”② 因此，在缓刑适用中，努力做到公正，是司法机关应当履行的义务，应当恪尽的职守。然而，司法实践中，一些法院在适用缓刑的时候，不但没有设法弥补立法的不足，反而滥用手中的自由裁量权，扩大了缓刑适用制度潜在的不公正性。

---

① 参见［美］E. 博登海默著：《法理学——法哲学及其方法》，邓正来、姬敬武译，华夏出版社 1987 年版，第 253 页。

② 见谢望原著：《刑罚价值论》，中国检察出版社 1999 年版，第 194 页。

（1）对职务犯罪过多地适用缓刑

刑法典对职务犯罪的刑罚本来就规定得较轻，适用缓刑理应从严掌握，可是，司法实践中，偏偏是这类犯罪缓刑适用率最高。据统计，在某基层检察院向人民法院提起公诉的38名职务犯罪被告人中，被判处缓刑的多达26人，占68.4%。[①] 而据最高人民检察院渎职侵权检察厅的调研报告，在矿难渎职犯罪中，免刑和缓刑比例高达95.6%。[②] 职务犯罪缓刑率畸高已经成为不争的事实。早在1996年，最高人民法院就已经注意到少数法院对贪污、受贿、挪用公款等经济犯罪分子适用缓刑面过宽，有的不该适用缓刑的适用了缓刑，并专门发布了《关于对贪污、受贿、挪用公款犯罪分子依法正确适用缓刑的若干规定》，明确规定国家工作人员贪污、受贿1万元以上，除具有投案自首或者立功表现等法定减轻情节的之外，一般不适用缓刑。国家工作人员贪污、受贿数额1万元以上不满5万元的，一般不适用缓刑。只有对其中犯罪情节较轻，积极退赃的，且在重大生产、科研项目中起关键性作用，有特殊需要，或者有其他特殊情况的，才可以适用缓刑，而且必须从严掌握。目前，一些法院早已将这一规定抛在脑后，随心所欲地适用缓刑。例如，李某利用职务之便贪污公款6万余元，构成贪污罪，某法院因其全部退赃，有悔罪表现，判处其有期徒刑3年，缓刑5年。[③] 这一判决便直接违反了最高人民法院《关于对贪污、受贿、挪用公款犯罪分子依法正确适用缓刑的若干规定》。这类对贪污、受贿等

---

① 参见刘亚明：《职务犯罪案件适用缓刑情况调查分析》，载《中国职务犯罪预防网》2004年7月8日，http://www.yfw.com.cn/shownews，浏览日期：2009年10月10日。

② 参见王新友：《检察官：矿难渎职犯罪免刑和缓刑比例达95.6%》，载《央视国际网》2007年05月22日，http://law.cctv.com/20070522/100420.shtml，浏览日期：2009年10月10日。

③ 参见刘亚明：《职务犯罪案件适用缓刑情况调查分析》，载《中国职务犯罪预防网》2004年7月8日，http://www.yfw.com.cn/shownews，浏览日期：2009年10月10日。

职务犯罪滥用缓刑的现象，严重损害了缓刑的公正性，在社会上造成了恶劣影响。

（2）为了追求罚金刑的实现而适用缓刑

依照法律的规定，罚金应上交国库，归国家所有。但在实践中，罚金大比例地返还给了执法部门。这种大比例的返还，促使某些法院以对被告人判处罚金并及时缴纳为条件，换取对被告人宣告缓刑。如果被告人已经缴纳罚金，则宣告缓刑；如果不缴纳罚金，则不宣告缓刑。使缓刑变成“一手交钱、一手放人”。[①] 这种缓刑适用法，不但使缓刑制度变异，而且严重破坏了法制，损害了法律的尊严，缓刑适用的公正性更无从谈起。

（3）滥用自由裁量权

不顾犯罪情节，只看“悔罪表现”，盲目宣告缓刑。根据刑法典的规定，适用缓刑必须同时具备两方面的条件，一是犯罪情节较轻，二是有悔罪表现。可是，一些法院却只看被告人是否有悔罪表现，不顾其犯罪情节，结果对一些犯罪情节严重，根本不符合缓刑适用条件的犯罪分子也宣告缓刑，缓刑的公正性受到严重损害。例如，河南省郑州市中原区司法局副局长闫某酒后驾车，造成一人死亡、两人受伤后驾车逃逸，在不远的路口与另一辆车追尾相撞。对于这样一起性质恶劣、后果严重的交通肇事案，某法院却仅仅判处被告人闫某有期徒刑 3 年，缓刑 3 年。[②] 作为一名造成一死两伤，而且交通肇事后还逃逸的犯罪分子，其犯罪情节如此恶劣，后果如此严重，该法院究竟凭什么对其宣告缓刑？难怪有人质疑：是不是因为官员身份特殊就可以拥有格外的豁免？是不是因为是官员就可

① 参见刘兵：《缓刑的适用和效果之浅议》，载《正义网》2002 年 3 月 9 日，http://review.jcrb.com/zyw/n140/ca195848.htm，浏览日期：2009 年 10 月 10 日。

② 参见康劲：《为什么官员多判缓刑》，载《中国青年报》2004 年 1 月 14 日，转引自《人民网》，http://www.people.com.cn/GB/paper1787/11110/1006085.html，浏览日期：2009 年 10 月 10 日。

以比其他普通司机幸运?①

（二）刑事司法中忽视缓刑功能的发挥

当代社会的特殊预防已经不再局限于传统意义上的通过对犯罪人适用一定的刑罚，使之永久或在一定时期内丧失再犯能力，而是扩展到通过各种矫正措施消除犯罪人的人身危险性，使之彻底打消犯罪念头，复归社会。② 缓刑这样一种矫正措施，其主要价值在于矫正犯罪人，防止其再犯。缓刑具有两方面的重要价值，一是避免短期自由刑的弊端，二是促进犯罪人改过自新。③ 这两方面的价值使得缓刑在预防再犯方面能够发挥突出作用。然而，一些法院在适用缓刑的时候，却经常忽视缓刑的价值和目的，致使缓刑适用并没有有效实现特殊预防的目的。

1. 对被宣告缓刑者缺乏必要的监督考察，使某些被宣告缓刑者因没有得到有效监管教育而再次走上犯罪道路

根据刑法第76条的规定，被宣告缓刑的犯罪分子，在缓刑考验期限内，由公安机关考察，所在单位或者基层组织予以配合。实践中，公安机关由于各种原因，对缓刑犯的监督考察往往流于形式，脱管、漏管现象十分严重。目前，作为缓刑考察主要负责部门的公安机关，由于内部并没有设立专门的缓刑监督考察机构，对缓刑犯进行考察的任务由基层派出所承担。基层派出所本来就警力薄弱，刑事案件、治安案件的查处工作已经忙不过来，加上许多派出所认识不到对缓刑犯进行监督考察的重要性，无力也无心有效地监督考察缓刑犯，致使缓刑犯往往处于放任自流的状况，缓刑被理解

---

① 参见康劲：《为什么官员多判缓刑》，载《中国青年报》2004年1月14日，转引自《人民网》，http://www.people.com.cn/GB/paper1787/11110/1006085.html，浏览日期：2009年10月10日。

② 参见陈兴良著：《本体刑法学》，商务印书馆2001年版，第643~644页。

③ 参见桂成：《从〈法院加强缓刑宣告实施要点〉论缓刑制度之得失》，载台湾《刑事法杂志》第37卷第2期；林山田著：《刑罚学》，台湾商务印书馆股份有限公司1992年版，第208页；韩中谟著：《刑法原理》，台湾雨利美术印刷有限公司1981年版，第471~472页。

成了免刑。忽视对缓刑犯的监督考察容易导致的不良后果之一，就是缓刑犯也放松了对自己思想的改造和行为的约束，有的人便重新走上犯罪道路，使得缓刑完全背离了初衷。例如，王某原系浙江省富阳市某造纸厂厂长，在任职务期间偷税漏税40多万元，于2000年被富阳市人民法院以偷税罪判处有期徒刑3年，缓刑5年。在缓刑考验期间，王某根本没有受到有效监督考察，而是像个没事人似的继续投资办厂，还当选为某县政协委员，结果，又因在经营过程中偷税，于2004年6月被逮捕。[①] 如果有关监管部门能够对处于缓刑考验期的王某略加管束，对其日常行为稍加关注，防止王某再次走上犯罪道路应当说轻而易举。对缓刑犯的监督考察形同虚设，已经成为影响缓刑效果的重要原因。

2. 对符合缓刑适用条件的人却不宣告缓刑，使缓刑功能没有得到充分发挥

犯罪情节和悔罪表现是我国刑法对适用缓刑规定的两项最基本的实质性条件。对于符合这两项条件，不实际执行刑罚也不至于再危害社会的犯罪分子，就可以适用缓刑。令人费解的是，不少法院一方面对那些犯罪情节恶劣，并不符合缓刑适用实质条件的官僚犯罪，频繁地适用缓刑，另一方面对于许多完全符合缓刑适用实质条件的普通公民犯罪，却在缓刑适用方面显得极为吝啬，即便对于完全应当适用缓刑的犯罪人，也经常拒绝适用缓刑。例如，四川农民李某、齐某夫妇于2001年10月带儿子一同在北京打工，母子因工资问题与老板发生争执，遂于当天夜里将其他员工的2000元现金及大量衣物偷走，后又将赃物放在李某打工处。案发后三人一同被捕，母子俩分别被以盗窃罪判处有期徒刑8个月和拘役6个月，李某被以窝赃罪判处有期徒刑6个月。[②] 三人无一获得缓刑。而从该

---

① 参见《安徽市场报》报道：《缓刑犯摇身当上政协委员 投资办厂继续偷税漏税》，转引自新浪网，http://www.sina.com.cn 。

② 参见《信报》2002年11月21日第10版。

案三名犯罪人的犯罪起因、犯罪情节、悔罪表现来看，完全可以都适用缓刑。这类该适用缓刑而不适用的情况在我国司法实践中为数不少，缓刑制度还远没有发挥其应有的功能。

3．对应当作为缓刑适用重点对象的未成年人犯罪适用缓刑较少，影响了缓刑功能的发挥

未成年犯身心发育尚未成熟，可塑性大，可以而且应当成为教育、感化、挽救的重点，成为缓刑适用的主要对象之一。在这方面，西方发达国家作出了成功的尝试。目前，德国未成年犯罪人被判处刑罚后，只要刑期不高于2年，[①] 大多数都会得到缓刑处遇。只有占被判决和制裁总数6%的未成年犯被关押在少年监狱。[②] 在美国，最终在监狱中服刑的少年犯还不到被判刑的少年犯总数的十分之一。[③] 我国由于受缓刑监督考察条件等因素的制约，在符合缓刑适用刑种条件和刑期条件的未成年犯中，被判处实刑的比例远远高于被宣告缓刑的比例。在对未成年犯适用缓刑做得最好的上海市，1999年被宣告缓刑的未成年犯，也仅占同期判决的未成年人总数的33%；做得相对较好的江苏某市，1999年被宣告缓刑的未成年犯仅占同期判决的未成年犯总数的12%，占同期被判处3年以下自由刑的未成年犯总数的24%。[④] 其中有相当一部分被判处实行的未成年犯实际上是符合缓刑适用条件的。

（三）出路：完善我国缓刑立法以及改进缓刑司法的若干设想

要想充分发挥缓刑的功能，同时又防止缓刑的适用过于随意以致丧失公正性，缓刑制度的立法完善与司法改进势在必行。在考察

---

① 德国刑法典规定的可以适用缓刑的最高自由刑为2年。

② 参见中国青少年犯罪研究会编：《中国青少年犯罪研究年鉴》（第2卷），中国方正出版社2001年版，第1320页。

③ 参见郭建安、戴宜生：《探寻少年司法制度的价值目标》，载《人民法院报》2002年9月30日。

④ 参见李文伟：《缓刑的发展及我国缓刑监督制度的改革建议》，载《青少年犯罪研究》2001年第1期。

了缓刑立法存在的缺陷和司法适用中存在的问题后，笔者提出以下几方面建议。

1. 在立法上将缓刑适用条件明确化

正如有学者所指出，刑法关于缓刑适用条件的规定过于笼统、抽象。特别是关于“犯罪情节”的规定不科学，执行起来没有明确的标准，具有较大的随意性。[①] 实践中许多滥用缓刑的法官，正是钻了这一规定的空子。因此，应当将缓刑适用的条件尽可能明确化。特别应当将“犯罪情节”、“悔罪表现”、“不致再危害社会”这些实质性条件加以具体化，以减少实际运作的难度，防止法官滥用自由裁量权。鉴于目前我国刑事司法实务中一方面存在缓刑适用率很低的情形，另一方面又存在适用缓刑不当现象严重的情况，笔者认为可以在刑法中规定某些应当适用缓刑和不得适用缓刑的情形。

2. 增设缓刑适用的程序性规定

虽然某些司法解释对缓刑适用的程序性内容有所涉及，[②] 但总的来看，我国刑法对缓刑适用的程序性规定严重缺乏，有必要增设这方面的规定。这样做可以在一定程度上限制法官滥用自由裁量权。关于适用缓刑的程序规则，有的学者主张设置缓刑听证程序。[③] 另有论者提出，应由检察机关决定是否可以对犯罪人适用缓刑，未经检察机关提出缓刑建议，法院不得宣告缓刑。[④] 笔者认为，为了规范缓刑的适用，防止缓刑被错用和滥用，设置缓刑适用

① 参见胡学相：《完善我国缓刑制度的立法构想和司法对策》，载《现代法学》2004 年第 2 期。

② 如最高人民法院 1985 年 8 月 21 日《关于人民法院审判严重刑事犯罪案件中具体运用法律的若干问题的答复》（三），曾对一审被判处拘役或有期徒刑、宣告缓刑而在押的犯罪分子，第一审宣判后是否应立即释放的问题作出过解释。

③ 参见阮方民：《对改进我国缓刑制度的两点思考》，载《法学》2000 年第 10 期。

④ 参见赵维清、袁国良：《应增设缓刑适用的程序性条件》，载《检察日报》2001 年 11 月 12 日第 3 版。

听证程序是必要的。但是否未经检察机关提出适用缓刑的建议不得适用缓刑则值得进一步推敲。为了发挥检察机关对缓刑适用的监督职能同时又不至于侵入审判领域，笔者主张，应当赋予检察机关提出对犯罪人可以或者不得适用缓刑的建议权以及听证程序中的表决权，以及对法院适用或者不适用缓刑不当的抗诉权，但法院适用缓刑不必建立在检察机关提出适用缓刑建议的基础上。

3. 建立健全缓刑考察机构，将缓刑考验落到实处

缓刑的考验是缓刑制度的重要组成部分，它直接关系到缓刑是否能够达到预期目的。相当一部分本可以适用缓刑的罪犯，就是由于当地缺乏有效的缓刑监管机制，最终被判了实刑。例如，石家庄某检察院在2000~2001年起诉后被判处实刑的23名未成年犯中，有13人被判处3年以下有期徒刑，其中6人并非不能适用缓刑，只是由于考虑到对他们适用缓刑后，缺乏有效的管理机制，不能进行有效的监管、教育、考察，法院最后只好选择了判处实刑。[①] 而一些被宣告缓刑的犯罪分子，则由于没有人对他们进行有效监督、考察，又重新走上了犯罪道路。只要缓刑监督考察制度健全，缓刑制度就能充分发挥其教育、挽救犯罪人，预防再犯的作用。目前，应当考虑在公安机关内部设置负责缓刑考察的专门机构，并配置专门的缓刑考察工作人员。

4. 增设关于缓刑负担的规定

设置缓刑负担除了能够使缓刑适用更具有公正性，还可以检验犯罪人是否真诚悔罪。凡真诚悔罪者，必定会努力完成缓刑负担。因此，有必要在刑法中增设有关缓刑负担的规定。关于缓刑负担的具体内容，笔者认为可以借鉴在这方面规定比较成熟的现行德国刑法典及其他一些国家刑法典的有关规定。需要指出的是，有学者主张在我国设立缓刑保证金制度，认为通过由被宣告缓刑的犯罪分子

---

① 参见张素英、裴维奇：《我国未成年人犯缓刑制度的改革与完善》，载《贵州民族学院学报》（哲学社会科学版）2005年第1期。

或者其亲属缴纳一定的缓刑保证金，可以将缓刑考验期从“无制约监管”变为“有制约监管”，以一定的经济手段迫使缓刑犯在考验期内接受改造，重新做人。[①] 笔者不赞成这种观点。理由是这种制度一旦设立，反而会使那些本来可以获得缓刑的贫困犯罪人因为缴纳不起缓刑保证金而得不到缓刑处遇。使犯罪人接受改造完全无须采用这种方法。

5．完善未成年罪犯缓刑制度

（1）对未成年罪犯增加消灭前科的缓刑

犯罪记录存在于犯罪人的个人档案和户籍资料之中。对于前路漫漫的未成年罪犯而言，这一记录的负面影响不言而喻。对于所犯罪行并不严重的未成年缓刑人，通常可以通过良好的教育感化工作使其顺利回归社会，不再犯罪。通过保留未成年缓刑人的犯罪记录以加强对他们的监控，对于防卫社会的价值不大，却可能使他们因背负沉重的犯罪“黑锅”而寸步难行，最终陷入绝望而自暴自弃，再次走上犯罪道路。因此，从总体上看，对未成年缓刑人保留犯罪记录弊大于利，有必要针对他们增设消灭前科的缓刑。

（2）适当放宽未成年罪犯缓刑适用条件

对未成年罪犯而言，刑法规定的“犯罪情节”这一缓刑适用条件可以去掉。这主要基于两方面的考虑。其一，刑法关于缓刑适用刑期条件的规定，实际上已经对犯罪情节作出了限制，情节严重的犯罪通常已经因为判刑较重而被排除出可以适用缓刑之列。其二，未成年罪犯更容易得到宽恕。未成年人由于涉世不深，思想尚未成型，可塑性强，社会对他们的宽容心更大，即便是犯下情节较为严重的罪行，只要其刑期在3年以内，也比较容易得到社会甚至受害人的宽恕，对他们适用缓刑通常不至于严重违背社会正义和超越公众心理承受度。因此，对未成年罪犯而言，犯罪情节这一缓刑

① 参见胡学相：《论缓刑保证金制度的设立》，载《湖北大学学报》（哲学社会科学版）2005年第1期。

适用条件就显得多余，并且可能阻碍缓刑功能的发挥。

为了充分发挥缓刑的作用，防止个别法官对符合缓刑适用条件的未成年罪犯也拒绝适用缓刑，可以增设对未成年罪犯应当适用缓刑的规定。在这方面，最高人民法院2006年1月11日发布的《审理未成年人刑事案件具体应用法律若干问题的解释》已经作出了有益的尝试。该解释第16条规定，对于符合刑法第72条第1款规定，同时具有下列情形之一的未成年罪犯，应当宣告缓刑：“（一）初次犯罪；（二）积极退赃或赔偿被害人经济损失；（三）具备监护、帮教条件。”今后修订刑法时，可以在此基础上对未成年人缓刑适用条件进行改进。

值得注意的是，有人主张可以将未成年罪犯缓刑适用刑期上限由现在的3年放宽为5年，[①] 对此笔者持不同看法。如果将可以适用缓刑的自由刑刑期设置得过长，会出现犯下严重罪行的犯罪人仍然可以逃脱法律的制裁的结果，这对于社会公众特别是受害人来说显然是无法接受的，也是不公正的，难免使公众对刑法的正义性产生怀疑，从而动摇刑法的根基。受害者还可能因此产生新的怨恨甚至萌发犯意进而实施犯罪，由此将产生新的不稳定因素，在整体上导致社会秩序受到的潜在威胁增大。因此，对可以适用缓刑的刑期条件设置得过长是不合适的。而被判处3年以上自由刑的未成年罪犯所犯罪行通常已经很严重或者主观恶性很大，如果对他们仍然可以适用缓刑，最终一般导致完全不执行刑罚，难免让人感到法院的判决如同儿戏。因为这样的判决一方面似乎给犯罪人判了很重的刑，另一方面犯罪人却根本没有受到过实际惩罚，难免损害刑法的公正性、严肃性和权威性，使人产生藐视法律的心理，弊大于利。因此，笔者主张对未成年罪犯可以适用缓刑的刑期还是维持在现在的3年以下为妥。

---

① 参见王永生：《放宽对成年人犯罪适用缓刑条件之浅析》，载《山西高等学校社会科学学报》2000年第10期。

（3）完善对未成年缓刑人的考察机制

这方面应当做好三件事：第一，细化未成年缓刑人在缓刑期间应当承担的义务，包括应接受的缓刑负担和缓刑指示。第二，为未成年缓刑人设置专门的缓刑考察机构。第三，为未成年缓刑人配置专门的缓刑工作人员，并赋予其相应的职权。只有抓好了上述三方面的工作，法院才会有对未成年罪犯多适用缓刑的意愿，缓刑才能在教育感化未成年罪犯方面发挥出应有的作用。

与国外相比，缓刑立法和司法在我国尚处于起步阶段，我们务必要善待这一制度，扬长避短，才能充分发挥其在改造犯罪人方面的积极作用。

第十三题　业务过失犯罪刑罚论

当代各主要国家的刑法典均有对业务过失犯罪的规定，实际发生的过失犯罪更是多数属于业务过失犯罪，故对业务过失犯罪处罚问题的探讨极具现实意义。刑法理论界多数学者认为，对业务过失犯罪的处罚应当重于普通过失犯罪。不少国家的刑法典也遵循这一原则来设置普通过失犯罪和业务过失犯罪的法定刑。但也有部分学者反对这种观点，同时立法上也存在业务过失犯罪的法定刑等于甚至轻于同种性质的普通过失犯罪的立法例。目前，理论上和立法中关于对业务过失犯罪的处罚应当遵循何种原则，存在三种观点：第一种是主张对业务过失犯罪应当加重处罚；第二种是主张取消业务过失犯罪处罚，而根据过失程度的轻重分为重大过失犯罪和普通过失犯罪，并设置相应的法定刑；第三种是主张对业务过失犯罪的处罚应当比普通过失犯罪更轻。本文试图通过对这三种观点的评析，提出处罚业务过失犯罪新的标准。

一、主张对业务过失犯罪的处罚重于普通过失犯罪的观点简介

在将业务过失犯罪与普通过失犯罪分而列之的刑法典中，对业务过失犯罪的处罚一般重于普通过失犯罪。例如，日本刑法典第209条规定，过失伤害他人的，处30万元以下罚金或者科料。第210条规定，过失致人死亡的，处50万元以下罚金。第211条规定，懈怠业务上必要的注意，因而致人死伤的，处5年以下惩役、监禁或者50万元以下罚金；因重大过失致人死伤的，亦同。显然，对业务过失致人死伤的处罚要远远重于普通过失致人死伤。又如，我国台湾地区“刑法”第183条第2项规定，因过失倾覆或破坏

现有人所在之火车、电车或其他供水、陆、空公众运输之舟、车、航空机者，处 1 年以下有期徒刑、拘役或 300 元以下罚金；第 3 项规定，从事业务之人，因业务上之过失而实施前述行为者，处 3 年以下有期徒刑、拘役或 500 元以下罚金。可见，对于因业务过失而倾覆或破坏现有人所在之火车等公众运输工具行为的处罚，也要明显重于对因普通过失而实施的同类性质行为的处罚。

主张对业务过失犯罪的处罚应当重于普通过失犯罪的观点虽然结论相同，但学者们所持的理由却各异。根据对业务过失犯罪加重处罚所持理由的不同，可以将这派观点细分出以下几种主张：①

（一）特别注意义务说

该说认为，对业务过失犯罪之所以应当处以重于普通过失犯罪的刑罚，是因为业务人员具有较高的认识或预见结果发生之能力，因而负有特别高度的注意义务。例如，日本学者大场茂马认为，从事一定业务之人，因其业务之反复继续性，自比一般人具有较为丰富之知识与经验，且较具有认识或预见结果发生之能力，理应课以特别高度之注意义务，倘有违反，即应使其负较重之责任。

（二）一般预防说

该说认为，对业务过失犯罪加重处罚是出于一般预防之需要。例如，日本学者植松正、吉川经夫认为，从事业务之人因其所反复之工作会招致危险，为防止其怠于注意，需加重其刑，俾能警戒其谨慎将事，从而达到一般预防之目的。

（三）法益重大说

该说认为，对业务过失犯罪加重处罚是因为这类犯罪所侵害的法益较为重大。例如，日本学者宫本英修认为，业务过失犯罪所侵害的法益通常均较为重大或较为多数，故其违法性较为重大，给予的处罚相应的也应当更重。

---

① 参见甘添贵：《业务过失与普通过失之分际》，载蔡墩铭主编《刑法争议问题研究》，台湾五南图书出版公司 1999 年版，第 122～124 页。

（四）违法性重大说

此说认为，对业务过失犯罪加重处罚是因为这类犯罪的结果和行为的无价值均较为重大。例如，日本学者福田平认为，过失犯之违法性除法益侵害之结果无价值外，遂行具体行为不适切性之行为无价值亦应同时兼具。业务者因具有高度之注意能力，纵与一般人违反同一之注意义务，但与一般人相较，其违反之程度则较为显著，行为逸脱社会相当性之程度亦较为显然。行为无价值既较为重大，自应给予较重之处罚。

（五）责任重大说

该说认为，对业务过失犯罪加重处罚是因为业务人员的责任明显较为重大。例如，日本学者佐伯千仞、中山研一等认为，业务人员既然从事有发生侵害结果高度危险性之业务，则其预见危险之能力以及回避危险之能力，自较一般人为高，同时规范期待其谨慎从事该业务之程度亦较一般人为大，如因不慎而惹起结果时，其责任之非难性显较为重大，故应加重处罚。

（六）综合说

该说认为，上述关于对业务过失犯罪加重处罚的学说虽都有一定的根据，但各执一词，难免失于片面。如果将上述观点综合在一起，全面探讨业务过失犯罪的刑事责任的理论根据，便可弥补各自的缺陷。具体而言，对业务过失犯罪加重处罚的主要理由有两个：一是业务过失犯罪造成的危害结果比普通过失犯罪更严重；二是在违反注意义务的程度上也明显重于普通过失犯罪，主要表现在：第一，从事业务活动的人员根据其职业或业务的要求，负有较普通人更多的注意义务，而且这种特别的注意义务大都法律化、规范化，更能为业务人员所熟知。第二，业务人员因反复进行同种业务活动，已具有一定的专业技能、特种技术及业务经验，业务人员对业务活动可能发生的危险，具有比常人更高的注意力，不仅可以及时发现，而且能够有效避免危害结果。第三，业务活动本身具有一定危险性，但并不是不可避免的，法律等行为规范要求业务人员履行的注意义务就是避免危害结果的必要措施。第四，业务过失犯罪的违反注意义务行为往往表现为违反规章制度的行为，其行为的违法性比普通过失犯罪更容易被行为人所认识。我国学者姜伟持这种观点。①

二、主张取消业务过失犯罪处罚特别规定的理论观点和立法简介

主张这种观点的学者认为，上述关于对业务过失犯罪应当加重处罚的理由都不能成立。

针对特别注意义务说，日本学者神山敏雄、大塚仁等认为，所谓特别高度的注意义务，不但语义抽象，且何为高度注意，何为低度注意，何为特别注意以及何为普通注意，颇难区别其界限。在刑法上，不论任何人，对于自己之行为可能发生一定结果之危险，均应在自己能力之范围内，尽其注意之义务，藉以避免结果发生。纵系从事业务之人，亦不能仅因其具有从事一定业务之身份，即不顾其具体之能力如何，而课以较高度之义务。否则，即与刑事责任之原理有违。日本学者福田平还进一步指出，在同一客观之情状下，其注意义务之内容亦应同一，始为合理，因而显无理由要求从事业务者应负特别高度之义务。

针对一般预防说，甘添贵先生认为，该说所持对业务过失犯罪加重处罚之理由，并非导源于刑法理论，仅基于刑事政策之目的而为说明，不仅说理不足，且将刑事责任之原理置之不顾，显有未妥。

针对法益重大说，甘添贵先生认为，此说虽自违法性之方面着眼，但以驾车不慎肇事为例，发生车祸时，其所造成之法益侵害，

---

① 参见姜伟著：《犯罪故意与犯罪过失》，群众出版社1992年版，第324页。类似观点还可见梁根林：《论业务过失犯罪》，载甘雨沛、杨春洗、张文主编《犯罪与刑罚新论》，北京大学出版社1991年版，第187~189页。

不论重大性或多数性，并不因职业驾驶或一般人而有何差别，甚而一般人因其不甚熟稔之驾驶行为，更可能造成重大或多数之法益侵害，足证此说不当。

针对违法性重大说，甘添贵先生认为，该说认为业务者具有高度之注意能力，亦难脱凭空想象之议。设有业务者，其实际之注意能力较一般人为低时，其行为无价值即较一般人轻微，倘仍依业务过失加重处罚，显非合理。

针对责任重大说，甘添贵先生认为，责任的判断乃系个别、具体之判断，对于从事业务者，假设其预见及回避危险之能力均较一般人为高，亦与责任之本质未尽相符。

基于上述分析，甘添贵先生认为，如果就各个具体之业务行为，分别说明其加重之理由，或许尚能言之成理，唯倘将其作为一个类型，而统一说明其加重之根据，则显非易事。……唯在立法论上，如能废除业务过失之处罚，而将过失分为重大过失与普通过失，并分别设计轻重不同之处罚，似乎更为得策。

明确放弃对业务过失犯罪处罚的规定，而将过失犯罪分为重大过失犯罪和普通过失犯罪的立法例，就我们所掌握的立法资料来看，为数稀少。日本刑法典虽然有普通过失犯罪和重大过失犯罪之分，但立法者并未放弃对业务过失犯罪处罚之规定，而是将重大过失犯罪与业务过失犯罪并列规定，并设置相同的法定刑。例如，该法第 117 条之 2 规定：出于懈怠业务上必要的注意，或者出于重大过失而烧毁现供人居住或者现有人在内的建筑物、火车、电车、船舰或者矿井，或者烧毁属于他人所有的现非供人居住而且现无人在内的建筑物、船舰或者矿井的，处 3 年以下监禁或者 150 万元以下罚金。法国刑法典第 221 -6 条可以视为放弃业务过失犯罪处罚的规定而按过失轻重不同加以分类和处罚的立法例。该条第 1 款规定：因笨拙失误、轻率不慎、缺乏注意、漫怠疏忽，或者因未履行法律或条例强制规定的安全或者审慎义务，造成他人死亡之行为，构成非故意杀人罪。非故意杀人罪处 3 年监禁并科 30 万法郎罚金；

第2款规定：蓄意不履行法律或条例强制规定的安全或者审慎义务者，可处刑罚加至5年监禁并科50万法郎。在该条规定中，适用第1款法定刑，即较轻法定刑的过失犯罪，以及适用第2款法定刑，即较重法定刑的过失犯罪，均不仅包括业务过失犯罪，而且包括普通过失犯罪，[①] 而对第2款过失犯罪情形之所以规定更重的法定刑，显然是因为这种过失行为违反义务的程度更严重，表现在：行为人明明知道自己按照法律或者条例的规定负有安全或审慎的义务却仍然不履行，其主观恶性比因过错而没有认识到自己按照法律或者条例的规定负有安全或审慎的义务而没有履行显然要深，违反义务的程度也就更重，应当受到非难的程度当然也就更高。可见，在该法条中，立法者不是按业务过失犯罪和普通过失犯罪来设置法定刑，而是以过失程度的大小来设置法定刑。

三、主张对业务过失犯罪的处罚轻于普通过失犯罪的观点简介

主张对业务过失犯罪的处罚应当轻于普通过失犯罪的观点主要存在于中国法学界。这种观点较为典型地体现在制定1979年刑法时，对第113条交通肇事罪法定刑的设置上，当时的立法者认为，对交通肇事罪设置与过失致人死亡罪相同的法定刑过高，理由是尽管这种犯罪有的后果非常严重，但毕竟属于工作上的失误，是过失犯罪，不是故意破坏，因此处罚不宜太重。[②] 在1997年修订刑法

① “未履行法律或条例强制规定的安全或者审慎义务，造成他人死亡之行为”，不但包括业务过失行为，而且包括普通过失行为。例如，建筑工人在工作中违反有关建筑安全规章制度，造成工友死亡的行为，属于“未履行法律或条例强制规定的安全或者审慎义务，造成他人死亡之行为”，这种行为同时又是一种典型的业务过失行为。又如，甲身为婴儿之母亲，却因沉溺于打麻将而长达4个多小时忘记照看卧床睡觉的婴儿，致使婴儿因趴卧时间过长而窒息死亡。由于婚姻家庭法明文规定父母有抚养未成年子女的义务，因而甲的行为也属于“未履行法律或条例强制规定的安全或者审慎义务，造成他人死亡之行为”，但显然属于普通过失行为。

② 参见高铭暄著：《中华人民共和国刑法的孕育和诞生》，法律出版社1981年版，第157页。

时，这种观点虽然有所纠正，但并未根本转变，体现在与过失致人死亡罪相比，通常情况下交通肇事罪的法定刑还是要轻。1997 年刑法第 133 条关于交通肇事罪的规定是："违反交通运输管理法规，因而发生重大事故，致人重伤、死亡或者使公私财产遭受重大损失的，处三年以下有期徒刑或者拘役；交通运输肇事后逃逸或者有其他特别恶劣情节的，处三年以上七年以下有期徒刑"，第 233 条关于过失致人死亡罪的规定是："过失致人死亡的，处三年以上七年以下有期徒刑；情节较轻的，处三年以下有期徒刑。"根据上述规定，交通肇事致人死亡的，一般情节是处 3 年以下有期徒刑，而普通的过失致人死亡的，一般情节是处 3 年以上 7 年以下有期徒刑。同样是过失致人死亡，出于普通过失所受的处罚显然要远远重于出于业务过失所受的处罚。这表明立法者仍然认为对业务过失犯罪的处罚应当轻于普通过失犯罪。

主张对业务过失犯罪的处罚应当轻于普通过失犯罪的理由主要是：第一，业务过失是在行为人为社会进行有益的工作过程中发生的，属于工作上的失误，不宜处罚过重。第二，客观条件对业务过失的发生具有很大作用，在工业生产和交通运输中，各种潜伏的危险随时可能发生，一旦发生事故，不能完全苛求于行为人。第三，复杂的社会劳动或工作，对行为人提出更多、更高的注意义务，加重了业务人员的心理负荷程度。如果偶尔失误造成危害便处以较重的刑罚，会导致业务人员的心理紧张状态，对科学技术的发展、劳动生产率的提高会产生不利的影响。第四，对业务过失的预防不能依靠刑罚的惩罚和威慑，而应加强职工的技术教育、安全教育，全面落实规章制度，提高企业的管理水平。①

---

① 参见姜伟著：《犯罪故意与犯罪过失》，群众出版社 1992 年版，第 322 页（姜伟先生对上述理由即相应的结论持反对意见）。另参见梁根林：《论业务过失犯罪》，载甘雨沛、杨春洗、张文主编《犯罪与刑罚新论》，北京大学出版社 1991 年版，第184 ~ 186 页（梁根林先生对上述理由及相应结论也持反对意见）。

四、对业务过失犯罪处罚各种观点的评析

笔者认为，要正确评价关于业务过失犯罪处罚的各种观点，先应当清楚影响业务过失犯罪刑事责任轻重亦即刑罚轻重的因素，然后再分析业务过失犯罪的各项特征是否会对这些因素产生影响，进而影响业务过失犯罪的刑事责任的轻重。如果业务过失犯罪的某些特征确实会对业务过失犯罪刑事责任的轻重产生影响，那么对业务过失犯罪的处罚也应当作出相应的调整，如果并无明显影响，那么对业务过失犯罪的处罚就无须作出调整。

根据刑事责任理论，在犯罪的各构成要件中，影响刑事责任大小的主要因素不外乎主观恶性和客观危害。影响客观危害大小的主要因素有危害结果、行为方式、行为时间、地点、行为对象等，其中主要是危害结果。危害结果越严重，手段越恶劣，犯罪的时间、地点对社会公众的心理打击越大，行为对象所代表的法益越重要，犯罪的客观危害也越严重。在过失犯罪中，影响行为人主观恶性的主要因素是行为人违反注意义务的恶劣程度，而影响行为人违反注意义务恶劣程度的主要因素是行为人注意义务的轻重、对注意义务的态度。行为人应当履行的注意义务越重、对注意义务越轻视，一旦行为人违反有关注意义务，其主观恶性就越深。判断对业务过失犯罪是否应当加重处罚，应当从上述主客观因素出发。

基于上述标准，我们可以对有关业务过失犯罪处罚的各种观点加以评析。

（一）对业务过失犯罪应当加重处罚的观点评析

对于主张对业务过失犯罪加重处罚的前五种观点，甘添贵先生已经逐一进行了否定性的评析。应当说他对各种加重处罚说的评析是很中肯且很有说服力的，但甘添贵先生未能揭示各种观点所述理由不能普遍适用的症结所在，是为缺憾。下面我们试对这一问题，即为什么各种加重处罚说在就各个具体之业务行为，分别说明其加重之理由，尚能言之成理，而一旦将其作为一个类型，而统一说明

其加重之根据，却又出现明显的缺陷，加以阐述。笔者认为：

第一，特别注意义务说没有意识到注意能力和注意义务并非总是成正比，即并非总是注意能力越强，注意义务就越重，因而其以从事一定业务之人，具有更强的认识或预见结果发生之能力为理由，主张对业务人员应课以特别高度之注意义务的观点，不能完全成立。

不可否认，在通常情况下，业务人员注意能力越强，法律赋予他的注意义务就越重。这是因为目前各国法律对业务注意义务的设置是以业务注意能力为前提，而对业务注意能力的判断标准是主客观相统一但以主观标准为主说，这使得不同的业务人员具有不同的业务注意能力，相应的也负有不同的注意义务，业务人员注意能力越强，法律赋予他的注意义务就越重，反之亦然。但这并不意味着在任何情况下注意能力与注意义务都当然成正比。有时，行为人虽然缺乏或者仅有很低的采取措施防止危害结果发生的能力，即缺乏或者仅有很低的注意能力，但是，立法者充分认识到了这种情形，因而明令禁止某些人从事某些特殊活动，如禁止未取得驾驶执照和未掌握驾驶技术的人从事驾车活动。在这种情况下，行为人虽然缺乏或者仅有很低的注意能力，但同样负有注意义务，如不懂驾驶或者驾驶技术拙劣的人同样负有避免交通肇事的注意义务，甚至负有比具有较高注意能力的人更重的注意义务。例如，甲刚学会开车，驾驶水平低劣；乙驾车多年，技术娴熟。如果甲在某一路段以100公里的时速超速驾驶，因而发生车祸，导致行人2死1伤的危害结果，乙在相同的路段以相同的速度超速驾驶，也发生车祸，导致相同的危害结果，那么对甲的处罚应当比乙更重。理由是：甲既然驾驶技术拙劣，比乙更难以防止交通事故的发生，那么他就更应当注意谨慎驾驶以防发生车祸，而甲在技无所恃的情况下居然仍然违章超速驾驶，其对他人合法利益和自己注意义务的漠视显然更甚于乙，其违反注意义务的主观恶性也更深于乙，对甲予以更重处罚当属情理之中。可见，并非只有业务熟练之业务人员才负有特别高度的注意义务，某些业务不熟练的业务人员，甚至某些根本不懂业务的一般人员，可能负有更高的注意义务。特别注意义务说正好没有认识到这种情况，因而得出的结论是片面的。

第二，对于一般预防说和法益重大说所存在的理论上的缺陷，笔者同意甘添贵先生的前述分析，即前说缺乏刑法理论根据，后者与实际情况不符，因而均不能成立。

第三，责任重大说的缺陷在于：其一，该说犯了与特别注意义务说一样的错误，即也认为业务人员的注意义务的轻重与其注意能力的高低总是成正比，而没有认识到有些注意能力较低的行为人所负的注意义务反而更重。其二，该说关于规范期待业务人员谨慎从事其业务之程度较一般人为大的观点也不能成立。理由是，如果法律明令禁止了一般人从事某些业务行为，那么，规范期待普通人不从事这些行为的程度完全可以超过规范期待业务人员谨慎从事其业务之程度。因此，责任重大说以此为理由认为业务人员一旦不慎发生危害结果，其责任较一般人更重大，故应加重处罚的观点同样不能成立。仍以交通肇事为例，由于法律明确禁止无照驾车，故期待无照人员不在公路上驾车超速行驶的程度完全可以超过期待有照专业驾驶员不实施这种行为的程度。

第四，违法性重大说也犯了与特别注意义务说和责任重大说一样的错误，即也将注意能力与注意义务视为一种正比关系。

综上所述，主张对业务过失犯罪加重处罚的上述四种观点，除了一般预防说和法益重大说因为立论错误而根本不能成立外，其他各说所犯的共同错误是都陷入了将注意能力与注意义务的关系视为一种正比关系的以偏概全的泥潭。这就是各说在就各个具体之业务行为，分别说明其加重之理由，尚能言之成理，而一旦将其作为一个类型，而统一说明其加重之根据，却又出现明显缺陷的症结所在：其以偏概全的错误决定了各说都不可能圆满解决对所有业务过失犯罪的处罚问题。

综合说摆脱了前述各说在注意能力和注意义务关系上存在的错

误认识，直接将对业务过失犯罪应当加重处罚的理由落实在这种过失犯罪在违反注意义务的程度上均重于普通过失犯罪上，因而其理由相对而言最具有说服力的。但是，这种观点并非无懈可击，其缺陷就在于论者过于武断地认为业务过失犯罪在违反注意义务的程度上均重于普通过失犯罪。实际上，有些情形中普通过失犯罪违反注意义务的程度甚至高于业务过失犯罪。以中国的交通肇事犯罪为例，技术拙劣的无照人员偶尔驾车交通肇事，其违反注意义务的程度就要高于专业司机交通肇事，因为该无照人员既明知法律禁止其驾驶而公然违反，又知道以自己的技术驾车上路发生车祸的危险性极高，当然应该承担更重的避免危害结果发生的义务。综合说之所以出现这种缺陷，笔者认为是因为该说也没有意识到注意义务有时并非与注意能力共进退，而是由法律直接规定的。当立法者意识到某些人缺乏防止某种危害结果发生的能力，因而制定法律禁止这些人从事可能导致这种危害结果发生的行为时，这些人就负有防止危害结果发生的注意义务，因为他们虽然在违法实施有关行为时没有或者仅有极小的防止危害结果发生的能力，却有不去违法实施危险行为的能力。既然行为人公然违反法律的禁止性规定而从事某种行为，又因此而陷入发生危害结果的极大危险之中，那么他咎由自取，理应承担更重的防止危害结果发生的注意义务。

（二）取消对业务过失犯罪处罚特别规定的观点评析

甘添贵先生在批判对业务过失犯罪加重处罚说的基础上，提出了“废除业务过失之处罚，而将过失分为重大过失与普通过失，并分别设计轻重不同之处罚”的观点。对此，我们不能苟同。理由如下：

第一，从客观危害方面看，很多基本的业务过失犯罪都要比与基本的普通过失犯罪更严重，因此，不能对业务过失犯罪和普通过失犯罪设置相同的起刑点。

业务过失犯罪都发生在生产、经营等各种业务活动过程中，这类过失犯罪所侵害的往往是多数人的利益甚至公共安全，而在普通过失犯罪中，有相当一部分所侵害的是个别人的利益。因此，有相当一部分的业务过失行为，一经实施，其造成的危害结果或者潜在的危害性，就要大于同种性质的普通过失行为。例如，致人死伤的过失行为，如果是普通过失行为，如扔一块石头、挥舞一根木棒或者一把利刃等，危害的往往是某个人的生命或者健康，如果是业务过失行为，如交通肇事、飞行事故等，危害的则往往是多数人的生命或者健康。因此，从客观危害方面看，有些业务过失犯罪不能和同种性质的普通过失犯罪配置相同的起刑点。

第二，从主观恶性方面看，很多业务过失犯罪要比普通过失犯罪严重，从这一角度看，也不能对业务过失犯罪和普通过失犯罪设置相同的起刑点。

对于业务行为应当如何实施，法律、法规或者行业规章制度给予了明确规定，而从事某方面专业工作的业务人员，对这些法律、法规或者规章制度都了然于胸，亦即他们对自己应当如何从事自己的业务活动是十分清楚的，对于自己的业务活动所具有的危险性以及应当如何避免危害结果的发生也是十分清楚的，因此，他们首先具有很强的注意能力。而在普通过失犯罪中，行为人对于自己的行为可能发生什么样的危害结果有时是不清楚的。这样，对于同样的危害结果，业务人员在从事业务活动时，由于具有专业知识和经验，一般能够清醒地认识到该结果可能发生，并且能够采取有效的措施防止结果的发生，而普通人由于并没有专门的法律、法规或者规章制度对他们的行为加以专门规定，因而在某些情况下其认识到危害结果可能发生的能力和防止结果发生的能力都远逊于业务人员。在这种情况下，如果业务人员和普通人都违反注意义务，导致同样的危害结果发生，业务人员所表现出来的主观恶性显然要比普通人严重，因为二者相比较，业务人员是蓄意违反法律法规或者规章制度，至少是有法不依、有章不循，属于违反极为明显的注意义务，而普通人则往往是违反并非十分明显的注意义务。两相比较，前者违反注意义务的程度和对注意义务的漠视都要远远重于后者。

可见，无论是客观危害上，还是在主观恶性上，不少业务过失犯罪都要比同种性质的普通过失犯罪严重，这类业务过失犯罪就是重大过失犯罪，而不可能是一般过失犯罪。如果取消对业务过失犯罪的处罚，只作重大过失犯罪和一般过失犯罪的区分，会使人误以为所有业务过失犯罪都可以分为重大过失犯罪和一般过失犯罪，这难免导致司法机关将一些本应从重处罚的业务过失犯罪作为一般过失犯罪处理。

（三）对业务过失犯罪的处罚应当轻于普通过失犯罪的观点评析

笔者认为，主张对业务过失犯罪的处罚应当轻于普通过失犯罪的观点不能成立，理由是：

第一，这种观点违背了罪责刑相适应的刑法基本原则。从前面的分析可以清楚地看到，业务过失犯罪无论是在主观恶性方面还是在客观危害方面，一般都比普通过失犯罪要严重，根据罪责刑相适应原则，业务过失犯罪行为人应当承担的刑事责任和受到的刑罚处罚一般都应当重于普通过失犯罪，而这种观点却反其道而行之，主张对业务过失犯罪的处罚应当轻于普通过失犯罪。这种明显违背刑法基本原则的观点显然难以令人接受。

第二，持这种观点的学者所提出的各条理由，均不是以刑法有关刑事责任的理论为依据，而是以一些他们自己所主张的似是而非的刑事政策为依据，因而根本不能成立。

首先，所谓“业务过失是在行为人为社会进行有益的工作过程中发生的，属于工作上的失误，不宜处罚过重”的观点不能成立。工作与工作失误是完全两回事，虽然所有工作均对社会有益，但工作对工作者而言既是权利又是义务，把工作做好是对工作者最基本的要求。行为人本来就应当把工作做好，也完全有能力把工作做好，在这种情况下却出现失误，给国家、社会或者个人造成重大损害，他们连最基本的要求都做不到，对这种人丝毫没有理由加以宽宥。况且在多数情况下，业务人员都是因为对工作严重不负责任，故意违反规章制度而导致危害结果的发生，其主观恶性远甚于那些行为时并没有意识到自己错在哪里的普通过失犯罪。因此，以工作失误为理由主张对业务过失犯罪从轻处罚纯属想当然，毫无理论依据和事实依据。

其次，所谓“客观条件对业务过失的发生具有很大作用，在工业生产和交通运输中，各种潜伏的危险随时可能发生，一旦发生事故，不能完全苛求于行为人”的观点完全不能成立。业务过失犯罪的成立条件是行为人本身存在业务过失行为，并且其业务过失行为对危害结果的发生具有重要作用。如果是因为客观存在的危险不可抗拒地导致危害结果的发生，业务人员并无过错，那么他无须承担刑事责任甚至任何责任；如果是因为业务人员违反规章制度而导致危害结果发生，其行为所具有的主观恶性和客观危害丝毫不会因为外部因素的介入而改变。尽管在有其他因素介入的情况下，由于其他因素对危害结果的发生也具有原因力，因而业务人员对危害结果只须承担部分责任，但这并不影响业务过失犯罪的主观罪过和客观危害从总体上要比普通过失犯罪更严重，也就没有理由因此而对业务过失犯罪处以轻于普通过失犯罪的刑罚。

再次，所谓“如果偶尔失误造成危害便处以较重的刑罚，会导致业务人员的心理紧张状态，对科学技术的发展、劳动生产率的提高会产生不利影响”的理由也不能成立。对业务过失犯罪进行处罚会给科学技术发展和劳动生产率提高造成何种影响，是立法者在制定法律时应当认真加以考虑的问题，它涉及的是对哪些行为应当犯罪化，对哪些应当非犯罪化。为此，理论上还诞生了被允许的危险、信赖原则等新学说。但对应当犯罪化的业务过失行为设置重于普通过失犯罪的法定刑，并不会影响到科学技术的发展和劳动生产率的提高，相反，这反而可能促进科技发展和劳动生产率的提高。因为对业务过失犯罪处以较重的刑罚，可以促使行为人专心致志地投入工作之中，从而提高劳动生产率；同时，还促使业务人员对技术掌握得更加牢固，工作更加熟练，从而为技术创新奠定基础。只要业务人员严格按照规章制度的要求工作，就不存在出现失误的可能，即使发生了事故，也无须承担责任，也就无须心理紧张。可见，认为如果偶尔失误造成危害便处以较重的刑罚，会导致业务人员的心理紧张状态，对科学技术的发展、劳动生产率的提高会产生不利的影响的观点，根本不符合实际情况，是站不住脚的。

最后，所谓“对业务过失的预防不能依靠刑罚的惩罚和威慑，而应加强职工的技术教育、安全教育，全面落实规章制度，提高企业的管理水平”的理由更是不能成立。惩罚和教育从来都是并行不悖的两种预防犯罪的手段，没有任何理由要求放弃其中的一种而只依靠另外一种。

五、结论性观点

基于上述分析，笔者认为，主张对业务过失犯罪的处罚应当轻于普通过失犯罪的观点，以及主张取消业务过失犯罪处罚，代之以重大过失犯罪和普通过失犯罪并设置相应刑罚的观点，都是不合适的。主张对业务过失犯罪加重处罚的观点，从结论上看是基本正确的，但过于绝对化，没有看到对某些业务过失犯罪不能加重处罚的特殊情况的存在。关于业务过失犯罪处罚的正确观点应当是：第一，在通常情况下，由于业务过失犯罪的客观危害和主观恶性都要大于同种性质的普通过失犯罪，因而对业务过失犯罪的处罚应当重于普通过失犯罪；第二，当某些普通过失犯罪表现为行为人公然违反法律的禁止性规定而实施某些危险行为，而这些危险行为导致危害结果发生的可能性极大，并且这种危害结果并不小于业务过失犯罪时，对业务过失犯罪的处罚就不能再重于，而是应当等于或者轻于普通过失犯罪。

最后必须指出的是，对业务过失犯罪应当加重处罚，是针对法律性质相同的普通过失犯罪而言的。也就是说，在立法上，对法律性质相同的业务过失犯罪的起刑点，通常应当重于普通过失犯罪。

至于重大的业务过失犯罪和重大的普通过失犯罪在法定刑上的区别，则并不要求一定要明显，因为重大的普通过失犯罪所造成的客观危害有时与业务过失犯罪的差别并不大，行为人的主观恶性也可能没有多少区别，都可能是蓄意违反法律法规的规定而从事某些危险活动，其违反注意义务的程度和对注意义务的漠视往往是难分伯仲的。

参考文献

（一）中文论著

1．高铭暄著：《中华人民共和国刑法的孕育和诞生》，法律出版社 1981 年版。

2．高铭暄主编：《刑法学》，法律出版社 1982 年版。

3．高铭暄主编：《刑法学》（修订本），法律出版社 1984 年版。

4．高铭暄主编：《新中国刑法学研究综述（1949－1985）》，河南人民出版社 1986 年版。

5．高铭暄主编：《中国刑法学》，中国人民大学出版社 1989 年版。

6．高铭暄主编：《刑法学原理》（第一卷），中国人民大学出版社 1993 年版。

7．高铭暄主编：《新中国刑法科学简史》，中国人民公安大学出版社 1993 年版。

8．高铭暄主编：《刑法修改建议文集》，中国人民大学出版社 1996 年版。

9．高铭暄主编：《新编中国刑法学》（上册），中国人民大学出版社 1998 年版。

10．高铭暄主编：《新编中国刑法学》（下册），中国人民大学出版社 1999 年版。

11．高铭暄主编：《刑法专论》（第二版），高等教育出版社 2006 年版。

12．高铭暄、马克昌主编：《刑法学》（上编），中国法制出版社 1999 年版。

13．高铭暄、马克昌主编：《刑法学》（第二版），北京大学出版社、高等教育出版社 2005 年版。

14．高铭暄、王作富主编：《新中国刑法的理论与实践》，河北人民出版社 1988 年版。

15．高铭暄、王作富主编：《刑法总论》，中国人民大学出版社 1990 年版。

16．高铭暄、赵秉志编：《新中国刑法立法文献资料总览》（上），中国人民公安大学出版社 1998 年版。

17．马克昌主编：《犯罪通论》，武汉大学出版社 1999 年版。

18．马克昌主编：《刑罚通论》，武汉大学出版社 1999 年版。

19．马克昌、杨春洗、吕继贵主编：《刑法学全书》，上海科学技术文献出版社 1993 年版。

20．王作富主编：《中国刑法适用》，中国人民公安大学出版社 1987 年版。

21．王作富主编：《刑事实体法学》，群众出版社 2000 年版。

22．赵秉志著：《犯罪未遂的理论与实践》，中国人民大学出版社 1987 年版。

23．赵秉志等编：《全国刑法硕士论文荟萃》，中国人民公安大学出版社 1989 年版。

24．赵秉志主编：《刑法修改研究综述》，中国人民公安大学出版社 1990 年版。

25．赵秉志、吴振兴主编：《刑法学通论》，高等教育出版社 1993 年版。

26．赵秉志、鲍遂献著：《现代刑法学》，湖南师范大学出版社 1995 年版。

27．赵秉志主编：《香港刑事诉讼程序法》，北京大学出版社 1996 年版。

28．赵秉志主编：《刑法争议问题研究》（上卷），河南人民出版社 1996 年版。

29．赵秉志主编：《海峡两岸刑法总论比较研究》（上卷），中国人民大学出版社 1999 年版。

30．赵秉志主编：《海峡两岸刑法总论比较研究》（下卷），中国人民大学出版社 1999 年版。

31．赵秉志主编：《刑事法实务疑难问题探索》，人民法院出版社 2002 年版。

32．赵秉志主编：《中国废止死刑之路探索》，中国人民大学出版社 2004 年版。

33．赵秉志著：《死刑改革探索》，法律出版社 2006 年版。

34．赵秉志主编：《刑法总论》，中国人民大学出版社 2007 年版。

35．赵秉志主编：《死刑改革研究报告》，法律出版社 2007 年版。

36．陈兴良著：《共同犯罪论》，中国社会科学出版社 1992 年版。

37．陈兴良著：《刑法哲学》（修订三版），中国政法大学出版社 2004 年版。

38．陈兴良著：《本体刑法学》，商务印书馆 2001 年版。

39．张明楷著：《刑法学》（上），法律出版社 1997 年版。

40．张明楷著：《刑法学》（下），法律出版社 1997 年版。

41．张明楷著：《法益初论》，中国政法大学出版社 2000 年版。

42．张明楷著：《刑法的基本立场》，中国法制出版社 2002 年版。

43．陈明华著：《当代苏联东欧刑罚》，中国人民公安大学出版社 1989 年版。

44．储槐植著：《美国刑法》（第三版），北京大学出版社 2005 年版。

45. 邓又天主编:《中国刑法总论》，四川人民出版社 1990 年版。

46. 樊凤林主编:《犯罪构成论》，法律出版社 1987 年版。

47. 樊凤林主编:《刑罚通论》，中国政法大学出版社 1994 年版。

48. 冯军著:《刑事责任论》，法律出版社 1996 年版。

49. 甘雨沛著:《比较刑法学大全》(下册)，北京大学出版社 1997 年版。

50. 甘雨沛主编:《刑法学专论》，北京大学出版社 1989 年版。

51. 甘雨沛、杨春洗、张文主编:《犯罪与刑罚新论》，北京大学出版社 1991 年版。

52. 高绍先著:《中国刑法史精要》，法律出版社 2001 年版。

53. 公培华著:《刑罚论》，青岛海洋大学出版社 1999 年版。

54. 顾肖荣著:《刑法中的一罪与数罪问题》，学林出版社 1986 年版。

55. 何秉松著:《犯罪构成系统论》，中国法制出版社 1995 年版。

56. 何秉松主编:《刑法教科书》，中国法制出版社 1997 年版。

57. 姜伟著:《犯罪故意与犯罪过失》，群众出版社 1992 年版。

58. 敬大力主编:《渎职罪》，中国人民公安大学出版社 1999 年版。

59. 康树华主编:《犯罪学大辞书》，甘肃人民出版社 1995 年版。

60. 李贵方著:《自由刑比较研究》，吉林人民出版社 1992 年版。

61. 李光灿主编:《中华人民共和国刑法论》(上册)，吉林人民出版社 1984 年版。

62. 李光灿、吕世伦主编：《马克思恩格斯法律思想史》，法律出版社 1991 年版。

63. 李海东著：《刑法原理入门》，法律出版社 1998 年版。

64. 李文燕、田宏杰：《“打黑除恶”刑事法律适用解说》，群众出版社 2001 年版。

65. 林准主编：《中国刑法教程》，人民法院出版社 1989 年版。

66. 林亚刚著：《犯罪过失研究》，武汉大学出版社 2000 年版。

67. 刘生荣著：《犯罪构成原理》，法律出版社 1998 年版。

68. 马登民、徐安住著：《财产刑研究》，中国检察出版社 2004 年版。

69. 马长生主编：《国际公约与刑法若干问题研究》，北京大学出版社 2004 年版。

70. 邱兴隆著：《关于惩罚的哲学——刑罚根据论》，法律出版社 2000 年版

71. 邱兴隆著：《刑罚理性导论》，中国政法大学出版社 1998 年版，第 7 页。

72. 邱兴隆、许章润著：《刑罚学》，群众出版社 1988 年版。

73. 孙力著：《罚金刑研究》，中国人民公安大学出版社 1995 年版。

74. 粟劲、李放主编：《中华实用法学大辞典》，吉林大学出版社 1988 年版。

75. 王俊平：《刑法视野下的犯罪集团研究》，中国人民公安大学出版社 2009 年版。

76. 王运生、严军兴著：《英国刑事司法与替刑制度》，中国法制出版社 1999 年版。

77. 王政勋著：《正当行为论》，法律出版社 2000 年版。

78. 肖中华著：《犯罪构成及其关系论》，中国人民大学出版社 2000 年版。

79. 肖扬主编：《中国新刑法学》，中国人民公安大学出版社 1997 年版。

80. 谢望原著：《刑罚价值论》，中国检察出版社 1999 年版。

81. 熊选国著：《刑法中行为论》，人民法院出版社 1992 年版。

82. 杨春洗等著：《刑法总论》，北京大学出版社 1981 年版。

83. 杨春洗、杨敦先主编：《中国刑法论》，北京大学出版社 1994 年版。

84. 叶峰主编：《刑法新罪名通论》，中国法制出版社 1997 年版。

85. 曾宪信等著：《犯罪构成论》，武汉大学出版社 1988 年版。

86. 张尚鷟：《中华人民共和国刑法概论》（总则部分），法律出版社 1983 年版。

87. 张友渔主编：《中国大百科全书·法学》，中国大百科全书出版社 1984 年版

88. 赵长青主编：《新编刑法学》，西南师范大学出版社 1997 年版。

89. 周道鸾、张军主编：《刑法罪名精释》，人民法院出版社 1998 年版。

90. 中国人民大学法学院刑法专业编：《刑事法专论》（上卷），中国方正出版社 1998 年版。

91. 中国社会科学院法学研究所编：《国际人权文件与国际人权机构》，社会科学文献出版社 1993 年版。

92.《中国刑法词典》编委会编：《中国刑法词典》，学林出版社 1989 年版。

93. 蔡墩铭著：《刑法总则争议问题研究》，台湾五南图书出

版公司 1991 年版。

94. 高仰止著:《刑法总则之理论与实用》，台湾五南图书出版公司 1986 年版。

95. 韩忠谟著:《刑法原理》，台湾雨利美术印刷有限公司 1981 年版。

96. 林山田著:《刑法通论》，台湾三民书局 1989 年版。

97. 林山田著:《刑罚学》，台湾商务印书馆股份有限公司 1992 年版。

98. 刘清波著:《刑法概论》，台湾开明书局 1981 年版。

99. 苏俊雄著:《刑法总论》(Ⅲ)，台湾 2000 年版。

100. 谢瑞智著:《中外刑事政策之比较研究》，台北中央文物供应社 1987 年版。

101. 贺卫方著:《法边馀墨》，法律出版社 1998 年版。

102. 贺卫方著:《司法的理念与制度》，中国政法大学出版社 1998 年版。

103. 季卫东著:《法治秩序的建构》，中国政法大学出版社 1999 年版。

104. 杜骏飞、胡翼青著:《深度报道原理》，新华出版社 2001 年版。

105. 李德顺著:《价值论》，中国人民大学出版社 1987 年版。

106. 计六奇:《明季北略》(上)，魏得良、任道斌校点，中华书局 1984 年版。

107. 罗大经:《鹤林玉露·补遗》(三)，中华书局 1985 年版。

108. 长孙无忌等:《唐律疏议》，刘俊文点校，中华书局 1983 年版。

(二) 外文译著

109. [德] 弗兰茨·冯·李斯特博士著，埃贝哈德·施密特博士修订:《德国刑法教科书》，徐久生译，法律出版社 2000 年版。

110. ［德］汉斯·海因里希·耶赛克、托马斯·魏根特著：《德国刑法教科书·总论》，徐久生译，中国法制出版社 2001 年版。

111. ［德］拉德布鲁赫著：《法学导论》，米健、朱林译，中国大百科全书出版社 1997 年版。

112. ［日］牧口常三郎著：《价值哲学》，马俊峰、江畅译，中国人民大学出版社 1989 年版。

113. ［日］木村龟二主编：《刑法学词典》，顾肖荣等译，上海翻译出版公司 1991 年版。

114. ［日］藤木英雄著：《公害犯罪》，丛选功、徐道礼、孟静宜译，中国政法大学出版社 1992 年版。

115. ［日］野村稔著：《刑法总论》，全理其、何力译，法律出版社 2001 年版。

116. ［日］大冢仁著：《犯罪论的基本问题》，冯军译，中国政法大学出版社 1993 年版。

117. ［日］日高义博著：《不作为犯的理论》，王树平译，中国人民公安大学出版社 1992 年版。

118. ［日］我妻荣等编：《新法律学词典》，董璠舆等译，中国政法大学出版社 1991 年版。

119. ［英］戴维.M. 沃克：《牛津法律大辞典》，北京社会与科技发展研究所组织翻译，光明日报出版社 1988 年版。

120. ［英］鲁伯特·克罗斯、菲利普.A. 琼斯著，理查德·卡德修订：《英国刑法导论》，赵秉志等译，中国人民大学出版社 1991 年版。

121. ［英］J. C. 史密斯、B. 霍根著：《英国刑法》，李贵芳等译，法律出版社 2000 年版。

122. ［英］吉米·边沁著：《立法理论——刑法典原理》，孙力等译，中国人民公安大学出版社 1993 年版。

123. ［美］E. 博登海默著：《法理学——法哲学及其方法》，

邓正来、姬敬武译，华夏出版社 1987 年版。

124. ［美］大卫 . E. 杜菲著：《美国矫正政策与实践》，司法部预防与劳动改造研究所组织翻译，中国人民大学出版社 1992 年版。

125. ［美］劳伦斯 . M. 弗里德曼：《法律制度——从社会科学角度观察》，李琼英、林欣译，中国政法大学出版社 1994 年版。

126. ［美］约翰 · 罗尔斯著：《正义论》，何怀宏译，中国社会科学出版社 1988 年版。

127. ［美］美国量刑委员会：《美国量刑指南》，逄锦温等译，法律出版社 2006 年版。

128. ［法］马丁 · 莫内斯蒂埃著：《人类死刑大观》，袁筱一等译，漓江出版社 1999 年版。

129. ［意］贝卡里亚著：《论犯罪与刑罚》，黄风译，中国大百科全书出版社 1993 年版。

130. ［意］恩里科 · 菲利著：《犯罪社会学》，郭建安译，中国人民公安大学出版社 1993 年版。

131. ［前苏联］H. A. 别利亚耶夫、M. И. 科瓦廖夫编：《苏维埃刑法总论》，马改秀、张广贤译，群众出版社 1987 年版。

132. ［俄］斯库拉托夫、列别捷夫主编：《俄罗斯联邦刑法典释义》（上册），黄道秀译，中国政法大学出版社 2000 年版。

后　记

自有幸选择刑法学教学与研究作为职业以来，心里竟常像个“小人”似的“充满了忧愁”，而且“心理负担很重”,[①] 以至于竟时有“孤灯挑尽未成眠”的经历和“长夜漫漫何由彻”的焦虑。好在有哲学大师笛卡尔的名言“我思故我在”作为精神支柱，不至于在长夜漫漫、无心睡眠的时候过度抓狂。令人沮丧的是，尽管“为伊消得人憔悴”至如此境地，我却依然徘徊在刑法学的大门之外，只能偶尔向刑法学的殿堂内窥视一两眼，然后赶紧很识趣地闪在一旁，倾听殿堂内学高位尊者的至言宏论。沮丧之后，难免产生自暴自弃的心理，于是更多时间游荡在刑法学界之外，充当无恶意的闲人，在“居则忽忽若有所亡，出则不知所如往”的浑浑噩噩的状态中虚掷光阴。然而，每每看到我的恩师赵秉志教授正在为刑事法学以及中国刑事法治发展而殚精竭虑、夜以继日地工作，看到我恩师的恩师高铭暄教授年过八旬，仍然孜孜不倦地奋斗在刑事法学前沿，再看到我所在的北京师范大学刑事法律科学研究院的同人

---

① 孔子曰：“君子坦荡荡，小人长戚戚。”今有人将其解释为“上等人的日子过得舒坦自在，开朗宽广；下等人的日子过得非常局促艰难，心里充满了忧愁”。也有人解释为“君子心胸开朗，思想上坦率洁净，外貌动作也显得十分舒畅安定。小人心里欲念太多，心理负担很重，就常忧虑、担心，外貌、动作也显得忐忑不安，常是坐不定、站不稳的样子”。按照对孔圣人此一名言的今译，心里常“充满了忧愁”，而且“心理负担很重”的人似乎都应当归入“小人”之列。但如此一来，我所真心景仰的人物，古代如屈原，现代如鲁迅，也都成了“小人”。果如此，那么此种“小人”乃我毕生追求之理想人格，虽不能至，然心向往之。

们，无论年长于我还是年少于我，个个都在潜心治学，成果迭出，我不能不深深地感到汗颜，不能不时常警告自己要改变玩世不恭的恶劣态度，调整愤世嫉俗的丑陋心理，认认真真、老老实实地做点本职工作。于是，有了本书的成稿。稿虽成，但心情却无法轻松，因为这并不是一本我所满意的作品，仍然存在诸多需要进一步完善之处。无奈本人修为太浅、功力不够，只能空留遗憾……

需要指出的是，本书“犯罪过失”部分以及“罚金刑完善”部分系我分别与挚友北京师范大学刑事法律科学研究院刘志伟教授以及阴建峰副教授合作完成，内容如有可取之处，功劳属于他们；如有谬误之处，责任应尽归于我。

真诚感谢中国人民公安大学出版社及其本书编辑，他们认真负责和优质高效的工作使本书得以快速面世。特别要感谢社长葛余敏女士。早在我博士毕业进入中国人民公安大学工作期间，葛社长就完全凭着一颗善良之心给我以无私的帮助，为我的工作和生活排忧解难，为我的第一本个人专著《缓刑制度比较研究》的出版提供平台，本书的出版再次得到了葛社长的热情支持和帮助。对于葛社长在工作和生活中给予我的帮助和支持，我虽无以为报，但将铭记于心。